# 어우야담
### 於于野談

정환국 책임교열

교감표점
## 정본
## 한국야담전집
# 01

보고사

# 해제

이 책은 조선 후기 야담집 총 20종의 원전을 교감하여 새로 정본을 구축한 전집이다. 원래 2016년도 한국학 분야 토대연구지원사업으로 선정된 〈조선 후기 야담집(野談集)의 교감 및 정본화〉의 결과물로 2021년에 1차로 간행한 바가 있었다. 이후 약 3년간 수정 보완을 거친 끝에 이번에 명실공히 조선 후기 야담집의 정본을 내놓게 되었다.

잘 알려져 있듯이 조선 후기 야담집은 거개가 필사본으로 존재하고 있으며, 다종의 이본을 양산하면서 축적되어 왔다. 그러다 보니 그 자체가 하나의 활물(活物)처럼 유동적이고 적층적인 형태를 취하고 있다. 이는 동아시아 고전 자료 중에서도 유별난 사례이자, 조선 후기 이야기문학의 역사를 웅변한다. 한자를 공유했던 동아시아 어느 지역에서도 찾아볼 수 없는 이 필사본의 족출과 적층은 조선조 문예사에서 특별히 주목할 사안이지만, 한편으로는 이 때문에 해당 분야의 접근이 난망했던 것도 사실이다. 다양한 필사본과 이본들의 존재는 원본과 선본, 이본의 출현 시기 등 복잡한 문제를 던져주었을 뿐만 아니라 애초 원전 비평을 어렵게 하였다.

하지만 야담에 대한 이해와 접근은 무엇보다 원전 비평이 선결되어야 했었다. 물론 이런 문제의식과 고민, 그리고 일부 성과가 없었던 것은 아니다. 그렇지만 특정 야담집에 한정한 데다 그 방법 또한 유익한 방향이 아니었다. 그리하여 조선 후기 야담은 동아시아에서 우리만의 서사 양식으로, 또 조선 후기 사회를 밀도 있게 반영한 대상으로 주목받았으면서도 원전에 대한 정리는 상대적으로 미진하기 짝이 없었다. 그러니 우리의 야담 연구는 어쩌면 첫 단추를 아예 끼우지 않았거나 잘못 낀 채 진행해 왔다고 해도 과언이 아니다.

그런데 조선 후기 야담의 전체 양이나 이본 수로 볼 때 이 분야 연구는 일개인의 노력으로는 거의 불가능한 영역이라 하겠다. 더구나 우리의 학문생태계에서 교감학이 활성화된 적도 거의 전무했다. 자료의 상태와 양은 물론 정립할 학문적 토대가 취약한 터라 해당 연구의 출발 자체가 난망했던 터다. 그럼에도 우리는 이젠 더 이상 미룰 수 없다는 책임감으로 연구팀을 꾸려 지난한 과제를 수행하게 된 것이다. 본 연구팀은 한국 야담 원전의 전체상은 물론 조선 후기 이야기문학의 적층성과 그 계보를 일목요연하게 드러내고자 이본 간의 교감을 통한 정본 확정의 도정을 시작한 것이다. 일단 이 자체로 개별 야담의 온전한 자기모습을 복원할 수 있게 되었다고 자부한다. 앞으로 이 자료가 고전문학뿐만 아니라 전통시대 역사와 예술 등 한국학과 인문학 전 영역의 연구에서 보다 적극적으로 활용되리라 믿는다. 나아가 이 책은 동아시아 단편서사물의 집성 가운데 중요한 결과물의 하나가 될 것이며, 자연스레 한국 야담문학에 대한 관심도 제고될 것으로 기대된다.

다만 본 연구가 기획되던 시점부터 스스로 던지는 의문이 있었다. 다른 고전 텍스트의 존재 양태와는 달리 야담의 경우 이본마다 나름의 성격과 시대성을 담보하고 있다. 그런데 이를 싸잡아 정본이라며 특정해 버리면 개별 이본들의 성격과 특징이 소거되는 것은 아닌가, 그러면 이 정본은 결국 또 다른 이본이 되고 마는 것은 아닌가. 이런 점을 고민하지 않을 수 없었다. 고민 끝에 우리는 '동태적 정본화'를 추구하기로 하였다. 정본을 만들기는 하지만 개별 이본의 특징들이

사상되지 않도록 유의미한 용어나 문장, 그리고 표현 등을 살리는 방향이었다. 대개는 주석을 다양하게 활용하여 이를 해결하고자 하였다. 말하자면 닫힌 정본이 아닌 열린 정본의 형태를 추구한 것이다. 이런 방식은 지금까지 시도된 예가 없거니와, 야담의 존재적 특성을 잘 반영하면서 새로운 교감학의 실례가 됐으면 하는 바람도 있어서다. 그러다 보니 일반 교감이나 정본화보다는 품이 훨씬 더 많이 들어갔다. 이 과정을 소개하면 이렇다.

먼저 해당 야담집의 주요 이본을 모은 다음, 저본과 대조본을 선정하였다. 저본은 선본이자 완정본이면서 학계에서 이미 인정되고 있는 점 등을 감안하여 잡았다. 대조용 이본은 야담집에 따라 그 수가 일정하지 않은바 최대한 동원 가능한 이본을 활용하되, 이본 수가 많은 경우 중요도에 따라 선별하였다. 다음으로, 저본과 대조이본을 교감하되 저본의 오탈자와 오류는 이본을 통해 바로잡았다. 문제는 양자 사이에 용어나 표현 등에서 차이가 있지만 모두 가능한 경우였다. 이때는 주로 저본을 기준으로 하되 개별 이본의 정보를 주석을 통해 반영하였다.(이에 대한 구체적인 사례와 처리 방식은 〈일러두기〉 5번 항목 참조) 그러나 저본과 대조본 사이의 차이를 모두 반영한 것은 아니다. 분명한 오류이거나 불필요한 첨가 부분은 자체 판단으로 반영하지 않았다. 이는 본 연구팀의 교감 기준에 의거했다.

그러나 실로 난감한 지점도 없지 않았다. 이본 중에는 리라이팅에 가까울 만큼 다른 내용이 첨입되어 있거나 일부 이야기를 다소 엉뚱한 방향으로 끌고 가는 사례도 있었기 때문이다. 이런 경우 꼭 필요한 부분만 반영하여 주석에 밝혔다. 이런 교감 과정에서 예상치 못한 상황에 직면하기도 하였다. 일반적이라면 으레 오자나 오류로 보이는 한자나 단어가 의외로 빈번하게 등장하였다. 이를 무시하려고 했으나 노파심에 자의와 출처를 다시 확인해 보니 뜻밖에도 해당 문장에 합당한 사례가 적지 않았다. 독자로서 교감 부분을 따라가다 보면 왜 이런 것들을 반영했을까 싶은 부분이 있을 텐데, 대개 이런 이유이니 유의해 주었으면 한다.

위와 같은 사례나 문제들 때문에 최선의 정본을 확정하는 과정은 참으로 쉽지 않았다. 그렇지만 이를 최대한 반영하고자 노력하였다. 그 결과 해당 야담집의 개별 이본들의 성격이 정본으로 흡수되면서도 어느 정도 자기 색깔을 유지할 수 있게 되었다. 이 20종의 편제는 다음과 같다.

| 1책 | 어우야담(522) | 6책 | 기문총화(638) |
|---|---|---|---|
| 2책 | 천예록(62) 매옹한록(262) 이순록(249) | 7책 | 청구야담(290) |
| 3책 | 학산한언(100) 동패락송(78) 잡기고담(25) | 8책 | 동야휘집(260) |
| 4책 | 삽교만록[초](38) 파수록(63) 기리총화(146) | 9책 | 몽유야담(532) 금계필담(140) |
| 5책 | 계서잡록(235) 계서야담(312) | 10책 | 청야담수(201) 동패(45) 양은천미(36) |

*( )는 화소 수

위 가운데 지금까지 원문 교감이 이루어진 사례로는 『어우야담』(신익철 외, 『어우야담』, 2006), 『천예록』(정환국, 『교감역주 천예록』, 2005), 『청구야담』(이강옥, 『청구야담 상·하』, 2019)과 『한국한문소설 교합구해』(박희병, 2005)의 일부 작품이 있었다. 당연히 이 결과물들의 원문은 본 연구의 참조가 되었다. 그러나 애초 교감의 방식이 다를뿐더러, 본서처럼 동태적 정본화를 구현한 것도 아니었다. 따라서 해당 야담집의 원전 교열은 더 종합화되고 정교해졌다. 이 외의 야담집은 그동안 몇몇 표점본과 번역본들이 나왔지만, 한 번도 이본 교감을 통한 정본화가 이루어진 사례는 없었다.

한편, 본서 10책의 구성은 대체로 성립 시기 순을 따랐다. 다만 『파수록』 등 일부 야담집은 성립 시기를 확정하기 어렵거나 불확실한 데다, 분량 등을 고려하다 보니 편제 순에 다소 차이가 있을 수 있다. 이 점 참작하여 봐주기를 바란다. 또한 「검녀(劍女)」로 유명한 『삽교만록(霅橋漫錄)』의 경우 개별 화소가 대개 필기류라서 전체를 실을 수 없었다. 그래서 불가피하게 야담에 해당하는 화소만 뽑아 초편(抄篇)하였다.

이렇게 해서 최종 수록된 야담집은 20종 10책이며, 총 화수는 4천 2백 여 항목이다. 화소 숫자로만 봐도 엄청나다. 그런데 이 숫자는 다소간 현실을 감추고 있다. 이 항목이 순전한 개별 이야기 숫자로 보기는 어렵기 때문이다. 이미 기존 연구에서 지적되었고 그 양상이 어느 정도 밝혀졌듯이 하나의 이야기가 여러 야담집에 전재(轉載)되는 경우가 많다. 실제 20종 안에 같은 이야기가 반복되는 화소의 빈도는 예상보다 높다. 그럼에도 독자성이 확인된 이야기는 대략 1,000편을 헤아리며, 그중에서도 좀 더 서사적 이야기, 즉 한문단편은 300편 안팎으로 잡힌다. 또 이 300편 안에서도 다종의 야담집에 빠짐없이 전재됨으로써 자기 계보를 획득한 작품은 150편 내외로 잡힌다. 다시 말해 이 150편을 잘 조각하면 조선 후기 사회현실과 인정세태의 퍼즐은 다 맞춰진다고 보면 될 듯하다.

물론 한 유형이 여러 야담집에 전재된다고 해서 이것을 '하나'로만 볼 수 없다는 점이 조선 후기 야담 역사의 중요한 특징이기도 하다. 한 유형의 다양한 전재는 고정된 것이 아니라 리트머스 종이마냥 번져 나갔기 때문이다. 단순한 용어나 표현의 차이뿐만 아니라 배경과 서사의 차이로 나가는가 하면, 복수(複數)의 화소가 뒤섞여 또 다른 형태를 구축하기도 하였다. 이런 변화상은 실로 버라이어티하다. 같은 화소가 반복된다고 해서 단순 수치화할 수 없는 이유이거니와 야담의 적층성과 관련해선 오히려 더 주목할 사안이다.

아무튼 이것으로 조선 후기 야담과 야담집의 전체상은 충분히 드러났다고 판단된다. 다만 조선 후기의 야담이라고 할 때 모두 이 야담집 20종 안에 들어있는 것은 아니다. 야담 중 완성도 높은 한문단편이 집약된 『이조한문단편집』에도 일부 수록되었듯이, 이외의 문집이나 선집류 서사자료, 기타 잔편류에도 흥미로운 야담 작품이 잔존하고 있기 때문이다. 하지만 해당 자료는 야담집이 아니어서 이 책에 반영할 수 없었다. 조만간 이들 잔존 자료들만 따로 수집, 정리하여 이 책의 부록편으로 간행할 예정이다.

사실 이 연구는 앞에서 언급했듯이 토대지원연구사업의 결과물이기는 하지만 그 준비는 그보다 훨씬 전이었다. 계기는 2007년으로 올라간다. 그해 동국대학교 대학원 고전문학 수업에서 처음 『청구야담』의 이본을 대조할 기회가 있었다. 그때 교토대 정선모 박사(현 남경대 교수)를 통해 그동안 학계에 알려지지 않은 교토대 소장 8책본 『청구야담』을 입수하였다. 이 책은 그동안 학계에 보고되지 않았던 『청구야담』 이본 가운데 하나였다. 검토해 보니 선본이었다. 실제로 어떤 차이가 있는지 궁금하여 기존에 알려진 주요 이본과의 교감을 시작한 것이다. 약 8편 정도를 진행했는데, 이 수업을 통해 『청구야담』 전체에 대한 교감이 절실함을 깨달았다. 그 후 이때 교감을 함께한 대학원생들을 중심으로 2013년 1월부터 『청구야담』의 이본 교감과 정본 확정, 그리고 이 정본에 의거하여 번역을 시작하였다. 우리는 약 3년을 매주 토요일을 반납한 채 이 교감과 번역에 매달렸다. 이 작업을 통해 야담 원전에 대한 장악력을 갖게 되었고, 『청구야담』에만 한정하지 말고 조선 후기 야담집 전체로 확대해야 한다는 점을 명확히 인식할 수 있었다.

그러니까 이 책은 대략 15년 이상의 시간과 대학원생부터 전문연구원, 관련 분야 전문가까지의 노고가 쌓인 결과물이다. 나름 엄정한 기준과 잣대로 정본의 원칙을 세우고 저본과 이본 설정, 이본 대조와 원문 교감 등을 진행하여 정본을 구축하려 했고, 이 과정에서의 오류를 최대한 줄이려고 했다. 그러나 한문 원전을 교감하는 데는 오류의 문제가 엄존한 법이다. 최선의 이본들이 선정된 것인가, 정본화의 방향에선 문제가 없는가, 향후 개별 야담집의 이본이 더 발굴될 여지도 있지 않은가? 활자화 과정 중에 발생하는 오탈자 여지와 표점의 완정성 문제도 여전히 불안을 부추긴다. 그렇긴 하지만 질정을 달리 받겠다는 다짐으로 상재한다. 독자 제현의 사정없는 도끼질을 바란다.

이 결과물이 나오기까지 많은 분들의 협업과 도움이 있었다. 은사이신 임형택 선생님과 고 정명기 교수는 좋은 이본 자료를 제공해주셨다. 감사한 마음을 이본의 명칭에 부여한 것으로 대신하였다. 본 연구팀의 공동연구원으로 이강옥 교수님과 오수창 교수님이 함께하였다. 각각 야담 문학 전문가와 역사학 전문가로 진행 과정에서 고견을 제시해 주셨다. 이채경, 심혜경, 하성란, 김일환 선생은 전임연구원으로 3년 동안 전체 연구를 도맡아 진행해 주었다. 이들의 노고는 이루 다 말할 수 없을 지경이다. 마지막으로 대학원 과정부터 함께한 동학들을 잊을 수 없다. 남궁윤, 홍진영, 곽미라, 정난영, 최진영, 한길로, 최진경, 정성인, 양승목, 이주영, 김미진, 오경양은 2013년 이후 『청구야담』 교감과 번역에 참여하였고, 일부는 본 연구팀의 연구보조원으로 참여하여 원문 입력과 이본 고찰에 기여하였다. 그리고 이들 모두 최종 교정 작업에 끝까지 함께 하였다. 특히 과정생인 이주현, 유양, 정민진은 교정 사항을 반영하는 일을 도맡아 주어 큰 힘이 되었다.

이들이 없었다면 이 책은 나올 수 없었다. 다행히 이 10여 년의 과정은 우리 모두에게 소중한 경험이자 학문적 자산으로 남게 되었다. 이들은 지금도 속집 작업을 함께 하는 중이다. 이래저래 이 책은 나와 나의 동학들이 동행하는 텍스트의 유토피아이다.

끝으로 3년여 전에도 그리고 이번에도 이 거질의 전집 출판을 흔쾌히 맡아 준 보고사 김흥국 사장님과 시종여일 책의 완성도를 높이기 위해 애써 준 이경민 대리를 비롯한 편집부 관계자 분들께 미안하고 감사하다는 마음을 전한다.

2025년 2월
연구팀을 대표하여 정환국 씀

# 차례

해제 … 3
일러두기 … 13

## 어우야담 於于野談

### 卷一 人倫篇 —— 17

| 孝烈 —— 17 | 忠義 —— 28 | 德義 —— 48 |
| 隱遯 —— 51 | 婚姻 —— 54 | 妻妾 —— 61 |
| 氣相 —— 64 | 朋友 —— 67 | 奴婢 —— 70 |
| 俳優 —— 76 | 娼妓 —— 77 | |

### 卷二 宗教篇 —— 92

| 仙道 —— 92 | 僧侶 —— 113 | 西敎 —— 123 |
| 巫覡 —— 124 | 夢 —— 127 | 靈魂 —— 131 |
| 鬼神 —— 142 | 俗忌 —— 160 | 風水 —— 165 |
| 天命 —— 166 | | |

### 卷三 學藝篇 —— 169

| 文藝 —— 169 | 識鑑 —— 229 | 衣食 —— 237 |
| 敎養 —— 248 | 音樂 —— 249 | 射御 —— 254 |
| 書畵 —— 256 | 醫藥 —— 263 | 技藝 —— 269 |
| 占候 —— 273 | 卜筮 —— 277 | 博奕 —— 284 |

## 卷四 社會篇 —— 287

| | | |
|---|---|---|
| 科擧 —— 287 | 求官 —— 298 | 富貴 —— 300 |
| 致富 —— 304 | 耐久 —— 313 | 陰德 —— 314 |
| 朋黨 —— 318 | 誣罔 —— 320 | 古風 —— 323 |
| 外任 —— 327 | 勇力 —— 330 | 處事 —— 335 |
| 口辯 —— 339 | 傲忌 —— 343 | 驕虐 —— 345 |
| 慾心 —— 351 | 災殃 —— 362 | 生活苦 —— 364 |
| 盜賊 —— 367 | 諧謔 —— 369 | |

## 卷五 萬物篇 —— 380

| | | |
|---|---|---|
| 天地 —— 380 | 草木 —— 384 | 人類 —— 385 |
| 禽獸 —— 388 | 鱗介 —— 406 | 相克 —— 419 |
| 古物 —— 420 | | |

# 일러두기

1. 이 자료집은 조선후기 야담집 총 20종을 활자화하여 표점하고, 이본을 교감하여 정본화한 것이다.
   - 해당 20종은 다음과 같다. 『於于野談』, 『天倪錄』, 『梅翁閑錄』, 『二旬錄』, 『鶴山閑言』, 『東稗洛誦』, 『雜記古談』, 『雪橋漫錄(抄)』, 『破睡錄』, 『綺里叢話』, 『溪西雜錄』, 『溪西野談』, 『紀聞叢話』, 『靑邱野談』, 『東野彙輯』, 『夢遊野談』, 『錦溪筆談』, 『靑野談藪』, 『東稗』, 『揚隱闡微』.

2. 저본과 이본(대조본) 설정 과정은 다음과 같다.
   - 개별 야담집마다 저본을 확정하고 주요 이본을 대조본으로 삼았다.
   - 저본의 기준은 야담집마다 상이한데, 기존의 이본 논의를 참조하여 본 연구팀에서 최종 확정하였다.
   - 이본의 경우, 야담집마다 존재하는 이본들을 최대한 수렴하되 모든 이본을 대조본으로 활용하지는 않고 교감에 도움이 되는 주요본을 각 야담집마다 2~6개 정도로 선정하였다. 이본이 없는 유일본의 경우 다른 자료를 대조로 활용하였다.

3. 활자화 과정은 다음과 같다.
   - 개별 야담집의 저본을 기준으로 활자화하였다.
   - 원자와 이체자가 혼용되었을 경우 일반적으로 활용되는 이체자는 그대로 반영하되, 잘 쓰지 않는 이체자는 원자로 대체하였다.
   - 필사상 혼용하는 한자의 경우 원자로 조정하거나 문맥에 맞게 적절하게 취사선택하였다. 대표적으로 혼용되는 글자들은 다음과 같다. 藉/籍, 屢/累, 炙/灸, 沓/畓, 咤/吒, 斂/歛, 押/狎, 係/繫, 裯/稠, 辨/卞, 別/另, 縛/縳 등

4. 활자화와 표점은 다음과 같은 기준에 의거하였다.
   - 개별 야담집의 권수에 따라 이야기를 나누고 이어지는 작품들은 임의로 넘버링을 통해 구분하였다. 권수가 없는 야담집의 경우 번호만 붙여 구분하였다.
   - 원문의 한자를 최대한 반영하였으나 최종적으로 판독이 불가능한 글자는 ■로, 공백으로 되어 있는 경우는 □로 표시해 두었다.

- 원문의 구두와 표점은 일반적인 기준에 의거하였다. 문장 구두는 인용문(" " ' '), 쉼표( , ), 마침표( . ?! ), 대구( ; ) 등을 활용하였다.
- 원문의 책명이나 작품명의 경우 『 』, 「 」 등으로 표기하였다.
- 원주로 되어 있는 부분은 【 】로 표기하여 구분하였다.

5. 정본화 과정은 다음과 같다.
    - 개별 야담집마다 저본과 대조 이본을 엄선하여 교감하되 모든 작품들의 정본을 구축하는 것으로 목표로 하였다. 각 야담집의 저본과 대조본은 해당 야담집의 서두에 밝혀두었다.
    - 저본과 이본은 입력과 이해의 편의를 위해 각 본의 개별 명칭을 쓰지 않고 저본으로 삼은 본은 '저본'으로, 이본으로 삼은 본은 중요도에 따라 '가본', '나본', '다본' 등으로 통일하여 대체하였다. 대조본 이외의 이본을 활용한 경우 '다른 이본'으로 구분하여 반영하였다.
    - 저본을 중심으로 교감하되 이본을 적극적으로 활용하여 가장 이상적인 형태를 구축하고자 했다. 이 과정은 오류를 바로잡은 것에서부터 상대적으로 나은 부분을 선택하는 방향으로 이루어졌다. 그 기준은 다음과 같다.
        ① 저본의 오류가 확실할 때: '~본에 의거하여 바로잡음'
        ② 저본이 완전한 오류는 아니나 이본이 더 적절할 때: '~본 등에 의거함'
        ③ 저본에 빠져있는데 이본을 통해 보완할 경우: '~본 등에 의거하여 보충함'
        ④ 저본도 문제는 없으나 이본 쪽이 더 나을 때: '~본 등을 따름'
        ⑤ 서로 통용되거나 참조할 만한 경우: '~본 등에는 ~로 되어 있음'
        ⑥ 저본을 그대로 반영하면서도 이본의 내용도 의미가 있을 때도 주석을 통해 밝혔음.
        ⑦ 익숙하지 않은 통용된 한자나 한자어가 이본에 있는 경우도 주석을 통해 반영하였음.
        ⑧ 저본과 이본으로도 해결되지 않는 오류는 다른 자료를 활용하여 조정하였음. 이 경우 상황에 따라 바로잡기도 하고, 그대로 두되 주석에서 오류 문제를 적시하기도 하였음.
        ⑨ 기타 조정 사항은 각주를 통해 밝혔음.

# 어우야담
## 於于野談

**저본 및 이본 현황**
저본: 만종재본
가본: 고려대본
나본: 청구패설본
다본: 도남본
라본: 이수봉본
마본: 동양문고본

# 卷一

## 人倫篇

### 孝烈

**1-1.**

生員柳夢熊, 余母兄也. 素性忠信莊嚴, 余嘗期以臨節不奪, 可托六尺之孤. 壬辰年, 余朝天未還, 倭寇入京師. 兄奉七十慈親, 避寇于楊州墓山, 遇倭, 倭挺劍指老母, 兄以身翼蔽之, 連被四創, 猶抱母而死之, 卒脫母於賊鋒. 朝廷嘉其孝, 旌其門. 吁! 福善禍淫, 天之道也. 當壬辰之亂, 人之避寇山谷, 幾多不孝不悌恣行不義[1]者, 而如兄之孝善獨被禍, 此非'天難諶, 命[2]靡常'者耶? 先是[3], 黃天寶大紫微數論兄之命, 曰: "命則丕虧." 遼東戴古塘鶴經, 爲余筮兄之命, 曰: "壬辰四月, 離居遭[4]患." 天命也! 嗚呼痛哉!

**1-2.**

車軾, 松都人也. 博學能文章, 爲當代所推. 其母在松都, 患帶下之病, 積歲藥不效. 時以直講, 求差恭靖[5]大王陵寢[6]典祀官, 爲其去松都不遠, 將因之[7]歸覲也. 恭靖大王, 卽康獻大王之冢嗣, 在位

---

1) 不義: 라본에는 '不誼'로 되어 있음.
2) 命: 저본에는 빠져 있으나 다, 라본에 의거하여 보충함.
3) 先是: 다본에는 '先時'로 되어 있음.
4) 遭: 라본에는 '遇'로 되어 있음.
5) 靖: 저본에는 '定'으로 나와 있으나 가, 나본에 의거하여 바로잡음. 이하의 경우도 동일함.
6) 陵寢: 가, 나본에는 '陵園'으로 되어 있음. 서로 통함.
7) 之: 저본에는 빠져 있으나 가, 나본에 의거하여 보충함.

才數年, 傳世弟恭定大王. 至是, 世代已遠, 只祀寒食, 而庶羞菲薄多不潔, 典祀者亦循古, 常不加虔焉. 及軾典祀也, 別致誠意, 沐浴清潔, 又⁸⁾令膳夫·祀僕, 悉湯沐如之. 凡治粢盛饌品, 無不躬自監莅. 禮旣畢, 天猶未曙, 歸臥齋房假寐, 有官人傳呼曰: "殿下將引見軾⁹⁾, 軾¹⁰⁾整衣冠而進!" 有一袞衣王者, 御殿閣, 閣竪環立¹¹⁾, 引軾拜訖, 陞伏榻下. 王若曰: "向者, 享¹²⁾祀多不恪, 又不淸潔¹³⁾, 予不歆之. 今爾盡誠禮¹⁴⁾, 庶品皆可御, 余用嘉之. 予聞爾家有病¹⁵⁾, 余將錫爾良藥, 試之." 軾拜辭稽¹⁶⁾而退, 遽然而覺, 卽夢也. 心異之, 歸向松都, 中¹⁷⁾路見一大鵰攫¹⁸⁾大魚, 盤于中天, 又有一大鵰, 爭¹⁹⁾搏, 墜之於馬前. 軾令馬卒取之, 卽鰻鱧²⁰⁾魚, 長尺餘. 時天尙寒, 得魚不易, 而鰻鱧魚²¹⁾又是治帶下之第一藥也. 軾大喜, 歸而奉諸母, 自此病卽愈. 吁! 軾文學之士也. 能知國之大事在祀, 殫誠禮以享上, 卒致先靈默佑, 移忠於孝. 書曰: "至誠感神." 詩曰: "介爾景福." 其是之謂乎! 軾²²⁾有二子, 曰'天駱'·'雲駱', 皆文章大手,

---

8) 又: 저본에는 빠져 있으나 가, 나본에 의거하여 보충함.
9) 軾: 저본에는 빠져 있으나 가, 나본에 의거하여 보충함.
10) 軾: 저본에는 빠져 있으나 가, 나본에 의거하여 보충함.
11) 立: 가, 나본에는 '侍'로 되어 있음.
12) 享: 저본에는 빠져 있으나 가, 나본에 의거하여 보충함.
13) 淸潔: 가, 나본에는 '涓潔'로 되어 있음. 서로 통함.
14) 禮: 저본에는 빠져 있으나 가, 나본에 의거하여 보충함.
15) 病: 가, 나본에는 '優'로 되어 있음.
16) 稽: 저본에는 빠져 있으나 가, 나본에 의거하여 보충함.
17) 中: 저본에는 빠져 있으나 가, 나본에 의거하여 보충함.
18) 攫: 가본에는 '獲'으로 되어 있음.
19) 爭: 저본에는 빠져 있으나 가, 나본에 의거하여 보충함.
20) 鱧: 나본에는 '鱺'로 되어 있음. 서로 통함.
21) 魚: 저본에는 빠져 있으나 가본에 의거하여 보충함.
22) 軾: 저본에는 빠져 있으나 가, 나본에 의거하여 보충함.

鳴一代.

## 1-3.

李忠綽孝子也, 家貧, 事親至誠. 中司馬試, 日日趨泮, 圓點盡三百. 嘗天雨, 着木屐, 菀[23]索爲緊, 遇其友兵曹佐郎于路, 下馬入店舍而話, 欲及夕點, 而路濘屐索絶矣. 乞借鞍馬, 友乃許之, 密令馬前[24]皂隷, 於路呼喝. 忠綽乃[25]赤脚乘馬而去, 皂隷於路, 呼導而徑出[26]. 忠綽不之禁. 直入泮宮, 泮宮之友, 望見大笑, 忠綽傍若無人. 後登第未久[27], 慈親下世, 忠綽悲號日夜, 終至喪一明. 旣貴, 每說貧賤之事, 未常[28]不思親雪涕, 觀者莫不動色. 承旨近侍之官, 古者[29], 不以眇目之人除之, 謂忠綽以孝喪明, 獨拜承旨.

## 1-4.

沃野監者, 宗室人也. 與玉溪守·雲川令, 俱居東城興仁門外, 以射獵爲事. 一日, 沃野監與諸[30]宗室, 牽黃臂蒼載罟, 出獵遠山, 其父從之. 施罟山谿, 放犬林中, 沃野在峰上, 其父在壑底. 有大虎忽自谷中大吼, 直前欲[31]攬其父, 其父[32]魂迷仆地. 適虎後踏爲網所結, 超騰將攬, 而爪牙不逮纔數尺, 前却者再三. 沃野自峰上, 俯見

---

23) 菀: 라본에는 '削'로 되어 있음.
24) 馬前: 저본에는 빠져 있으나 라본에 의거하여 보충함.
25) 乃: 저본에는 빠져 있으나 라본에 의거하여 보충함.
26) 於路呼導而徑出: 라본에는 '徑出而呼於路'로 되어 있음.
27) 未久: 저본에는 빠져 있으나 라본에 의거하여 보충함.
28) 常: 라본에는 '嘗'으로 되어 있음.
29) 古者: 라본에는 '古例'로 되어 있음.
30) 諸: 저본에는 빠져 있으나 라본에 의거하여 보충함.
31) 欲: 라본에는 '將'으로 되어 있음.
32) 其父: 저본에는 빠져 있으나 라본에 의거하여 보충함.

其父³³⁾急, 手弓箭大號而下, 直入虎前, 忽遽中探矢服拔矢, 誤捉無鏃大鐵鏑, 射之, 鏑中虎頭³⁴⁾, 一聲啄然而箭墜³⁵⁾於地, 虎亦顚倒澗底. 遂蒼黃負其父避之, 遇同獵者得免³⁶⁾死, 見虎額, 陷鏑入深尺, 蓋引勁箭迅而³⁷⁾虎額甚堅, 沒鏑而箭自折也. 事聞朝廷, 賞沃野都正, 嘉其孝也.

1-5.
成愽³⁸⁾·成怡, 子漢之子也. 子漢爲人愚駭, 不別皁白, 與母兄子沆興訟. 愽·怡有女弟, 都事尹起三之妻也. 三人皆孝友, 懲乃父之爲, 愽·怡敎³⁹⁾女弟三綱行實, 女弟時年幼, 曰:"三綱行實難可學, 但兄弟間不友, 可戒, 請先學二倫行實." 愽·怡奇其意, 遂誨之, 居家多有婦行. 及遇壬辰亂,⁴⁰⁾ 倭牽子漢妾而去⁴¹⁾, 子漢握妾手不肯許, 愽·怡等跪而請其父釋之, 終不從. 倭遂拔劍擊⁴²⁾子漢, 愽·怡爭以身掩其父, 皆死之斫. 子漢甥尹瀣, 項只餘其喉, 頭倒胸前, 瀣以手載其頭, 過半歲復甦. 起三之妻, 從夫家, 避之他所, 亦爲倭所逼, 遂抗節不辱而死. 三昆季不二其心, 同爲旌表.⁴³⁾

---

33) 父: 저본에는 빠져 있으나 라본에 의거하여 보충함.
34) 鏑中虎頭: 라본에는 '鏑直入虎額'으로 되어 있음.
35) 墜: 라본에는 '墮'로 되어 있음.
36) 免: 라본에는 '不'로 되어 있음.
37) 引勁箭迅而: 저본에는 빠져 있으나 라본에 의거하여 보충함.
38) 愽: 저본에는 '博'으로 나와 있으나 라본에 의거함. 이하의 경우도 동일함.
39) 敎: 라본에는 '誨'로 되어 있음.
40) 及遇壬辰亂: 라본에는 '及壬辰亂遇倭'로 되어 있음.
41) 去: 저본에는 빠져 있으나 라본에 의거하여 보충함.
42) 擊: 라본에는 '斫'으로 되어 있음.
43) 不二其心, 同爲旌表: 라본에는 '皆旌其門'으로 되어 있음.

1-6.

丞相黃守身, 丞相喜之子也. 有所眄妓, 鍾情特深[44], 喜常[45]責之切, 守身唯唯而退, 猶不悛. 一日, 守身自外而[46]至, 喜整衣冠[47], 出迎於門如大賓, 守身懼而伏地, 問其故, 喜曰:"吾以子待爾, 而爾不聽, 是不父我, 我以賓禮相接耳."守身叩頭請死. 其後, 更不與妓相問. 嘗扶醉橫轞, 過妓家宿焉. 夜半酒微醒, 開目視之, 見燭影下, 有女在側[48], 察之, 則昔所眄妓也. 驚問曰:"爾何爲來此?"對曰:"舍吾家安之?"諦視之, 乃妓家也. 於是, 大怒詰其僕, 欲殺之, 對曰:"來時, 馬首指此家, 意大人回轡也."蓋昔日[49]來往[50]妓家, 妓家喂之甚勤, 馬首之回, 馬也非人也. 守身自[51]悟, 取劍[52]斬其馬首. 後守身[53], 以蔭官至[54]相位.

1-7.

三年之喪, 蔬食水飮者, 在禮經. 我國喪禮, 一遵禮文, 自古, 善居三年喪, 啜粥哀毁而不死, 多記『三綱行實』孝子傳. 蓋孝子哀戚之情, 出於悃愊, 熬煎之火, 焚其五內, 如大病之人絶食飮, 累月而不死, 賴其熱而綿延也. 然而我國之地, 水陸所交會, 民俗無論貴

---

44) 深: 나, 마본에는 '甚'으로 되어 있음.
45) 常: 저본에는 '甞'으로 나와 있으나 라본을 따름.
46) 而: 저본에는 빠져 있으나 마본에 의거하여 보충함.
47) 衣冠: 라, 마본에는 '冠服'으로 되어 있음.
48) 側: 마본에는 '傍'으로 되어 있음.
49) 昔日: 나, 라, 마본에는 '昔者'로 되어 있음.
50) 往: 나, 마본에는 '此'로 되어 있음.
51) 自: 나, 라, 마본에는 '遂'로 되어 있음.
52) 取劍: 나, 마본에는 '命取劍'으로 되어 있음.
53) 守身: 저본에는 빠져 있으나 나, 라, 마본에 의거하여 보충함.
54) 至: 나, 라, 마본에는 '陞'으로 되어 있음.

賤, 悉以魚肉充腸, 而京都八方所都會, 尤多滋味, 齊民保養之私, 中國之民所不及. 平日奢華自奉, 而一朝執喪遵禮, 溢米以糊口, 未經三年而徑殞者, 多矣. 曆數三綱行實, 我國人粥飮終喪者, 率多山野窮養之士, 而京都人罕與焉. 相國洪暹, 老母年過九十, 暹每食罕御滋味, 曰: "有親臨年, 爲子者, 宜食淡以爲習." 及親亡終喪, 不久而沒. 柳克新, 夢鶴之子也. 其喪也, 啜粥三年, 曰: "吾氣力之壯, 兼他人, 又不傷酒色, 以吾之健, 不以禮終喪, 天下無以禮居喪者." 服垂闋, 病瘠而卒. 吾先君, 小祥之前, 不進菜果, 小祥之後, 因毀始進菜. 吾甥崔𥳑, 氣弱人也. 處母喪, 日以淡糜數合充腸, 滿數三月, 病毀不救. 以此觀之, 孰非孝子也? 抑因氣體强弱而生分也. 鄭相國光弼曰: "吾家不願孝子." 時人多以爲光弼語俚, 得罪聖賢. 是爲人子者, 不忍聞, 而爲父母者, 不可無此言. 余則目見崔甥之死, 爲子弟有是記.

## 1-8.

韓氏, 吾侄柳泧妻, 而韓克謙之女也. 避寇楊州洪福山, 望見倭寇入前山, 櫛櫱林藪, 覓子女財寶, 繫頸林木而死. 是日, 倭不到洪福山.[55] 寇退, 一家皆聚, 得韓屍於林木. 韓氏有弟, 金生妻也. 隨夫家匿他處, 見倭將逼, 墜懸崖而死. 其父克謙, 亦避寇楊州, 與兩韓氏皆別, 所遇寇獻馘于其將. 申應河·應洙·應潔·申湳溟及應澹之子·應洛之妻, 一家七八人, 皆連日死凶鋒下. 人之死亡, 有關家禍門厄, 一家異地而同其死者, 多此類.

---

55) 是日, 倭不到洪福山: 저본에는 빠져 있으나 가, 다본에 의거하여 보충함.

1-9.

論介者, 晋州官妓也. 當萬曆癸巳之歲, 金千鎰倡義之師, 入據晉州以抗倭, 及城陷軍敗, 人民俱死. 論介凝粧靚服, 立于矗石樓下峭岩之巔, 其下萬丈直入波心. 群倭見而悅之, 皆莫敢近, 獨一將[56]挺然直進, 論介笑而迎之. 倭將誘而引之, 論介遂抱持其倭, 直[57]投于潭, 俱死. 壬辰之亂, 官妓之遇倭不見辱而死者, 不可勝記, 非止一論介, 而多失其名. 彼官妓, 皆[58]淫娼也, 不可以貞烈稱, 而視死如歸, 不汚於賊, 渠亦聖化中一物, 不忍背國從賊, 無他, 忠而已矣. 欹歟哀哉!


1-10.

南原鄭生者, 失其名. 少時, 善吹洞簫, 善歌詞, 意氣豪宕不羈, 懶於學問. 求婚於同邑良家, 良家有女, 名紅桃, 兩家議結親[59]. 吉日已迫, 紅桃父, 以鄭生不學辭之. 紅桃聞而言於父母曰: "婚者天定也. 業已許定[60], 當行於初定之人, 中背之, 可乎?" 其父感其言, 遂與鄭結婚. 第二年, 生子名夢錫. 萬曆壬辰之變, 以射軍防倭. 丁酉年, 楊摠兵元守南原, 生在城中, 紅桃男服隨夫, 軍中莫知之也. 其子[61]夢錫, 隨祖父, 入智異山避禍. 城陷, 生隨摠兵得出, 而與紅桃相失, 謂其妻隨天兵而去. 生跟天兵, 轉入中國, 行乞至浙[62]江, 遍求之. 一日, 同天官道主, 乘浙江船, 月夜吹簫, 隣船[63]有一人言,

---

56) 將: 나, 다, 라본에는 '倭'로 되어 있음.
57) 直: 저본에는 빠져 있으나 이본에 의거하여 보충함.
58) 皆: 저본에는 빠져 있으나 가, 나, 라본에 의거하여 보충함.
59) 親: 저본에는 빠져 있으나 가, 나, 라본에 의거하여 보충함.
60) 許定: 가, 나, 라본에는 '定日'로 되어 있음.
61) 其子: 저본에는 빠져 있으나 가, 나, 라본에 의거하여 보충함.
62) 浙: 저본에는 '淅'으로 나와 있으나 나, 라본에 의거하여 바로잡음.

曰: "此洞簫, 似是前日朝鮮所聽之調也." 生疑之, 曰: "此⁶⁴⁾無乃吾妻也. 若非吾妻, 何以知此調也?" 乃復吟前日與妻相和之歌辭, 其人抵掌大號, 曰: "此眞⁶⁵⁾吾夫!" 生大驚, 直⁶⁶⁾欲乘小船往追, 道主固止之, 曰: "此南蠻商船, 與倭相雜者也. 爾⁶⁷⁾如往無益, 反有害, 竢明發, 吾有以處之." 黎明, 道主給銀⁶⁸⁾數十兩並家丁數人, 諭以求之, 果其妻也. 相與握手, 失聲號哭, 舟中無不驚異悲歎者. 蓋南原陷時, 紅桃爲倭所虜⁶⁹⁾, 入日本, 日本見男服, 不知其⁷⁰⁾婦也. 充之男丁, 轉賣隨商船⁷¹⁾, 凡男子之役, 或能或不能, 而所善助刺船也⁷²⁾. 自南蠻至浙江者, 意欲因之還朝鮮也. 生與紅桃仍居, 浙江之人, 咸憐之, 各與銀錢·米粟, 得以糊口. 生子夢眞⁷³⁾, 年十七, 求婚以朝鮮之人, 故華人不許. 有一華人⁷⁴⁾處子, 求婚夢眞, 曰: "吾父東征, 往朝鮮不還, 吾願嫁此人, 往朝鮮, 見父死所, 招父魂而祭之, 父如不死, 萬一或再逢." 遂嫁夢眞居焉. 戊午北征, 生募入劉綎軍, 征奴賊. 劉公敗死, 胡兵殲天兵殆盡, 生高聲曰: "吾非中國人, 乃朝鮮人也!" 故⁷⁵⁾釋不殺, 仍逃出朝鮮地, 下南原. 行到公洪道尼山

---

63) 船: 저본에는 빠져 있으나 가, 나, 라본에 의거하여 보충함.
64) 此: 저본에는 빠져 있으나 라본에 의거하여 보충함.
65) 眞: 저본에는 빠져 있으나 라본에 의거하여 보충함.
66) 直: 가, 나, 라본에는 '卽'으로 되어 있음.
67) 爾: 저본에는 '庸'으로 나와 있으나 가, 나, 라본을 따름.
68) 銀: 저본에는 빠져 있으나 나, 라본에 의거하여 보충함.
69) 虜: 가본에는 '掠'으로, 나, 라본에는 '擄'로 되어 있음.
70) 其: 저본에는 빠져 있으나 가본에 의거하여 보충함.
71) 商船: 가본에는 '商賈'로 되어 있음.
72) 也: 저본에는 빠져 있으나 라본에 의거하여 보충함.
73) 夢眞: 가, 라본에는 '夢賢'으로 되어 있음. 이하의 경우도 동일함.
74) 一華人: 저본에는 빠져 있으나 라본에 의거하여 보충함. 가본에는 '華人'으로, 나본에는 '一人'으로 되어 있음.
75) 故: 가, 라본에는 '胡'로 되어 있음.

縣, 脚腫求針醫, 醫卽[76]天兵也, 昔天兵撤回時, 落其後者也. 問其姓名居址, 乃其子[77]夢眞之妻父也. 問其所由, 相持痛哭, 偕與歸南原, 訪故居, 見子夢錫, 娶妻産子居故宅. 生旣與子遇, 復遇子之妻父, 稍慰孤寂, 而但與紅桃旣遇而旋失, 猶鬱悒無悰. 旣一年, 紅桃轉賣家産, 賃小船, 與子夢眞及其婦, 作華倭鮮三色服, 自浙江發, 見華人, 以華人稱之; 見倭人, 以倭人稱之. 浹一月二十有五日, 泊于濟州之[78]楸子島外洋可佳島[79], 見其粮, 只餘七[80]合. 紅桃謂夢眞曰: "吾等在船飢死, 則終必爲魚食, 不如登島自縊而死." 其婦固止之, 曰: "吾等一合之米, 煮粥飮, 以籧一日之飢, 則足支六日. 且見東方, 隱然如[81]有陸地, 不如忍飢[82]而求生. 幸遇行船, 渡[83]陸地, 則是十八九生矣." 夢眞母子[84], 如其言. 過[85]五六日, 統制使斜水船來泊, 紅桃俱說與夫南原相離之故, 浙江相合之事, 其夫死於[86]北征之由, 其船人聞而悲之, 將紅桃小船, 繫之船尾, 下于順天地. 紅桃挈[87]男婦, 訪南原舊址, 則其夫與子夢錫‧夢眞之妻[88]父華人同居焉. 非徒擧家俱全[89], 並與婚媾而無恙, 其樂融融洩洩如也.

76) 卽: 저본에는 빠져 있으나 나, 라본에 의거하여 보충함.
77) 其子: 저본에는 빠져 있으나 가, 나본에 의거하여 보충함.
78) 之: 저본에는 빠져 있으나 가, 나, 라본에 의거하여 보충함.
79) 可佳島: 저본에는 '佳可島'로 나와 있으나 가, 라본에 의거함.
80) 七: 나, 라본에는 '六'으로 되어 있음.
81) 如: 저본에는 빠져 있으나 가, 나, 라본에 의거하여 보충함.
82) 飢: 저본에는 빠져 있으나 가, 나, 라본에 의거하여 보충함.
83) 渡: 가, 나, 라본에는 '濟'로 되어 있음.
84) 子: 저본에는 빠져 있으나 가, 나, 라본에 의거하여 보충함.
85) 過: 저본에는 '適'으로 나와 있으나 나본을 따름. 의미는 서로 통함.
86) 於: 저본에는 빠져 있으나 라본에 의거하여 보충함.
87) 挈: 저본에는 '絜'로 나와 있으나 가, 라본을 따름. 의미는 서로 통함.
88) 妻: 가, 나, 라본에는 '聘'으로 되어 있음.
89) 全: 가, 라본에는 '會'로 되어 있음.

太史公曰: "鄭生東人也, 亂離失其妻, 遠求之中國, 紅桃失其夫於兵戈中, 入三國男服變容以全身. 夢眞妻自求與異國人爲婚, 求見父死地[90], 卒皆相會[91]於一處. 一家六人不期合者, 皆在於萬里風濤別境之外者, 雖出於理外萬一之幸, 而庸非所謂至誠感神者耶? 奇乎異哉!"

1-11.

江南德母者, 京都西江之篙工黃鳳之妻也. 鳳家居蠶頭, 以海賈爲生.[92] 萬曆初, 入海遇颶風不還, 妻衣素行喪, 関三年服. 寡居累年, 一日, 有人自中原[93]回, 傳鳳書, 曰: "漂海泊中原某地某城, 爲民家傭." 其妻得書, 嗚泣悲呼[94]曰: "始以爲[95]良人葬魚腹, 今聞尙保性命, 居上國. 吾將持瓢行乞, 雖僵死道傍, 必往也." 鄕黨止之, 曰: "少國之於大國間,[96] 有疆界之禁·關門之設[97], 異言異服者, 不敢入, 犯之者有常刑. 今婦人獨往萬里, 必不達, 其爲路上之骸無疑." 其妻不聽, 揚袂而往, 潛渡鴨綠江, 直入中國. 鶉衣蓬髮, 垢面赤脚, 乞食於市. 歲餘, 達于江南, 如書中所指, 果與鳳相遇於海上邊城, 遂與偕還故國. 於歸路有娠, 還舊居生女, 名'江南德'. 閭里不名, 號江南德母, 異之如黃卷中人. 余觀中國與東國, 內外有截

---

90) 地: 가, 나, 라본에는 '所'로 되어 있음.
91) 會: 나본에는 '合'으로 되어 있음.
92) 以海賈爲生: 저본에는 빠져 있으나 나, 다, 라본에 의거하여 보충함.
93) 中原: 가본에는 '中國'으로 되어 있음.
94) 嗚泣悲呼: 가, 라본에는 '嗚吧悲號'로, 나본에는 '於悒悲號'로, 다본에는 '嗚悒悲號'로 되어 있음.
95) 爲: 저본에는 빠져 있으나 가본에 의거하여 보충함.
96) 少國之於大國間: 가, 나, 라본에는 '小邦之與大國中間'으로 되어 있음.
97) 設: 가, 나, 라본에는 '譏'로 되어 있음.

全盛, 亂離之前, 彼此邦禁方嚴. 一婦女, 乃敢獨入中原往[98]還, 如東隣適西隣[99], 終遇良人於茫茫渺渺之鄕, 是天下所無之事. 其勇敢貞烈, 植三綱, 貫古今. 近歲, 壬辰兵興之後, 我國人隨天兵, 籍死兵名, 或橐載入關, 達于中原, 無慮萬人[100], 未聞一人私入上界者. 私自逃還者[101], 豈獨無父母夫妻也哉? 蓋[102]人各愛其身, 出萬死一生, 世無其人故也. 如江南德母者, 其亦奇之奇也. 今年春, 母死, 年八十. 天啓元年夏記.

## 1-12.

僉知柳忠弘夫人許氏, 承旨許寬之女也. 居羅州, 平生閨範甚肅, 事忠弘以禮, 賓以敬之, 衣服極其華, 食飮極其豊, 不向忠弘作一皺眉事. 忠弘憂其寡男, 密卜妾於外, 夫人潛探其吉日, 盛備大醮之具, 不使之知. 至其日, 忠弘命駕將出, 夫人令侍婢, 盡出篋中新衣, 以衣之. 俄而, 進巨車卓陳饌, 夫人盛服對坐, 一如醮禮. 忠弘怪而問之, 夫人笑曰: "始與大人婚用是禮, 今大人將別妾而去, 豈無是禮? 是以, 用初婚之禮." 忠弘遂寢其行. 忠弘卒, 未葬之前, 三月水漿不進, 三年之內, 只啜溢米粥, 三年之後, 白衣素食, 朝夕上食, 不廢於平生. 日日備祭極豊, 一如節日大饗, 果五六器, 湯七八器, 他物如之. 每日暮, 諸侍婢侍宿於內, 皆納諸門管鑰, 男僕不敢入中門. 至黎明, 婢僕之在外者, 各執其物, 齊會于門外, 出鑰開門, 一如國門之嚴. 朝夕治祭物及私食, 異其刀几器皿, 皆有韜匣,

---

98) 往: 저본에는 빠져 있으나 이본에 의거하여 보충함.
99) 西隣: 가, 나, 라본에는 '西里'로 되어 있음.
100) 萬人: 가, 나, 라본에는 '千萬人'으로 되어 있음.
101) 者: 저본에는 빠져 있으나 가, 나, 라본에 의거하여 보충함.
102) 蓋: 저본에는 빠져 있으나 가, 나본에 의거하여 보충함.

治魚肉, 治素膳, 毋亂其器. 用訖, 一韜其刀几, 匣其器皿而藏之.
一日夜, 家中失火, 侍婢將往救火, 夫人止之, 率許多侍婢出園中,
女婢[103]圍前, 男奴圍外, 以衛之然後, 除侍者外. 命他奴婢盡赴救
火, 又命男奴, 先縛失火之僕於救火之前, 旣滅火, 使側室男, 略施
其罰. 翌朝, 其姪柳湑・柳溆來, 慰之, 請治起火者, 聞先縛奴後救
火, 異而問之, 夫人曰: "治家如治國, 國無紀綱, 無以爲國, 家無紀
綱, 亦何以爲家? 家之火, 猶可改搆, 負罪者失刑, 家道去矣." 聞者
皆服. 寡居四十年, 豪奴悍婢, 無不受制而聽其命. 婢夫有强梁難
制者, 官威豪勢, 皆莫能治, 夫人使之鞭之里門外, 低首而不敢抗.
親族不敢爲非, 曰: "得母夫人問[104]乎?" 夫人唯一男, 曰'浚'. 先夫
人亡, 獨有孼男一人, 又赴北戍. 會壬辰之亂起, 夫人時八十餘, 盡
處家事, 使擧家航海避寇, 曰: "吾雖已老, 婦人也, 無男子, 獨與婢
僕, 避亂于外, 是苟生也." 翌日日晩, 擁衾不起, 侍婢入視之, 已逝
矣. 於篋中得一書, 悉書送死諸具矣. 旣葬, 明日寇至, 擧家航海得
全. 忠弘患肉毒, 生臀大如鍾子, 醫欲縛身而割之, 忠弘對客, 啖飮
自若, 任其剮刲, 血滿席, 顔不變, 自取鹽摩之, 卽已.

## 忠義

### 1-13.

東國名臣, 莫尙於鄭夢周, 爲王氏死於國, 乃其素所蓄者. 假令
辛禑, 果是辛旽[105]之子, 則以夢周之忠, 豈忍屈首一日而爲之臣

---

103) 婢: 다본에는 '奴'로 되어 있음.
104) 問: 가, 다본에는 '聞之'로 되어 있음.
105) 旽: 저본에는 '盹'으로 나와 있으나 가본을 따름. 이하의 경우도 동일함.

乎! 初旣爲恭愍之子而[106]事之, 則及其稱旽之子而誅之, 胡不爲禑而效死乎? 父子之間, 非人所知, 彼禑之爲辛氏爲王氏, 夢周亦未之詳知[107]耶? 或者禑之爲辛, 亦出於一時之訛言, 而史氏襲其謬耶? 夢周之遲回苟活, 亦出於天祥之從容耶? 『孟子』曰: "盡信書, 不如無書."

1-14.

文天祥, 忠烈有餘, 而智略不周. 觀其用兵疎迂, 隨處見衄, 假使宋室天下得三之一二, 亦非恢復之才, 況救崖山之急於萬一之外乎! 宋滅之後, 拘囚燕獄, 至於六年之久而不死者[108], 何也? 古人曰: "慷慨殺身易, 從容處[109]死難." 以余觀之, 天祥之死, 失於從容, 反近於苟活, 決非忠臣死國之常經也.

1-15.

金時習, 五歲能文, 恭定大王欲引見于大內, 恐駭瞻聽, 以三角山命題. 時習爲一絶句, 曰: '三角高峯貫[110]太淸, 登臨可摘斗牛星. 非徒嶽岫興[111]雲雨, 能[112]使王家萬世寧.' 上奇之, 而有不悅色, 以其有不臣之志也. 於是, 賞之以[113]百匹繒[114], 使之自[115]輸歸于家,

---

106) 而: 저본에는 빠져 있으나 가, 나본에 의거하여 보충함.
107) 知: 저본에는 빠져 있으나 가본에 의거하여 보충함.
108) 者: 저본에는 빠져 있으나 가, 나, 다본에 의거하여 보충함.
109) 處: 나본에는 '就'로 되어 있음.
110) 貫: 나본에는 '入'으로 되어 있음.
111) 興: 나본에는 '能'으로 되어 있음.
112) 能: 나본에는 '可'로 되어 있음.
113) 以: 저본에는 빠져 있으나 라본에 의거하여 보충함.
114) 繒: 나, 라본에는 '紬'로 되어 있음.
115) 自: 저본에는 빠져 있으나 나, 라본에 의거하여 보충함.

時習散百匹, 首尾相結, 取一端帶之腰, 拜辭而出, 百匹盡隨其身, 上尤奇之. 後惠莊大王卽祚, 遂抗志有不仕之意, 剃髮而存髥, 有詩曰: '削髮逃塵世, 存髥表丈夫.' 蓋古有高僧, 亦削髮而存髥者, 非一二也. 自以五歲能文, 自號五歲, 蓋方音與傲世同音也. 時習性輕銳, 無容人之量, 難乎免於當世, 故托跡緇流以玩世, 釋徒多敬尊之, 歸者如市, 時習深惡之. 嘗在春川史呑草菴, 有一僧慕時習, 相訪於百里之外. 時習待之甚款, 爲飯以餉之, 使之坐窓外階上, 箕倨窓上, 以足挑塵土, 投之飯. 僧曰: "吾師何戲耶?" 去塵土[116]而食, 至再至三四不止, 僧怒不食而去. 又於月夜, 往三角山僧伽寺, 北巖上呼寺僧, 僧曰: "是五歲兒[117]之聲也!" 倒履而往至, 則時習也, 相與叙寒暄. 已而, 時習於袖中出一羗魚, 勸其僧, 僧却之, 時習强之, 僧怒而去. 又聞京中圓覺寺設無遮大會, 八道之僧聞風至者, 以萬[118]計, 時習往與焉. 衣袈裟入道場, 俄而, 沒於溷厠, 手把烹雞股[119]而食之, 諸僧大駭而逐之. 其行事乖戾若此, 蓋其志惡世人之親己以遠害, 侮釋道之尙左以明志也. 時習雖遺世獨往, 似無意於人間事乎! 其所著『梅月堂集』, 皆其手筆, 在奇相國自獻所, 筆跡甚古, 盧[120]蘇齋所慕而臨之者. 以此觀之, 亦非無意於身後之名者也.[121]

---

116) 土: 저본에는 빠져 있으나 라본에 의거하여 보충함.
117) 兒: 저본에는 빠져 있으나 라본에 의거하여 보충함.
118) 萬: 다. 라본에는 '億'으로 되어 있음.
119) 股: 라본에는 '脚'으로 되어 있음.
120) 盧: 저본에는 '蘆'로 나와 있으나 다. 라본에 의거하여 바로잡음.
121) 亦非無意於身後之名者也: 이본에는 이어서 '莊獻大王誤稱恭定'이라는 구절이 들어있음.

1-16.

　金將軍應河, 字景羲[122], 江原道[123]鐵原人也. 萬曆乙巳中武科, 由宣傳官, 超授慶源判官. 六鎭不得盡室而行, 將行, 或來言, "有[124]貴家女, 年少且艷, 可卜爲妾." 將軍憮然辭曰: "吾家貧, 貴家女畜之不易, 待之如妻, 名分[125]紊矣; 賤之以妾, 彼必憾矣. 凡人之福, 如布帛有[126]幅, 尺寸有定限, 緣妾致貴, 非丈夫美事也." 丁巳, 遇熱疫將死, 其友持冷藥, 大呼曰: "子嘗自許死國事, 今因一病, 寂寞而死, 誰其知者?" 將軍卽張目, 飮盡三椀乃甦. 戊午, 兵判朴承宗遭親喪, 將軍[127]卽其姻戚也, 會葬于高陽, 自內遣中使護喪. 或勸將軍接遇, 曰: "中官見子好風采, 必延譽於內." 將軍喟然歎曰: "有所希冀, 款接閹寺, 非士夫事, 獨不愧於心乎?" 座客咸[128]異之. 秋建州胡奴兒哈赤, 犯順, 天朝徵我國兵, 將軍以助防將, 仍授宣川郡守. 臨行, 謂軍官吳憲曰: "夜夢吾首爲賊所斫, 吾將多殺賊, 不浪死, 爾其知之." 遂佩二弓百箭而行, 諸將以爲怪[129]. 己未三月三日, 天兵三萬, 至虜地深河部落, 全軍敗沒, 我軍左右營, 亦相繼敗衂. 喬遊擊一琦[130], 從壁上出, 觀將軍戰, 彈指而歎曰: "平地以步軍, 支吾鐵騎, 乃如此, 貴國兵可謂强勇." 稱不容口. 未幾, 大風忽起, 銃藥飄散, 不得放丸, 賊兵乘之, 大破我軍. 將軍下馬, 獨倚

---

122) 羲: 나, 라본에는 '曦'로 되어 있음. 의미상 '羲'가 되어야 함.
123) 江原道: 저본에는 빠져 있으나 가, 라본에 의거하여 보충함. 나본에는 '江原之'로 되어 있음.
124) 有: 저본에는 빠져 있으나 가, 나, 라본에 의거하여 보충함.
125) 名分: 가본에는 '名實'로 되어 있음.
126) 有: 저본에는 '布'로 나와 있으나 라본을 따름.
127) 將軍: 가, 나, 라본에는 '應河'로 되어 있음.
128) 咸: 저본에는 '或'으로 나와 있으나 가, 나, 라본에 의거함.
129) 怪: 저본에는 '怯'으로 나와 있으나 가본을 따름.
130) 琦: 저본에는 '騎'로 나와 있으나 가, 나, 라본에 의거하여 바로잡음.

柳樹下, 射必洞札, 賊皆應弦而倒, 身被重鎧, 矢集如蝟, 猶不動. 矢旣盡, 用[131]長劍, 所擊殺又無數, 劍柄折, 三易劍擊之, 忽有一賊, 從後以槊刺之仆地, 劍尚在手. 其後, 被虜人逃還者, 繼踵皆言, 胡人相與言曰: "柳樹下一將軍, 雄勇無雙, 朝鮮若更有此輩數人, 不可敵也." 又曰: "奴酋收瘞天兵及朝鮮軍戰死者, 日已久, 屍皆爛, 惟柳樹[132]下一屍, 顏色如生, 右手握刀不可解, 卽將軍也." 胡人射屍中目睛, 蓋恨其多殺其虜兵也. 先是, 弘立先遣[133]胡譯河世國于虜[134]中, 至是, 胡兵先呼通事[135], 欲止其戰, 與弘立降也. 將軍聞之愈怒, 厮殺虜兵如故, 朝廷嘉其節, 追贈兵曹判書, 立祠于天朝人往來之衢, 欷歔休哉! 將軍之[136]忠義, 大賊壓營, 寡衆懸殊, 而從容擺陣, 颭旗督戰, 一奇也. 胡兵來呼通事, 意在講好, 聞若不聞, 終始力戰, 二奇也. 下馬倚樹, 示以必死, 數千之衆, 血戰不降, 三奇也. 手中長劍, 死且不釋, 有若更起而殺賊, 四奇也. 方春暖節, 死肉不朽, 怒氣勃勃如生, 五奇也. 領相朴承宗, 作傳以褒之.

1-17.

金汝岉, 多勇力, 食榛子栢子, 去殼以掌, 不以齒. 捷大科[137]調聖試壯元, 每朝赴衙, 整袍靴, 必三躍合足掌, 又兩手超足而越然後, 乘馬而去[138]. 爲兵曹乘輿司佐郞, 控[139]極品駿駬, 多率輿儓, 戒之

---

131) 用: 가, 나, 라본에는 '持'로 되어 있음.
132) 樹: 저본에는 빠져 있으나 라본에 의거하여 보충함.
133) 遣: 나, 라본에는 '送'으로 되어 있음.
134) 虜: 저본에는 '胡'로 나와 있으나 가, 나, 라본을 따름.
135) 事: 저본에는 '使'로 나와 있으나 라본에 의거함. 이하의 경우도 동일함.
136) 之: 저본에는 빠져 있으나 나, 라본에 의거하여 보충함.
137) 大科: 가, 나, 다, 라본에는 '文科'로 되어 있음.
138) 去: 나, 라본에는 '出'로 되어 있음.

曰: "甲日以鶴翼陣行, 乙日以長蛇陣行." 每揚鞭紫陌, 飛塵在後, 有一年少儇卒, 追奔不能及, 注汗如漿, 喉喘氣促, 捧心倚墻而立, 須臾之間, 四蹄超忽, 迫不可望. 遂緩立拭汗, 擧手而指之, 曰: "愚哉彼官! 愚哉彼官![140]" 行路聞之, 抵掌而笑. 及爲義州牧使, 常把白羽扇, 一揮之, 則騎步成陣, 以習軍事. 適會鎭江遊擊來, 鴨綠江共船而飮, 汝岉一揮白羽扇, 百餘兵馬, 沿江而陣, 以誇嫭遊擊. 遊擊心愕, 把酒手戰, 玉盃觸盞盤有聲. 歸作飛語, 使遼將[141]詰問之, 朝廷聞之, 拿問之. 及壬辰亂, 以白衣從軍, 與申砬誓死, 臨達溪[142], 背水而陣, 爲賊兵所擠, 申砬[143]躍馬赴水, 顧謂汝岉曰: "令公男兒, 豈苟活?" 汝岉笑曰: "令公謂我畏死耶?" 遂叩鐙鞭馬, 投水而死. 事在『三綱行實』忠臣傳.

1-18.

贈禮曹判書趙憲者, 畿甸之金浦人也. 家世寒微, 好讀書, 中文科及第, 爲校書館正字, 直香室, 典諸祀焚[144]香. 先是, 國家以麗祖母始[145]誕賢王, 統合三韓, 特祀之, 祀用白檀香[146]. 憲以爲淫祀, 不宜分香, 不奉旨, 仍抗章而陳[147]之. 朝廷嘉之, 自此, 罷其香祀, 士論多之. 憲累上章, 言朝廷得失, 多觸時諱, 拂朝議, 每不報. 憲席

---

139) 控: 라본에는 '騎'로 되어 있음.
140) 愚哉彼官: 저본에는 빠져 있으나 나, 라본에 의거하여 보충함.
141) 遼將: 라본에는 '遼東將'으로 되어 있음.
142) 達溪: 나, 라본에는 '鏈溪'로 되어 있음.
143) 砬: 저본에는 빠져 있으나 나, 라본에 의거하여 보충함.
144) 焚: 저본에는 '分'으로 나와 있으나 가본을 따름.
145) 始: 가, 라본에는 '妃'로 되어 있음.
146) 白檀香: 가본에는 '紫檀香'으로 되어 있음.
147) 陳: 가, 라본에는 '諫'으로 되어 있음.

藁闕門外, 置斫刀, 蒲伏于地. 會有朝賀, 百官入闕門, 有宰相同年也, 謂憲曰: "來爾憲, 朝廷如殺爾, 豈少斧鉞, 何故自持斫刀來?" 朝[148]中大笑. 萬曆十八九年間, 日本關伯平秀吉, 有射天之志, 遣使求我國通信[149], 齮齕我恐喝我, 朝議以遣使爲不可. 時領相柳成龍建議, 通信往察之, 秀吉留我使, 五十日始見之, 對使飮以陶盃, 飮輒破, 新其盃, 又抱嬰兒膝上以戲之. 越[150]明年, 秀吉遣玄蘇以謝之, 憲上疏[151]曰: "陶盃飮破者, 示破盟也; 抱戲嬰兒者, 視我如嬰兒也, 請斬倭使, 奏聞天朝." 識者義之, 朝議以爲狂. 憲博誦古書, 善觀天象, 知有壬辰之亂, 使門人子弟先習勞, 每夜男女負戴, 上下山如陶侃運甓[152]. 至壬辰正朝, 祭先墓, 已集鄕黨父老, 饗以酒食, 辭別雪涕以去. 是年三月夜, 與群弟子坐, 有流星有聲耆然, 憲大驚曰: "今日賊下陸[153]矣!" 是天孛星之聲也, 及東報至, 果其日賊下陸矣.[154] 於是, 憲聚義旅[155]數百, 與倭戰. 是時, 我國官兵在在望風而潰, 無與一倭交鋒者, 獨憲之兵, 與倭倂首交臂而死, 未有一夫奔潰者[156]也. 時人, 比之以田橫義士也.

---

148) 朝: 나, 라본에는 '廷'으로 되어 있음.
149) 我國通信: 가본에는 '通信我國'으로 되어 있음.
150) 越: 저본에는 빠져 있으나 가, 나, 라본에 의거하여 보충함.
151) 疏: 저본에는 '書'로 나와 있으나 가, 나, 다, 라본을 따름.
152) 甓: 저본에는 '瓦'로 나와 있으나 나, 다, 라본에 의거함. 가본에는 '瓮'으로 되어 있음.
153) 下陸: 가, 나, 다, 라본에는 '渡海'로 되어 있음.
154) 是天孛星之聲也, 及東報至, 果其日賊下陸矣: 저본에는 빠져 있으나 가, 나, 다, 라본에 의거하여 보충함.
155) 義旅: 가, 라본에는 '義兵'으로 되어 있음.
156) 者: 저본에는 빠져 있으나 가, 라본에 의거하여 보충함.

1-19.

郭再祐[157], 嶺南玄風人, 監司郭越之子也. 少時, 以文成才, 去文[158]業武, 讀兵書治弓馬. 及親亡, 去文武, 求神仙, 入山辟穀採松而服. 萬曆壬辰, 倭兵大至, 再祐結義旅, 臨洛東江而陣, 寇不敢渡江而西. 聞金晬以方伯, 提師退挫以自保, 遂爲檄大讓之, 上章行在, 請誅之, 晬懼却師以避之. 嶺南左道賴而爲固, 寇不犯全羅道, 皆再祐之力也. 朝廷特拜慶尙兵使, 難定, 朝議重之, 除兵使不就, 以監司徵之, 猶不起. 乃復辟穀, 只茹松葉・松脂・松花, 不食葷血, 數月所服之穀, 不滿數溢米. 性嗜酒, 能一飮三四斗, 又不留臟腑, 飮訖, 盡倒瀉于地, 七竅如流水自下, 不自苦, 盡出三四斗乃已. 築室山中, 或臨江搆亭而處, 不與人事接, 不近婦女. 遭同氣喪治事, 不能辟穀, 强食數日, 忽風雨雷霆, 紫氣亘天, 溢然而逝, 年六十六. 時人稱之曰:"神仙不可學, 郭公不免死." 或曰:"屍解也." 或曰:"其死也, 純陽氣散, 故有紫氣."

1-20.

玄風人郭䞭, 字養靜, 篤學力行, 孝友俱至, 人無不愛而敬之. 壬辰之亂, 與同志奮義討賊, 朝廷特拜安陰縣監, 縣[159]有黃石山城, 可據險, 乃繕修爲嬰守計. 體察使李元翼, 謂䞭儒生, 乃以金海府使白士霖爲戰將, 䞭乃厚遇之, 期得死力. 又與咸陽郡守趙宗道, 結義守禦, 宗道以詩[160]勉之, 曰:'崆峒山外生雖樂, 巡遠城中死亦

---

157) 祐: 저본에는 '佑'로 나와 있으나 가, 라본에 의거하여 바로잡음. 이하의 경우도 동일함.
158) 文: 가, 라본에는 '而'로 되어 있음.
159) 縣: 저본에는 빠져 있으나 라본에 의거하여 보충함.
160) 詩: 저본에는 '時'로 나와 있으나 가, 다, 라본에 의거함.

榮.' 及其被圍, 白士霖之民, 皆嘗羽翼於賊者, 陰與賊通, 乘夜潛[161)
遁, 任賊闌入城中, 軍民驚潰. 趙與宗道, 端坐不動, 趙二子履常·
履厚, 亦不去, 一時遇害. 趙之女, 隨其夫出城, 與之相失, 謂夫已
死, 輒解鬈, 贈其婢, 曰: "吾所以至此者, 爲所夫[162)也, 今便相失,
吾不忍投身亂兵中苟生. 汝可生還, 歸[163)告舅姑." 卽縊死. 履常妻
在丹城, 聞夫家全沒, 亦縊死. 父死於忠, 子死於孝, 女與婦又死於
節, 一家五人, 皆以節義死, 求之古今, 亦所罕見. 趙贈禮曹參議,
履常·履厚贈禮曹正郞.

1-21.

惟政者, 東國豪僧也, 自[164)號松雲, 休靜弟子也. 常居五臺山月
精寺, 萬曆壬辰年, 居金剛山楡岾寺, 倭兵[165)大至, 與同舍僧, 避寇
深谷間. 有僧往覘, 倭入楡岾寺, 縛居僧[166)數十人, 索金銀諸寶, 不
出將[167)殺之. 政聞之, 欲往救之, 僧皆挽之, 曰: "吾師欲爲同寺僧
救其死, 慈悲莫大, 然探虎頭[168)將虎鬚, 無益, 只取禍耳." 政不從,
入亂兵中, 傍若無人, 倭兵[169)怪之. 至寺門, 諸倭或坐或臥, 劍戟交
鍛[170), 政不拜揖, 不顧眄, 不留行, 曳杖[171)揮手而入. 倭熟視而不之

---

161) 潛: 저본에는 '朁'로 나와 있으나 가, 다, 라본에 의거함.
162) 夫: 라본에는 '天'으로 되어 있음.
163) 歸: 저본에는 빠져 있으나 라본에 의거하여 보충함.
164) 自: 저본에는 빠져 있으나 가, 나본에 의거하여 보충함.
165) 倭兵: 다본에는 '倭賊'으로 되어 있음.
166) 居僧: 다본에는 '寺僧'으로 되어 있음.
167) 將: 저본에는 '戕'으로 나와 있으나 가, 나본을 따름.
168) 虎頭: 가, 나본에는 '虎口'로 되어 있음.
169) 兵: 저본에는 빠져 있으나 가, 나, 다본에 의거하여 보충함.
170) 鍛: 다본에는 '擻'으로 되어 있음.
171) 杖: 나본에는 '筇'으로 되어 있음.

禁, 歷山映樓, 至法堂下, 僧皆縛在兩廡下, 見政而[172]泣, 政不之顧. 有倭在禪堂外, 治文書如軍目者, 政立觀之, 倭兵亦不禁呵, 觀其文字, 不可曉, 或有隸字間其間. 直上法堂, 諸倭將列椅而坐, 政垂手不爲禮, 彷徨縱觀之, 如癡人. 有一將, 以文書問之曰: "爾解字否?" 政書以示之, 曰: "粗解文字." 又問曰: "爾國尊七祖乎?" 政書之曰: "有六祖, 焉有七祖?" 曰: "願聞之." 即列書六祖示之, 倭將大異之, 曰: "此寺有金銀諸寶, 爾可盡出之, 不然, 當殺之!" 曰: "我國不寶金銀, 只用米布, 金銀諸寶, 擧國罕有. 況山之僧[173], 只事供佛, 茶食草衣, 或絶粒餐松, 或乞飯民間[174], 以爲生, 豈有蓄金銀之理? 且觀將軍, 能知佛事有六祖, 佛法全以不殺爲上. 今觀無罪愚僧, 縛在廡下, 責以珍寶貨財, 彼一節千山, 寄食村間以供朝夕者, 雖刲身粉骨, 豈有一寸寶? 願將軍活之." 諸倭傳視其書, 動色顧下卒, 趨下堂, 盡解兩廡二十餘僧, 政又[175]揮手曳節而出. 倭將以大字書大板, 掛寺門, 曰: '此寺有知道高僧, 諸兵更勿入.' 即罷而去. 自此, 倭兵更不入楡岾寺. 朝廷除政爲僧將, 統管八道僧軍, 出入倭陣中[176], 以遊說爲己任. 嘗入倭陣[177], 見倭將清正, 清正[178]曰: "爾國何寶最貴?" 政曰: "我國無所貴, 貴乃將軍[179]之首也." 清正强笑, 而中實憚之. 難[180]既定, 入日本國, 家康以雪綿子

---

172) 而: 저본에는 빠져 있으나 나본에 의거하여 보충함.
173) 山之僧: 저본에는 '山僧之'로 나와 있으나 나본을 따름.
174) 民間: 나본에는 '村間'으로 되어 있음.
175) 又: 저본에는 빠져 있으나 나, 다본에 의거하여 보충함.
176) 中: 저본에는 빠져 있으나 나본에 의거하여 보충함.
177) 倭陣: 나, 다본에는 '賊陣'으로 되어 있음.
178) 清正: 저본에는 빠져 있으나 나본에 의거하여 보충함. 이하의 경우도 동일함.
179) 將軍: 나본에는 '清正'으로 되어 있음.
180) 難: 다본에는 '亂'으로 되어 있음.

二萬斤與之, 辭不得, 盡與對馬島主橘智正而歸. 及朝廷重修廟
闕, 政鳩集一國僧軍以助役. 余嘗見於香山普賢寺, 剃髮存髩,
長至帶而白, 時爲嘉善大夫. 後死於雄岳山, 年未七十, 有文集.

1-22.

聞諸古人, 戰陣無用, 不孝之一. 彼摧强陷堅, 制勝定亂, 勇之上
也. 至於城陷陣沒, 萬卒俱殱, 而獨步於鋩刀之中者, 亦非勇不克
庶免於不孝也. 出身愼大淵者, 郡守鶴鳴之子也, 卽余之妻兄也.
萬曆丁酉年, 南原城陷, 倭軍挺刃登城, 天將楊元, 僅以百餘騎跳,
天兵充牣城中, 只仰首呼天, 天乎天乎之聲, 震天駭地. 大淵勇身
超城, 揮劍越塹而遁, 攢鋒如麻, 莫能加. 是時, 康復誠爲長水縣
監, 天兵一騎, 自南原潰圍而來, 示所佩刀, 刀刃如鉅齒, 乃以一劍
左右防倭, 身無寸痕, 負暄縫鞋錐繩, 亦無亡矣. 復誠厚餉以勞之.
出身柳雲鳳者, 興陽縣吾族姓人也. 萬曆戊戌, 倭賊解兵歸, 天將
水軍都督陳璘, 與統制使李舜臣, 阻攔歸路, 雲鳳以水軍在戰船,
遇倭船相戰百餘. 倭按劍攀船, 芟刈我軍, 雲鳳入樓櫓下, 刺戰船,
樂安郡守方德龍, 與興陽將士俱死. 樓上血注如雨, 樓下刺船卒浴
其血, 鬚髮皆凝, 眼不得開. 俄而, 諸倭船颺帆遁, 獨其餘倭八十失
歸船, 相繼投海, 或游而攀陸地死. 我兵或溺死如投臼, 雲鳳釋楫
登樓, 見餘倭緣船舷下垂如猿掛, 盡斫其頭, 及船上死倭頭數十級,
納于統營.

1-23.

閑良申汝檜者[181], 興陽人[182]也. 萬曆己未年[183], 天朝徵我兵, 征
奴兒哈赤, 汝檜代嫡兄行, 與寶城人任興國, 俱射天字弓, 與一當

百之選. 入胡地, 鏖六七部落, 遇伏兵, 天將劉提督綎, 喬遊擊一琦, 我國偏裨宣川郡守金應河等, 皆力戰死之. 都元師姜弘立·副元師金景瑞, 以八千兵馬降於虜. 虜俗受降, 例以萬軍漬唾, 合盛一甕, 分食降卒, 以受降[184]. 汝橃隸弘立軍, 虜點降卒, 盡去寸刃, 驅之如犬羊[185]. 至黑龍江, 江深且廣, 淺灘猶沒肩, 自度渡此益絶歸路, 與同行者謀, 乃[186]高聲大呼[187]曰: "男兒不能死, 一涉此江, 終身夷狄, 孰從我而歸者?" 遂躍馬潰圍直出, 隨者十五人, 盡爲追騎所殄, 獨[188]與興國全焉. 緣崖[189]谷穿山林, 而馳[190]至一處, 巨壑中斷, 兩崖[191]相距數丈. 汝橃擧鞭躍[192]馬, 一超[193]而過, 興國馬後蹄, 不躝彼岸, 跌墜崖下, 踴身攀山, 脫甲而上, 追騎奮戰, 不逮者數尺, 幸[194]以獲免. 兩人一騎一步, 西南行數日, 宿山藪, 夜聞犬吠聲在十里外[195]. 汝橃曰: "吾聞胡犬見人, 追趕[196]而吠, 中原之犬, 吠不出門, 吾往試之, 覓粮而來." 共[197]到村外犬吠門中, 以華音呼

---

181) 者: 저본에는 빠져 있으나 가, 나, 라본에 의거하여 보충함.
182) 人: 가, 나, 라본에는 '庶孼'로 되어 있음.
183) 年: 저본에는 빠져 있으나 나, 라본에 의거하여 보충함.
184) 以受降: 저본에는 빠져 있으나 가, 나, 라본에 의거하여 보충함.
185) 犬羊: 가, 나, 라본에는 '群羊'으로 되어 있음.
186) 乃: 저본에는 빠져 있으나 가, 나, 라본에 의거하여 보충함.
187) 呼: 가, 나, 라본에는 '叫'로 되어 있음.
188) 獨: 나본에는 '猶'로 되어 있음.
189) 崖: 나본에는 '山'으로, 라본에는 '溪'로 되어 있음.
190) 馳: 저본에는 빠져 있으나 가, 나, 라본에 의거하여 보충함.
191) 崖: 가, 나, 라본에는 '岸'으로 되어 있음.
192) 躍: 가, 나, 라본에는 '叱'로 되어 있음.
193) 超: 가, 나, 라본에는 '躍'으로 되어 있음.
194) 幸: 나, 라본에는 '艱'으로 되어 있음.
195) 外: 라본에는 '餘'로 되어 있음.
196) 趕: 나, 라본에는 '赶'으로 되어 있음. 서로 통함.
197) 共: 저본에는 빠져 있으나 나본에 의거하여 보충함.

曰: "孩子, 孩子!" 村無男, 只有[198]婦人, 呼集出觀, 爭[199]以壺醬[200],
饋糧迎送. 歸到我昌城, 陣將李挺男, 選輕騎十一人, 令復往黑龍
江偵候, 不見我師, 歸値胡賊, 死[201]者七騎, 獨與四騎還焉. 天兵之
攻部落也, 無男女少長而廝殺之, 小兒皆交臂瞑目, 縮坐而受刃.
有婦絶艶, 盛粧裾[202]胡[203]床, 汝樻按劍, 三進而[204]三不忍, 手撫[205]
之, 婦以羅衫裏手, 聽其攜, 天兵拔劍[206]斫之.

### 1-24.

僧智正, 居金剛山楡岾寺. 萬曆壬辰之亂, 倭寇入寺攻刦, 使智
正指路, 將掠村閭. 楡岾溪洞, 沿川達高城, 回還復周二百七十里,
自古, 人跡不通, 險絶無蹊. 智正先路而行, 不指狗岾直路, 中道遇
大雨, 進退路絶, 川漲壑溢, 五十餘倭, 盡憊飢不得起. 智正自幼善
游水, 遂赤身投深潭, 諸倭皆驚, 謂僧已死, 罔知行止. 智正潛泅水
中, 伏行達于亂葦中, 腰間裹飯飽喫, 竄身潛逃. 四十餘倭盡死, 其
餘七倭, 踰峻險, 達于杆城乾鳳寺, 得活. 智正, 今居安邊石寺.

### 1-25.

魯認·柳汝宏, 皆湖南儒士也. 壬辰之亂, 俱被倭所虜, 自釜山登

---

198) 有: 나, 라본에는 '群'으로 되어 있음.
199) 爭: 저본에는 빠져 있으나 나, 라본에 의거하여 보충함.
200) 壺醬: 가, 라본에는 '酒漿'으로 되어 있음.
201) 死: 저본에는 빠져 있으나 가, 나, 라본에 의거함.
202) 裾: 나본에는 '倨'로, 라본에는 '踞'로 되어 있음. 서로 통함.
203) 胡: 저본에는 빠져 있으나 나, 라본에 의거하여 보충함.
204) 而: 저본에는 빠져 있으나 가본을 따름.
205) 撫: 나본에는 '捫'로 되어 있음.
206) 劍: 가, 라본에는 '刀'으로 되어 있음.

船, 向日本國[207]. 同行者我國七人, 離鄉去國, 爲異域之俘, 皆悲愁少生意, 思負石投海而不得. 夜於舟中, 相枕而眠, 汝宏夢得一環, 七人互爭之, 覺而自解, '環者回旋之物, 或者回旋故鄉之非[208]耶?' 第不識古書循環賜環有還歸[209]之義, 然猶一心耿耿, 恒與七人相從, 密圖生還故國. 入日本, 日勤傭作, 私貯銀錢, 欲乘其便者五六[210]年, 七人相與謀, 儵倭小船, 將由對馬島渡釜山. 魯認曰: "不可! 對馬島[211]屬日本, 日本命令, 無大小奉承, 吾儕出萬死, 歸到對馬島, 對馬島主括而還之日本, 事益危. 吾意南藩[212]國與倭交貨, 其船之到倭境, 舳艫相接, 吾因商販, 有與南藩人相善者, 若入南藩, 達于中州福建, 萬全之策也." 汝宏等六人曰: "魯生之意, 邈然遲遠, 不可從." 於是, 認與六人泣別, 分船而發. 六人由對馬島, 是年渡[213]釜山, 各歸其鄉. 獨認登南藩商船, 入南藩國, 其地與中原通貨, 多綾羅錦繡. 又多燔畫器, 甚淸瑩可翫, 中原之絶勝畫器, 皆出南藩. 其燔之也, 多用人膏, 凡人之老病不堪傭役者, 皆灸而出其膏以燔之. 五穀所生, 稻粱極貴, 朝夕用切肉數斤, 和麪餠而食, 食以手, 不以匙箸. 魯認自南藩, 渡中原福建, 福建地主題本徹天子, 待其還報, 動經一歲, 縣閩入楚, 遊洞庭湖・岳陽樓, 過瀟湘黃陵廟, 轉而出蘇・杭州, 覽浙江・西湖之勝, 航黃河・楊子江, 歷齊・韓之境, 而達于燕京, 遇我國朝京之使, 歸于故都. 其間奇觀壯遊, 雖博望・子長, 無以過之. 旣還, 尋汝宏于全州, 其歸已三載矣. 後汝宏累中

---

207) 國: 저본에는 빠져 있으나 나, 라본에 의거하여 보충함.
208) 非: 라본에는 '兆'로 되어 있음.
209) 有還歸: 저본에는 빠져 있으나 라본에 의거하여 보충함.
210) 五六: 이본에는 '六七'로 되어 있음.
211) 島: 저본에는 빠져 있으나 나, 라본에 의거하여 보충함. 이하의 경우도 동일함.
212) 南藩: 나, 라본에는 '南蠻'으로 되어 있음. 이하의 경우도 동일함.
213) 渡: 나, 라본에는 '到'로 되어 있음.

文科, 初試不第. 認應武擧登科[214], 爲呂島萬戶, 今陞折衝階.

1-26.

平昌郡守權斗文, 壬辰之亂, 爲倭所虜, 鎖其手足, 囚之戶籍庫中. 俄有, 一倭持一函, 開示斗文, 卽人首也. 曰:"此原州牧使金悌甲首也, 將獻于將軍之陣, 明日汝到將陣, 亦如是哉!"斗文益懼, 終夜脫鎖, 手足俱血, 而鐵索絶矣. 遂積戶籍冊, 高與屋樑齊, 攀而登穿, 承塵而出墻外, 倭卒枕籍而宿. 斗文褰裳蹂躪而去, 群倭睡宿不之覺, 得免焉. 時水使李芷, 年少未達, 携六歲弟, 伏于草中, 爲倭所俘, 獻于陣中. 用鐵鎖[215]緘其項, 藏之屋奧, 釘于柱, 群倭守之. 時夏月也, 群倭亂臥于[216]庭廡間, 無容足處. 芷夜搖其釘拔之, 守倭以火來察之, 還釘之如初, 竢倭睡熟[217], 束其鎖而懷之. 不忍棄弟而逃之, 負於背, 密戒勿啼, 赤脚越睡倭, 擇地而踏, 得出庭除, 有短墻四五尺, 其外數仞. 欲[218]負兒而超, 恐其聲震地, 先以兒垂而落之, 曰:"勿啼! 啼則死矣." 投之地, 兒呀呀而啼, 隨而超之, 負而走, 倭牢[219]睡未之覺. 後登第, 芷改名芝, 爲全羅道水使而卒.

1-27.

萬曆丁酉, 楊經理鎬, 在平壤也. 南原城陷, 第二日, 擺撥之報, 已到平壤. 經理問接伴使李德馨曰:"全州去南原, 幾日程; 京城去

---

214) 武擧登科: 나본에는 '武科登第'로, 라본에는 '武擧登第'로 되어 있음.
215) 鎖: 라본에는 '索'으로 되어 있음.
216) 于: 저본에는 '而'로 나와 있으나 라본에 의거함.
217) 熟: 저본에는 '宿'으로 나와 있으나 라본을 따름.
218) 欲: 저본에는 빠져 있으나 라본에 의거하여 보충함.
219) 牢: 저본에는 '卒'로 나와 있으나 라본을 따름.

全州, 幾日程?"曰: "全州・京城, 皆若干程." 曰: "今日飛報, 某日南原陷, 全州留陣將陳遊擊, 孤軍無繼援, 事已危矣. 吾當今日進軍王京." 卽放砲三聲, 經理幅巾行衣, 鞭馬獨出, 萬軍隨之, 不分晝夜[220], 移往京師. 時賊兵到稷山, 朝夕直[221]抵京師, 提督將軍麻貴・劉綎等, 無意交鋒, 將斂軍而退, 已上題本, 歸咎先王圖自免. 經理正色叱之, 凝然色不變[222], 請先王進兵, 與己偕南. 經理遂乘千里驃, 舉鞭而先渡漢江浮橋. 先是, 漢江比舟爲梁, 鋪板舟上以爲路, 多臬兀不平, 先王不閑騎乘, 不能躍馬而及之. 經理已渡江, 顧接伴使而笑曰: "我非實與大王偕南, 欲觀大王能騎與否. 兵危事也, 大王之身, 宗社[223]所繫也. 不可比匹夫馳突, 試千金之軀於不測之地." 乃回馬首還京師, 曰: "願大王退住西路, 俺當獨留軍以策應." 先王泣下, 曰: "國事已去, 大賊將迫京師, 不轂義死守, 安敢以賊遺老爺, 獨圖苟活?" 經理强之百請, 猶不許, 經理曰: "無已, 則廟社[224]之主與中殿[225]・東宮・諸王子, 可經出以避之." 先王不獲已從之, 使東宮陪內殿, 向成川, 擧京師百萬家, 隨兩宮而西. 巷無遺民, 獨先王與經理, 留京以待變. 經理洞開城門, 夜坐太平館, 諸軍岑[226]寂, 招裨將, 命各哨選勇敢士各二名, 裝束以待. 須臾得二百人, 皆如虎如貙, 密戒曰: "各抱[227]器械, 潛伏素沙橋, 遇賊鏖殺, 勿令斬級徼功, 引賊而北, 使五[228]千騎交鋒." 尋又傳令, 選精兵二千

---

220) 晝夜: 나, 라본에는 '宵晝'로 되어 있음.
221) 直: 저본에는 빠져 있으나 나, 라본에 의거하여 보충함.
222) 變: 가, 라본에는 '動'으로 되어 있음.
223) 社: 저본에는 '室'로 나와 있으나 나, 라본에 의거함.
224) 廟社: 나본에는 '宗社'로 되어 있음.
225) 中殿: 저본에는 빠져 있으나 나, 라본에 의거하여 보충함.
226) 岑: 저본에는 '涔'으로 나와 있으나 나, 라본에 의거하여 바로잡음.
227) 抱: 라본에는 '把'로 되어 있음.

騎, 戒之曰: "伏素沙峴外, 遇賊鏖殺, 引賊而北, 與五千騎交鋒."
又選五千騎, 戒如前, 伏振威·箪山²²⁹⁾而待. 又選五色火兵²³⁰⁾, 服其
服, 排陣漢江北, 作疑兵. 經理與麾下諸將, 設帷幄建旗皷于南山
城上, 終日飮博歡笑. 俄而, 飛騎來報, 賊已離稷山前來, 經理色不
動²³¹⁾. 少頃, 有朱旗馳報, 賊渡²³²⁾素沙橋, 天兵二百騎用鐵鞭, 鞭賊
前鋒, 鏖盡數百人, 引賊退北. 到峴外, 二千騎追奔, 斬數百千²³³⁾
級. 於是, 賊竄歸巢穴, 天兵二百騎, 建一大旗前導, 黃金大字書,
曰'天兵大捷之旗', 各於旗槊上懸倭首, 簫螺皷角, 奏凱還京師, 京
中大軍歡聲如雷.

野史氏曰: "余嘗觀朝鮮國, 素沙橋去王京二日程, 飛騎兼程, 不
日而至. 大賊張鋒直搗, 其勢不可當, 殆而殆, 而楊經理不動聲色,
談笑而却之, 使二百年²³⁴⁾王業, 垂喪而復全, 其功何可量? 宜夫其
國生祠而俎豆之, 欽歟休哉!"

## 1-28.

楊經理鎬, 將攻道山, 倭將淸正, 備圍極固. 賊中砦寨壁壘, 機穽
埋伏, 別用兵法所未有之策, 欲拔其城, 必善偵探而後²³⁵⁾, 可入, 募
軍中, 衆莫能應. 有倭降二人請往, 經理曰: "爾能入人所不入之地,
必有証可信, 將証之以何物?" 曰: "入賊中, 當以斬級爲証." 曰:

---

228) 五: 저본에는 '二'로 나와있으나 나본을 따름.
229) 箪山: 나, 다, 라본에는 '草山'으로 되어 있음.
230) 火兵: 나본에는 '伏兵'으로 되어 있음.
231) 動: 나본에는 '變'으로 되어 있음.
232) 渡: 나, 다, 라본에는 '到'로 되어 있음.
233) 千: 저본에는 빠져 있으나 나, 라본에 의거하여 보충함.
234) 年: 저본에는 빠져 있으나 나본에 의거하여 보충함.
235) 後: 저본에는 빠져 있으나 라본에 의거하여 보충함.

"諾." 於是, 降倭拔剃刀髡其髮, 搜[236]舊褚出其服, 着之, 帶倭廣刀鎌, 作樵倭, 收[237]採薪于倭陣外. 日且暮, 雜倭陣樵倭而入, 倭陣莫之辨也. 於是, 城壕[238]之[239]襟帶, 巢穴之表裡, 柵磧之高低, 局戶之闔闢, 無不細探而[240]還出, 陣外數十里, 有埋伏兵五百, 斬三級, 歸獻于經理, 以証之. 經理大喜, 乃夜啣枚, 乘其睡也, 亂斫五百伏兵, 無遺子. 遂由大路進大兵, 左右枝兵, 使兩降倭由山路爲路, 引抵道山, 圍之三匝. 清正大開壁門, 出兵[241]以抗之, 天兵良久戰, 斬獲無算, 餘倭悉入壁門. 天兵直擣之, 陣中有重城, 皆坡陀不嶄絶, 城上樹廣石, 皆穿孔, 便於放砲. 天兵薄之城下[242], 鐵丸如雨, 死屍相藉, 不得攀城而上. 土窟之外, 木柵複複, 多曲折阻防, 其勢可以一敵百, 不得一倭, 而我兵之衄, 殆不可勝計. 降倭曰: "倭陣之固, 自古若是. 一入其窟, 雖神兵莫能拔, 知兵者[243]必斂兵而退, 庶[244]不傷我兵, 宜退師以待便." 於是, 旋軍圍數匝累日, 倭已焚山楮野, 匝三四十里, 無寸草木. 天兵蒭茭路遠, 人畜具困,[245] 天寒雨雪, 士卒多凍死. 倭陣嬰城高壘, 陽作哀辭乞和, 受雨雪濡衣裳, 爲取水救渴之狀, 而其實引渠陣中, 長流不渴. 又擲寶貨于城外, 任天兵自取, 宣言朝暮且降, 使天兵解體. 外列小艇四五十艘, 出沒波濤, 使天兵控禦力分, 遲延旬日, 以待外援之大[246]至. 于時, 倭將沈安

---

236) 搜: 라본에는 '披'로 되어 있음.
237) 收: 라본에는 '狀'으로 되어 있음.
238) 壕: 라본에는 '濠'로 되어 있음. 서로 통함.
239) 之: 저본에는 빠져 있으나 라본에 의거하여 보충함.
240) 而: 저본에는 빠져 있으나 라본에 의거하여 보충함.
241) 出兵: 저본에는 빠져 있으나 라본에 의거하여 보충함.
242) 城下: 라본에는 '城底'로 되어 있음.
243) 知兵者: 저본에는 빠져 있으나 라본에 의거하여 보충함.
244) 庶: 저본에는 빠져 있으나 라본에 의거하여 보충함.
245) 人畜具困: 라본에는 '人馬俱飢'로 되어 있음.

道, 自泗川擧大軍, 舳艫蔽海襲其外, 天兵潰亂相躪, 勢不得支[247]. 淸正始開壁門, 大放窟中之兵, 左右挾擊之, 所殺過當, 經理不獲已收兵西還. 是年, 日本關伯平秀吉死, 越明年, 倭橋賊陣將行長, 使[248]使誘天將劉綎, 曰: "今欲解兵東歸[249], 第恐水軍截我歸路, 要與將軍講解." 綎大悅曰: "若之何爲證?" 行長選被擄我國兵及天兵四五百人, 以爲紀綱之僕, 還之綎, 綎亦選取獲倭兵四五百人, 以還之. 卽春秋戰國之時, 兩軍講和之故事也. 行長解兵還, 水軍提督陳璘大怒, 結千艘要其路, 統制使李舜臣, 亦大怒, 發龜船數百艘, 選水軍欄之. 倭賊大敗滄海, 乘大霧潛遁, 陳遊擊·李統制使死之[250]. 吁! 賊運未盡, 天威小挫, 神不助順, 雨[251]霧害事, 卒使妖賊巨魁[252]全其項領而返, 豈不痛哉? 是時, 天兵獻馘, 一人獻二十餘級, 經理手提一級, 訊之曰: "此是偵探降倭, 若從何得來?" 其人不敢對, 經理卽斬之.[253]

1-29.

天朝官人劉海者, 我國晉州人也. 本姓名愼敏, 父應昌儒士也[254], 愼東方大姓也, 同姓多作顯官. 萬曆二十一年, 晉州遇倭變, 一家九人被槍掠, 海十一歲, 入劉提督綎軍, 綎哀之, 置軍中撫摩之. 及

---

246) 大: 저본에는 빠져 있으나 라본에 의거하여 보충함.
247) 支: 저본에는 '止'로 나와 있으나 라본을 따름.
248) 使: 저본에는 빠져 있으나 라본에 의거하여 보충함.
249) 歸: 라본에는 '還'으로 되어 있음.
250) 之: 저본에는 빠져 있으나 라본에 의거하여 보충함.
251) 雨: 저본에는 '而'로 나와 있으나 라본에 의거함.
252) 巨魁: 라본에는 '渠帥'로 되어 있음.
253) 是時天兵獻馘 … 經理卽斬之: 저본에는 빠져 있으나 라본에 의거하여 보충함.
254) 儒士也: 저본에는 빠져 있으나 가, 나, 라본에 의거하여 보충함.

寇退, 隨綎²⁵⁵⁾入中國爲家丁, 冒綎姓名爲海, 從綎討陝賊楊應龍, 有軍勳, 爲千摠·遊擊等官. 四十六年, 撻虜²⁵⁶⁾奴兒哈赤, 寇遼廣, 綎率大軍, 次遼左鎭江, 海擊虜淸河堡, 戰不利革職,²⁵⁷⁾ 仍在綎軍. 通書于我國翊衛愼守乙, 卽其同姓也. 因復書知應昌新自日本還, 海²⁵⁸⁾以差官東觀, 自平安道抵京師. 所歷邑主恭謹, 辭客舍不處, 移舍私室, 至國都, 下馬于國南門外, 步入太平館. 自上送禮物, 必加之卓上, 下庭四拜, 如東臣禮. 乞下晉州尋父, 朝廷不許, 諭晉州使其父乘馹馬來相會. 初一家九人俱被虜, 不知死生, 其弟六歲²⁵⁹⁾入倭中, 學醫方, 事治病, 蓄貨産, 聞父爲俘奴邇邑, 賂百金貰之. 是年, 値我刷還本土民, 與父偕還. 至是, 與海相會于京師, 時年三十七, 父子俱換舊面, 應昌不記海面, 海獨彷彿記應昌貌, 疑是非²⁶⁰⁾. 與其弟, 兩不相識, 海幼時, 謬以瓦礫, 傷其弟眼傍, 瘢痕猶在, 問之果然. 於是, 父子三人, 相持痛哭. 凡沿路所²⁶¹⁾得禮幣, 及自上贈遺, 悉以還其父, 又以所騎靑驃²⁶²⁾, 贈之, 曰:"此驃日行三日程, 故鄕有寇來, 乘此驃以避之." 上又官應昌六品軍職, 以慰之, 海承命四拜五叩首謝恩. 應昌詩以贈, 海歸中國, 其詩曰:'九人家屬各分離, 處處相思處處悲. 處處分離今會合, 六人無處可聞知.' 父子痛哭而別, 聞者無不下淚. 歸與綎征虜戰死.

---

255) 綎: 저본에는 빠져 있으나 가, 라본에 의거하여 보충함.
256) 撻虜: 가본에는 '㺚丹胡'로, 나본에는 '㺚奴'로 되어 있음.
257) 戰不利革職: 가본에는 '戰得利華職'으로 되어 있음.
258) 海: 가, 나, 라본에는 '請綎'으로 되어 있음.
259) 歲: 저본에는 '人'으로 나와 있으나 가, 나, 라본에 의거함.
260) 是非: 가, 나, 라본에는 '其是否'로 되어 있음.
261) 所: 저본에는 빠져 있으나 가본에 의거하여 보충함.
262) 驃: 나, 다, 라본에는 '蠃'로 되어 있음. 서로 통함.

## 德義

1-30.

河西先生金麟厚, 湖南人也. 年十八九, 來京師, 時七夕試士泮宮, 容齋李荇爲大提學, 賦以七夕爲題, 河西入二上格爲魁. 容齋奇之, 以爲人與辭俱玉, 但遐鄕弱冠人, 文章早詣如許, 頗疑其假手他人. 俾居之泮宮, 出七題以試之, 其中「鹽賦」・「盈虛賦」, 是也. 至今爲東人傳誦. 及登朝, 歷敭淸顯[263], 惡奸人擺權, 棄官而歸. 以弘文校理徵, 應召登途, 性嗜酒, 於行路載數石酒, 見路傍村店有花有竹, 輒下馬引酌. 如是數十日[264], 所行纔數日程, 及酒盡, 稱疾不行, 終其身不仕. 嗜性理書, 著工[265]最深, 與眉菴柳希春, 日[266]講劚[267], 結爲婚. 晚年訓後進, 『大學』缺三張, 口誦書之, 後日叅以善本, 其小字輯註, 無一字錯. 余少時觀其賦, 溫熟精鍊, 最合於科程, 及見『河西全集』, 則[268]無大服人處.

1-31.

栗谷李先生珥[269], 爲兵曹判書, 北邊有賊胡泥湯介之亂, 自京選戰士以防之. 事定, 先生[270]進言于經席曰: "自古, 有國一用兵, 兵不息. 國家昇平百年, 民不知兵, 今始用之. 自此之後, 兵且不息, 請預選八道精兵十萬, 以備不虞." 時左右不助其言, 或以爲, '先生

---

263) 淸顯: 저본에는 빠져 있으나 나본에 의거하여 보충함.
264) 數十日: 나, 라본에는 '十許日'로 되어 있음.
265) 工: 나, 라본에는 '功'으로 되어 있음.
266) 日: 저본에는 빠져 있으나 나본에 의거하여 보충함.
267) 劚: 나본에는 '劘'로 되어 있음. 서로 통함.
268) 則: 저본에는 빠져 있으나 나본에 의거하여 보충함.
269) 珥: 저본에는 빠져 있으나 라본에 의거하여 보충함.
270) 先生: 라본에는 '珥'로 되어 있음. 이하의 경우도 동일함.

怯, 見一小醜, 欲備十萬兵.' 其後, 有壬辰大亂, 兵不解者七八年, 議政柳西崖成龍曰: "後世吾不免小人之名! 平時叔獻請備十萬兵, 吾意以爲迂, 到今爲大悔. 叔獻有高識, 吾儕愧死矣." 惜乎! 當時吾預經席, 不贊[271]其言也.


1-32.
　尹相國弼商, 爲刑房承旨, 冬日極寒. 康靖大王召見于寢殿外, 曰: "今日嚴沍, 一年之最, 予以人主坐深宮燠室, 折綿之寒, 無自而入. 寒威凜烈猶如此, 況負罪人枷縲北扉, 薄衣單裳幽囹圄中乎! 爾其出按囚籍, 可放者聞之." 弼商對曰: "聖念至此, 夏禹泣辜之仁, 無以過也. 臣於平日, 熟究職分內事, 不待出按囚籍." 仍毫分絲析[272], 口誦丹書, 畢陳放未放於前席[273]. 上大驚, 謂內殿曰: "若人當官居[274]職, 可以屬大事, 當一面. 不圖余之廷[275]中有如此賢臣." 命引入殿內, 賜御醞, 脫貂裘以衣之. 由是[276], 寵渥異常, 超資越階, 每政有恩除, 官至議政. 燕山朝, 貶配珍原. 弼商嘗入中原, 問名卜, 曰: "平生勳名冠人臣, 但終死於三林之下." 未解其義, 及貶僑處珍原民舍, 聞室外樵兒呼伴, 曰: "今日共樵中林!" 弼商問主人曰: "何謂中林?" 主人曰: "此地有中林·上林[277]·下林, 皆地名也." 弼商悵然曰: "吾死此地矣." 未幾, 病死.


---

271) 贊: 라본에는 '贊揚'으로 되어 있음.
272) 析: 저본에는 '折'로 나와 있으나 나본에 의거하여 바로잡음.
273) 席: 저본에는 빠져 있으나 나, 라본에 의거하여 보충함.
274) 居: 라본에는 '擧'로 되어 있음.
275) 廷: 다본에는 '庭'으로 되어 있음.
276) 由是: 라본에는 '自是'로 되어 있음.
277) 中林·上林: 나, 라본에는 '上林·中林'으로 되어 있음.

1-33.

尙相國震, 爲人寬厚, 度量弘大, 平生未嘗言人過. 有一人短一足, 客以爲言, 震曰: "客何言人短處? 宜曰'一足長'." 當世以名言稱. 二相吳祥, 少時作詩[278]曰: '羲皇樂俗今如掃, 只在春風盃酒間.' 震覽之而嘆曰: "余嘗多吳生, 以爲終大成, 何其言之薄耶?" 卽[279]下筆改之, 曰: '羲皇樂俗今猶在, 看取春風盃酒間.' 四字之間, 氣像懸絶, 宜夫吳之名官下尙一頭地也. 震往政府, 卜相而還, 其孫女婿李濟臣問: "今日卜相, 誰爲之耶?" 震默然, 濟臣曰: "似聞沈通源應在卜中, 信乎?" 曰: "似爲之, 其人髣好." 震年十七不能文, 嘗往僧伽寺讀書, 以手指濡唾, 書于僧床油紙, 有一士, 正色叱之曰: "小子陋哉! 何以口中唾書之步地?" 震大慚且怒, 且恨男兒不文, 不可以行于世', 棄之步還, 足皮軟血滿履矣. 遂從師[280]力學進取, 應十二科取才之試, 卒捷文科巍第. 性雖寬裕, 其勇於進取如此. 其狙擊權奸也, 亦不隨波踦踤, 故見重淸議, 所以躋相位者, 以此. 然其曰'髣好者', 亦憚濟臣之直也.

1-34.

漢高祖, 以聖人之資, 粗傳呂公之相法, 雜以術數, 叅之以人事, 百不一失. 能知吳廣·陳勝先起於東南, 能知吳王濞作亂於五十年之後, 而又能知終必無成, 故拊背而送之. 能知呂氏作亂於臨朝之日, 故欲廢太子, 能知呂氏王諸呂, 故與群臣, 刑白馬而盟, 曰: "非劉氏而王者, 天下共擊之." 能知諸呂無人才, 終亦無成, 故不易太

---

[278] 詩: 나본에는 '歌'로 되어 있음.
[279] 卽: 저본에는 빠져 있으나 나, 라본에 의거하여 보충함.
[280] 師: 저본에는 '事'로 나와 있으나 나, 라본을 따름.

子. 能知王陵以直見廢, 而周勃能安劉氏, 陳平又不可獨任, 故使有相制以成後事. 能知諸呂作亂, 而呂嬃[281]之夫樊噲可虞, 故使陳平斬噲, 而代之以勃. 且遺呂氏以身後之計, 皆攻呂氏[282]之策, 而呂氏不知, 一遵遺敎, 終貽一家之患, 而[283]不自覺. 呂氏問相陵·平·勃之後誰可代者, 則帝[284]曰: "非乃所知也." 是能知呂氏之壽不能及於平·勃爲相之後, 而安劉滅呂之後, 更無可言之策故也. 雖聖人之智, 不雜以術數, 則難必後來之歲月, 雖術數之妙, 不叅以人事, 則難分天下將相之得失, 非所謂不可測之神耶乎? 觀其屬四皓調護之後, 召戚夫人楚舞, 自爲楚歌以自傷者, 是[285]知呂氏之必殘其母子, 悲歌永訣, 如項羽別虞姬之爲也. 見大計輕小患, 非聖帝大擧措而[286]何? 偉哉!

## 隱逸

### 1-35.

洪裕孫, 隱君子也. 翫世高蹈, 不干榮利, 與南秋江相友, 自放于山水間. 一日, 過所善名宰, 待之甚款, 與錦衾繡褥宿焉, 朝而辭去, 其衾褥中有遺矢. 嘗登高岸放尿[287], 尿長如繩抵崖下, 群童聚觀而驚呼之, 裕孫卽縮其尿, 還入腹中[288]. 聞秋江將遊金剛山, 先

---

281) 嬃: 저본에는 '須'로 나와 있으나 라본에 의거함.
282) 氏: 저본에는 빠져 있으나 나본에 의거하여 보충함.
283) 而: 저본에는 빠져 있으나 가, 나, 라본에 의거하여 보충함.
284) 帝: 저본에는 빠져 있으나 가, 나, 라본에 의거하여 보충함.
285) 是: 저본에는 빠져 있으나 나, 라본에 의거하여 보충함.
286) 而: 저본에는 빠져 있으나 가, 나, 다, 라본에 의거하여 보충함.
287) 尿: 나, 라본에는 '矢'로 되어 있음. 서로 통함. 이하의 경우도 동일함.
288) 還入腹中: 저본에는 빠져 있으나 가, 나, 라본에 의거하여 보충함.

往遊焉. 迺攀高樹緣絶壁, 題詩曰: '生先檀帝戊辰歲, 眼及箕主[289] 號馬韓. 留與永郎遊水府, 偶牽春酒漰人間.' 題訖斫其樹, 拔其根 而夷之. 秋江見其詩, 瞻望不可攀, 深異之, 以爲蜚仙之詩. 其詩載 秋江『楓嶽錄』. 年九十娶妻, 生一子, 名志成, 多識古文, 訓後進有 聲. 死壬辰難.[290]

1-36.

李之蕃, 高士也. 仕恭憲大王朝, 爲司評, 時尹元衡顓權, 欲令非 理斷訟, 棄官而歸. 結廬丹陽江上, 修養精神, 所居明光生室, 列邑 餽餉, 皆辭不受. 家有一靑牛, 兩角之間八九尺[291], 常騎之, 縱遊江 上. 一日, 積雪滿山, 騎靑牛, 登山巓[292]賞翫, 無從遊者, 只一童 子[293]驅牛而從. 之蕃不勝淸興, 顧謂童子曰: "爾亦知此樂乎?" 童 子曰: "小人寒, 不知樂也." 其子山海, 爲一時名流, 相愛者, 起公 爲丹陽守[294]. 見兩岸之間, 雙峰對峙, 欲爲飛仙之遊, 求葛索於庭 訴之民, 衡之兩峰間, 造飛鶴容, 人坐其上, 著環而懸之, 往來如飛 空, 民望之如神仙. 未幾, 棄官而歸. 後崔公代其任, 其子男秀, 入 官廳庫中, 不收一物, 只有葛索充焉. 吾先君與公最相善, 相國山 海每稱余世交云.

---

[289] 主: 가, 나, 라본에는 '王'으로 되어 있음.
[290] 年九十娶妻 … 死壬辰難: 저본에는 빠져 있으나 가, 나, 라본에 의거하여 보충함.
[291] 尺: 마본에는 '寸'으로 되어 있음.
[292] 山巓: 가, 다, 마본에는 '山家'으로 되어 있음. 서로 통함.
[293] 子: 저본에는 빠져 있으나 마본에 의거하여 보충함.
[294] 守: 마본에는 '倅'로 되어 있음. 서로 통함.

1-37.

金淨沖庵, 未釋褐有詩名, 操節特殊, 士輩仰慕. 南袞文章節行, 不下於時人, 而士類賤之, 皆目之以小人. 袞爲直提學, 淨尙儒士, 相遇於友人家, 淨方大醉, 吐茵而臥, 見袞至, 不爲禮. 主人蹙之使起, 乃始蓬髮而坐, 瞪目視袞, 曰: "何物小子來醒我夢?" 袞待之[295] 盡敬, 曰: "聞措大名, 常如卷中人, 欲一奉無因, 乃幸得拜於[296] 今日. 生新得輞川圖障子, 願得佳篇, 以賁障首." 遂命蒼頭, 取之家以進, 淨醉墨揮灑, 不多讓, 亦不沈思而就. 其詩曰: '江南有樂地, 夜裡夢逍遙. 自買花村酒, 分明過此橋.' 蓋指有人荷酒壺渡橋者然. 袞再三諷詠稱善, 媿謝[297]而去. 時己卯諸賢, 皆奉靜庵, 一時賢流皆歸焉. 袞雖以名節自好, 士類皆先見其不是處, 見輒詆詬, 露於言色, 袞盡其情禮而順之, 猶不容受焉. 故心常怏怏, 卒至搆虛捏無, 與沈貞綵袍, 入神武門上變, 羅織諸賢, 皆打於一網. 袞雖[298] 不勝睚眦, 致此罔極, 而平生無顯過, 獨此事爲鬼蜮[299]所不爲. 及其老也, 常自悔尤[300], 每獨坐口語, 以手擊欄, 其慷慨[301]之色, 現於外, 盡取平生所著文章, 投之火中. 袞文章甚高, 東方子集所罕倫, 而自滅其所善, 懼不善之益彰於後也. 今有『止亭集』, 乃其外孫礪城君宋寅, 所裒集[302]著述之散落在世者, 非徒家稿中出者也.

---

295) 待之: 저본에는 빠져 있으나 가, 나본에 의거하여 보충함.
296) 於: 저본에는 빠져 있으나 가, 나본에 의거하여 보충함.
297) 謝: 저본에는 빠져 있으나 가본에 의거하여 보충함.
298) 雖: 저본에는 빠져 있으나 가본에 의거하여 보충함.
299) 蜮: 저본에는 '蛾'로 나와 있으나 다본에 의거함.
300) 尤: 가, 나본에는 '訧'로 되어 있음.
301) 慷慨: 나본에는 '慨歎'으로 되어 있음.
302) 集: 가, 나본에는 '聚'로 되어 있음.

1-38.

曹南溟植高蹈, 一世嘉之, 遯於嶺南, 視軒冕猶塗泥. 其來京師也, 嘗遊於[303]蕩春臺之北·武溪洞之南[304], 礪城尉宋寅[305], 官雖駙馬, 頗以儒雅自處[306], 慕南溟[307]之風, 思欲獻一盃於溪山. 張幕於藏義門松林中[308], 俟南溟之過, 長拱立路側, 令下吏, 要於馬前. 南溟知其爲貴介, 不肯下馬, 扶醉而去, 曰: "長者不可邀!" 礪城尉擡首[309]望其行塵, 縹緲若翔[310]千仞之鳳凰焉.

## 婚姻

1-39.

古來, 因國婚嫁禍者, 不可勝記. 是不如野鼠之婚于同類也, 何者? 昔有野鼠, 生子篤愛, 將求婚, 鼠翁與鼠姑, 相與言曰: "吾生此子, 愛之如此, 重之如此, 必擇無雙巨族結婚焉. 族之無雙者, 莫如天, 吾當與天爲婚." 謂天曰: "吾生一子, 愛之重之, 必擇無雙巨族爲婚, 思無雙巨族, 莫天之若, 請與子婚." 天曰: "吾能覆冒大地, 萬物生焉, 群生育焉, 莫吾之尙. 惟雲也能蔽吾, 吾不如雲." 野鼠就雲而謂之, 曰: "吾生一子, 愛之重之, 必擇無雙巨族爲婚, 思無雙巨族, 莫子之若, 請與子婚." 雲曰: "吾能充塞天地, 蒙障[311]日月,

---

303) 於: 저본에는 빠져 있으나 나, 라, 마본에 의거하여 보충함.
304) 南: 나, 라, 마본에는 '溪邊'으로 되어 있음.
305) 宋寅: 저본에는 빠져 있으나 나, 라, 마본에 의거하여 보충함.
306) 處: 저본에는 '愛'로 나와 있으나 나, 라, 마본에 의거함.
307) 南溟: 나, 라, 마본에는 '先生'으로 되어 있음. 이하의 경우도 동일함.
308) 中: 나, 라, 마본에는 '間'으로 되어 있음.
309) 擡首: 저본에는 빠져 있으나 나, 라, 마본에 의거하여 보충함.
310) 翔: 저본에는 빠져 있으나 나, 라, 마본에 의거하여 보충함.

山河[312]晦焉, 萬物昏焉. 惟風也能散吾, 吾不如風也." 野鼠就風而謂之, 曰: "吾生一子, 愛之重之, 必擇無雙巨族爲婚, 思無雙巨族, 莫子之若, 請與子婚." 風曰: "吾能折大木蜚大屋, 簸山揚海, 所向蕭然. 而惟果川之郊石彌勒, 不能倒之, 吾不若果川石彌勒." 野鼠就果川石彌勒, 而謂之曰: "吾生一子, 愛之重之, 必擇無雙巨族爲婚, 思無雙巨族, 莫子之若, 請與子婚." 石彌勒曰: "吾能[313]屹立中野, 經千百歲, 確乎不拔, 而惟野鼠掘土于吾趾, 則吾顚矣. 吾不若野鼠." 於是, 野鼠瞿然自反而嘆, 曰: "天下之無雙巨族, 莫吾族之若也." 遂與野鼠婚焉[314]. 夫人也不自知分, 敢與國婚, 侈然自享, 卒嫁其禍, 曾不野鼠之若乎!

## 1-40.

判書[315]柳辰仝未冠也, 喪二親不學, 日與長安俠少遊, 偸閭里圈豕. 懼被夜禁, 使同隊一人, 絞以布衾負之,[316] 一人散髮隨而哭, 有若送喪[317]者. 嘗[318]於大逵中, 與人戲角觝, 人無當者. 時宰相李自堅行辟人, 一[319]見之, 駐軺熟視, 呼使前問之曰: "爾有父兄[320]乎?" 曰: "早喪二親, 托於長兄." 曰: "爾讀何書?" 曰: "未知學也." 自堅目之而去. 自堅[321]姊有女, 宜宵[322]可人, 歸謂其姊曰: "今日行[323],

---

311) 障: 저본에는 빠져 있으나 가, 나본에 의거하여 보충함.
312) 山河: 나본에는 '山海'로 되어 있음.
313) 能: 저본에는 빠져 있으나 나본에 의거하여 보충함.
314) 焉: 저본에는 빠져 있으나 가, 나본에 의거하여 보충함.
315) 判書: 저본에는 빠져 있으나 가본에 의거하여 보충함.
316) 絞以布衾負之: 나본에는 '絞之布衾'으로 되어 있음.
317) 喪: 나본에는 '死'로 되어 있음.
318) 嘗: 저본에는 '常'으로 나와 있으나 가, 나, 마본을 따름.
319) 一: 저본에는 빠져 있으나 가, 나, 마본에 의거하여 보충함.
320) 父兄: 가본에는 '父母'로 되어 있음.

見一好男兒, 氣骨[324]超凡, 善角觝, 能屈人. 姊氏爲女擇人, 必此人[325]可乎!" 姊笑[326]曰: "爲不肖女擇賢, 不聽子而誰聽? 但未聞以角觝取人也." 自堅曰: "第許之, 他日必爲貴人." 渭吉迎之. 年十八九, 猶爲無賴, 遂操弓學[327]武, 妻家奴不恭, 以鐵勒[328], 扑[329]之卽斃. 妻母苦之, 讓自堅曰: "子常稱新郞爲可人, 故妻以[330]不肖女. 今年長不學, 行已悖甚, 余甚憾焉." 自堅曰: "勿憂! 年尙少也." 辰全之射廳, 習騎射, 墜馬絶而甦, 怒折弓矢, 曰: "武危事也, 非君子所宜業, 自今, 誓[331]捨武從事于文." 乃躍馬而歸, 路遇臺官辟路, 不肯下馬, 馳入自堅家, 請學. 自是, 讀[332]經書, 終捷明經科, 官至判書而卒[333]. 自堅有弟自華, 俱爲名宰, 昆季迭爲按廉諸道. 自堅一見辰全於路, 知異日必貴, 遂許之婚, 藻鑑如神, 豈尋常肉眼者比乎?

## 1-41.

古者, 丞相崔瓘, 年幾七十,[334] 求後妻, 中媒者莫有應,[335] 有士族

---

321) 自堅: 저본에는 빠져 있으나 가, 나, 마본에 의거하여 보충함.
322) 胥: 가, 마본에는 '婚求'로, 나, 다본에는 '壻求'로 되어 있음.
323) 今日行: 가, 나, 마본에는 '今吾行路'로 되어 있음.
324) 氣骨: 가본에는 '奇骨'로, 마본에는 '風骨'로 되어 있음.
325) 人: 저본에는 빠져 있으나 가, 나, 마본에 의거하여 보충함.
326) 笑: 저본에는 빠져 있으나 가, 나, 마본에 의거하여 보충함.
327) 學: 가, 나, 마본에는 '業'으로 되어 있음.
328) 鐵勒: 마본에는 '鐵鞭'으로 되어 있음.
329) 扑: 저본에는 '朴'으로 나와 있으나 나본에 의거하여 바로잡음. 마본에는 '搏'으로 되어 있음.
330) 以: 저본에는 빠져 있으나 가, 나본에 의거하여 보충함.
331) 誓: 저본에는 빠져 있으나 가, 나, 마본에 의거하여 보충함.
332) 讀: 가, 마본에는 '治'로, 나본에는 '誦'으로 되어 있음.
333) 而卒: 저본에는 '與'로 나와 있으나 가, 나, 다본을 따름.
334) 年幾七十: 나본에는 '年老幾七十而後'로 되어 있음.
335) 中媒者莫有應: 나, 다본에는 '中媒行莫有應者'로 되어 있음.

家許之. 將納幣, 其處子聞之, 大痛垂淚, 而言于父母, 遂[336]却之. 李氏家有一處子, 家貧未笄, 丞相使人言其父母, 不肯許, 處子曰: "吾門無達官, 父母食貧終世[337], 一女子何關? 願舍吾身從之, 以周我二親, 官我諸親戚[338], 或幸而有後, 將[339]爲子孫榮, 不亦可乎!" 父母許之, 遂妻焉. 生一子, 同調[340]若干歲, 丞相沒. 其子弘胤大賢[341], 官至兵曹判書, 李氏終身享其養. 其大痛之處子, 適士子[342]有失行, 嬰法綱不善終. 至今言者, 爲一奇談.[343]

1-42.

惠莊大王朝, 處士洪裕孫, 時[344]年九十, 無嗣[345]無室, 爲後嗣求妻, 媒嫗行, 莫不挺棒而歐[346]之. 有一處子, 謂其父母曰: "雖嫁夫一日而孀, 願爲賢者妻." 父母許之, 裕孫九十生子, 名志成, 博學多聞, 爲世聞人, 訓後進, 達官多出其門. 至昭敬大王朝丁酉年, 年近八十而終. 兩世父子[347]八九朝, 歷年殆二百載, 豈不大[348]異哉! 一說八[349]十六娶妻[350], 生二子, 志成第二子云.

---

336) 遂: 저본에는 빠져 있으나 나본에 의거하여 보충함.
337) 終世: 나본에는 '終歲'로 되어 있음.
338) 官我諸親戚: 저본에는 빠져 있으나 나본에 의거하여 보충함.
339) 將: 저본에는 빠져 있으나 나본에 의거하여 보충함.
340) 調: 나본에는 '住'로 되어 있음.
341) 賢: 나본에는 '貴'로 되어 있음.
342) 適士子: 저본에는 빠져 있으나 나본에 의거하여 보충함.
343) 至今言者, 爲一奇談: 저본에는 빠져 있으나 나본에 의거하여 보충함.
344) 時: 저본에는 빠져 있으나 가, 나본에 의거하여 보충함.
345) 無嗣: 저본에는 빠져 있으나 가본에 의거하여 보충함.
346) 歐: 가, 나본에는 '驅'로 되어 있음. 의미는 서로 통함.
347) 父子: 저본에는 빠져 있으나 나본에 의거하여 보충함.
348) 大: 저본에는 빠져 있으나 가본에 의거하여 보충함.
349) 八: 가, 나본에는 '七'로 되어 있음.

1-43.

鳶馮雲[351], 字太空, 鉅富長者也. 生[352]美女, 憐之篤, 求[353]畵師, 圖一美男子, 掛之門上而榜之, 曰: '爲女擇婿, 必[354]若此方許, 否者非吾甥也[355].' 過其門者日千百, 無有應者. 一日, 有長髥老人, 過而拜之, 旣而, 却立熟視之, 抵掌大笑曰: "吾老而妄矣! 見此畫, 以爲吾郎君而拜之[356]." 言訖, 揮袂而去. 長者之婢[357], 顚倒入告曰: "揭玆畫, 終年無有[358]應者, 今有一老夫, 錯認厥家郎君而拜, 大笑而去." 長者使追之, 及其人而問之, 果然, 乃與議親涓吉而邀之. 所謂郎君, 偏盲偏躄, 一臂不仁, 面麻而黑, 父母賂[359]良媒求婚, 納幣而還之者三, 聞名[360]而詬其媒者五. 然猶問之巫瞽, 咸曰: "必得美婦!" 時年三十有八, 悾悾鰥[361]居, 常[362]自吊, 因老奴定婚於長者. 至吉日, 將往成禮, 故爲遲暮, 假粉面蹻木脚梱手. 拜訖, 雙燭引入于室, 其處子絶代美姝也. 卽密藏粉面[363]木脚梱手, 出燭而臥. 夜將[364]半, 老僕以藁索纏身, 以赤土塗之遍身, 揷松明而[365]燃之,

---

350) 妻: 저본에는 빠져 있으나 가, 나본에 의거하여 보충함.
351) 鳶馮雲: 나본에는 '喬雲馮'으로 되어 있음.
352) 生: 나본에는 '有'로 되어 있음.
353) 求: 나본에는 '鳩'로 되어 있음.
354) 必: 저본에는 '以'로 나와 있으나 나본을 따름.
355) 也: 저본에는 빠져 있으나 가, 나본에 의거하여 보충함.
356) 之: 저본에는 빠져 있으나 가, 나본에 의거하여 보충함.
357) 婢: 가본에는 '奴'로 되어 있음.
358) 有: 저본에는 빠져 있으나 가, 나본에 의거하여 보충함.
359) 賂: 가, 나본에는 '賄'로 되어 있음.
360) 名: 가본에는 '知'로 되어 있음.
361) 鰥: 저본에는 '寡'로 나와 있으나 가본을 따름.
362) 常: 저본에는 빠져 있으나 가, 나본에 의거하여 보충함.
363) 密藏粉面: 가본에는 '潛居彩百'으로 되어 있음.
364) 將: 가, 나본에는 '且'로 되어 있음.
365) 而: 저본에는 빠져 있으나 가, 나본에 의거하여 보충함.

自[366]登長者之屋上, 呼之曰: "長者出! 我東池之火龍也, 聞汝有美女, 欲以爲配, 汝以某氏子妻之. 旣失其身, 而[367]不可强取, 將罪汝某氏子." 呼郎出, 郎[368]拜于庭, 遂[369]厲聲曰: "盲爾目!" 郎頓地大聲而[370]痛其目, 曰: "折爾臂!" 郎頓地大聲而痛其臂, 曰: "躄汝一足!" 郎大聲而痛其足, 曰: "麻汝面而漆之!" 郎大聲而痛其面, 皆若將幾死復甦之爲也. 老僕下屋而走, 投大木[371]于東[372]池, 洞洞然有聲. 明朝, 長者呼新郎出見之, 偏盲偏躄, 一臂不仁, 面麻而黑. 長者垂泣而歎曰: "嗚呼惜哉! 東池火龍氏病我美郎也." 厥奴僕來見其郎君, 放聲陽哭, 移時而去.[373]

1-44.

朴繼金, 市井商賈之子也. 監司洪春年[374], 有妾女議婚, 或以繼金言, 其子[375]承旨[376]天民曰: "士大夫豈與市井人[377]婚?" 春年曰: "賤女何傷?" 卒以妾女妻之. 家業饒甚, 欲貿日本中[378]貨長其利, 往見東平舘客倭, 倭以夜光珠一枚衒之, 其大如稚卵[379]. 試之夜, 炯

---

366) 自: 저본에는 '夜'로 나와 있으나 나본에 의거함.
367) 而: 저본에는 빠져 있으나 가본에 의거하여 보충함.
368) 郎: 저본에는 빠져 있으나 나본에 의거하여 보충함.
369) 遂: 저본에는 빠져 있으나 가, 나본에 의거하여 보충함.
370) 聲而: 저본에는 빠져 있으나 가, 나본에 의거하여 보충함.
371) 大木: 가, 나본에는 '大石'으로 되어 있음.
372) 東: 저본에는 빠져 있으나 가, 나본에 의거하여 보충함.
373) 厥奴僕來見其郎君 … 移時而去: 저본에는 빠져 있으나 나본에 의거하여 보충함.
374) 年: 저본에는 '卿'으로 나와 있으나 가, 나, 라본을 따름. 이하의 경우도 동일함.
375) 子: 가, 나, 라본에는 '侄'로 되어 있음.
376) 承旨: 저본에는 빠져 있으나 가, 나, 라본에 의거하여 보충함.
377) 人: 저본에는 빠져 있으나 가, 나, 라본에 의거하여 보충함.
378) 中: 가, 나, 라본에는 '重'으로 되어 있음.
379) 稚卵: 가본에는 '雉卵'으로, 나본에는 '鷄卵'으로 되어 있음.

然如燈, 一室照爛, 遂貸貨于市以貿[380]之, 其價費數千金[381]. 思所以百倍其直, 莫如赴燕京, 換彩緞, 行厚[382]賂, 求充赴京員. 到遼東懷遠館, 開檀而[383]視之, 精光少爽, 至玉河館, 乘夜察之, 闇然無輝, 頑然爲一團石. 示之燕市之人, 曰: "此夜光珠也." 市人皆大笑, 唾其面, 曰: "是燔作假珠, 日久而光晦, 不如燕石之類玉也." 畢竟空手而還. 自此, 負債於市累[384]千金, 賣第宅而不盡償, 賣田園而不盡償, 賣京外[385]臧獲而不盡償. 計窮勢迫, 陰與吏部吏謀, 圖出已故宗室告身; 與戶部吏謀, 圖出祿牌文書; 與太倉吏謀, 圖準文書, 受三品宗室祿于太倉. 連歲四科, 如立朝常仕人[386], 如是者[387]幾十年, 以償其債. 後事覺, 繫吏死于獄, 檢之該府, 三日而出其屍, 其兩目, 皆爲鼠所[388]穴. 吁[389]! 人之重貨之心, 旣出[390]於初, 救急於謀, 繼萌於後, 等死之計, 終至濫觴[391], 而不自抑, 罹于凶禍, 鼠穴其目. 其人不足責, 士大夫擇市井之子, 妻其女, 貽醜其家, 不亦宜乎! 洪承旨之言, 眞龜鑑也.

---

380) 貿: 가본에는 '買'로 되어 있음.
381) 千金: 가, 나, 라본에는 '百千金'으로 되어 있음.
382) 厚: 저본에는 '貨'로 나와 있으나 가, 나, 라본을 따름.
383) 而: 저본에는 빠져 있으나 가, 나, 라본에 의거하여 보충함.
384) 累: 가, 나, 라본에는 '過'로 되어 있음.
385) 外: 저본에는 빠져 있으나 가, 나, 라본에 의거하여 보충함.
386) 常仕人: 저본에는 '人嘗仕'로 나와 있으나 가, 나, 라본에 의거함.
387) 者: 저본에는 빠져 있으나 나, 라본에 의거하여 보충함.
388) 所: 저본에는 빠져 있으나 가, 나, 라본에 의거하여 보충함.
389) 吁: 저본에는 빠져 있으나 가, 나, 라본에 의거하여 보충함.
390) 出: 가, 나, 라본에는 '失'로 되어 있음.
391) 觴: 저본에는 '觸'으로 나와 있으나 가, 나, 라본에 의거함.

## 妻妾

1-45.

自古, 難化者婦人, 男子剛腸者, 幾人能不畏婦人? 古者有將軍, 領十萬兵[392], 陣于廣漠之坰[393], 分東西, 樹大旗, 一旗靑, 一旗紅. 遂三令五申於軍中, 曰: "畏妻者, 立紅旗下; 不畏妻者, 立靑旗下." 十萬之軍, 皆就紅旗下而立, 有一丈夫[394]獨立靑旗下, 將軍傳令問之, 答曰: "吾妻常戒我曰: '男子三人會, 必論女色, 三男會處, 汝則一切勿入云.' 況今十萬男子所會處乎! 是以, 不敢違命, 獨立靑旗下."

1-46.

國家昇平時, 鄕吏皆着[395]濟羅笠, 言百濟新羅時方笠也. 兪洵[396]有所愛婢[397], 鄕吏之妻[398]也. 洵[399]嘗潛入其房, 洵妻持杖而入, 洵見壁上掛濟羅笠, 卽着其笠, 出伏于地, 洵妻以爲鄕吏蒼黃而走. 朴忠侃有所愛妓, 妓與錄事私, 錄事例着平頂冠[400], 掛在壁上. 忠侃乘夜, 入妓家而宿, 趁早朝詣闕, 天[401]未明, 誤換着平頂而往. 至闕下, 奴子仰視而疑之, 忠侃大驚, 下馬入民家. 當時好事者, 爲詩

---

392) 兵: 가본에는 '軍'으로 되어 있음.
393) 坰: 가본에는 '野'로 되어 있음. 서로 통함.
394) 丈夫: 가, 나본에는 '人'으로 되어 있음.
395) 着: 저본에는 '著'로 나와 있으나 가, 나, 다본을 따름. 서로 통함. 이하의 경우도 동일함.
396) 洵: 나본에는 '某'로 되어 있음.
397) 愛婢: 가본에는 '私女'로 되어 있음.
398) 妻: 가본에는 '女'로 되어 있음.
399) 洵: 나본에는 '兪'로 되어 있음. 이하의 경우도 동일함.
400) 冠: 가, 나본에는 '巾'으로 되어 있음.
401) 天: 저본에는 빠져 있으나 가, 나본에 의거하여 보충함.

曰: '兪洵妻畏濟羅笠, 忠侃奴驚[402]平頂冠.' 時人謂之絶唱.

1-47.

有李某金某, 相友甚密, 李妻能文, 金妻不識一字. 李與金將渡江讀書, 並轡偕出數十步, 李妻使女奴持小紙, 汗走呈路, 中有書八字, 曰: '春氷可畏, 愼勿輕渡.' 金聞之, 不勝欽豔. 一日, 李與金對坐, 使婢[403]傳言搜出『古文眞寶』, 妻又使婢問之, 曰: "前集耶? 後集耶?" 金又稱善, 歸家責其妻, 曰: "李妻識字, 李使搜出『古文眞寶』, 妻曰: '前集耶, 後集耶?' 子何不識字, 昧冊子題目?" 以諺書表卷帙題目, 對客, 使妻搜出『孔叢子』, 欲誇嫣衆賓, 妻使女奴傳曰: "前孔耶? 後孔耶?" 主客俱[404]默然, 有一客曰: "前孔則好, 後孔則醜哉醜哉!" 金大慙.

1-48.

李俊民與府使文益成[405], 通家相善, 兩婦人, 亦相往來交厚, 兩姓皆妬忌其[406]相會也. 益成妻曰: "吾家翁, 一宿家[407]外, 吾便絶食, 惟飮冷水, 故家翁不敢外[408]有所眄." 後俊民外間置副室, 夫人聞之, 不食只飮冷水, 因[409]病死. 密探益成家, 其妻外雖不食, 密與信

---

402) 驚: 가본에는 '疑'로 되어 있음.
403) 婢: 저본에는 빠져 있으나 나본에 의거하여 보충함.
404) 俱: 저본에는 빠져 있으나 나본에 의거하여 보충함.
405) 成: 저본에는 '城'으로 나와 있으나 가, 나, 라본에 의거하여 바로잡음. 이하의 경우도 동일함.
406) 其: 저본에는 빠져 있으나 가, 나본에 의거하여 보충함.
407) 家: 가본에는 '方'으로, 나본에는 '房'으로 되어 있음.
408) 外: 저본에는 빠져 있으나 가, 나본에 의거하여 보충함.
409) 因: 가, 나본에는 '仍'으로 되어 있음.

任婢約, 托以如厠, 婢以一大盂, 盛飯和糅美饌, 令極醎, 日再三進, 故渴而飮水, 家人不知也. 俊民聞之, 哭曰: "妖哉! 老孤之女也[410]. 教吾夫人不食, 而胡不教之如厠而食醎?" 哭泣哀之, 聞者莫不掩口而笑.

## 1-49.

冠紅粧者, 長安名妓也. 姿容絶代, 屬名樂院教坊, 韓澍爲議政府[411]舍人, 遂納爲妾, 生一女. 乙巳之禍, 澍被譴遠流[412]南海, 冠紅粧守信獨居, 富人・朝士爭求之, 悉不應. 多歷歲年, 朝議[413]之攻澍, 久而益篤, 累經大赦, 終不見原.[414] 冠紅粧將母食貧, 憂[415]不可堪, 時伊川君使[416]媒媼誘之, 冠紅粧曰: "吾雖娼家女, 旣許韓舍人以身, 義不可他適. 第以母老[417], 不忍桂玉之憂, 姑從公子言. 但[418]韓舍人還, 雖生九男[419]於公子家[420], 吾[421]且不顧, 願與成約而後從." 伊川曰: "如約!" 居伊川家二十餘年, 多産[422]子女. 澍始赦還, 冠紅粧聞澍還, 與伊川訣, 盡捨家中生産[423], 賚衣服粧奩而往. 將

---

410) 也: 저본에는 빠져 있으나 가, 나본에 의거하여 보충함.
411) 府: 저본에는 빠져 있으나 가, 나, 라본에 의거하여 보충함.
412) 流: 가, 나, 라본에는 '竄'으로 되어 있음.
413) 議: 가, 나, 라본에는 '論'으로 되어 있음.
414) 久而益篤, 累經大赦, 終不見原: 저본에는 '益深'으로 나와 있으나 가, 나, 라본에 의거함.
415) 憂: 가, 나, 라본에는 '其苦'로 되어 있음.
416) 使: 가, 라본에는 '遣'으로, 나본에는 '令'으로 되어 있음.
417) 以母老: 가, 라본에는 '有老母'로 되어 있음.
418) 但: 저본에는 빠져 있으나 가, 나, 라본에 의거하여 보충함.
419) 男: 가, 나, 라본에는 '子'로 되어 있음.
420) 家: 저본에는 빠져 있으나 가, 나, 라본에 의거하여 보충함.
421) 吾: 저본에는 '而'로 나와 있으나 가, 라본을 따름.
422) 産: 가, 나, 라본에는 '生'으로 되어 있음.

行, 先令其女邀[424]之路, 爲澍製衣及[425]襪遺之[426], 且道舍伊川來從之意. 其女邀之於郊外, 澍見其女而泣曰: "不圖今日, 生還[427]復見, 汝之長成如此耶[428]?" 女前致母言, 將舍伊川從之云, 澍笑之, 曰: "汝母老而猶妄耶? 我[429]安敢取公子室人? 勿復言, 雖來, 我且驅之." 悉還其衣襪, 女曰: "無以歸告母, 請[430]留之." 澍還其衣而穿其襪, 襪甚襯其足. 女歸[431]以澍言, 復之於母. 於是, 冠紅粧放聲大哭, 伊川不能呵之. 韓之女, 爲副提學洪仁度[432]側室, 其婚也, 伊川家辦其資裝, 一如己女. 伊川之子, 皆官[433]爲郡守, 子孫俱顯.[434]

## 氣相

1-50.

人之血氣有限, 而父子之間, 郵[435]傳不替, 雖千百歲如一日. 吾巷中有忠義衛朴淸, 有先祖朴薑影子, 流傳二百年, 其容貌相[436]肖, 不卞彼此. 吾家有先祖柳政丞諱[437]濯影子, 卽前朝人也. 掛諸堂上,

423) 生産: 가, 라본에는 '生業'으로 되어 있음.
424) 邀: 나, 라본에는 '徼'로 되어 있음. 서로 통함.
425) 及: 저본에는 빠져 있으나 나, 라본에 의거하여 보충함.
426) 遺之: 저본에는 빠져 있으나 가본에 의거하여 보충함. 라본에는 '遣之'로 되어 있음.
427) 生還: 저본에는 빠져 있으나 가, 나, 라본에 의거하여 보충함.
428) 耶: 저본에는 빠져 있으나 가, 나, 라본에 의거하여 보충함.
429) 我: 저본에는 빠져 있으나 가, 나, 라본에 의거하여 보충함.
430) 請: 가, 나, 라본에는 '固'로 되어 있음.
431) 歸: 저본에는 빠져 있으나 가, 나, 라본에 의거하여 보충함.
432) 度: 라본에는 '慶'으로 되어 있음.
433) 官: 가본에는 '及'으로 되어 있음.
434) 子孫俱顯: 저본에는 빠져 있으나 가, 나본에 의거하여 보충함.
435) 郵: 라본에는 '流'로 되어 있음.
436) 相: 나본에는 '尙'으로 되어 있음.

與吾叔[438]兄夢熊相類, 仲兄嫂[439]觀而憂之者, 何以先祖直諫不善終也? 厥後, 兄亦死於孝. 吾姉子[440]洪瑞鳳, 謁門長鄭惕, 門長時年八十, 熟視之[441], 喟然歎曰:"爾與爾外王曾祖柳司諫, 面目聲音旣同, 身長無不如之. 子孫之於先祖, 血氣貫通, 安有幽明之別?" 不覺淚下云. 吁! 夫人之血氣非己有也, 先祖之畀與無私, 而一家之中, 或成胡越, 是非[442]忘祖忘其身也, 烏得以享神佑乎? 戒之矣![443]

1-51.

貌不如心者, 孔子貌類蒙供, 以貌取人失之. 子羽·晏平仲[444], 長不滿六尺, 而[445]心雄萬夫, 哀駘駝, 以惡駭天下, 而與之處者, 思而不能去. 孟嘗君眇少[446]大夫, 韓信黃面長大, 張子房貌類婦人, 郭解狀不及中人, 田蚡貌侵[447]. 而我國尹弼商, 風采埋沒, 中原相者, 見其身, 不覺其貴, 及見其遺矢, 知其極貴. 成俔貌醜, 時人謂[448]之, 曰'御覽坐客'. 坐客[449]云者, 古者俠客往娼家, 必引醜貌[450]者,

---

437) 諱: 저본에는 빠져 있으나 나, 라본에 의거하여 보충함.
438) 叔: 나, 다, 라본에는 '仲'으로 되어 있음.
439) 嫂: 나, 라본에는 '妻'로 되어 있음.
440) 姉子: 나, 라본에는 '外甥'으로, 다본에는 '外祖甥'으로 되어 있음.
441) 之: 저본에는 빠져 있으나 나, 라본에 의거하여 보충함.
442) 非: 라본에는 '乃'로 되어 있음.
443) 戒之矣: 나, 라본에는 이어서 '先祖之子孫也'라는 구절이 들어 있음.
444) 仲: 저본에는 '中'으로 나와 있으나 나, 다, 라본에 의거함.
445) 而: 저본에는 빠져 있으나 나본에 의거하여 보충함.
446) 少: 나본에는 '小'로 되어 있음.
447) 侵: 가, 라본에는 '寢'으로 되어 있음.
448) 謂: 나, 다, 라본에는 '稱'으로 되어 있음.
449) 坐客: 저본에는 빠져 있으나 나, 다, 라본에 의거하여 보충함.
450) 貌: 저본에는 빠져 있으나 가, 나, 다본에 의거하여 보충함. 라본에는 '貌醜'로 되어 있음.

爲坐客故, 厥後, 仍名貌醜曰'坐客', 此皆中不能飾其[451]外者也. 貌如其心者, 伍員長十[452]尺, 眉間一尺, 終爲天下烈丈夫. 項羽虎相也, 其怒也, 人皆[453]讋伏, 莫敢仰視, 人馬俱驚, 辟易數里. 諸葛亮眉宇之間, 聚江山之秀, 張飛壯士, 其目如環, 許遠寬厚長者, 貌如其心, 盧杞藍面鬼色, 婦人見之者皆笑. 而我國趙光祖, 容色絶美, 每覽鏡而歎曰: "此豈男子吉相?" 崔永慶逮己丑之獄, 將死, 獄卒敬之, 趁風奔命, 惟恐或後, 此皆表與裡如一者[454]也.

昔者, 中原[455]詔使入我國, 以爲禮義之邦, 必有異人. 行至平壤, 見路傍有丈夫, 身長八九尺, 鬚髥長至帶, 頗異之. 欲交一語[456], 而言不達, 遂擧手圜[457]其指, 以示之, 丈夫亦擧手, 方其指以應之. 詔使又屈三指而示之, 丈夫卽屈五指以答之; 詔使又擧衣而示之, 丈夫卽指其口而對之. 詔使至漢京, 語館伴曰: "吾在中原, 聞爾國禮義之邦, 信不虛也." 館伴對[458]曰: "何以謂之?" 詔使曰: "我到平壤, 見路傍有丈夫, 狀貌甚偉, 知其中必有異. 我於是圜[459]吾指以示之者, 謂天圓也, 丈夫方其指以應之者, 謂地方也. 屈吾三指者, 謂三才[460]也, 丈夫屈五指者, 謂五常也. 吾擧衣以示之者, 謂古者垂衣裳而天下治也, 丈夫指其口者, 謂末世以口舌治天下也. 路傍賤夫猶若是[461], 況有識士大夫乎!" 館伴奇之, 移文平壤, 召丈夫飛駟上

---

451) 其: 저본에는 빠져 있으나 가, 나, 다, 라본에 의거하여 보충함.
452) 十: 나본에는 '十四'로 되어 있음.
453) 皆: 저본에는 빠져 있으나 가, 나, 다, 라본에 의거하여 보충함.
454) 者: 저본에는 빠져 있으나 나, 라본에 의거하여 보충함.
455) 中原: 나, 라본에는 '中朝'로 되어 있음.
456) 語: 라본에는 '話'로 되어 있음.
457) 圜: 가본에는 '圈'으로 되어 있음.
458) 對: 나본에는 '答'으로 되어 있음.
459) 圜: 저본에는 '環'으로 나와 있으나 가, 나, 다, 라본에 의거함.
460) 才: 나, 라본에는 '綱'으로 되어 있음.

京, 厚賚賂之, 仍問之曰: "天使圜其指, 爾何以方其指?" 對曰: "渠欲食切餠, 餠圓故圜其指, 我欲食引切餠, 引切⁴⁶²⁾餠方, 故方吾指." 又問曰: "天使屈三指, 爾何屈五指?" 對曰: "渠欲食一日三時, 故屈三指; 我欲食一日五時, 故屈五指." 問之曰: "天使擧衣示之, 爾何以指其⁴⁶³⁾口?" 對曰: "渠所憂在着, 故擧其衣; 吾所⁴⁶⁴⁾憂在喫, 故指其⁴⁶⁵⁾口." 廷中聞之, 皆大笑, 而⁴⁶⁶⁾詔使則不之知, 以爲奇男子, 敬而禮貌之. 噫! 長鬚丈夫, 見敬於詔使, 是豈徒相貌而失之? 亦怯於我國禮義之名, 豈非萬世之一笑囮乎? 近來, 相國柳琠赴燕京, 會⁴⁶⁷⁾見善相者, 欲使觀其狀, 有從行之僕, 容貌甚偉, 假相國衣冠以示之. 相者熟視而笑, 曰: "此終身賣炭翁也, 何子之欺我哉?" 於是, 相國出見之, 相者望見⁴⁶⁸⁾之, 而敬⁴⁶⁹⁾曰: "是眞閣老也!" 吁! 相者之鑑人, 其諸異乎詔使之識人乎哉?

## 朋友

### 1-52.

祖考司諫諱忠寬, 申判書公濟之甥⁴⁷⁰⁾也. 新婚不多日, 衣服鮮靚. 判書⁴⁷¹⁾柳辰仝, 弱冠時, 訪祖考于申判書家, 方營室, 掘土成坎, 黃

---

461) 若是: 가, 다본에는 '如此'로 되어 있음.
462) 引切: 저본에는 빠져 있으나 가, 나, 라본에 의거하여 보충함.
463) 其: 저본에는 빠져 있으나 가, 나, 다, 라본에 의거하여 보충함.
464) 所: 나본에는 '亦'으로 되어 있음.
465) 其: 나, 라본에는 '吾'로 되어 있음.
466) 而: 저본에는 빠져 있으나 가, 나, 다본에 의거하여 보충함.
467) 會: 저본에는 빠져 있으나 나본에 의거하여 보충함.
468) 見: 저본에는 빠져 있으나 나, 라본에 의거하여 보충함.
469) 敬: 가, 나, 다, 라본에는 '驚'으로 되어 있음.
470) 甥: 다본에는 '壻'로 되어 있음.

汚實其中. 辰仝使氣多膂力, 一揖之後, 不交一言, 却立而[472]熟視
之, 遂抱持祖考, 投之黃汚中. 擧家大駭之, 祖考不變色, 出坎而
笑, 脫其衣, 命侍[473]婢更新衣. 辰仝握手, 稱謝曰: "眞吾友也! 欲以
試子氣量如何耳." 遂相與爲莫逆之交焉.

1-53.

曺南溟植, 成聽松守琛, 早與相友, 皆弱冠, 與若干人[474]縱步花
柳場, 與佳人約會. 適有私故, 將不得赴會. 南溟曰: "丈夫與女子
約, 不可負." 强之行, 聞者奇之, 曰: "曺生異日必作大人."

1-54.

李玉堅者, 王孫也. 其父興安君, 其祖漢南君俱廢, 玉堅爲庶人.[475]
玉堅爲人醇懿, 而無業不可資爲生, 學造鞋于隣工, 以糊口, 終至
極巧, 長安子弟爲娼妓買美鞋者, 皆歸焉. 妓必曰: "玉堅手品." 厥
後, 復父祖爵如舊, 起廢玉堅, 授懷川正, 爲宗室品職. 玉堅[476]乘飛
黃戴貂帽, 日趍于朝, 路遇鞋工同業者, 必下馬揖, 見其長者, 雖泥
塗必拜, 鞋工惶懼不自安, 望而避之. 常[477]冠帶行, 遇舊同業者, 握
手入草廬對酌, 色不怍[478], 從者及[479]行路, 多義之. 其子孫有義城

---

471) 判書: 가, 나본에는 '參判'으로 되어 있음.
472) 而: 저본에는 빠져 있으나 나본에 의거하여 보충함.
473) 侍: 저본에는 빠져 있으나 가, 나본에 의거하여 보충함.
474) 與若干人: 저본에는 빠져 있으나 가, 나, 라본에 의거하여 보충함.
475) 玉堅爲庶人: 저본에는 빠져 있으나 나본에 의거하여 보충함.
476) 玉堅: 저본에는 빠져 있으나 가, 나, 라본에 의거하여 보충함.
477) 常: 나, 라본에는 '嘗'으로 되어 있음.
478) 怍: 나본에는 '竹'로 되어 있음.
479) 及: 저본에는 빠져 있으나 가, 나, 라본에 의거하여 보충함.

君者<sup>480)</sup>, 好學有孝行, 人多推之. 嘗對人博奕, 手品酷<sup>481)</sup>好, 觀者稱之曰: "好哉手品! 眞玉堅鞋手也." 衆抵掌大笑.

1-55.

京城武士, 別業在密城, 往來星州·尙州<sup>482)</sup>間, 尋所善儒生<sup>483)</sup>, 常多留宿, 而四五年不遑京家事, 不得往來<sup>484)</sup>. 萬曆十年, 復下密城, 於行路, 尋其友於<sup>485)</sup>尙星間, 其友亡已三年矣. 日暮不得之他<sup>486)</sup>, 仍解<sup>487)</sup>裝暫歇, 其友<sup>488)</sup>妻自內聞之, 哭聲極<sup>489)</sup>悲, 命蒼頭掃客室處之. 武士念舊炊心, 夜久不寐, 客室之<sup>490)</sup>北, 墻垣甚峻<sup>491)</sup>, 階上有密竹成林. 時月色微明, 竹間勃窣有聲, 疑其有虎豹貍狌, 潛身而熟視之, 有僧露頂, 闖亂竹裏四顧. 俄而, 挺身而直入, 向閨閣. 武士輕步而隨<sup>492)</sup>, 見閨窓照燈, 遂<sup>493)</sup>唾指端, 鑽紙而窺之, 則有一<sup>494)</sup>年少婦女<sup>495)</sup>, 淡粧濃艷, 方熾炭靑銅爐, 燒肉煖酒, 以餉僧. 僧喫訖, 於燈下, 恣其歡戲. 武士不勝其忿, 遂<sup>496)</sup>抽矢<sup>497)</sup>滿彎, 從窓穴射之,

---

480) 者: 저본에는 빠져 있으나 가, 나, 라본에 의거하여 보충함.
481) 酷: 다본에는 '極'으로 되어 있음.
482) 星州·尙州: 가, 나본에는 '星尙'으로 되어 있음.
483) 儒生: 나본에는 '儒士'로 되어 있음.
484) 往來: 가, 나본에는 '往'으로 되어 있음.
485) 於: 저본에는 빠져 있으나 나본에 의거하여 보충함.
486) 之他: 가본에는 '前進'으로 되어 있음.
487) 解: 가, 나본에는 '卸'로 되어 있음.
488) 友: 저본에는 빠져 있으나 가, 나본에 의거하여 보충함.
489) 極: 가본에는 '甚'으로 되어 있음.
490) 之: 저본에는 빠져 있으나 가, 나본에 의거하여 보충함.
491) 甚峻: 가, 나본에는 '峻整'으로 되어 있음.
492) 隨: 가본에는 '追'로, 나본에는 '進'으로 되어 있음.
493) 遂: 저본에는 빠져 있으나 가, 나본에 의거하여 보충함.
494) 則有一: 저본에는 빠져 있으나 가, 나본에 의거하여 보충함.
495) 年少婦女: 가본에는 '少年婦'로 되어 있음.

僧乃一吼[498]而斃. 武士藏弓就寢, 陽作鼾睡聲. 良久, 聞自內婦人高聲疾呼, 擧家奴婢叫四隣而喧閧, 武士驚起而問之, 則曰: "主家士族也, 而寡居獨處[499], 夜間狂僧冢突, 寡婦拔劍殺其僧, 剮其百體. 仍自斷指毁形欲自殺, 家人力救而止之." 武士藏笑發歎而去[500]. 越明年, 復[501]過其閭[502], 已竪節婦旌門矣.

## 奴婢

### 1-56.

柳仁淑, 枉死於逆, 籍其奴婢, 賜功臣家. 時鄭順朋爲首勳, 仁淑家奴婢, 多以賜牌歸焉. 其始皆自柳家來也, 諸婢莫不掩涕悽咽, 其中有一婢, 姿容映麗者, 獨顔色陽陽[503], 略無惕[504]容, 顧叱諸婢曰: "吾儕失舊主, 天也如[505]何? 孰非爾主? 宜所事而安, 新舊何擇焉?" 其奉新主, 獨盡其誠, 順朋信之, 乃使昵侍, 未肯離左右, 累年無笞楚之失. 一日, 順朋夢有鬼壓其面頭[506], 呼號而覺, 自是之後, 如此者數矣[507], 卒患痼疾不起. 婦人問之[508]神巫, 言妖在枕中, 發

---

496) 遂: 저본에는 빠져 있으나 가, 나본에 의거하여 보충함.
497) 抽矢: 가본에는 '援弓'으로, 나본에는 '拔弓'으로 되어 있음.
498) 吼: 가, 나본에는 '聲'으로 되어 있음.
499) 獨處: 저본에는 빠져 있으나 가, 나본에 의거하여 보충함.
500) 而去: 가본에는 '傲藏'으로, 나본에는 '傲裝'으로 되어 있음.
501) 復: 가, 나본에는 '武士還京師'로 되어 있음.
502) 閭: 가본에는 '廬'로 되어 있음.
503) 陽陽: 나본에는 '揚揚'으로 되어 있음.
504) 惕: 나, 다, 라본에는 '戚'으로 되어 있음. 서로 통함.
505) 如: 라본에는 '奈'로 되어 있음.
506) 面頭: 나, 라본에는 '頭面'으로 되어 있음.
507) 矣: 저본에는 빠져 있으나 나, 라본에 의거하여 보충함.
508) 之: 저본에는 빠져 있으나 라본에 의거하여 보충함.

其枕, 果得一顱骨. 疑柳家婢, 將訊之, 其婢不受一杖, 先自首實曰: "吾舊主有何罪, 爾家老漢搆殺之? 吾雖外若歸心, 腐腑回腸于中者有年. 爲是潛奸陪吏, 陪吏怕不肯, 吾强媚之, 遂與相惓, 所言無不從, 密令[509]覓死人顱而來, 納之枕中. 今也, 已報吾主之仇, 死何恨? 宜速殺我[510]!" 其子弟, 遂於殯側撲殺之, 匿其罪[511]終不泄, 當世無有知者. 順朋小子[512]磁, 年過七十而終, 臨死, 乃言於人曰: "吾家所深諱, 不宜向人道. 平生[513]異其義烈, 臨死乃[514]言之." 吁! 柳婢之義烈, 雖豫[515]讓, 無以多也, 獨恨其以妖也. 順朋之二子礛·磁, 皆有逸才, 而無意進取於當世, 俱散誕於道釋之流, 韜晦而終身焉, 豈非以厭父褚士林首惡? 雖孝子之心無窮, 亦無以湔滌, 故遂慚赧懷憤, 竟至坎軻[516]而沒身者歟? 其志[517]亦可悲夫!

### 1-57.

朴仁壽者, 知中樞申橃[518]之奴也. 國法'奴僕不通仕路', 所業不過農工商賈兵[519], 仁壽盡舍去賤業, 力學好善, 所學[520]『大·小學』·『家禮』[521]·『近思錄』等書無多, 而操行卓異, 非禮不行[522]. 與小主申應

---

509) 令: 나본에는 '從'으로 되어 있음.
510) 我: 저본에는 '之'로 나와 있으나 나, 다, 라본을 따름.
511) 罪: 나, 라본에는 '事'로, 다본에는 '死'로 되어 있음.
512) 小子: 나본에는 '末子'로 되어 있음.
513) 平生: 나본에는 '生平心'으로 되어 있음.
514) 乃: 나, 다, 라본에는 '始'로 되어 있음.
515) 豫: 저본에는 '預'로 나와 있으나 나, 다, 라본에 의거함.
516) 坎軻: 라본에는 '轗軻'로 되어 있음.
517) 其志: 저본에는 빠져 있으나 다, 라본에 의거하여 보충함.
518) 橃: 저본에는 '撥'로 나와 있으나 다, 라본에 의거함.
519) 兵: 가본에는 '軍'으로 되어 있음.
520) 力學好善, 所學: 나본에는 '力學好讀'으로 되어 있음.
521) 家禮: 나본에는 '禮記'로 되어 있음.

槊, 隨處士朴枝華, 讀書于皆骨山, 當時士流重之. 一日, 盜入其室, 夜取家產而去.[523] 仁壽堅臥寢室不起, 戲謂盜曰:"吾不惜吾家產, 任爾取去. 只慮明朝擧家飢, 留數升米, 可也." 明日視之, 果留斗米矣. 或問:"盜入室何不避?" 曰:"我不惜財, 且無害渠之心, 渠必不害吾, 吾何畏彼[524]哉?" 衆皆服. 居家左右琴書, 蕭然有隱者之[525]趣. 天未曉, 子弟數十人, 羅拜于庭, 侍立良久, 進粥食喫, 俟撤而退, 各業其業, 每朝以爲式. 靈谷[526]書院下, 山水最佳, 有薄業, 結草堂居之. 臨溪靜坐, 鳴琴以自娛, 紅顔白髮, 如神仙中人. 萬曆壬辰歲, 倭寇大至, 仁壽曰:"國破家殘, 老夫安[527]之, 誓死于此." 遂鳴琴不去, 爲倭所害, 時人憐之.

### 1-58.

權可述者, 恭僖大王朝[528]武士也. 嘗渡海遇風, 船擊石而破, 百餘人盡流屍, 而可述與其奴水石, 共[529]攀一破板而乘焉. 板狹不可容二人, 乍沈乍浮, 風勢[530]復急, 水石謂可述曰:"板狹不可容二人, 而勢急將不免兩死, 小人何惜? 願大人好保好保, 小人從此辭矣." 遂投水而死. 可述獨乘其板, 泛泛呼號, 被行舟[531]所救, 得活. 告于官, 旌其門, 復其妻子爲良民. 後可述, 官至濟州牧使.

---

522) 行: 가, 나, 라본에는 '踐'으로 되어 있음.
523) 夜取家產而去: 저본에는 빠져 있으나 가, 나, 다, 라본에 의거하여 보충함.
524) 彼: 다본에는 '避'로 되어 있음.
525) 之: 저본에는 빠져 있으나 라본에 의거하여 보충함.
526) 谷: 저본에는 '山'으로 나와 있으나 가, 나, 라본에 의거하여 바로잡음.
527) 安: 나, 라본에는 '去安'으로 되어 있음.
528) 朝: 다본에는 '之'로 되어 있음.
529) 共: 다, 라본에는 '入'으로 되어 있음.
530) 風勢: 가, 나, 라본에는 '勢'로 되어 있음.
531) 舟: 라본에는 '船'으로 되어 있음.

1-59.

私奴尹良, 全州[532]人也. 陪其主, 牽馬踰車嶺, 日且曛, 有一人脫冠挺劍, 由山谷截前路, 直趁而進. 尹[533]良知其爲賊人, 卽捽其主墮馬, 踞其頂, 曰: "是夫吾主也! 居常鞭撻, 我苦甚, 欲報其怨, 不得其便. 今有後駄某某珍物若干價, 願借我其劍, 吾且甘心是夫, 與若分是物." 賊信之, 假之劍, 尹良遂倒其劍, 刺其賊, 活其主.

1-60.

潘碩枰者, 宰相家奴也. 其穉也, 宰相愛其醇敏, 誨以詩書, 與諸[534]子侄同齒. 及稍長, 乃與遐鄕無子者, 匿跡力學, 絶[535]不令主家通. 及長, 冒法應擧, 人莫之知也. 遂登第[536]躋宰列[537], 謙恭淸謹, 爲國盡臣, 歷八道觀察使, 位至二品[538]. 主家宰相旣沒, 其子侄皆[539]窮賤, 出無驢, 徒步於路. 碩枰每遇於路, 下軺車, 趁拜于泥塗, 道傍觀者, 多怪之. 碩枰乃上章吐實, 請鐫削己爵, 官主家子侄, 朝廷義之, 優獎之, 破邦憲, 就本職如右[540], 仍官其主家子. 高興柳氏曰: "我東方壤地偏小, 人才之出, 不能如中國之千一, 又局於箕子之遺典, 爲奴者不許仕路. 立賢無方, 三代盛法, 而至我國防閑益固, 士大夫之論, 隘且猜矣. 潘碩枰忠義人也, 脫身法網, 爲

---

532) 全州: 가, 나, 라본에는 '全義'로 되어 있음.
533) 尹: 저본에는 빠져 있으나 가, 나, 다, 라본에 의거하여 보충함.
534) 諸: 저본에는 빠져 있으나 가, 나, 라본에 의거하여 보충함.
535) 絶: 저본에는 빠져 있으나 가, 나, 라본에 의거하여 보충함.
536) 登第: 가, 라본에는 '登科'로 되어 있음.
537) 宰列: 라본에는 '宰相'으로 되어 있음.
538) 二品: 라본에는 '一品'으로 되어 있음.
539) 皆: 저본에는 빠져 있으나 가, 나, 라본에 의거하여 보충함.
540) 右: 가, 나, 라본에는 '故'로 나와 있음.

朝廷大官[541], 揆之常情, 掩匿蹤跡之不暇, 能下車屈身於寒士, 又聞之朝, 自暴其賤跡, 諒東方所罕有之令聞也. 其主家宰相, 非徒痛袪隘猜, 成人之美, 如此[542]其仁也, 亦可謂知人能得士矣!"

1-61.

尹任, 外戚也. 富貴全盛, 喜賞花, 與種花人相款甚, 與一婢聽使役. 後任敗, 其家或坐誅, 或免[543]爲庶人, 任小子興忠, 以年未滿, 道緣坐之律. 旣[544]朝廷伸其冤, 許興忠補官. 其婢服役種花人家, 經亂離, 率其子孫三十餘人, 欲尋舊主家, 詣興忠, 請復[545]服役, 種花人曰: "尹二相生時, 德余能養花草, 與此婢, 宰相臧獲服事于小民家, 今過四五十年[546], 其德亦已深矣. 今經亂離失券, 子復尋其舊主, 吾何止? 汝惟汝所安." 於是, 自率三十餘人, 請興忠歸之, 興忠憮然辭曰: "吾先人當全盛, 愛花草, 與汝一婢, 其子孫悉宜歸汝, 吾何敢因經亂失券, 逆先人之志[547], 還奪汝婢?" 兩家相讓, 卒歸三十餘人于種花人. 夫不忘本尋舊主忠也, 知自足歸己有廉也, 斥其利順父之志[548]孝也. 世人見利錐刀, 抵死爭之, 雖骨肉, 猶成仇敵, 此一事而三善具焉, 可以警時人而傳後世[549]也. 種花人名洪麟瑞.

---

541) 大官: 가, 라본에는 '大臣'으로 되어 있음.
542) 此: 저본에는 빠져 있으나 라본에 의거하여 보충함.
543) 免: 저본에는 빠져 있으나 가, 나, 라본에 의거하여 보충함.
544) 旣: 나, 라본에는 '暨'로 되어 있음.
545) 復: 저본에는 빠져 있으나 나, 라본에 의거하여 보충함.
546) 四五十年: 가, 나, 다본에는 '六七十年'으로, 라본에는 '六十年'으로 되어 있음.
547) 志: 나, 라본에는 '指'로 되어 있음.
548) 志: 다본에는 '至'로 되어 있음.
549) 世: 저본에는 빠져 있으나 가본에 의거하여 보충함.

1-62.

金義童, 愼家蒼頭也. 年十九, 服役主家, 不堪柴蕘之苦, 潛迹而遁, 莫尋形影[550]者十餘年. 愼家使奴[551]業山, 徵諸奴歲貢于嶺南, 至鳥嶺, 有大官, 着駿帽, 穿藍段, 玉珥銀頂, 御飛龍[552]而過者, 辟路甚嚴, 輜重塞路. 業山駐馬路左, 而伏熟察之, 狀類金義童, 甚疑之, 大官亦從馬上睨視之. 至[553]里許, 有數卒還來, 牽業山而[554]去. 業山惶懼魄褫, 入山谷數十[555]里, 有彩幕臨溪, 奔走供給者, 遍滿山原. 至幕外, 青衣丫頭入通于大官, 大官出幕外, 揖讓而入, 果[556]義童也. 對置紅椅子, 被赤豹皮, 揖而陞座, 左右紅粧, 各執巾[557]帨塵箑者, 數十人. 義童問其主寒暄, 仍敍阻闊, 俄而, 輕[558]粧奉盤而進[559], 方丈珍羞, 寶器璀璨, 衆樂竝奏, 觴豆繼進, 彷彿公侯之富也. 業山問曰: "昔日共事于京, 何其困也[560], 今做何官, 若是之貴且尊[561]?" 義童笑曰: "始爲崔[562]浦鄉亭長, 遷綠林縣監, 陞綬[563]潢州府使. 今聞京中大衙門, 收稅于新市甚急, 差官入我境, 故賣[564]牛

---

550) 形影: 가, 나, 라본에는 '影響'으로 되어 있음.
551) 奴: 나, 라본에는 '其僕'으로 되어 있음.
552) 飛龍: 나, 라본에는 '飛黃'으로 되어 있음.
553) 至: 가, 나, 라본에는 '過'로 되어 있음.
554) 而: 저본에는 빠져 있으나 가, 라본에 의거하여 보충함.
555) 十: 저본에는 빠져 있으나 가, 나, 라본에 의거하여 보충함.
556) 果: 가, 나, 라본에는 '卽'으로 되어 있음.
557) 巾: 가, 나, 라본에는 '盜'으로 되어 있음.
558) 輕: 가, 나, 라본에는 '紅'으로 되어 있음.
559) 進: 나본에는 '坐'로 되어 있음.
560) 也: 저본에는 빠져 있으나 가, 나, 라본에 의거하여 보충함.
561) 且尊: 저본에는 빠져 있으나 가, 나, 라본에 의거하여 보충함.
562) 崔: 저본에는 '崔'로 나와 있으나 나, 라본에 의거하여 바로잡음.
563) 綬: 라본에는 '授'로 되어 있음.
564) 賣: 가, 나, 라본에는 '買'로 되어 있음.

犢來, 迎宴飮于此." 仍命侍兒, 出裝中彩段五十匹, 其十匹與業山, 其[565]四十匹納主家[566], 曰: "敬供[567]十年貢." 業山歸而奉其主, 主家因是而猝富.

## 俳優

**1-63.**

自古, 優戱之設, 非爲觀笑, 要以裨[568]益世敎, 優孟·優旃, 是也. 恭憲大王爲大妃殿, 陳進豊呈於闕內, 京中優人貴石, 以善俳戱進. 束草爲苞四, 其大者二, 中者一, 小者一, 自稱守令, 坐於東軒, 召進奉色吏. 有一優人, 自稱進奉色吏, 膝行匍匐而前, 貴石低聲, 擧大苞一, 與之, 曰: "此獻吏曹判書." 又擧大苞一, 與之, 曰: "此獻兵曹判書." 又擧其中者一, 與之, 曰: "此獻大司憲." 然後與其小苞[569], 曰: "以此進上." 貴石, 宗室之奴也. 其主參試藝陞資, 而未有實職, 俸祿不加, 趨[570]率不備, 而差祭於各陵殿, 殆無少暇. 貴石入進豊呈, 與諸優人約, 一稱試藝宗室, 乘瘦馬, 貴石爲奴, 自持鞿䩭而去. 一作宰相, 乘駿馬, 輿徒[571]擁路而去, 前卒辟路, 而宗室見犯, 挐貴石而去, 仆地而杖之, 高聲而訴之曰: "小人之主, 試藝宗室也. 官高[572]不下於令公, 而俸祿不加, 趨率[573]不備, 差祭於各陵

---

565) 其: 저본에는 빠져 있으나 가, 나본에 의거하여 보충함.
566) 納主家: 가, 나, 라본에는 '使進其主家'로 되어 있음.
567) 供: 가, 나, 라본에는 '修'로 되어 있음.
568) 裨: 저본에는 '禆'로 나와 있으나 가, 다, 마본에 의거함.
569) 小苞: 마본에는 '小者'로 되어 있음.
570) 趨: 마본에는 '驪'로 되어 있음.
571) 輿徒: 마본에는 '輿儓'로 되어 있음.
572) 官高: 마본에는 '官品'으로 되어 있음.

各殿, 殆無閑日, 反不如不試藝之前, 小人何罪?" 宰相之優, 驚歎而釋之. 未幾, 特命加其主實職.

1-64.

有一優人, 面着木鬼面, 與其妻, 乞食於漢江之上. 仍與其妻涉春氷, 不脫鬼面爲戲而去, 忽其妻陷於氷[574]底, 優人不遑脫鬼面, 頓足哭於氷上. 彼雖哭泣之哀, 而觀者莫不失聲而笑.

## 娼妓

1-65.

嘉靖初, 松京[575]有名唱[576]眞伊者, 女中之倜儻任俠人也[577]. 聞花潭處士[578]徐敬德高蹈不仕, 學問精粹[579], 欲試之, 束綃[580]帶, 挾『大學』, 往拜曰: "妾聞『禮記』'男鞶革女鞶絲', 妾亦志學, 帶鞶[581]絲而來." 先生笑[582]而誨之. 眞伊乘夜相昵, 如魔登之拊摩阿難者累日[583], 而花潭終不少撓. 眞伊聞金剛爲天下第一[584]名山, 欲一辦淸遊, 無

573) 率: 마본에는 '卒'로 되어 있음.
574) 氷: 나본에는 '水'로 되어 있음. 이하의 경우도 동일함.
575) 松京: 가, 나, 라본에는 '松都'로 되어 있음.
576) 唱: 나, 라본에는 '娼'으로 되어 있음.
577) 也: 저본에는 빠져 있으나 가, 나, 라본에 의거하여 보충함.
578) 處士: 저본에는 빠져 있으나 가, 나, 라본에 의거하여 보충함.
579) 粹: 나본에는 '邃'로 되어 있음.
580) 綃: 가, 나, 라본에는 '條'로 되어 있음. 서로 통함.
581) 鞶: 저본에는 빠져 있으나 나, 라본에 의거하여 보충함.
582) 笑: 가, 나본에는 '戒'로 되어 있음.
583) 日: 저본에는 빠져 있으나 가, 나, 라본에 의거하여 보충함.
584) 第一: 저본에는 빠져 있으나 가, 나, 라본을 따름.

可與偕. 時有李生員[585]者, 宰相子也. 爲人跌宕淸疎, 可共方外之遊, 從容謂李生曰: "吾聞, 中國[586]人願生高麗國一[587]見金剛山, 況我國人, 生長本國, 去仙山咫尺, 而不見眞面目, 可乎? 今吾偶奉[588]仙郎, 正好共做仙遊, 山衣野服, 恣討勝賞[589]而還, 不亦樂乎?" 於是, 使李生止僮僕勿隨, 布衣草笠, 親荷粮橐[590], 眞伊自戴松蘿圓頂, 穿葛衫, 帶布裙, 曳芒鞋, 杖竹枝而隨. 入金剛山[591], 無深不到, 乞食諸刹, 或自賣其身, 取粮於僧, 而李生不之尤. 兩人遠涉山林, 飢渴困悴, 非復舊時容顏. 行到一處, 有村儒十餘人, 會宴于溪上松林, 眞伊過拜焉, 儒曰: "汝舍長亦解飮乎?" 勸之酒, 不辭, 遂執酌[592]而歌, 歌聲淸越, 響震林壑. 諸儒深異之, 餉以酒肴[593]. 眞伊曰: "妾有一僕飢甚, 請饋餘瀝乎[594]!" 與之李生以酒肴[595] 時兩家各失所往, 不知[596]影響者, 殆半歲餘. 一夕, 鶉衣黎面而返, 隣里見之大驚.

宣傳官李士宗善歌, 嘗出使過[597]松都, 卸鞍天[598]壽院川邊, 脫冠

---

585) 李生員: 가, 나, 라본에는 '李生'으로 되어 있음.
586) 中國: 나, 라본에는 '中原'으로 되어 있음.
587) 一: 나본에는 '親'으로 되어 있음.
588) 奉: 가, 라본에는 '拜'로, 나본에는 '配'로 되어 있음.
589) 勝賞: 가, 나, 라본에는 '幽勝'으로 되어 있음.
590) 橐: 저본에는 빠져 있으나 가, 나본에 의거하여 보충함.
591) 山: 저본에는 빠져 있으나 가, 나, 라본에 의거하여 보충함.
592) 酌: 나, 라본에는 '爵'으로 되어 있음.
593) 酒肴: 가, 나, 라본에는 '盤肴'로 되어 있음.
594) 乎: 나, 라본에는 '呼'로 되어 있음. 이 경우 구두가 뒷문장으로 붙어야 함.
595) 與之李生以酒肴: 나본에는 '李生與酒肉'으로, 라본에는 '李生與之以酒肉'으로 되어 있음.
596) 知: 가, 나, 라본에는 '得尋'으로 되어 있음.
597) 過: 저본에는 빠져 있으나 나, 라본에 의거하여 보충함.
598) 天: 저본에는 '川'으로 나와 있으나 나, 라본에 의거하여 바로잡음.

加腹而臥, 高唱數三曲. 眞伊有所如[599], 亦歇[600]馬于院, 側耳聞之, 曰: "此歌曲[601]甚異, 必非尋常[602]村家[603]俚曲, 吾聞京都有風流李士宗當代絶唱, 必此人也." 使人往探之, 果士宗也. 於是, 移席相近, 致其款, 引至其家, 留數日, 曰[604]: "當與子六年同住." 翌日, 盡移家産三年之資于士宗家, 其父母妻子仰事俯育之費, 皆辦自自家. 親着臂韝, 盡妾婦禮, 使士宗家不助錙銖. 旣三年, 士宗餉眞伊一家, 一如眞伊餉士宗, 以報之者. 適三年, 眞伊曰: "業已遂, 約期滿矣!" 遂[605]辭而去. 後眞伊病且死, 謂家人曰: "吾生時性好紛華, 死後勿葬我山谷, 宜葬之大逵邊." 今松都大路邊, 有松都名娼眞伊墓. 林悌[606]爲平安都事, 過松都, 爲文祭于其墓, 卒被朝評.

1-66.

星山月者, 星州妓女也. 選入長安, 爲第一名姝, 脩白秀麗, 擅場於貴遊華筵, 長安俠少欲望風而不得. 一日, 與縉紳名流, 泛漢水, 乘醉逃酒而還, 途中逢大雨, 翠袖猩裙[607]半濕, 夕[608]到崇禮門, 門已鑰矣. 回睇蓮塘西岸, 有小窓照燈, 窓內有讀書聲, 穴窓而覘, 卽年少書生也. 星山月低聲聲欬, 軒[609]手叩窓, 書生寂然傾聽. 星山

---

599) 有所如: 가본에는 '異之'로 되어 있음.
600) 亦歇: 가본에는 '係'로 되어 있음.
601) 歌曲: 가, 나, 라본에는 '歌調'로 되어 있음.
602) 尋常: 저본에는 빠져 있으나 가, 나, 라본에 의거하여 보충함.
603) 村家: 나, 라본에는 '村歌'로 되어 있음.
604) 曰: 저본에는 빠져 있으나 가, 나, 라본에 의거하여 보충함.
605) 遂: 저본에는 빠져 있으나 나, 라본에 의거하여 보충함.
606) 林悌: 가, 라본에는 '林子順'으로 되어 있음.
607) 猩裙: 저본에는 빠져 있으나 라본에 의거하여 보충함.
608) 夕: 나, 라본에는 '步'로 되어 있음.
609) 軒: 나, 라본에는 '輕'으로 되어 있음.

月乃微訴曰: "余城中妓也[610], 逃酒遇雨, 無處寄宿, 請借榻下尺地以經夕." 書生拓窓, 見粉面佳姬, 衣裳容色俱絶麗, 大驚意謂, '如此絶麗[611], 豈有[612]自投寒生而[613]宿? 必是妖鬼也.' 輒牢拒, 彈指大呪曰: "何物怪魅, 乃敢來眩人耶?" 曰: "我人也, 非鬼也. 年少郎寡風流, 拒人一何薄耶?" 書生猶恐悸不自定, 連誦二十八宿, 不絶於口. 星山月終宵坐門臬, 假寐避雨, 迨天明, 排窓罵書生, 曰: "哀哉, 爾書生! 爾不聞長安名娼星山月耶? 如爾窮鬼寒生, 邀我於靑天明月, 我肯顧爾乎? 不幸値雨, 哀聲[614]乞宿, 而反不余許, 爾眞寡福男子也. 爾熟視我, 我果鬼也乎?" 書生面色發紅, 慚悔不敢正視. 書生卽文科僉正金禮宗也. 長興庫奴, 財鉅萬, 大瘤[615]生胠, 如懸胡盧, 能以財餂星山月, 自此聲價頓減.

閔齊仁, 年少英邁昳麗, 作「白馬江賦」, 心[616]自負, 求正於先達, 課以次中, 決然不快. 方春花柳滿城, 散步南郭, 登崇禮門上, 朗吟其賦, 聲振樓梁. 時長安名妓星山月, 丫鬟妙色也. 將出郭門, 赴舍人江上之遊, 聞其聲, 登城樓, 見一年少儒生, 岸幘諷誦. 聽訖, 謂齊仁曰: "何物書生, 諷歌辭淸朗?" 齊仁曰: "是吾自述, 心常自好, 而見辱於先輩, 所以諷於口耳." 星山月曰: "書生可與言, 願與我同歸蝸室." 齊仁曰: "舍人司號令嚴甚, 奈違令[617]被撻何?" 曰: "責在[618]歸我, 措大何憂焉?" 遂與偕歸. 留之三日, 曰: "向日所誦賦,

---

610) 也: 저본에는 빠져 있으나 나, 라본에 의거하여 보충함.
611) 絶麗: 나, 라본에는 '絶艶'으로 되어 있음.
612) 有: 라본에는 '肯'으로 되어 있음.
613) 而: 나, 라본에는 '呌'로 되어 있음.
614) 哀聲: 나, 라본에는 '哀辭'로 되어 있음.
615) 瘤: 나, 다, 라본에는 '搜'으로 되어 있음.
616) 心: 나본에는 '深'으로 되어 있음.
617) 令: 저본에는 빠져 있으나 나본에 의거하여 보충함.

願寫一本寄我, 我當誇之縉紳間." 於是, 得其賦, 陳其[619]舍人之筵,
滿堂縉紳, 齊聲嗟賞, 扇頭俱碎. 問: "爾從何得絶唱來?" 星山月吐
其實, 曰: "是妾心上人之作也." 自此,「白馬江賦」大播東方, 始篇
末無歌, 有一文士續之. 適有中原學士, 見之歎服, 曰: "惜乎! 此歌
非賦者[620]之手也. 無此, 益佳."

### 1-67.

沈府院君愛一妓, 名一朶紅, 常[621]謂妓曰: "爾言平生愛夫[622], 當
爲爾[623]屈指." 妓戲曰: "沈府院君也." 曰: "無戲我, 實言之." 妓曰:
"梁熊山也." 沈府院君屈大指, 其指半屈, 忌之也. 是日, 問其僕曰:
"梁熊山騎何色馬?" 曰: "桃花馬也." 曰: "爾牽廐中桃花馬, 天未
曉, 俟[624]一朶紅門[625], 逐彼馬, 以此馬替之, 被騎之勿使下, 扶執以
來." 翌朝, 果致之門, 府院君引見之, 使之立, 使之坐, 饋以酒, 聽
以[626]歌, 曰: "宜作一朶紅之情人也."

### 1-68.

善畫者金禔, 年暮頭童. 嘗過洪州, 主倅令少妓薦枕, 翌朝盥面,
羞其頭, 謂首妓曰: "吾今夜誤[627]與此少妓宿, 今聞此妓與老僧私,

---

618) 在: 나, 다본에는 '自'로 되어 있음.
619) 其: 나본에는 '諸'로 되어 있음.
620) 者: 저본에는 빠져 있으나 다본에 의거하여 보충함.
621) 常: 가, 나, 라본에는 '嘗'으로 되어 있음.
622) 夫: 저본에는 빠져 있으나 라본에 의거하여 보충함.
623) 爾: 저본에는 빠져 있으나 나, 라본에 의거하여 보충함.
624) 俟: 가, 나, 라본에는 '伺'로 되어 있음.
625) 門: 저본에는 빠져 있으나 가, 나, 라본에 의거하여 보충함.
626) 以: 가, 나, 라본에는 '其'로 되어 있음.
627) 誤: 나본에는 '得'으로 되어 있음.

是大[628]不祥, 爾亦聞之乎?" 首妓曰: "是何言也? 傳者誤[629]也." 少妓大怒, 褆固之, 曰: "爾等勿欺, 我實知之." 少妓益怒, 至於垂[630]涕. 於是, 褆乃脫冠盥面[631], 曰: "觀吾頭! 吾乃僧也." 少妓大喜大笑, 不覺私頭童客之可愧也.

## 1-69.

蔡世英[632], 以內翰爲曝曬別監, 曝史冊于全州. 宣言士大夫奉使州府, 使妓女侍寢于客舍, 頗淫褻, 先移文列邑, 勿令妓女服事賓館. 沿路震慴, 所至州府, 女色莫敢近. 至全州, 連月霪雨, 不得開史庫, 因[633]留連不勝無悰. 府尹謂判官曰: "年少史官, 久滯賓館, 令嚴不敢[634]衒女色, 主人待貴客, 豈宜如是索然? 幸判官好爲之." 判官唯唯[635]而退, 與首娼[636]謀, 選府妓年少美色者, 使之淡粧白衣裳, 容色一倍, 擧杵敲臼于客舍密邇處. 又與陪童約, "翰林如問爾, 爾必對曰: '非官妓, 京中宰相家婢, 休沐于親家, 遭喪留三月, 將近百日之期, 爲此淹留.'" 於是, 蔡見素服之姝, 敲臼于廊側, 容態絶殊, 心惘惘失措, 密問陪童曰: "彼敲臼之女, 州妓耶?" 對曰: "否. 京城金判書家婢, 因親喪留連邑中." 曰: "何時遭喪?" 曰: "已近百日, 賤人百日[637]免喪, 將以比日[638]歸." 蔡於其夜達曙不寐. 翌

---

628) 大: 저본에는 빠져 있으나 나, 라본에 의거하여 보충함.
629) 誤: 나, 라본에는 '諛'로 되어 있음.
630) 垂: 나본에는 '流'로 되어 있음.
631) 面: 저본에는 빠져 있으나 나, 라본에 의거하여 보충함.
632) 世英: 저본에는 '壽'로 나와 있으나 가, 나, 라본에 의거함.
633) 因: 가, 라본에는 '仍'으로 되어 있음.
634) 敢: 라본에는 '得'으로 되어 있음.
635) 唯: 저본에는 빠져 있으나 라본에 의거하여 보충함.
636) 首娼: 가, 라본에는 '首妓'로 되어 있음.
637) 賤人百日: 저본에는 빠져 있으나 나, 라본에 의거하여 보충함.

日, 又問陪童曰: "若非官妓, 爾可不告府官, 密誘而致之乎?"曰: "方有主者, 恐難用[639]力."曰: "然. 試言之, 勿洩外人.[640]"陪童奔[641] 告府官, 誘而致之客舍. 自此, 夜來朝往, 自以邑人莫知. 一日, 府 官爲內翰張高宴, 紅粧成行, 羅綺眩目, 昔日白衣之妓, 金峨雲髻, 亦間琴歌之列. 蔡見之大駭, 乃知見賣. 自此, 略不顧忌, 任其日夜 共床, 情愛交融, 雖交頸比翼, 不能踰也. 及其已事而還, 與之相別 于郵亭, 欲制其淚, 而自迸於雙眦, 雖避人而抆之, 亦莫能禁也. 遂 仰屋忍涕, 問陪童曰: "此屋何年所營?"曰: "某年營之." 曰: "其時 府判[642]爲誰?"曰: "某也." 蔡於是乎, 始[643]低首而歎曰: "吁! 人生可 憐, 今也已成鬼錄." 汪然涕瀉, 衫袖盡濕. 邑人傳笑之曰: "蔡曝曬 之淚, 淚脚甚鉅." 余嘗聞老妓露凝香之言, 曰: "客舍行官, 見妓嬉 笑者難犯[644], 見妓正色者易制."

1-70.

有一老兵使, 得[645]一[646]少[647]妓酷愛之, 罄兵營以需妓. 瓜滿而還, 與妓別于郵亭, 把妓手而泣, 衫袖[648]盡濕, 而妓目不淚. 妓父母從 兵使背後, 自掩其面, 爲涕泣狀以敎之[649]. 妓年尚少, 不解矯情而

---

638) 比日: 나본에는 '此月'로 되어 있음.
639) 用: 가, 나, 다, 라본에는 '容'으로 되어 있음.
640) 勿洩外人: 가, 라본에는 '勿令外人知'로 되어 있음.
641) 奔: 가본에는 '赴'로 되어 있음.
642) 府判: 가, 라본에는 '府官'으로 되어 있음.
643) 始: 가, 라본에는 '遂'로 되어 있음.
644) 犯: 나, 라본에는 '化'로 되어 있음.
645) 得: 가본에는 '近'으로 되어 있음.
646) 一: 저본에는 빠져 있으나 가본에 의거하여 보충함.
647) 少: 저본에는 '小'로 나와 있으나 가, 라본에 의거함.
648) 衫袖: 가본에는 '雙袖'로 되어 있음.

泣, 且無情, 雖欲泣而目不淚. 父母搖手而招之, 妓出, 父母戒之
曰: "爾兵使罄兵營, 爲爾起家, 爾爲木石耶? 何無一點淚以送之?"
遂相與摔而毆之, 妓大泣, 使之入. 妓入而泣.[650] 兵使見其[651]泣而
益泣, 曰: "爾勿泣! 見汝泣, 吾益[652]戚矣. 爾勿泣[653]!"

### 1-71.

南袞爲方伯, 有所眄妓. 一日, 月色如晝, 客舍陪從皆退[654], 獨與
妓盤桓庭除, 問妓曰: "汝家安在?" 妓指之, 曰: "彼紅門之外, 一柴
扉臨路岐者, 卽[655]兒家也. 兒家有酒, 夜也無知, 請與使道步月偕
往, 酣暢而來, 不亦樂乎?" 袞許之, 潛與携手而往, 館候者莫知之
也. 妓使其母密通于主倅, 進[656]盂盤, 有若自家爲也. 相與團欒, 不
覺醉眠, 妓使家人垂重[657]席于窓, 使曉色[658]不徹, 袞鼾[659]睡如雷
聲[660]. 日已高, 諸吏悉候于柴扉外, 袞驚起欲出, 日光已在戶外, 袞
進退維谷,[661] 遂大慚, 謝病而歸. 旣歸, 關念不忘, 主倅裝束送之
京[662], 遂納而爲妾. 嘗[663]乘醉, 令[664]前卒隨後, 唐突而入, 有一[665]美男

---

649) 之: 가, 나, 다, 라본에는 '妓'로 되어 있음.
650) 妓入而泣: 나, 라본에는 '妓泣而入'으로 되어 있음.
651) 其: 나, 라본에는 '妓'로 되어 있음.
652) 益: 가본에는 '尤'로 되어 있음.
653) 勿泣: 라본에는 '勿泣勿泣'으로 되어 있음.
654) 退: 가, 나, 라본에는 '宿'으로 되어 있음.
655) 卽: 저본에는 빠져 있으나 가, 라본에 의거하여 보충함.
656) 進: 저본에는 빠져 있으나 가, 나, 라본에 의거하여 보충함.
657) 重: 저본에는 빠져 있으나 가, 나, 라본에 의거하여 보충함.
658) 曉色: 가, 나, 라본에는 '曉光'으로 되어 있음.
659) 鼾: 저본에는 '鼻'로 나와 있으나 가, 나, 라본을 따름.
660) 聲: 저본에는 빠져 있으나 라본에 의거하여 보충함. 나본에는 '鳴'으로 되어 있음.
661) 袞進退維谷: 저본에는 빠져 있으나 가, 나, 라본에 의거하여 보충함.
662) 京: 가본에는 '袞'으로 되어 있음.

子從後門而出, 衾不就坐[666], 曰: "彼[667]後門之客爲誰?" 妓佯驚[668], 垂淚而言曰: "令公若欲外我, 棄之可也, 罪之可也. 後門之客, 是何言也?" 遂拔小刀, 落于指上, 一指隨刃而墜矣[669]. 衾大駭, 曰: "娼物之有二心, 不須多責, 而欲掩其跡, 忍人所不忍, 可乎?" 拂衣而出[670], 翌日馱送于家.

## 1-72.

南原有梁生者, 處心疎浪, 家事饒給. 常[671]以風流自許, 聞關西多名妓, 思欲一暢其懷. 適有親黨爲定州牧使, 生罄家儲, 結駟聯軫而往. 牧使擇名妓薦枕, 生大[672]愛之, 三年盡輸其貨, 敝衣單驢[673], 悽楚而還. 其妓有男弟, 追送中道, 抃[674]巒而泣, 生不忍別, 自度行李無餘, 只有一韡在足, 遂脫而與之, 於驢背赤足而往. 行到[675]半日[676]程, 於溪上柳陰下秣驢[677], 臨溪倚樹, 而涕泣漣如, 行路之人, 莫不咨嗟. 有一商[678], 亦於是溪上午飯, 支頤惆悵, 雪涕濡

---

663) 嘗: 저본에는 '常'으로 나와 있으나 가, 나, 라본에 의거함. 서로 통용됨.
664) 令: 가, 나, 라본에는 '使'로 되어 있음.
665) 一: 저본에는 빠져 있으나 가, 나, 라본에 의거하여 보충함.
666) 不就坐: 가본에는 '驚問'으로, 나본에는 '不坐問'으로 되어 있음.
667) 彼: 저본에는 빠져 있으나 가, 나, 라본에 의거하여 보충함.
668) 驚: 저본에는 빠져 있으나 가, 나, 라본에 의거하여 보충함.
669) 矣: 저본에는 빠져 있으나 가, 나, 라본에 의거하여 보충함.
670) 出: 가, 나, 라본에는 '去'로 되어 있음.
671) 常: 저본에는 빠져 있으나 나, 라본에 의거하여 보충함.
672) 大: 나본에는 '絶'로, 나본에는 '切'로 되어 있음.
673) 單驢: 나, 라본에는 '單奴騎驢'로 되어 있음.
674) 抃: 나본에는 '攀'으로, 라본에는 '扱'으로 되어 있음.
675) 到: 저본에는 빠져 있으나 나, 라본에 의거하여 보충함.
676) 日: 저본에는 '月'로 나와 있으나 나, 라본에 의거함.
677) 驢: 저본에는 '馬'로 나와 있으나 나, 라본을 따름.
678) 一商: 나, 라본에는 '商人'으로 되어 있음.

鬚[679], 悲不自勝. 生問之曰: "爾是[680]何人悲啼若我? 願與密語[681], 對[682]討悲懷也." 先生曰: "吾留定州三年, 有所愛妓, 鍾情甚, 非徒我愛妓, 妓亦愛我倍之, 一朝捨別, 是以泣." 商曰: "小人亦於定州, 得一小妓, 留三年, 其妓乃衙中子弟所切愛, 晝夜無隙. 每托省母, 一日三出, 歡情方洽, 一朝作[683]別, 是以泣." 遂相持痛哭, 不覺日之夕矣. 生始問: "爾之所愛妓名爲誰?" 卽生之妓也. 於是, 憮然解携, 拂衣而歸, 自此, 不復關心矣[684].

1-73.

平壤妓武貞介, 爲柳判書辰仝所幸, 携過數邑, 適見前堵蒼頭, 悲咽流涕. 柳奴責之曰: "娘子之情, 專在於彼, 不重吾主可知." 妓答曰: "汝可謂不通事理者也. 我爲汝主固當守節, 不幸他適, 而見汝於異日, 則十倍於此." 其敏於言語如此.

1-74.

柳辰仝爲監軍御史, 平安監司, 爲御史開大宴于浮碧樓. 平壤之妓, 凝粧盡態, 朱翠交映, 御史至, 顧眄[685]而言曰: "平壤敎坊, 何年革罷乎?" 言其妓中無一[686]人也. 左右默然, 監司謂諸妓曰: "御史

---

679) 鬚: 라본에는 '袖'로 되어 있음.
680) 是: 저본에는 빠져 있으나 나, 라본에 의거하여 보충함.
681) 語: 나, 라본에는 '坐'로 되어 있음.
682) 對: 나, 라본에는 '共'으로 되어 있음.
683) 作: 나, 라본에는 '而'로 되어 있음.
684) 矣: 저본에는 빠져 있으나 나, 라본에 의거하여 보충함. 나, 라본에는 이어서 "生資木綿一千疋·霜華紙三千束, 盡消於一妓."라는 내용이 추가되어 있음.
685) 眄: 저본에는 빠져 있으나 가, 나, 다, 라본에 의거하여 보충함.
686) 一: 저본에는 빠져 있으나 나본에 의거하여 보충함.

有問, 何不出對?" 有一妓, 名無定價, 出而對曰: "監軍御史, 何時復立乎?" 言其御史非其人也. 監司大喜, 厚賞其妓.

## 1-75.

京城北部, 有第一名唱[687]加地, 字可拾, 玅琴歌善調諧. 非但色貌[688]出凡, 縉紳名官花柳筵, 無其此[689]人, 殊[690]索然. 一日夕,[691] 路見仵作人, 破衣垢面, 負人屍而去. 加地掩面不忍[692]視, 曰: "長安女子, 有肯作這奴[693]妻者乎!" 仵作人聞之含怒. 他日, 假人衣冠, 假人重貨, 以求之, 加地不覺也, 許同寢四五夕. 遂以靑裸裹一封物, 納之而去, 加地甚喜, 開視之, 卽死兒屍. 加地大愕, 頓地垂絶, 恐惡[694]言出其口, 盡歸所受之貨, 乃[695]絶之. 曾仍中朝人也, 聞南京有一花子[696], 敝衣蓬頭, 揷銀子[697]五兩于巾後, 入名妓家求宿焉[698]. 妓[699]大怒捧杖而毆之, 花子出門, 不顧而去, 妓見巾後揷銀, 擧手而招之, 曰: "來爾花子! 前面看的不好, 後面看的好了[700]." 要與共宿, 取銀而送之. 吁! 妓女之輕身重貨, 天下同然, 可歎也已!

---

687) 京城北部, 有第一名唱: 가, 나, 라본에는 '漢京北郭, 有長安第一娼'으로 되어 있음.
688) 色貌: 가, 나, 라본에는 '容態'로 되어 있음.
689) 此: 저본에는 빠져 있으나 나, 라본에 의거하여 보충함.
690) 殊: 가, 나본에는 '須'로 되어 있음.
691) 一日夕: 가, 나, 라본에는 '一夕'으로 되어 있음.
692) 忍: 저본에는 빠져 있으나 가, 나, 라본에 의거하여 보충함.
693) 奴: 가, 나, 라본에는 '虜'로 되어 있음.
694) 惡: 저본에는 빠져 있으나 가, 나, 라본에 의거하여 보충함.
695) 乃: 저본에는 '而'로 나와 있으나 가, 나, 라본을 따름.
696) 花子: 가, 나, 라본에는 '化子'로 되어 있음. 서로 통함. 이하의 경우도 동일함.
697) 子: 저본에는 빠져 있으나 나본에 의거하여 보충함.
698) 焉: 저본에는 빠져 있으나 나, 라본에 의거하여 보충함.
699) 妓: 가본에는 '艦'으로 되어 있음.
700) 了: 저본에는 '耳'로 나와 있으나 가, 나, 라본을 따름.

1-76.

　畫師黃順, 常居數間蝸屋, 口給懸河, 正色而言, 一不啓[701]齒, 而使人捧腹短氣. 嘗與京上新妓私, 夜欲共宿于家, 而[702]慙其蝸室. 其家與太平館相背, 從後門叩其扉, 高聲作虛名, 連喚六七奴婢, 空館也, 無一人應. 陽爲大怒, 曰: "婢僕盡睡不應, 明日必大杖之. 隔墻乳母家, 當往宿焉." 仍携入[703]蝸屋而宿, 妓則不識, 以太平館爲順家. 畫師役苦, 而長安索畫者甚煩, 不勝其苦. 有人叩門而呼, 家無應, 門常自寢, 其鼻變其聲[704], 曰: "參奉氏出去!"

1-77.

　儒生六七人, 以科擧期迫[705], 出銅雀江亭鍊業. 時有友生爲禮曹佐郎, 生戲之曰: "吾儕出寓江榭[706], 風景雖好, 奈鰥居無憘何? 何[707]不擇名妓, 爲我薦枕?" 禮曹[708]郎曰: "諾." 翌日, 生坐江亭, 望見沙汀, 有紅粉三十餘人喚舟, 至則皆禮郎所送妓也. 諸儒相與密議曰: "前言戲之, 而妓之至者, 如許多也, 十里步來, 無一杯以勞之, 於我乎甚無顏. 不如集粮米, 以爲飯餉之." 使一僕炊飯, 餘無使喚人, 出儕中年少者操其事, 卽盧稙[709]也. 搜其饌, 只有蘇魚十餘[710]尾, 潛出廚後, 覆木升括其鱗. 爲一妓所覘, 言于衆妓, 衆妓拍

---

701) 啓: 저본에는 빠져 있으나 가본에 의거하여 보충함.
702) 而: 저본에는 빠져 있으나 가본에 의거하여 보충함.
703) 携入: 가본에는 '與往'으로 되어 있음.
704) 聲: 저본에는 '姓'으로 나와 있으나 가본에 의거함.
705) 迫: 가, 나, 라본에는 '近'으로 되어 있음.
706) 江榭: 가, 나, 라본에는 '江舍'로 되어 있음.
707) 何: 저본에는 '可'로 나와 있으나 가, 나, 라본에 의거함.
708) 曹: 저본에는 빠져 있으나 나본에 의거하여 보충함.
709) 稙: 저본에는 '植'으로 나와 있으나 나, 라본에 의거하여 바로잡음. 이하의 경우도 동일함.

手大笑, 聲閧一堂, 稹愧而走. 未幾, 稹捷壯元及第, 御靑袍揷桂花, 張雙蓋列紅牌, 衆工執樂, 徒衆塞路. 過掌樂院前路, 是日也, 院中試樂, 衆妓咸會出視之[711], 一妓諦視之, 大驚曰: "此新來, 莫是向者江亭括[712]蘇魚者耶?" 衆妓相顧而歎之, 稹愧之, 促鞭而過.

1-78.

京城有貧生, 過西京, 西京紅粉窟穴也. 府尹館生于客舍, 且以名妓候之, 生寒無寢具, 出與僕云云. 遂呼僕索美衾, 僕進一弊襖, 生倒其襖, 兩足穿[713]兩袖而臥, 曰: "此美衾也." 又命僕立官褥遮冷壁, 褥倒覆身, 再起之三起之, 皆覆. 生怒叱曰: "愚僕出!" 乃覆褥而宿. 西京妓, 至今以爲奇談.

1-79.

長安人稱花柳之俠, 爲'日者', '日者'云者, 云云之謂也. 有[714]士人安世憲者, 其最也. 嘗上山寺讀書, 諸生遂尊崇世憲, 爲之師, 南面坐于佛榻上, 羅拜榻下, 請學日者之道. 世憲箕踞正色, 曰: "李某·張某來, 仄爾冠, 緩爾帶, 斜爾步, 搖爾衣[715]後." 於是, 李生·張生奉行之如敎, 世憲曰: "咦! 李誤左足矣, 張錯右步矣, 改爾奔趨矣, 改爾肩背矣." 及下山, 李·張潛探世憲行止, 侵昏走娼女香伊家矣. 李乃把長杠, 橈之溷厠中, 大聲突其杠于窓. 世憲方聽琴歌執盃

---

710) 餘: 라본에는 '許'로 되어 있음.
711) 咸會出視之: 저본에는 '觀之'로 나와 있으나 가, 나, 라본을 따름.
712) 括: 나, 라본에는 '刮'로 되어 있음.
713) 穿: 저본에는 빠져 있으나 가, 나, 라본에 의거하여 보충함.
714) 有: 가본에는 '遊俠'으로 되어 있음.
715) 緩爾帶, 斜爾步, 搖爾衣: 저본에는 '緩爾衣'로 나와 있으나 라본에 의거함.

觴, 輒擲其觴, 捉其杠. 李故爲引杠再三, 若將引[716]援之爲者, 世憲奮手執[717]其杠, 排窓逐之, 李逸足而遁. 俄而, 世憲盡嘔其酒食, 脫衣濯手, 曰: "大爲老賊所賣, 必李瞎子也."

1-80.

嘉隆間, 有漢陽俠士金儞者, 寒門人也. 擅長安花柳, 苟一場逢著[718], 無不以平生切愛稱, 長安名妓相與言曰: "吾儕各有心上人, 曾不一相面, 豈非風流間一大欠也? 請於南山上山臺, 盛具高宴, 各邀一人, 觴之以盡歡." 群妓齊應曰: "諾." 至是日, 供帳上山臺以候[719]之, 有十餘人至, 華衣美飾, 容貌秀麗, 率長安年少名俠也. 其餘五十餘妓, 皆無主, 伺諸松林間, 日已晚, 未擧案. 日過晡, 有一人冠露頂,[720] 葛衣出背, 草鞋穿踵, 緩緩雁鶩而來. 五十餘妓歡呼雀躍, 曰: "至矣, 至矣!" 至則儞也. 虛左之席, 大張擧床之樂, 五十餘妓[721]各進金觴而迭酌, 華衣美飾之俠, 相顧自喪, 皆托小便而亡去矣. 自是, 長安之俠, 凡有上山臺之宴, 兩蠶頭之宴, 蕩春臺之宴, 北淸門之宴, 三淸洞之宴, 三江船上之[722]宴, 欲邀名妓者, 一受金儞署押, 則滿城紅粉, 無不奔波而往. 雖舍人所‧掌樂院, 禮曹之風稜, 莫敢下手於其間. 儞將死, 衆俠請傳其術, 辟左右密語曰: "如奴." 言訖而死. 吁! 豈獨爲俠而有其術乎? 爲名士, 亦行是術.

---

716) 引: 저본에는 빠져 있으나 가, 라본에 의거하여 보충함.
717) 執: 가, 다, 라본에는 '奪'로 되어 있음.
718) 著: 가, 나, 다, 라본에는 '着'으로 되어 있음. 서로 통함.
719) 候: 저본에는 '侯'로 나와 있으나 가, 나, 다, 라본에 의거하여 바로잡음.
720) 有一人冠露頂: 나, 라본에는 '有一人至, 布冠見頂'으로 되어 있음.
721) 歡呼雀躍 … 五十餘妓: 저본에는 빠져 있으나 라본에 의거하여 보충함.
722) 之: 저본에는 빠져 있으나 나, 라본에 의거하여 보충함.

1-81.

諺曰: "娼婦老後, 有三空一餘." 三空者何？家産空·骸體空·名聲空, 一餘者何？甘言餘也.

# 卷二

## 宗教篇

## 仙道

2-1.

智異山佛日庵者, 在雙溪寺東嶺外十里所, 壁絶逕[1]斷, 斫松爲梯者數所, 昔新羅時崔致遠所遊處也. 庵[2]西有靑鶴峰, 仙鶴栖焉, 東峰有長瀑, 高可數千丈, 又如玉龍倒臥[3], 銀河飛落, 直瀉于臺前. 昔人大字刻其岩, 曰'翫瀑臺', 庵在[4]臺北, 松竹擁碍焉. 時有休粮高釋之徒[5], 有一道老[6]衲, 孤栖其庵, 方春三月之望, 杏花滿[7]山, 月色如晝. 夜將半, 忽聞庵外有人言語聲, 老衲以爲, '窮山絶頂, 夜深如許, 何處客子來遊於此?' 身爲主人, 禮當出待, 出門而拜, 有一客危冠墨[8]袍, 領三尺兩童子, 徘徊於翫瀑臺上. 欲近則[9]揮手止之, 固請還入, 老衲不得[10]辭, 入庵而窺之, 客與童子語, 微聞其聲, 不辨何謂也. 但見衣裾隨風飄拂, 而良久朗然長嘯, 松鳴竹動, 谷答岩震, 餘響裊裊[11], 遠揚雲表. 老衲神淸魂爽, 更欲出拜, 而曲

---

1) 逕: 라본에는 '徑'으로 되어 있음.
2) 庵: 저본에는 빠져 있으나 가, 라본에 의거하여 보충함.
3) 臥: 가, 나, 다, 라본에는 '掛'로 되어 있음.
4) 在: 저본에는 빠져 있으나 가, 나, 다본에 의거하여 보충함.
5) 之徒: 가, 라본에는 '捜之'로 되어 있음.
6) 老: 저본에는 빠져 있으나 가, 나, 다본에 의거하여 보충함.
7) 滿: 가, 라본에는 '漫'으로 되어 있음.
8) 墨: 가, 나, 라본에는 '黑'으로 되어 있음.
9) 則: 저본에는 빠져 있으나 가, 나, 다본에 의거하여 보충함.
10) 不得: 저본에는 '不得已'로 나와 있으나 나본에 의거함.
11) 裊裊: 가, 나, 라본에는 '嫋嫋'로 되어 있음. 서로 통함.

纔終, 飄然而逝, 循岩腹無蹊之地, 直渡香爐峰, 童子隨之, 其步皆如飛, 不知何所向也. 老衲瞻望噓唏, 始覺其爲[12]眞仙也. 所謂神[13]仙者, 棄其體殼, 拔其精神, 固聚不散, 歷千百劫, 與世人絶, 莫知其[14]動止, 邈然若前後生之別. 葛洪八十二而屍解, 呂洞賓六十四而飛去[15], 皆棄身而逝, 不及張蒼[16]百歲而沒. 俗云'丁令威化鶴', 而其實爲遼東倉官, 遭[17]兵亂沈井而死. 假令全精保靈, 白日翃[18]天, 而如雀爲蛤, 蛤不知巢居雲飛之日, 如蚕爲蛾, 蛾不知食葉吐絲之時, 不亦悲乎!

## 2-2.

成侃微時, 出遊郊園, 於途中下馬歇鞍, 臨溪蔭樹而坐. 忽有一客騎驢隨之[19], 亦憩于溪上, 侃見客, 容貌奇譎[20], 敬禮之. 俄而, 各進朝餰, 客從僮開裸進兩器, 一赤血浮[21]蝌蚪溢之, 一烹小兒爛熟. 侃甚驚, 客勸侃食[22]其半, 侃深惡之, 辭曰: "僕食不曾慣." 客食罷, 侃異之, 托以便旋, 密問其僮曰: "客何許人?" 僮曰: "不之知." 曰: "從長者遊, 豈不知某氏?" 曰: "相遇於途, 仍從之遊, 若之何知之?" 曰: "自何時[23]從遊?" 曰: "自天寶十四年至今, 不知幾何歲月." 曰:

---

12) 爲: 저본에는 빠져 있으나 가, 나, 라본에 의거하여 보충함.
13) 神: 저본에는 '眞'으로 나와 있으나 가, 나, 라본을 따름.
14) 其: 저본에는 빠져 있으나 가, 나, 라본에 의거하여 보충함.
15) 去: 가, 나, 다, 라본에는 '行'으로 되어 있음.
16) 蒼: 저본에는 '昌'으로 나와 있으나 다, 라본에 의거하여 바로잡음.
17) 遭: 저본에는 빠져 있으나 가, 나, 라본에 의거하여 보충함.
18) 翃: 가, 나, 다본에는 '翀'으로 되어 있음. 서로 통함.
19) 之: 나본에는 '至'로 되어 있음.
20) 譎: 가, 나본에는 '偉'로 되어 있음. 서로 통함.
21) 浮: 나본에는 '盈'으로 되어 있음.
22) 食: 가, 라본에는 '喫'으로 되어 있음.

"向所食兩器何物耶?" 曰: "其一紫芝也, 其一人蔘也." 倪大驚且悔, 復見客禮之, 請嘗前所進[24]兩物, 客呼[25]僮[26], 問其餘, 對曰: "小子困飢食之." 已而, 騎驢而去. 倪隨之, 客謂僮曰: "此去, 午廚忠州達溪[27], 夕踰鳥嶺." 遂揮鞭而邁, 不疾驅, 而倪躍駿乘, 追之不及, 杳然失其所向. 倪歸家[28], 惝[29]若有失, 仍識其所遇者, 乃呂眞人也. 蓋[30]天寶十四年, 卽呂眞人胎化之秋也[31].

2-3.

李相國元翼, 少時遊寒溪山, 入蘭若中, 有一老僧, 狀貌魁琦[32], 坐睡丈室, 見元翼, 頗禮貌之. 坐久, 僧取小紙, 書數字, 擲之庭中, 未幾, 有仙鶴下庭盤旋. 相國異之, 問其由, 僧驚曰: "書生可與之[33]語, 衆莫之見, 子[34]獨覩之, 子欲奇觀, 踵我來." 於是, 扶藜而往, 相國隨而行, 遂陟後峰, 步步皆玉貝藉地[35], 辟[36]路璀璨. 相國問之曰: "是何寶玉之多耶?" 僧曰: "豈無珠玉? 惟不貪者見之, 子可敎也." 俄而[37], 有笙簫之聲, 出於五雲, 雪峰在五雲中矣. 僧逡巡嶺

---

23) 時: 저본에는 빠져 있으나 가, 나, 라본에 의거하여 보충함.
24) 進: 저본에는 '食'으로 나와 있으나 가, 나, 다, 라본을 따름.
25) 呼: 나본에는 '顧'로 되어 있음.
26) 僮: 저본에는 '童'으로 나와 있으나 가, 나, 다본을 따름.
27) 達溪: 나본에는 '達川邊'으로 되어 있음.
28) 歸家: 나본에는 '還家'로 되어 있음.
29) 惝: 저본에는 '倘'으로 나와 있으나 다, 라본에 의거함.
30) 蓋: 저본에는 빠져 있으나 나, 라본에 의거하여 보충함.
31) 也: 저본에는 빠져 있으나 가, 나, 라본에 의거하여 보충함.
32) 琦: 가, 나본에는 '偉'로, 다본에는 '璨'로 되어 있음.
33) 之: 저본에는 빠져 있으나 다본에 의거하여 보충함.
34) 子: 가본에는 '而'로 되어 있음.
35) 地: 가본에는 '之'로 되어 있음.
36) 辟: 가, 나본에는 '遂'으로 되어 있음.

上, 望雪峰而不肯前, 相國願往觀之, 僧曰: "此則上仙會遊[38]之所, 非人間宰相所縱觀也." 仍低迴而降. 後相國登科洎爲承旨, 罷官閑遊, 復遊寒溪山, 而不見僧, 欲再尋後嶺, 而失其路.

2-4.

有一公子, 王室之冑也. 風流愛客, 所居園亭佳麗, 每置酒邀賓[39], 詩人尹潔, 必在客席, 盡歡而罷. 一日, 家有美酒, 請潔終日酣暢, 仍與之同宿. 公子夢經閭閻, 入山峽中, 路窮地僻, 有短墻周遭, 墻內方池澄碧, 池中菡萏敷英, 朱簾畫欄之間, 有三四美人, 凝粧而立, 見公子而[40]邀之坐. 公子坐定, 美人進芳肴香酎, 旣酣, 仍挾美人而宿, 抵曉而覺, 則夢也. 遂謂潔曰: "去夜之夢, 眞仙遊也." 日將晚, 公子[41]試往尋, 由墨寺洞, 緣山逕而入, 果有華亭蓮沼, 紅粧三四人邀之, 一如[42]夢相似. 終宵歌笑酒中, 美人盛稱公子之客尹君之爲人, 公子曰: "尹君才調寡倫, 實[43]當代第一名流." 美人稱之不離口, 曰: "哀哉其人! 惜哉其才!" 咄咄不已. 公子覺而歸至其家, 聞潔已被繫矣. 及潔死於殿庭, 公子思美人言, 大異之, 欲再尋美人而問之, 至則無蓮亭, 只有空山石逕風草蕭森而已.

2-5.

昔者, 昭敬大王開筵, 語及神仙事, 李浚慶[44]曰: "今世有神[45]仙,

---

37) 而: 저본에는 빠져 있으나 가, 나본에 의거하여 보충함.
38) 會遊: 나본에는 '會燕'으로, 다본에는 '會宴'으로 되어 있음.
39) 賓: 나본에는 '客'으로 되어 있음.
40) 而: 저본에는 빠져 있으나 나, 라본에 의거하여 보충함.
41) 公子: 저본에는 빠져 있으나 가본에 의거하여 보충함.
42) 如: 나, 라본에는 '與'로 되어 있음.
43) 實: 저본에는 빠져 있으나 라본에 의거하여 보충함.

小臣[46]目覩之." 上驚問之, 對曰: "今者, 宰相元混, 節食遠色, 自保千金, 壽至九十, 尙無恙, 眞神仙也." 蓋元混九十三而卒, 宋贊九十[47]而卒, 李蕆[48]大夫人[49]百三歲而卒, 申撥九十三而卒猶[50]康寧, 趙挺大夫人九十四而累病得癒[51], 彼八十二之稚川, 六十四之回仙, 特一嬰兒耳. 吾門丈柳[52]同知調, 平生食飮無節, 不護[53]其身, 而得年[54]八十四. 其友朴僉知廷立, 一生[55]愼攝, 日三餌藥[56], 所食極簡, 三剖黃瓜, 只食其一, 他物亦皆如之, 享壽八十三. 凡人之享年, 似在受氣厚薄, 豈在自家所能引促也! 然殉慾忘生, 則不可不戒.

2-6.

崔演者, 江陵人也. 聞金時習爲僧隱雪嶽山, 與同志年少五六人, 從遊請學. 時習盡辭焉, 獨以演可敎之, 留之半歲, 盡師弟之道, 寢興不離側. 每月高夜深, 寤寐視之, 失時習所之[57], 枕席虛矣. 演心異之, 未敢追往尋之, 如是者數矣. 一日[58]夜半, 月又明, 時習

---

44) 浚慶: 나, 라본에는 '俊民'으로 되어 있음.
45) 神: 저본에는 빠져 있으나 라본에 의거하여 보충함.
46) 小臣: 저본에는 빠져 있으나 라본에 의거하여 보충함.
47) 九十: 나, 라본에는 '九十二'로 되어 있음.
48) 蕆: 저본에는 '遽'로 나와 있으나 가, 나, 다본에 의거하여 바로잡음.
49) 大夫人: 저본에는 '夫人'으로 나와 있으나 가, 나, 라본에 의거함.
50) 猶: 저본에는 빠져 있으나 나, 라본에 의거하여 보충함.
51) 癒: 가, 나, 다, 라본에는 '瘳'로 되어 있음. 서로 통함.
52) 柳: 나, 라본에는 '李'로 되어 있음.
53) 護: 나본에는 '愼'으로 되어 있음.
54) 年: 저본에는 빠져 있으나 나, 라본에 의거하여 보충함.
55) 一生: 저본에는 빠져 있으나 나, 라본에 의거하여 보충함.
56) 餌藥: 나본에는 '服藥'으로 되어 있음.
57) 之: 가본에는 '在'로 되어 있음.
58) 日: 저본에는 빠져 있으나 가, 나, 라본에 의거하여 보충함.

衣巾潛出,演遠[59]隨其後. 越一壑, 踰一嶺, 草林中密伺之, 嶺下有一大盤石, 平廣可坐. 有二客不知從何來, 相揖坐石上[60]晤語, 遠莫能審其語, 良久而散. 演先歸臥寢如初. 翌日, 時習謂演曰: "始[61]以汝爲可敎, 今始覺其煩惱[62], 不可敎也." 遂辭焉. 終不知其所與語者人也鬼也.[63]

## 2-7.

鄭希良, 數學精妙[64], 自推己命, 知難逭大禍. 時服親[65]喪于豐德, 襫衰経苴[66], 徙履于祖江邊, 若有涉水而死者, 潛遁爲僧, 匿跡于[67]深山寺刹. 後[68]長髮爲居士, 自號李千年. 時有金輪者, 寒賤人也. 從希良, 學推數, 服從多年. 希良嘗推上中下三元人命, 累成篇秩, 細書如毫髮, 大如斗者百餘卷, 名'明鑑數'. 一日夜靜, 坐山房, 與輪談玄, 忽有妖狐鳴於山外[69], 聲甚惡[70]. 希良嗟悼久之, 向山誦呪數聲, 彈指數聲. 翌朝, 使輪往前山[71]尋, 其狐吐血[72]而斃, 輪大

---

59) 遠: 저본에는 빠져 있으나 라본에 의거하여 보충함.
60) 上: 저본에는 빠져 있으나 가, 나, 라본에 의거하여 보충함.
61) 始: 저본에는 빠져 있으나 가, 나, 라본에 의거하여 보충함.
62) 煩惱: 나본에는 '煩燥'로 되어 있음.
63) 終不知其所語者人也鬼也: 저본에는 빠져 있으나 가본에 의거하여 보충함. 나, 라본에는 '鬼也'가 '仙也'로 되어 있음.
64) 精妙: 가본에는 '精微'로 되어 있음.
65) 親: 저본에는 빠져 있으나 가, 나, 라본에 의거하여 보충함.
66) 経苴: 저본에는 빠져 있으나 가, 나, 라본에 의거하여 보충함.
67) 于: 저본에는 빠져 있으나 가, 나, 라본에 의거하여 보충함.
68) 後: 저본에는 빠져 있으나 가, 나, 라본에 의거하여 보충함.
69) 山外: 나본에는 '前山'으로 되어 있음.
70) 惡: 나, 라본에는 '急'으로 되어 있음.
71) 前山: 저본에는 '山前'으로 나와 있으나 가, 라본을 따름.
72) 吐血: 가, 나, 라본에는 '吐舌'로 되어 있음.

驚, 拜于庭, 曰: "從先生久傳數學[73]糟粕, 至於符呪神方, 未得聞梗槪, 願欲學焉." 希良曰: "爾傳我數學, 一生衣食[74], 自有餘裕, 何必學此爲?" 輪强之, 希良曰: "吾使爾未治其心, 而先從事於斯, 必有害人妨物者矣, 決不可." 輪怒而止. 後日, 輪潛竊希良『三元明鑑數』百餘卷以逃. 輪得是書, 賣卜[75]于人, 百不一差, 其驗如神. 今經亂離, 其書多散失. 李光義·李華·梁大軸之輩, 或得[76]謄書者, 皆不滿秩, 良可惜也. 希良爲僧時[77], 謁退溪于三嘉, 退溪[78]論易, 僧應對如流, 所見甚透. 退溪疑之, 謂僧曰: "鄭希良爲僧云, 今必老矣. 目今時事無憂[79], 何不更仕于朝?" 僧曰: "希良雖不死, 不服親喪[80], 不孝也; 棄君而逃[81], 不忠也. 不孝不忠, 何敢更行于世?" 言訖, 辭而去, 曰: "將宿于後山草幕." 退溪[82]尋悟之, 使人尋之草幕, 已俶裝去, 遁其跡焉.[83]

李賀者, 京山釋子也. 少時, 居三角山僧伽寺, 常居客室, 意欲竢察異僧. 忽有敝衲老僧, 狀貌淸奇, 每中夜, 必出外如便, 旋然盥漱已, 如屋後向北而拜. 心異之, 知非常人, 事之甚敦[84], 未嘗須臾離, 留僧伽客舍, 許多日矣. 一日, 先曉鼓荷鉢而去, 賀望望踵後, 不使

---

73) 學: 저본에는 빠져 있으나 가, 나, 라본에 의거하여 보충함.
74) 衣食: 저본에는 빠져 있으나 가, 나, 라본에 의거하여 보충함.
75) 卜: 저본에는 빠져 있으나 가, 나, 라본에 의거하여 보충함.
76) 得: 저본에는 빠져 있으나 나, 라본에 의거하여 보충함.
77) 時: 저본에는 빠져 있으나 가, 나, 라본에 의거하여 보충함.
78) 退溪: 저본에는 빠져 있으나 가, 나, 라본에 의거하여 보충함.
79) 憂: 가, 나, 라본에는 '虞'로 되어 있음. 서로 통함.
80) 喪: 저본에는 빠져 있으나 가, 나, 라본에 의거하여 보충함.
81) 逃: 가, 나, 라본에는 '遁'으로 되어 있음.
82) 退溪: 저본에는 빠져 있으나 가, 나, 라본에 의거하여 보충함.
83) 已俶裝去, 遁其跡焉: 가, 나, 라본에는 '已俶裝而遁矣'로 되어 있음.
84) 甚敦: 가, 나, 라본에는 '如子事父·奴事主'로 되어 있음.

之知. 終日直西而往, 入天磨之知足庵, 旣定, 賀入而拜, 老僧驚怪
問之, 曰: "爾來自何?" 賀曰: "貧道願爲弟子, 不敢離下風也[85]." 老
僧深[86]惡之, 然殫誠禮, 服從[87]如前. 累日而後, 拜而請曰: "貧道在
客舍, 俟候長老多矣. 知大師必有異, 敢請承敎!" 老僧怫然作色,
曰: "年少沙彌何妄耶? 吾何有異?" 每請輒堅拒[88]之, 閱多日, 始感
其愈固也, 敎之以[89]卜筮. 賀粗識文字, 性且[90]慧, 不勞而曉. 每占
一事, 試其推決, 斤正其善否, 由粗就精, 終至百不一謬. 又請益以
大數, 則曰: "爾雖至[91]此, 一生[92]衣食有贏, 其他則吾不知之." 在知
足數月, 乘夜不告而去. 賀起而要其蹤, 了無知所如, 遂痛哭而返.
自此之後, 遇事輒占, 其合如契, 聲名四揚, 懷楮者旁午而至, 遂解
衲還俗, 遨遊縉紳之間. 隣有書生失奴, 問于賀, 賀曰: "獨乘鈍馬,
向南行必得." 生如其言, 乘駑駘, 不帶僮僕獨往, 馬倦不前, 遂下
馬入灌叢, 折枝爲鞭, 逃奴伏於灌叢下, 遂與偕還. 洪州牧使遣騎
邀之, 旣至與之飯, 飯未已, 遂投匙[93]而驚, 曰: "有事, 請亟歸!" 詰
之, 則曰: "吾命在今日午前, 請歸死于家." 仍拂袖而起, 時州判官
再三邀之, 固留之而與之酒. 方夏月用燒酒, 賀素[94]嗜飮, 連進五六
器, 於席上吐火[95]而死. 或曰: "其師老僧, 卽鄭希良也." 二相趙元

---

85) 也: 저본에는 빠져 있으나 가, 나, 라본에 의거하여 보충함.
86) 深: 가본에는 '甚'으로 되어 있음.
87) 服從: 가, 나, 라본에는 '服役'으로 되어 있음.
88) 拒: 저본에는 '據'로 나와 있으나 가, 나, 라본을 따름. 서로 통함.
89) 以: 저본에는 빠져 있으나 나, 라본에 의거하여 보충함.
90) 且: 나본에는 '多'로 되어 있음.
91) 至: 가, 나, 라본에는 '止'로 되어 있음.
92) 一生: 가본에는 '以往'으로 되어 있음.
93) 匙: 나본에는 '箸'로 되어 있음.
94) 素: 저본에는 빠져 있으나 가, 나, 라본에 의거하여 보충함.
95) 火: 가, 라본에는 '血'로 되어 있음.

紀, 微時與鄭希良交. 希良爲翰林, 元紀往訪之, 留之共宿. 至翌朝, 名卿達官, 呼喝塞道而至[96], 不可勝記. 客去, 希良曰: "名流訪我來者繼踵, 子之心艶彼耶?" 曰: "一寒如此, 抱關猶勝我, 況彼金馬玉堂士耶!" 曰: "子其[97]無艶, 彼特朝露而已[98]. 若子者, 窮四十達四十, 壽在其中." 未幾, 渡漢江, 船敗淪水底, 忽思希良之言, 曰: "康節豈欺我哉?" 欲匍匐達崖, 而水中不辨兩崖, 仍散髮觀水所趍, 直截水底, 瞑目行, 達于彼崖, 而不覺其陸也. 路人怪之, 曰: "彼手足行者, 何人?" 遂[99]開目視之, 已抵沙平院矣. 後四十始達, 官至贊成, 壽八十餘歲, 符合希良言.

## 2-8.

余按參判成壽益所著『三賢珠玉』, 北窓先生鄭磏, 物表神人也. 於儒道釋及技藝雜術, 皆不學而能. 嘗以釋氏他心通之法, 未得門戶爲恨, 入山靜觀三四日, 便洞然[100]頓悟, 能知山下百里外事, 如合契, 百不一爽. 隨乃父入[101]中國, 遇琉球[102]國使臣, 使臣亦異人也. 在其國以易數推之, 知入中原遇眞人, 沿路咨訪, 至北京, 遍訪諸國邸館, 皆不遇其人. 一見北窓, 瞿然驚不覺下拜, 披其橐, 出一小冊子, 實記某年月日入中國遇眞人. 示北窓, 曰: "所謂眞人, 非公而誰耶?" 其人精通易學, 北窓大悅之, 共處三日三夜論易, 能通其國之音[103], 不待舌人, 蓋不學而能焉. 常居一室, 治煉丹火候之

---

96) 至: 저본에는 빠져 있으나 가, 나, 라본에 의거하여 보충함.
97) 子其: 저본에는 빠져 있으나 가, 나, 라본에 의거하여 보충함.
98) 而已: 나, 라본에는 '也'로 되어 있음.
99) 遂: 저본에는 빠져 있으나 나, 라본에 의거하여 보충함.
100) 洞然: 가본에는 '濶然'으로 되어 있음.
101) 入: 가본에는 '赴'로 되어 있음.
102) 球: 저본에는 '璃'로 나와 있으나 가, 다본에 의거함.

法, 有客至, 寒士也, 方盛冬不耐其苦. 北窓取坐傍冷鐵片, 挾之 掖[104]下以熨之, 須臾出與客, 如洪爐之燠, 流汗浹體. 又有人患痼 疾, 屢月鍼藥, 俱不療. 北窓取席上一掬管草, 手摩口煖, 使服之, 病立愈. 不幸早逝, 四十四卒, 其自挽曰: '一生讀破萬卷書, 一日 飮盡千鍾酒. 高談伏羲以上事, 俗說從[105]來不掛口. 顔回三十稱亞 聖, 先生之壽何其久?' 其弟磏, 亦奇士也. 爲其兄作挽歌, 曰: '痛 哭吾兄逝, 傷心欲問天. 修文繼亞聖, 厭世化胎仙. 寂寞三生話, 風 流萬卷篇. 乾坤卓先覺, 大夢忽悠然.' 磏早鰥, 獨居四十餘年, 一 不近女色, 好仙術, 嗜酒能詩, 又曉醫方, 多神效. 生平不好[106]進 取, 嘗[107]有詩, 曰: '白首參同契, 紅顔麴米春.' 乃其一生事也. 年七 十一, 微病坐化.

鄭北窓磏, 高士也, 順朋之子也. 於陰陽·醫藥諸術, 皆精詣, 能 修身[108]養心, 所處光明滿室. 洪判書聖民, 少時嘗共飮, 是時, 工匠 燔沙器作燒酒盃, 至少, 擧國爲定規. 磏指其盃, 曰: "此時, 此盃如 許少, 他日, 漸巨爲大鍾. 至其時, 時事多難, 余則不及見, 洪君應 備嘗其苦, 所憂大矣." 不久, 磏早世. 自後, 擧世崇飮燒酒, 皆用大 鍾, 工之造沙器, 更不爲少盃[109] 而壬辰之亂起, 聖民在關西行在, 常稱北窓之先見矣[110].

---

103) 音: 가본에는 '語'로 되어 있음.
104) 掖: 가본에는 '腋'으로 되어 있음. 서로 통함.
105) 從: 가본에는 '經'으로 되어 있음.
106) 不好: 가본에는 '不求好'로 되어 있음.
107) 嘗: 저본에는 빠져 있으나 가본에 의거하여 보충함.
108) 身: 마본에는 '神'으로 되어 있음.
109) 盃: 저본에는 빠져 있으나 마본에 의거하여 보충함.
110) 矣: 저본에는 빠져 있으나 마본에 의거하여 보충함.

2-9.

南師古在江陵, 謂邑人曰:"今年必有大兵, 此地人靡有孑遺, 謹避之." 邑人素知師古有神算, 爭避於杆襄[111]之間. 其年癘疫大熾, 死亡無數,[112] 一邑蕭然. 師古嘆[113]曰:"吾之術業, 可謂粗矣, 謂癘爲兵." 邑中儒士崔雲溥登第, 爲親將開慶宴, 師古謂邑人曰:"爾輩須往觀之, 此邑三十年間, 無此慶." 後李璥登第, 適三十一年矣[114]. 嘗來京師[115], 參判鄭期遠, 幼時從長者, 見師古, 後再往, 自內高聲問曰:"鄭秀才來耶?" 顚倒出迎, 鄭怪問之曰:"何以知吾來?" 曰:"吾預知君來." 指壁上書曰[116]:"某月日鄭某來云." 嘉靖丁卯, 師古登南山蚕頭, 望見驚嘆良久, 曰:"是何[117]王氣索然?" 俄而, 乃[118]曰:"移在社稷洞." 未幾, 恭憲大王薨, 無適嗣, 迎昭敬大王于社稷洞潛邸, 卽祚. 丁丑年, 蚩尤旗出, 長與天半[119], 師古預知有壬辰之亂云.

2-10.

李之菡, 之蕃之弟也, 亦奇士也. 布衣草鞋篛笠, 負褚而行, 或遨[120]遊士大夫間, 傍若無人, 於諸家[121]雜術無所不通. 乘一葉扁舟,

---

111) 杆襄: 저본에는 '襄杆'으로 나와 있으나 나본에 의거함.
112) 死亡無數: 가, 나, 라본에는 '死者不可勝記'로 되어 있음.
113) 嘆: 가, 나, 라본에는 '歸'로 되어 있음.
114) 矣: 저본에는 빠져 있으나 가, 나, 라본에 의거하여 보충함.
115) 京師: 나본에는 '京城'으로 되어 있음.
116) 上書曰: 저본에는 '上曰書'로 나와 있으나 가, 나, 라본에 의거하여 바로잡음.
117) 何: 저본에는 빠져 있으나 가, 나, 라본에 의거하여 보충함.
118) 乃: 저본에는 빠져 있으나 가, 나, 라본에 의거하여 보충함.
119) 天半: 가, 나, 라본에는 '天等'으로 되어 있음.
120) 遨: 저본에는 빠져 있으나 마본에 의거하여 보충함.
121) 諸家: 저본에는 빠져 있으나 마본에 의거하여 보충함. 나본에는 '諸處'로 되어 있음.

四隅繫瓢[122], 三入濟州, 無風浪[123]之患. 手自爲商賈以敎民, 赤手贏生業[124], 數年來[125]積粟[126]鉅萬, 盡散之貧民, 揮袂而去. 入海種匏, 結子數萬, 剖而爲瓢, 糶穀幾至千石, 運之京江之麻浦. 募江村人, 積土汚塗, 中高百尺, 築小室[127], 名土亭, 夜宿室下, 晝升屋上居之. 未幾, 棄之而歸. 又惡其負鼎而行, 爲鐵冠脫而炊飯, 洗而冠之, 周流八道, 不假乘而行. 自謂, '賤者之事, 無不窮通, 不被人毆打, 請嘗試之.' 一日, 突入民家, 坐於夫婦之側, 主人大怒欲毆之[128] 爲其老逐之. 又欲受笞臂[129]之刑, 故犯官人前路, 官人怒而欲笞之, 熟視之, 異其狀[130]而止之. 其父母之葬也, 相葬山, 子孫當出兩相, 而其季子[131]不吉, 季子卽其身也. 之菡强之自當其災, 後[132]山海·山甫, 官至一品, 而至之菡之子, 凶而不顯. 嘗爲抱川縣監, 以布衣草鞋, 布笠上官, 官人進饌, 熟視而不下箸, 曰: "無所食!" 吏跪于庭, 曰: "縣無土産, 盤羞無味[133], 請改之." 俄而, 盛[134]陳佳羞而進, 又熟視之, 曰: "無所食!" 吏震恐請罪, 之菡曰: "我國之民生困苦, 皆坐食飮之無節, 吾惡夫食者之用盤." 命下吏雜五穀炊, 飯一器, 黑荣羹一器, 盛之以笠帽匣, 而進之[135]. 翌日, 邑中品

---

122) 瓢: 마본에는 '大瓢'로 되어 있음.
123) 風浪: 나, 마본에는 '風波'로 되어 있음.
124) 業: 저본에는 빠져 있으나 나, 마본에 의거하여 보충함.
125) 來: 나, 마본에는 '內'로 되어 있음.
126) 粟: 저본에는 빠져 있으나 나본에 의거하여 보충함. 마본에는 '穀'으로 되어 있음.
127) 小室: 나, 마본에는 '土室'로 되어 있음.
128) 之: 저본에는 빠져 있으나 나, 마본에 의거하여 보충함.
129) 臂: 나, 라, 마본에는 '臀'으로 되어 있음.
130) 熟視之, 異其狀: 나본에는 '熟視曰: 異哉!'로 되어 있음.
131) 子: 저본에는 빠져 있으나 라, 마본에 의거하여 보충함.
132) 後: 저본에는 빠져 있으나 마본에 의거하여 보충함.
133) 味: 나, 라, 마본에는 '異味'로 되어 있음.
134) 盛: 저본에는 빠져 있으나 나, 라, 마본에 의거하여 보충함.

官來, 爲作乾菜粥勸之, 品官低冠擧匙, 乍食乍吐, 而之菡盡食之.
未久, 去官而歸, 邑人[136]攔道, 留之不得. 後爲牙山縣監, 有一老吏
犯罪, 之菡曰: "汝雖老, 心則兒也." 令去冠辮白髮爲童, 使持碩陪
案前, 老吏啣之, 潛取蜈蚣汁[137], 調酒而進之, 之菡卒[138], 年未六
十. 李之菡先墓, 在保寧海邊, 海中有大石爲墓案, 於風水不吉, 欲
去之不可得. 之菡曰: "去之不難." 遂入海島, 伐材裝千尺, 巨艦四
隻, 以千尺[139]長杠, 四面縛其石, 繫于四艦. 及潮水大漲, 大石爲水
力所浮, 遂張帆入深處[140], 解而沒[141]之海. 其奇略出衆人慮外[142],
可堪爲大將領三軍, 而終[143]落拓而卒, 可惜也已[144]. 李之菡哀流民
敝衣乞食, 爲飢民作巨寶[145]以舘之, 誨之以手業, 於士農工商[146],
無不面諭耳提, 各資[147]其衣食. 而其中最無能者多[148], 與之[149]禾藁,
使作芒鞋, 親課[150]其役. 一日能成十對, 鞋販之市, 一日之工, 無不
辦一斗米, 推其利[151]以成衣, 數月之間, 衣食俱足, 而不勝其苦, 多

---

135) 之: 저본에는 빠져 있으나 나, 라, 마본에 의거하여 보충함.
136) 邑人: 마본에는 '邑民'으로 되어 있음.
137) 汁: 저본에는 '汴'으로 나와 있으나 나, 라본을 따름. 통자임.
138) 卒: 나, 라, 마본에는 '死'로 되어 있음.
139) 千尺: 라, 마본에는 '百尺'으로 되어 있음.
140) 處: 저본에는 빠져 있으나 라, 마본에 의거하여 보충함.
141) 沒: 라, 마본에는 '投'로 되어 있음.
142) 外: 나, 마본에는 '表'로 되어 있음.
143) 終: 라, 마본에는 '終身'으로 되어 있음.
144) 已: 저본에는 빠져 있으나 라, 마본에 의거하여 보충함.
145) 寶: 나본에는 '空'으로, 라본에는 '室'로 되어 있음.
146) 商: 저본에는 '賈'로 나와 있으나 마본을 따름.
147) 資: 나, 라본에는 '周'로 되어 있음.
148) 多: 저본에는 빠져 있으나 라, 마본에 의거하여 보충함.
149) 之: 저본에는 빠져 있으나 라본에 의거하여 보충함.
150) 課: 라, 마본에는 '董'으로 되어 있음.
151) 利: 라, 마본에는 '剩'으로 되어 있음.

有不告而遁者. 以此觀之, 益見民生因惰而飢, 雖疲癃百無一能, 而未有不自爲芒鞋者, 之菡之示民近效, 妙矣哉!

## 2-11.

田禹治, 松京術士也. 於書無不强記, 不事家業, 縱遊山水間, 得遁甲役[152]鬼之術. 嘗有詩, 曰: '紫蛙周禮正王法, 南相文章眞伊周. 璞亦璞鼠亦朴, 隋候珠魚目珠. 蝘蜓嘲龍眞龍羞. 山人拂袖歸去早, 桂樹丹崖風景好.' 時朴光祐爲載寧郡守, 愛其博識群書, 迎接頗款.[153] 一日, 對座衙軒, 有一封私書及公文, 自監司所來密事也. 光祐坼見之, 色動, 藏之席下, 禹治問曰: "何事耶?" 光祐默而不答. 蓋朝庭深惡禹治妖幻, 期必捕致之死, 知光祐款遇, 爲私書, 使勿失也. 然光祐不忍於心, 欲使遁逸, 密言于禹治, 禹治笑曰: "我當有以處之." 是夜雉頸而死, 光祐痛之, 厚資其喪葬. 越明年, 於車軾家, 禹治尋其策[154]而去. 今載寧郡有田禹治墓.

田禹治嘗往友人家會飲, 座中曰: "君能得天挑否?" 治曰: "何難? 取細繩百把來." 僕夫應命取進, 又指童子, 曰: "來!" 童子應命而進, 治乃持繩向空擲之, 高入雲霄裊裊而垂, 治又令童子緣繩而上, 曰: "繩盡處有碧桃, 結實甚多, 可摘下!" 於是, 座中皆出視之, 但見童子漸漸沒入空中. 移時, 見碧桃和葉和實, 亂落庭中, 座客競取啖之, 甘液淋漓, 非世間所有矣. 俄而, 有赤血自空點點而下, 治驚曰: "爲食一桃, 枉送了一介童子命." 座客問之, 治曰: "此乃守桃者, 奔告上帝, 殛此兒也." 俄而, 有一臂墮地, 一臂又繼墮, 兩脚

---

152) 役: 저본에는 '沒'로 나와 있으나 라본에 의거함.
153) 迎接頗款: 저본에는 '款治'으로 나와 있으나 라본을 따름.
154) 策: 라본에는 '冊'으로 되어 있음.

身頭又繼墮, 客怳然失色, 治徐步下去, 收拾四體, 若有聯續之狀.
有頃, 童子倏然而起, 跟踚而走, 座客又相顧大笑.


2-12.

宋麒壽, 訪申企齋于駱峰下, 有布衣客在坐, 企齋遇之頗款, 麒壽未曾識. 企齋曰: "令公不曾見此士乎? 乃田生禹治也[155]." 麒壽曰: "每聞名, 如卷中人, 恨相見之晚." 企齋曰: "子何不爲令公作一戲?" 治[156]笑曰: "何戲之有?" 已而, 主家進水飯, 治方食向庭中噀[157]之, 化作白蛾, 無數滿庭而飛.


2-13.

黃轍者, 術士也. 少時遊山寺, 有老衲宿患[158]客舍, 夜間鹿鳴山谷, 慍曰: "天師在此, 渠何敢唐突作惡聲?" 諸沙彌試看. 明朝, 寺門外, 果有死大鹿. 轍異之, 願捨身爲僕, 盡傳其術, 行於世, 多可怪可愕靈異事. 嘗曰: "吾嘗見大逵[159]中, 人鬼相雜, 鬼之行於路, 如鍾樓街行人之多, 鬼不避人, 人自不見." 閭巷間, 人遇鬼祟者, 多[160]邀攘[161]之, 必驗. 佐郞金義元族侄, 闔門患妖疾, 請轍治之, 轍曰: "是緣讎人屑人顱骨, 撒之遍一家, 故衆[162]鬼虐人, 可符呪已之." 乃朱符帖壁, 誦呪三遍而已, 螢火滿堂, 飛聚墻隅, 疊成[163]一

---

155) 也: 저본에는 빠져 있으나 라본에 의거하여 보충함.
156) 治: 라본에는 '禹治'로 되어 있음. 이하의 경우도 동일함.
157) 噀: 저본에는 '嘛'으로 나와 있으나 나, 다본을 따름.
158) 宿患: 가, 나본에는 '留宿'으로 되어 있음.
159) 逵: 저본에는 '陸'으로 나와 있으나 나, 다, 라본에 의거함.
160) 多: 저본에는 빠져 있으나 가, 나본에 의거하여 보충함.
161) 攘: 저본에는 '穰'으로 나와 있으나 가본을 따름. 서로 통함.
162) 衆: 저본에는 빠져 있으나 가, 나본에 의거하여 보충함.

塊. 時冬月無螢火, 家人咸異[164]之, 以火燭之, 骨屑集成一頭顱, 遂埋之淨地, 自此, 諸疾[165]盡瘳. 儒士安孝禮乳母, 年七十, 患瘧苦甚, 邀[166]轍, 轍不往, 曰: "吾雖不往, 明日午, 必有異事見於夢, 自此, 病必[167]痊." 果至翌午, 母疾作假寐, 夢有一女, 蒼黃投母背後[168]乞命, 有一[169]青衣丈夫, 直入背後, 縛其女而去. 夢覺, 果洒然而[170]愈矣. 又嘗捉鬼, 藏之篋而緘之, 篋中窸窣有聲, 篋自跳躍, 繫石投之江, 妖乃息.

2-14.

韓無畏, 西原儒士也. 少時好任俠, 擅西原官妓, 一日殺妓夫, 避仇入關西寧邊居焉. 遇熙川[171]校生郭致虛, 學秘方, 泛濫仙佛, 年八十, 雙目炯然, 鬚髮如漆. 許筠爲遠接使從事官, 時無畏爲順安訓導, 筠與之語, 知其爲異客, 要共宿, 問學仙之方. 無畏曰: "大凡爲仙之道, 勿作陰謀秘計, 勿刑殺無辜, 勿欺誣人, 勿營財, 見窮人勿惜財, 常清淨, 勿近女色玩好." 無畏鰥居四十年, 因一家窘之, 辱身爲訓導, 而以救朝夕而已. 常從遊於一善·休靜·弘正等高僧, 卑惟正不齒. 筠問: "休靜近女色用刑杖, 如何作見性人?" 曰: "靜師巨人也, 見性頗早, 不可以細故長短之. 但弘正高於靜, 得一善

---

163) 成: 저본에는 빠져 있으나 가, 나, 다본에 의거하여 보충함.
164) 異: 가, 나본에는 '怪'로 되어 있음.
165) 疾: 저본에는 '鬼'로 나와 있으나 가, 나본에 의거함. 다본에는 '鬼病'으로 되어 있음.
166) 邀: 가, 나본에는 '呼'로 되어 있음.
167) 必: 저본에는 '又'로 나와 있으나 가, 나본을 따름.
168) 後: 저본에는 빠져 있으나 가, 나본에 의거하여 보충함.
169) 一: 저본에는 빠져 있으나 가, 나본에 의거하여 보충함.
170) 而: 저본에는 빠져 있으나 가, 나본에 의거하여 보충함.
171) 熙川: 저본에는 빠져 있으나 라본에 의거하여 보충함.

正脈者也." 無畏年八十餘, 無病坐化, 葬于順安. 後五六年, 其友遇於香山, 容色不老, 問曰: "人言公死, 何顔貌勝昔?" 無畏笑曰: "傳之者謬也." 郭致虛善幻術, 能呼風喚雨, 多神異事. 無畏之言, 皆中筠心腑, 眞異人也.

## 2-15.

尹月汀根壽, 解華語. 嘗朝燕京師[172], 遇望氖[173]者, 問曰: "望氣亦學而能乎?" 曰: "學而能." 曰: "何如?" 曰: "築土室, 塞東西北, 及上[174]開其南, 重築之如前, 而開北塞南; 又重築之如前, 而開東塞北, 又重築之, 而開其西; 又重築之, 而開其上. 每塞其四面, 開其一. 其中沉沉不辨晝夜, 晝夜不眠, 如是過五十[175]日, 五重之室, 視物如白晝, 衣縷皆可數. 然後出而視之, 五色天地之氣, 了了目前, 能視數百里之外, 因之以占其吉凶, 百不一差[176]." 學官李再榮, 赴燕[177]京, 至東嶽廟, 廟中多道士. 有一道士, 吹簫土室中, 欲入則無門. 問之爲, 道士在土室中, 塞四壁, 只從小竇通食, 一小牖取明, 三年而出, 則位高品受厚祿.

近來術士朴尙義, 亦學此法, 爲四重室, 五十日而出, 能察人氣[178] 見一客, 曰: "若已遭喪, 有白氣浮頭上." 其母在遠地, 已死而不知, 不數日訃音至. 鄭參判期遠, 對尙義而坐, 出而便旋, 溺汚其袴. 復坐, 尙義笑曰: "公何失溺?" 期遠大驚. 尙義寓潭陽, 私一

---

172) 燕京師: 가, 나본에는 '燕京'으로 되어 있음.
173) 氖: 가, 나본에는 '氣'로 되어 있음. 서로 통함.
174) 及上: 저본에는 빠져 있으나 가, 나본에 의거하여 보충함.
175) 五十: 가, 나본에는 '十五'로 되어 있음.
176) 一差: 가본에는 '一失'로 되어 있음.
177) 燕: 저본에는 빠져 있으나 가, 나본에 의거하여 보충함.
178) 能察人氣: 가, 나본에는 '能相人察氣'로 되어 있음.

官婢, 婢偃蹇不順, 累竄身深匿, 尙義必坐知其處, 十竄十得之. 一日, 同客宿出而望, 大驚曰: "某方有氣, 甚惡非常, 必有弑逆大變在旬朔間, 子其識之." 客拭目[179]而[180]覰之, 不見其氣, 以爲狂言. 後過二十日, 某[181]地果有弑母之獄. 尙義年八十, 能[182]以齒碎楸實殼[183]及沙碗子, 成麋粉而食之, 衆大怪之, 以爲役鬼善幻而爲之. 尙義嘗曰: "入四重室, 五十日不睡, 禹步叩齒, 日夜不息, 可學望氣法. 不然則發心恙[184], 狂走可怕."

## 2-16.

南宮斗, 湖南人也.[185] 少時[186], 善詩賦[187], 嘗於館學場屋爲第一, 士子皆傳誦[188]其辭. 不幸家中與小妾相戱, 失手致死, 驚[189]懼其親戚知, 密埋于稻田中, 宣言爲惡少所竊. 歲餘, 家婢怒其笞己[190], 奔告其親黨, 掘諸稻田中, 面色如生, 遂哀丐其生. 自是, 不復應擧, 遂專攻仙佛, 謝人間榮利. 本來高才人也, 所就精深, 加以積功一生, 只緣色欲未全剗去, 不得成火候之妙, 而惟服氣絶食, 年八十, 猶有嬰兒色. 足躡木履, 來往于全州·恩津間[191], 雖少壯莫能趁其

---

179) 目: 저본에는 '眸'로 나와 있으나 가, 나본을 따름.
180) 而: 저본에는 빠져 있으나 가, 나본에 의거하여 보충함.
181) 某: 가, 나본에는 '其'로 되어 있음.
182) 能: 저본에는 빠져 있으나 가본에 의거하여 보충함.
183) 殼: 저본에는 빠져 있으나 가, 나본에 의거하여 보충함.
184) 恙: 가본에는 '痒'으로 되어 있음.
185) 湖南人也: 저본에는 빠져 있으나 라본에 의거하여 보충함.
186) 少時: 저본에는 빠져 있으나 라본에 의거하여 보충함.
187) 詩賦: 라본에는 '辭賦'로 되어 있음.
188) 誦: 라본에는 '詠'으로 되어 있음.
189) 驚: 저본에는 빠져 있으나 라본에 의거하여 보충함.
190) 己: 저본에는 빠져 있으나 라본에 의거하여 보충함.
191) 間: 저본에는 빠져 있으나 라본에 의거하여 보충함.

步. 其靜居一室, 室中常生紫氣, 識者稱之, 曰'地上仙'. 一日, 雷霆風雨[192], 日光翳然, 斗曰: "天將召我!" 無病而坐化矣.

## 2-17.

李潘臣, 相地官之魁傑者也. 萬曆丁丑年, 蚩尤旗出, 長亘天, 李相國山海問潘臣後應如何, 對曰: "慘不可言." 曰: "與己卯之禍, 如何?" 曰: "一賢士死, 其禍幾何?" 曰: "與[193]乙巳之禍, 何如?" 曰: "一王子死, 其禍幾何?" 更問之, 只曰: "慘不可言." 曰: "其應遲耶速耶? 在何時?" 曰: "一國君之怒, 則其禍猶大, 況天之怒, 豈可容易而發乎? 期在十六七年之後." 曰: "我國之在天下, 其小如一[194]衿川之在我國, 慧星之變, 中國當之, 我小邦何與焉?" 曰: "不然. 我國在中原與燕之分, 禍福無不同. 且雖非星文, 頃日大霧之變, 其慘與蚩尤旗無別, 其終之禍, 將何抵當?" 後至壬辰年, 果被倭亂, 有遷都播越之變, 八路蕭然. 至此, 適十六[195]年, 其言果驗焉. 先是[196], 南師古以善觀[197]天文有聲, 或問: "國事如何? 何時可寧耶?" 曰: "東封泰山而後寧." 時人未之解. 後文定王后薨, 封泰陵于國都之東, 自此, 恭憲大王復政, 國事始寧, 人皆知東封泰山之讖不誣. 潘臣輕師古, 以爲南生有何高識, 自以爲不如己. 且曰: "近觀天象, 太史星色變, 知天文者死, 吾不久於世矣." 未久[198], 師古死, 潘臣聞之大驚, 蒼黃奔詣鵝溪門, 呼曰: "相公相公! 南師古死

---

192) 風雨: 저본에는 빠져 있으나 라본에 의거하여 보충함.
193) 與: 저본에는 빠져 있으나 나, 라본에 의거하여 보충함.
194) 一: 저본에는 빠져 있으나 나, 라본에 의거하여 보충함.
195) 十六: 나, 라본에는 '十七'로 되어 있음.
196) 是: 저본에는 '時'로 나와 있으나 나, 라본을 따름.
197) 觀: 나, 라본에는 '相'으로 되어 있음.
198) 未久: 나, 라본에는 '未幾'로 되어 있음.

矣. 始知精通天文勝於己, 天之示災, 在師古, 不在己也." 師古 常[199]師申豆伊間, 其人觸事如神. 有人食以瓜, 豆伊間曰: "此瓜必 是第幾畝·第幾蔓·第幾蔕也." 就田驗之, 果然. 告辭纔出門, 便失 所之, 人莫測生何所·終何所, 其名亦爲某也. 但自辱賤名, 自稱豆 伊間, 豆伊間者, 厠室之俗名也. 豆伊間有一言, 師古莫不敬諾, 唯 唯而已[200]. 丁丑星變, 中原人曰: "非蚩尤旗, 乃慧星也." 後考天文 書, 果然矣.

## 2-18.

朴燁少時, 與余姪柳[201]澈友善. 澈[202]與諸少年, 聚余家庭中, 忽 見一條[203]熱水自外飛流過屋, 瀉于衣冠. 衆少年驚怪之, 曰: "必朴 叔[204]夜來." 出門觀之, 燁立廓外路上, 撒溺過屋矣. 燁外家在木川, 木川距京二百四十[205]里, 袖飯一器, 日晩, 揮袂而去, 日未昏而至. 其行不疾不徐, 無異於諸路人, 只聞衣裾隨風有聲而已. 及治郡 邑, 威甚峻, 官事立辦, 所至有能聲.

## 2-19.

昔余幼時[206], 學韓文于申校理濩[207]氏, 至「送高閑上人序」'浮屠

---

199) 常: 나, 라본에는 '嘗'으로 되어 있음.
200) 而已: 저본에는 빠져 있으나 나, 라본에 의거하여 보충함.
201) 柳: 저본에는 빠져 있으나 나, 라본에 의거하여 보충함.
202) 澈: 저본에는 빠져 있으나 나, 라본에 의거하여 보충함.
203) 條: 저본에는 '縚'로 나와 있으나 나, 라본에 의거함.
204) 叔: 저본에는 '燁'으로 나와 있으나 나, 라본을 따름.
205) 二百四十: 나, 라본에는 '二百四十七'로 되어 있음.
206) 幼時: 저본에는 빠져 있으나 가, 나본에 의거하여 보충함.
207) 濩: 저본에는 '灌'으로 나와 있으나 가, 나, 다본에 의거하여 바로잡음.

善幻多技能', 問: "何爲²⁰⁸⁾善幻多²⁰⁹⁾技能?" 校理曰: "近來果川園丁, 稛載甘瓜一䭾, 上漢江船, 同船有一僧, 曰: '逢²¹⁰⁾天之暑, 我心如焚, 願施甘瓜, 與同舟分.' 園丁曰: '耕耘漑灌, 努力成熟, 不賣于市, 反爲若德乎?' 僧曰: '耕耘在我²¹¹⁾成熟, 孔易我自有之, 何待於爾?' 遂取筇枝²¹²⁾, 耕于船中, 耕訖而種, 種訖而生, 生訖而蔓, 蔓訖而花, 花而實, 實而長, 長而熟. 須臾之間, 滿船籬籬, 蒲鴿之色, 甘香挕鼻. 捲蔓而摘之, 盡分同船, 同船之人, 無不解渴. 已而, 船到北崖, 僧携筇下船而去, 園丁登陸視其䭾, 平²¹³⁾空矣. 追其僧, 不知所之, 此之謂'浮屠善幻多技能'也²¹⁴⁾."

## 2-20.

金壓, 關西²¹⁵⁾永柔人也. 少時, 學于熙川校生郭致虛, 生善幻術, 時時有異事. 時八月行釋奠于鄉校, 生服事, 校中諸儒聚議, 曰: "郭生妖人也, 不宜服事, 聖廟將擯之." 生大怒曰: "爾輩困我, 我不獨困爾輩乎?" 俄而, 大雨暴至, 水漲于庭, 齋舍墊沒, 儒生²¹⁶⁾皆攀梨樹, 梨刺所觸, 肌膚流血, 遂謝過乞解. 俄頃, 雨霽, 齋舍無水痕矣. 金壓傳其術書, 欲學之者, 其第一紙火燒, 無假令文字不得盡²¹⁷⁾其術云. 余以爲詑, 使陳其術, 曰: "三叩齒, 畫斗柄, 禹步而

---

208) 爲: 가, 나, 라본에는 '謂'로 되어 있음.
209) 多: 저본에는 '善'으로 나와 있으나 나, 다본에 의거함.
210) 逢: 라본에는 '逢'으로 되어 있음. 서로 통함.
211) 在我: 다본에는 '自家'로 되어 있음.
212) 筇枝: 다, 라본에는 '筇杖'으로 되어 있음.
213) 平: 가, 나, 다, 라본에는 '一半'으로 되어 있음.
214) 也: 저본에는 빠져 있으나 가, 나, 라본에 의거하여 보충함.
215) 關西: 저본에는 빠져 있으나 라본에 의거하여 보충함.
216) 儒生: 라본에는 '諸儒'로 되어 있음.
217) 盡: 라본에는 '傳'으로 되어 있음.

入.' 曰:"何耶?' 前左右三叩齒, 拔劍畫地作七星, 禹步者, 兩足接, 由斗柄曲步而入也. 爲是法, 誦經而進, 則百神來掩其身, 人不得見也. 終至慣熟, 則七步之內, 能藏身, 如入妙, 則不動身, 不誦經, 而坐上能藏身云.' 或說[218] "璽以妖術[219] 竊人妾, 始則藏身而入, 旣破精, 身不得掩, 爲主人所覺, 被縛受困."

## 僧侶

**2-21.**

懶翁者, 麗末神僧也. 爲檜巖寺住持, 將[220] 赴任, 未至寺十里許, 有一破衲[221] 篛笠者, 伏謁道左. 翁問曰:"爾是何人?" 對曰:"貧道乃寺中乞粒僧也. 聞大師[222] 臨弊刹, 敢要諸路." 翁使之前焉, 僧涉水不褰裳, 而如踏平地, 已點知非常人. 入寺門, 不知所向. 翁已入寺, 不禮佛, 直舍廊閣, 寺僧怪之. 俄而, 先令寺僧辦麻索大合圍者數十丈, 諸僧尤異之, 曰:"大師初涖, 不禮佛, 先徵物出力, 何也?" 然不敢拒, 具而進. 翁上大佛殿, 擇健僧百, 指使將大索纒第幾座丈六佛, 仆地[223], 寺中老僧齊會, 合掌而請曰:"自前日此佛靈驗異常, 祈雨而雨, 祈病而愈, 祈子而孕, 凡有所[224] 祈輒應. 大師初政, 衆大[225] 傾耳拭[226] 目, 而先仆世尊之像, 大可怪也." 翁嗔目叱之曰:

---

218) 說: 라본에는 '曰'로 되어 있음.
219) 以妖術: 라본에는 '學道術'로 되어 있음.
220) 將: 저본에는 빠져 있으나 가, 나본에 의거하여 보충함.
221) 衲: 저본에는 '柄'으로 나와 있으나 가, 나본에 의거하여 바로잡음.
222) 師: 저본에는 '寺'로 나와 있으나 가, 나본에 의거하여 바로잡음.
223) 仆地: 가, 나본에는 '駈而仆之'로 되어 있음.
224) 有所: 저본에는 '所有'로 나와 있으나 가, 나본을 따름.
225) 衆大: 가, 나본에는 '大衆'으로 되어 있음.

"爾輩聽我指使而已!" 諸僧不敢拒, 齊力引之, 木像金身[227]非重物, 而百挈一不動. 老翁[228]揚眉而言曰: "果若人言, 靈佛[229]不可侮, 大患將至矣." 翁自上榻一手摘[230]之, 即仆于地, 牽而出之沙門之前[231], 積薪而燒之, 膻臭[232]滿山. 於是, 更造他像而立之, 又有妖患[233], 如前焚之, 三造而新之, 更無災. 仍安之, 曰: "凡安佛像, 香火供饗之, 或有山魈·木魅憑焉, 假作如來靈幻者, 比比有之. 所謂某寺有靈佛, 有惑輒應者, 皆此類也. 遇僧尊而奉之, 或致閤寺貽患, 僧徒無故而斃, 可不懼哉!" 吁! 懶翁神僧也. 蓋[234]物久則神, 神必依焉, 矧佛寺朝夕供養之地乎! 鬼之求食者, 舍此而安往哉? 且如今人墳上, 或刻石人, 以衛神道, 歲久, 則或有山鬼替受其祀, 今或有用石華表代石人[235], 亦頗[236]有理也.

2-22.

客有問天然禪師, 曰: "師遍遊東方名山, 見異僧否?" 天然曰: "嘗遊伽倻山海印寺時, 觀察使將來賞, 寺之僧採蔬菜, 具槽櫪以候之. 有客僧入蔬畦, 折新萵苣, 多擇嫩[237]葉取去, 主僧呵之, 不止,

---

226) 拭: 저본에는 '側'으로 나와 있으나 가, 나본을 따름.
227) 身: 저본에는 '神'으로 나와 있으나 가, 나본을 따름.
228) 老翁: 가, 나본에는 '老宿'으로 되어 있음.
229) 靈佛: 가본에는 '靈座'로 되어 있음.
230) 摘: 가본에는 '擠'로 되어 있음.
231) 前: 가본에는 '外'로 되어 있음.
232) 臭: 저본에는 '鼻'로 나와 있으나 가, 나본에 의거함.
233) 妖患: 가, 나본에는 '妖幻'으로 되어 있음.
234) 蓋: 저본에는 빠져 있으나 가, 나본에 의거하여 보충함.
235) 代石人: 저본에는 빠져 있으나 가, 나본에 의거하여 보충함.
236) 亦頗: 저본에는 '頗亦'으로 나와 있으나 가, 나본을 따름.
237) 嫩: 저본에는 '嬾'으로 나와 있으나 이본에 의거하여 바로잡음.

遂驅而逐之. 客僧怒罵歸客室, 俄而, 階下三四槽櫪, 一時人立而上階, 入於[238]蔬畦, 進退相撞, 移時而鬪, 萬苣之畦如滌場矣. 寺僧皆整衣巾, 往謝于客室, 曰: '不意世尊下臨于陋刹, 愚僧失禮, 敢來請罪.' 客僧笑謝曰: '非我所爲.' 逡巡而逝, 不知所之." 天然多意氣, 遨遊縉紳間, 常偃蹇不下氣. 聞[239]智異山天王峰有石塑, 稱城隍神, 遠近巫覡尊奉之爲窟穴, 南方尙鬼, 民多傾産而歸之. 天然獨手撞碎其塑, 自此, 諸巫屛氣, 不敢更作妖誣民. 梁應鼎題天然詩卷, 曰: '張拳一碎峰頭石, 魍魎無憑白晝啼.'

### 2-23.

南方有哲師·默師·則師·修師四僧, 謂之四皓. 修師者, 善修也, 鰲樹驛躄足卒也. 落髮爲僧, 入頭流山, 修道多識佛經, 遠方釋子, 皆影徒. 前年辭連逆獄, 禁府都事未至, 修坐知之, 謂弟子曰: "山外有人, 來督過我, 爾等勿怖而已." 都事至, 老躄步不能寸, 群弟子聞風至, 各以行路, 飦粥之具, 隨藍輿而行者, 數百餘人. 至全州盡囚之, 只令數十人, 擔負而往, 到京審其無情, 卽放還. 噫! 有罪無罪, 事係逆獄, 骨肉之親, 猶望風鼠竄, 僧之徒數百人, 豈不異哉? 哲師者, 圓哲也. 修道於天冠山, 及其死也, 群弟子二千餘人, 來觀火葬. 其積薪而焚之也, 有兩箇沙彌曰: "吾師滅度, 我獨留此, 何爲? 從吾師, 同歸極樂世界." 遂投火而死. 沙彌之尊師殉身, 尤其異哉!

### 2-24.

有僧祖純者[240], 多識佛書. 少時, 遊金剛山, 至十王百川洞, 見[241]

---

238) 於: 저본에는 빠져 있으나 나, 다본에 의거하여 보충함.
239) 聞: 저본에는 '問'으로 나와 있으나 나, 다본에 의거함.

海松子積於岩鏬, 皆²⁴²⁾碎去其子, 如有物啖之者. 忽見²⁴³⁾沮洳處,
人跡新印, 遂要蹤而去, 不數里, 逢一似人者, 遍體靑毛長尺餘. 始
逡巡欲遁, 乃迫而²⁴⁴⁾呼之揖, 而與之言曰²⁴⁵⁾: "能作湖南語?" 引祖
純至一處, 淸溪白石, 峰巒峻峭, 非樵採所及也. 溪邊有石碓²⁴⁶⁾, 能
如鼎, 容斛餘斗, 烟²⁴⁷⁾熬海松子, 作團如麴圓, 分一團饋祖純, 自
言, "本是湖南人, 爲僧入是山, 不忍²⁴⁸⁾其饑, 餐海松子以療其飢.
始則淸²⁴⁹⁾腸潤肥²⁵⁰⁾, 終則遍身生靑毛, 不衣而暖, 今已百餘歲." 夜
與共寢, 起而視之, 已失其所矣. 祖純常居金剛山, 暮年移寶蓋山,
厭寺院煩擾, 獨築小²⁵¹⁾土宇而居之, 後不知其²⁵²⁾終.

## 2-25.

楊州檜岩寺有僧²⁵³⁾, 乞食²⁵⁴⁾嶺南之善山, 早發善山, 道逢一僧,
問其所向, 卽同路, 因與偕行. 其僧肩掛一槖, 槖中有一鉢²⁵⁵⁾, 鉢中
有宿食²⁵⁶⁾. 遂行至一嶺, 日已午, 開槖出飯共之, 問: "此嶺名爲

---

240) 者: 저본에는 '有'로 나와 있으나 나본에 의거함.
241) 見: 저본에는 '皆'로 나와 있으나 가, 나본을 따름.
242) 皆: 저본에는 빠져 있으나 가, 나본에 의거하여 보충함.
243) 見: 나본에는 '有'로 되어 있음.
244) 而: 저본에는 빠져 있으나 가, 나본에 의거하여 보충함.
245) 曰: 저본에는 빠져 있으나 나본에 의거하여 보충함.
246) 碓: 가, 나본에는 '窪'로 되어 있음.
247) 烟: 가, 나본에는 '爛'으로 되어 있음.
248) 不忍: 나본에는 '不勝'으로 되어 있음.
249) 淸: 나본에는 '滑'로 되어 있음.
250) 肥: 가본에는 '肌'로 되어 있음.
251) 小: 가, 나본에는 '一'로 되어 있음.
252) 其: 나본에는 '所'로 되어 있음.
253) 僧: 가본에는 '乞僧'으로 되어 있음.
254) 乞食: 가본에는 '遊'로 되어 있음.
255) 有一鉢: 나본에는 '惟鉢'로 되어 있음.

何?" 答曰: "鳥嶺." 食旣又偕行, 日將哺, 憩于道邊長提下蔭樹而坐. 仍着小睡, 睡覺, 已²⁵⁷⁾失僧所之, 起而視之, 卽檜岩寺南池之堤也. 寺之釋出見相勞苦, 問所從來, 卽朝發善山矣. 諸僧以爲誣, 己亦自疑其非眞, 而身已到舊棲所, 相接亦同寺僧也. 日昏, 渾寺夜明, 瑞光亘天, 而亦不見偕行僧所在矣.

## 2-26.

普雨者²⁵⁸⁾, 妖僧也. 多識諸經, 能詩書屬文. 居春川之淸平山, 遠近釋徒尊信之. 嘉靖中, 京山刱奉先·奉恩兩寺, 說無遮²⁵⁹⁾會于奉先寺, 蒸粒累²⁶⁰⁾百石以飯僧, 四方白足雲委焉. 雨以雲錦²⁶¹⁾袈裟, 萬僧擁護, 奉之于上座. 有一老僧, 敝衲百結, 顔色枯槁, 扶錫末至. 雨望見之²⁶²⁾, 趍進拜伏, 以面掩地, 不敢仰視, 左右微睇, 雨兩²⁶³⁾眦流淚至地, 匍匐久不起. 老僧平立, 以錫擬之, 曰: "噫噫! 吾不料爾至此." 不交一言而去. 雨索然不歡者屢日, 衆咸異之, 詢其道號, 卽智行云. 雨以高僧一善爲有道, 備厚禮迎之于妙香山, 一善²⁶⁴⁾無一言, 大書與之, '雲橫秦²⁶⁵⁾嶺家何在? 雪擁²⁶⁶⁾藍關馬不前.'

---

256) 食: 가, 나본에는 '飯'으로 되어 있음.
257) 已: 나본에는 '見'으로 되어 있음.
258) 者: 저본에는 빠져 있으나 가, 나본에 의거하여 보충함.
259) 京山刱奉先·奉恩兩寺, 說無遮: 가본에는 '文定垂簾, 設刱奉先·奉恩兩宗, 當時釋徒聽普雨訓誨, 兩設無遮'로 되어 있음.
260) 累: 저본에는 '屢'로 나와 있으나 나본을 따름.
261) 雲錦: 저본에는 '錦雲'으로 나와 있으나 나본을 따름.
262) 之: 저본에는 빠져 있으나 가본에 의거하여 보충함.
263) 兩: 가, 나본에는 '雙'으로 되어 있음.
264) 一善: 가, 나본에는 '使至一師'로 되어 있음.
265) 秦: 저본에는 '奏'로 나와 있으나 나본에 의거하여 바로잡음.
266) 擁: 저본에는 '橫'으로 나와 있으나 가, 나본에 의거함.

終不起. 後事敗, 雨竄身寒溪寺岩穴[267], 搜得之, 配[268]濟州. 牧使使雨備客舍灑掃, 日令有膂力武人[269]四十人, 各加一拳[270]以爲常, 雨終斃拳下. 一善在妙香山, 終身入定, 不下榻, 雖大官至, 未嘗出戶迎之[271]. 李樑權貴也, 遊妙香, 敬一師脫紬衣衣之, 樑纔下山, 脫而與從者, 曰: "吾[272]安用此?" 雨[273]死, 其詩集行于世.

2-27.

李貴玉汝, 吾少時友也. 以肅川府使, 陞嘉善. 有一女, 名禮順, 其夫金自兼, 監司億齡之孫, 縣監琢之子也. 酷好佛道, 與其友庶孼吳彦寬, 同修佛學, 其居處飮食, 無內外與之同, 雖寢宿, 亦同妻子之室. 其後, 自謙病且死, 托妻子於彦寬, 乃口呼作偈曰: '來時無所着, 去若淸秋月. 來亦非實來, 去亦非實去. 眞常大樂性, 惟此以爲理.[274]' 偈畢而死. 其後, 彦寬出入禮順之[275]家, 猶親戚, 敎禮順佛家許多書, 宣言得他心通之法, 異香生體, 靈光滿室, 人或稱之生佛. 一日, 作書藏篋, 與其父別, 從彦寬剃頭, 出家于安陰之德裕山, 伐竹爲室而居之. 邑人敬信[276], 皆捐米布施之. 其僕爲禁盜[277]所捕, 自縣逮囚彦寬·禮順, 報監司, 轉聞于朝. 彦寬改名晃, 禮順

---

267) 寒溪寺岩穴: 가, 나본에는 '寒溪山岩穴中'으로 되어 있음.
268) 配: 나본에는 '謫配'로 되어 있음.
269) 武人: 나본에는 '武夫'로 되어 있음.
270) 加一拳: 가본에는 '加拳一擊'으로 되어 있음.
271) 之: 저본에는 빠져 있으나 가본에 의거하여 보충함.
272) 吾: 저본에는 빠져 있으나 가본에 의거하여 보충함.
273) 雨: 저본에는 '而'로 나와 있으나 가, 나본에 의거하여 바로잡음.
274) 以爲理: 가본에는 '爲常理'로, 마본에는 '爲實理'로 되어 있음.
275) 之: 저본에는 빠져 있으나 가, 나본에 의거하여 보충함.
276) 信: 저본에는 '之'로 나와 있으나 가, 나, 마본을 따름.
277) 盜: 마본에는 '屠'로 되어 있음.

改名迎<sup>278)</sup>日, 卽彦寬亡妻名也. 拿致京師, 時逆獄未平<sup>279)</sup>, 疑其蹤迹<sup>280)</sup>, 鞫<sup>281)</sup>于殿廷, 彦寬死于訊. 禮順係于囹圄, 作一絶寄男弟, 其詩曰: '至<sup>282)</sup>今衣上汚黃塵, 何事靑山不許人? 圜宇只能囚四大, 金吾難禁遠遊神.<sup>283)</sup>' 其供招略曰: "自六七歲, 稍解文字, 已<sup>284)</sup>無心於世樂, 十五而嫁, 不以婦業爲念, 惟留心至道, 積功八九年, 似有所得." 又曰: "自念昔釋迦王之太子也, 棄國踰城, 苦行於雪山十年, 爲住世之佛. 文殊於曩劫女身也, 亦忘體<sup>285)</sup>參道, 終<sup>286)</sup>成正覺. 願王夫人王之后也, 求法遠行, 不能自達, 至於自賣<sup>287)</sup>辛勤, 是乃觀音前身也. 其餘歷代之爲道<sup>288)</sup>辛勤者, 不可勝數. 至於唐朝, 佛法不至大興, 而門閥婦女, 爲尼出家, 不知所終者亦多. 古今雖異, 志豈有殊?" 又曰: "夫<sup>289)</sup>世有三敎, 儒道·仙道·釋道也. 儒則<sup>290)</sup>以明己德明人之德, 使君臣父子五倫齊明, 萬物安職, 昆蟲草木, 咸蒙其澤, 此道之大顯者也. 仙則能以水火鍛氣鍊形, 飛昇物外, 病惱不得近, 老死不得浸<sup>291)</sup>. 然劫壞<sup>292)</sup>未免輪回, 此特長年之<sup>293)</sup>榮華耳.

---

278) 迎: 저본에는 빠져 있으나 가, 나, 마본에 의거하여 보충함.
279) 平: 나, 마본에는 '竟'으로 되어 있음.
280) 蹤迹: 저본에는 '踪蹟'으로 나와 있으나 나본을 따름. 마본에는 '蹤跡'으로 되어 있음.
281) 鞫: 마본에는 '鞠'으로 되어 있음. 서로 통함.
282) 至: 가, 나, 마본에는 '秖'로 되어 있음.
283) 神: 저본에는 '身'으로 나와 있으나 가, 나본을 따름.
284) 已: 저본에는 빠져 있으나 가, 나, 마본에 의거하여 보충함.
285) 體: 가, 마본에는 '軀'로 되어 있음.
286) 終: 저본에는 '於'로 나와 있으나 가, 나, 마본을 따름.
287) 賣: 저본에는 '買'로 나와 있으나 가, 나, 마본을 따름.
288) 爲道: 저본에는 빠져 있으나 가, 마본에 의거하여 보충함.
289) 夫: 저본에는 빠져 있으나 가, 나, 마본에 의거하여 보충함.
290) 則: 저본에는 빠져 있으나 가, 나, 마본에 의거하여 보충함.
291) 浸: 가, 나본에는 '侵'으로 되어 있음.
292) 壞: 저본에는 '壤'으로 나와 있으나 마본에 의거함.

佛學頓悟, 自性淸淨, 有如皎月當天, 邪習自除, 煩惱自淸, 漸至[294]
圓通自在, 神變無礙, 輪廻路斷, 地獄永滅. 從前惡業, 雲消雨散,
歷劫寃親, 同濟覺岸, 身壞[295]而愈明, 劫盡而益堅. 微塵一箇之槪
如是, 其餘言之難盡. 臣生以女形, 雖欲學儒[296], 終無能臻致君澤
民之極, 仙竊造化之權, 爲弄幻之大者. 故學佛粗得一線, 自擬宴
跡山林, 上祝聖壽, 下報親恩, 庶期不負一生. 今墮大罪中, 死無日
矣. 然[297]形骸之散, 只如脫履; 死生之理, 無異朝夜. 況無所犯而
死, 死猶生也, 蓋無恨矣."

## 2-28.

興陽有[298]李睦者, 良民也. 生業甚饒, 有田宅妻孥, 而獨好浮屠,
常有出家意[299], 不忍家少之零丁矣. 有所善友, 交道特甚[300], 一日,
邀之其家, 與其妻子, 同宿一室. 睡旣熟, 抽身而出, 投鑰其門, 傳
滿紙書于壁上而去, 其書曰: "僕素好佛[301]法, 欲捨家遐遁托身空
門, 而不忍妻子之無托, 深知子仁愛有信, 不棄我諸孤子. 我有
財[302]有室, 足以濟貧乏, 今以妻若孥, 付之子, 子勿辭." 其友睡覺
後, 疑其久不還, 出而視之, 門已鎖矣. 遂壞門而出, 燭其書云云,
已失其友[303]矣. 其友善人也, 徧[304]呼隣族, 而告其故, 遂辭去. 厥

---

293) 之: 저본에는 빠져 있으나 나, 마본에 의거하여 보충함.
294) 至: 마본에는 '漸'으로 되어 있음.
295) 壞: 가본에는 '依'로 되어 있음.
296) 儒: 가, 나, 마본에는 '孔'으로 되어 있음.
297) 然: 저본에는 빠져 있으나 나, 마본에 의거하여 보충함.
298) 有: 저본에는 빠져 있으나 가본에 의거하여 보충함.
299) 出家意: 가본에는 '身歸僧之意'로 되어 있음.
300) 甚: 가본에는 '深'으로 되어 있음.
301) 佛: 저본에는 '僧'으로 나와 있으나 가, 나본을 따름.
302) 財: 가, 나본에는 '田'으로 되어 있음.

後, 睦[305]永不還, 隣族聚而謀之, 更招其友, 付以田宅妻孥, 友亦終不能辭. 睦今遊無等山之月出寺[306], 人或[307]有見之者云.

## 2-29.

聞慶縣有僧, 持數疋[308]布, 踰鳥嶺, 日將暮, 有人持杖而來. 僧疑之讓路, 使之先, 其人強僧前行, 且行[309]且顧. 至一處, 路轉且阻[310], 持杖者從後打其僧, 僧遂側身奪其杖, 返擊之垂死, 投之壑中而去. 夜投山村, 有少[311]婦倚門而立, 若有所竢. 見僧迎入, 止舍客室, 旣入仍鎖[312]戶, 僧疑久不寐. 夜深有呻呼者至, 倚門者驚問之, 答曰: "爲僧所困." 婦人掉手止其語, 曰: "僧在此." 僧從隙察之, 乃向者持杖者也. 自度不免, 欲出則門已鎖矣. 蹩壁而出, 踊身超籬, 籬外有伏虎, 遂攬[313]而負之背, 超脩林跨巨壑, 騰踔如飛, 度所行不知幾百里也. 日且明, 弭之[314]林莽而休焉, 僧神雖惝怳, 身體則完. 開目視之, 虎子滿前, 虎遂裂去僧衲, 伏其體, 以瓜刮其皮, 血出則群雛舐[315]之者, 數矣. 忽有一聲, 自山上而[316]來, 林木[317]

---

303) 友: 가본에는 '友所向'으로 되어 있음.
304) 徧: 나본에는 '遍'으로 되어 있음. 서로 통함.
305) 睦: 저본에는 '眞'으로 나와 있으나 가, 나본에 의거함.
306) 無等山之月出寺: 가, 나본에는 '無等‧月出之山'으로 되어 있음.
307) 或: 저본에는 빠져 있으나 가, 나본에 의거하여 보충함.
308) 疋: 가, 나본에는 '端'으로 되어 있음. 서로 통함.
309) 且行: 저본에는 빠져 있으나 가, 나본에 의거하여 보충함.
310) 阻: 나본에는 '險'으로 되어 있음.
311) 少: 저본에는 '數'로 나와 있으나 가본을 따름.
312) 鎖: 저본에는 '鎭'으로 나와 있으나 가, 나본에 의거함.
313) 攬: 저본에는 '覽'으로 나와 있으나 가, 나본을 따름.
314) 弭之: 나본에는 '至一處, 置之'로 되어 있음.
315) 舐: 가, 나본에는 '咶'로 되어 있음.
316) 而: 저본에는 빠져 있으나 가, 나본에 의거하여 보충함.

皆震, 見一鵰攫虎子而飛, 虎高聲追逐而去, 久不還. 僧[318]乃奮身而起, 踏殺虎子, 穿林而逃出林[319]外, 有引鉅聲, 往尋之, 乃木匠持大斧, 斫木爲盤. 遂托身求生, 問其山, 曰: "智異山." 自聞慶相距六百里, 虎則半夜行矣. 仍隨木匠, 投之村舍[320]得活云[321].

2-30.

寧邊[322]校生郭太虛, 定虜衛金無良之甥也, 頗喜佛事, 多[323]與釋徒交. 太虛出外, 而其妻私於僧, 太虛自外至, 僧壓之胸,[324] 太虛力弱不能轉. 僧拔劍, 太虛手批之, 擲劍於地, 僧指其妻, 曰: "將此劒來!" 妻不忍於手, 而以足漸近於劍[325]. 於是, 犬臥於其側, 太虛慨然而言曰: "犬乎犬乎! 爾若有知, 當去此劒." 犬乃聞言, 輒起咬劍, 而[326]棄於外, 復入, 咬僧喉, 僧遂斃. 太虛說其事於妻黨, 牽其犬而去, 已渡河陟[327]嶺, 其家疾呼邀之, 太虛不應顧之. 妻黨繫[328]妻頸[329]於樹, 以巨椎椎其胸矣.

---

317) 林木: 가본에는 '林壑'으로 되어 있음.
318) 僧: 저본에는 빠져 있으나 가, 나본에 의거하여 보충함.
319) 出林: 가, 나본에는 '山'으로 되어 있음.
320) 村舍: 나본에는 '人家'로 되어 있음.
321) 云: 저본에는 빠져 있으나 가본에 의거하여 보충함.
322) 寧邊: 가본에는 '寧越'로 되어 있음.
323) 多: 가본에는 '每'로 되어 있음.
324) 僧壓之胸: 가본에는 '僧壓太虛而踞其胸'으로, 나본에는 '僧壓太虛, 遂踞其胸'으로 되어 있음.
325) 劍: 저본에는 '前'으로 나와 있으나 가, 나본을 따름.
326) 而: 저본에는 빠져 있으나 가본에 의거하여 보충함.
327) 陟: 저본에는 '涉'으로 나와 있으나 가, 나본을 따름.
328) 繫: 저본에는 '係'로 나와 있으나 나본을 따름. 서로 통함.
329) 頸: 저본에는 '頭'로 나와 있으나 나본을 따름.

## 西教

**2-31.**

天竺之西有國, 曰'歐羅巴', 歐羅巴者, 方言大西也. 其國有一道, 曰'伎禮怛[330]', 方言事天也. 其道非儒非釋非仙, 別立一端. 凡處心行事, 稱以不違於天, 而列國[331]各畫天尊之像, 奉而事之, 排釋老及我敎, 如仇敵. 至於我道, 多所稱述, 而大本懸絶; 至於[332]釋敎, 深排輪廻之說, 而以天堂地獄謂[333]有. 其俗不尙婚娶, 擇平生不近女色者[334], 爲之君長, 號敎化皇, 繼天主頒敎諭世. 無有襲嗣, 擇賢而立, 無私家, 惟公是務, 又無子, 惟兆民是子. 其書略如回回, 以左爲上, 而字[335]則橫書作行. 其士重朋友之交, 多精天文星象. 至萬曆中, 有利瑪竇者, 生歐羅巴, 周遊八萬里, 留南澳十餘年, 能致千金, 盡棄而入中國, 徧觀諸書及聖賢書[336]. 粤[337]癸卯歲, 著書上下卷八編[338], 首編論天主始制天地·主宰安養之道, 第二編論[339]世人錯認天主. 第三編人鬼不滅, 大異禽獸, 第四論鬼神人魂, 天下萬物, 不可謂之一體. 第五論[340]輪回六道之謬說, 第六解意不可滅, 而釋天堂地獄善惡之報. 第七論人性本善, 而述天主正學, 第八總擧西俗, 論其傳道之士所以不娶之意, 並釋天主降生西土來留[341].

---

330) 伎禮怛: 라본에는 '伎利檀'으로 되어 있음.
331) 列國: 저본에는 빠져 있으나 라본에 의거하여 보충함.
332) 於: 라본에는 '如'로 되어 있음.
333) 謂: 라본에는 '爲'로 되어 있음.
334) 者: 저본에는 빠져 있으나 라본에 의거하여 보충함.
335) 字: 라본에는 '此'로 되어 있음.
336) 諸書及聖賢書: 라본에는 '聖賢諸子書'로 되어 있음.
337) 粤: 라본에는 '越'로 되어 있음. 서로 통함.
338) 編: 라본에는 '篇'으로 되어 있음. 이하의 경우도 동일함.
339) 論: 라본에는 '解'로 되어 있음.
340) 論: 라본에는 '辨'으로 되어 있음.

題目[342]曰'天主實義', 言天主上帝也, 實者不空也, 排老佛之空與無也. 其末篇有曰: "漢哀帝元壽二年冬至後三日, 其國降貞女, 無所交嫁, 托胎生男, 曰'耶蘇'." 耶蘇者, 捄世也, 躬自立敎. 至漢明帝, 聞西域有神人, 遣使求之, 道未半至, 自[343]毒國得佛經而回, 以致訛誤聖敎云. 中國『小窓記』及『續耳譚』, 載利瑪竇事, 及瑪竇所著友論及銅渾儀坤儀·輿圖八幅等, 甚悉.[344] 蓋利瑪竇者, 異人也, 徧觀天下, 仍圖天下輿地, 各以方言名諸國, 中國居天下之中, 而歐邏巴大於中國四之一. 其南方極熱, 獨不能窮, 而其敎已行, 東南諸夷, 頗有尊信之. 日本自古崇事釋氏, 至伎禮怛之敎入日本, 擯釋氏以爲妖, 使爲釋者不得容, 唾之如泥滓. 向者, 平行長尊此道云. 獨我國未及知, 許筠到中國, 得其地圖及偈十二章而來. 語多有理, 而以天堂地獄謂有, 以不事昏娶爲是, 烏得免挾左道惑世之罪也哉![345]


## 巫覡

2-32.

參判李澤, 余亡兄夢彪之妻父也. 嘉靖癸亥年間[346], 爲平安道節

---

341) 來留: 라본에는 '來由'로 되어 있음.
342) 曰: 저본에는 '月'로 나와 있으나 라본에 의거하여 바로잡음.
343) 自: 라본에는 '身'으로 되어 있음.
344) 中國『小窓記』… 甚悉: 저본에는 빠져 있으나 라본에 의거하여 보충함.
345) 徧觀天下 … 烏得免挾左道惑世之罪也哉: 이 부분이 라본에는 "上下天象輿圖, 博辨多近理之語, 而泥其俗以天堂地獄爲有, 不事婚娶爲是, 多怪誕, 而近來帝國, 頗行此敎. 日本甚爲觀輿圖洋海諸國, 中國在東隅一偏小如掌, 我國大如柳葉, 西域爲天下之中, 以胸虛無腹等國爲傳者妄."으로 되어 있음.
346) 間: 저본에는 빠져 있으나 가, 다, 라본에 의거하여 보충함.

度使, 家眷隨之, 駐營于寧邊. 其邑有一氓, 至愚不識一字, 接鬼爲
巫, 自稱漢丞相黃霸之神, 能言禍福吉凶, 必[347]驗. 澤家人邀之, 衙
中卜之, 有呼喝引路, 細如蒼蠅聲, 自遠而近, 至簷角, 巫乃下庭,
俯伏以迎之神. 時[348]有一卒負罪, 使笞之官庭, 呼算之聲, 歷歷如
蚊雷. 時兄妻有娠不安胎, 病腹累日, 藥不效, 神曰: "用三年陳芋
莖作粥, 服之必愈." 僉曰: "民家掘芋作乾菜[349], 未有經年者, 況三
年乎!" 神曰: "魚川驛卒某甲家竈上, 編而懸之, 可取而來." 伻人得
之其家, 果三年云矣, 細挫[350]作粥, 服之立愈. 又問所娠[351]男女, 神
曰: "田下之力, 其兒必貴." 明年甲子歲, 果生男, 今嘉善大夫大司
諫柳瀟, 是也. 有一判書, 簡咸鏡諸邑吏, 求細布良鷹, 仍責臧獲歲
貢, 別遣知鷹奴二口, 得布五十端, 良鷹二鞲, 復橫徵牛四隻, 歸舍
高山郵村. 主人女神巫也, 有囑于梁曰: "今日之客, 夜間應遇[352]大
戹, 有許多人持兵在路, 戒之哉!" 一奴泥醉不省, 一奴竦懼不寐,
持大杖傍門而立. 復有囑曰: "已至矣!" 從門覘之, 數十人各執刀與
杖, 在門外. 兩人按劍大叫突門, 奴急擊之, 皆仆於地, 其餘皆鳥
散. 遂獨手縛兩人, 囚之本邑, 歸牛布, 歲貢之家, 自官繩之.


## 2-33.

同知鄭文孚子虛, 爲咸鏡評事, 遇倭變, 二王子被虜, 小大邑官
及諸士族, 皆爲士民所縛, 納于倭將. 子虛微服夜行, 路遇巡邏倭

---

347) 必: 라본에는 '皆'로 되어 있음.
348) 時: 저본에는 빠져 있으나 가본에 의거하여 보충함.
349) 乾菜: 가, 다본에는 '苦菜'로, 라본에는 '枯菜'로 되어 있음.
350) 挫: 라본에는 '剉'로 되어 있음. 서로 통함.
351) 娠: 가, 다본에는 '脈'으로 되어 있음.
352) 遇: 라본에는 '遘'로 되어 있음.

卒, 反接將獻于其將, 察守者少懈, 超逸牽索而走, 倭卒追之不及,
遂潛身傭保以糊口. 有巫女得之爲僕, 使負鼓隨行民間, 以夜祝爲
事, 餉以酒餠之餘. 一日, 巫女夜$^{353)}$語其夫曰: "翁乎! 爾欲衣紺色
新衣乎?"曰: "何耶?"曰: "某家主人翁, 衣新紺色衣, 我當奪以衣
汝."夫曰: "唯唯."翌日, 復使負鼓往民家, 主翁果著紺色帖裡, 巫
以衫袖裹鼓撾而鼓之, 鼓聲不揚, 遂作神語, 以凶禍恐動之. 主家大
懼, 脫其衣以禳$^{354)}$之, 巫遂取其衣來, 以衣其夫, 子虛目覩深憤之.
未幾, 朝廷命除防禦$^{355)}$使加銀緋, 又除吉州牧使·安邊府使. 自此,
子虛深疾巫覡, 困之以苦役, 不少$^{356)}$貸, 不用命者, 以峻刑繩之.

2-34.

洞允者, 才僧也, 能文善$^{357)}$俳, 又巧作禽獸聲. 嘗過村閭, 有一家
備酒食, 迎巫女招亡靈享祀之, 允入其家求食,$^{358)}$ 主人呵之. 允怒
甚$^{359)}$, 密誘村童, 問亡人年歲·聲容$^{360)}$·親戚·平生行事作業甚詳, 遂
突入饗祀之場, 變其容色, 或靑或紅, 渾體戰掉, 譫言亂說$^{361)}$, 以詰
主人. 作亡人言, 歷陳行事, 指點親屬$^{362)}$姓名, 分別兄弟妻妾子孫,
無一或差. 悲辭戚語, 雜以吉凶禍福, 懸河之辯, 脣舌如流. 擧家驚
動悲哀, 聞者莫不掩涕呼哭$^{363)}$, 咸以爲亡靈降臨. 女巫氣沮辭塞,

---

353) 夜: 저본에는 빠져 있으나 라본에 의거하여 보충함.
354) 禳: 저본에는 '穰'으로 나와 있으나 가, 다, 라본에 의거함.
355) 禦: 저본에는 '御'로 나와 있으나 가, 다, 라본에 의거함.
356) 少: 저본에는 '小'로 나와 있으나 가, 다, 라본을 따름.
357) 善: 저본에는 '書'로 나와 있으나 나본에 의거하여 바로잡음.
358) 允入其家求食: 나, 마본에는 '允朝飢入其家'로 되어 있음.
359) 甚: 저본에는 빠져 있으나 나본에 의거하여 보충함.
360) 聲容: 나본에는 '形容'으로 되어 있음.
361) 說: 저본에는 '設'로 나와 있으나 마본에 의거하여 바로잡음.
362) 親屬: 마본에는 '親戚'으로 되어 있음.

無一言相較, 主人³⁶⁴⁾延之上座, 極其饋賂以送之. 後朝家設禪敎兩宗, 選八方名釋, 允與其選, 將除判事, 有以其事言遂斥之. 又於月夜過村郭, 有年少群俠, 挾衆娼³⁶⁵⁾爲戲. 時人憤妖僧亂政, 見髠徒則³⁶⁶⁾折辱之. 素聞允名, 使作俳戲及禽獸之聲, 允曰: "吾善百伎, 最所能者, 探花蜂蝶之戲." 群俠樂之願觀之, 允遂令各開手掌爲花, 若將點摘花心之爲. 以兩杖挾腰下爲脚, 張兩袖³⁶⁷⁾爲翼, 作蜂聲蝶飛之狀³⁶⁸⁾. 始飛³⁶⁹⁾十步而還, 又數十步而還, 又百步而還. 群俠聚觀而笑之, 任其遠近, 過數百步, 度不可追, 投杖揮袂而走, 群俠追之不及³⁷⁰⁾. 天使出來, 都監令允統僧軍治弘濟橋, 役少懈, 以綯索繫允頸懸之樹, 允遂抗聲爲犢吼, 遍野之牛一時齊應. 又夜入京城宿, 初昏鼓袖作鷄聲, 衆鷄³⁷¹⁾一時鼓翼而鳴. 鄭湖陰題其詩卷, 曰: '多能善幻渠家事, 牛吼鷄鳴頓逼眞.'

## 夢

2-35.

康靖大王試士于成均館, 夜夢, 一龍盤屈於成均館³⁷²⁾西庭栢樹. 覺而異之, 使宮奴³⁷³⁾密往觀³⁷⁴⁾之, 有一士枕橐於栢樹下, 加足栢樹

---

363) 掩涕呼哭: 나본에는 '掩泣痛哭'으로, 마본에는 '掩涕慟哭'으로 되어 있음.
364) 主人: 나, 마본에는 '主家'로 되어 있음.
365) 娼: 저본에는 '唱'으로 나와 있으나 나, 마본에 의거함.
366) 則: 나, 마본에는 '必'로 되어 있음.
367) 兩袖: 나본에는 '兩手'로 되어 있음.
368) 之狀: 저본에는 빠져 있으나 나, 마본에 의거하여 보충함.
369) 始飛: 저본에는 빠져 있으나 나, 마본에 의거하여 보충함.
370) 不及: 나, 마본에는 '不得及'으로 되어 있음.
371) 衆鷄: 나, 마본에는 '長安衆鷄'로 되어 있음.
372) 館: 저본에는 빠져 있으나 가, 나, 라, 마본에 의거하여 보충함.

而睡, 諦其貌而記. 及取士, 其登壯元者, 卽崔恒, 觀其貌, 卽其人也. 自此, 稱其栢爲壯元栢, 恒後[375]官至相國.

2-36.
祖考司諫諱忠寬[376], 正德辛巳[377]中別試, 將入殿試, 其夜宿申判書家. 鄭參判彦慤, 亦判書之甥也, 年晚不第, 又不中其初試. 與祖考同宿一房, 祖考夜夢, 攀一松樹, 坐第五枝, 上下皆有女人. 曉覺而說其夢, 鄭臥而診其夢, 曰: "松者棺也, 第五枝者, 五年也. 上下女人者, 君必生二女, 皆亡矣." 祖考大怒, 素有膂力, 起而毆之, 雖不堪其痛, 猶不服, 曰: "若取場中饌鷄及[378]酒來, 當以好辭解之, 不然, 終不改." 鄭乃希良之族侄, 亦嘗從事卜筮, 祖考諾之, 取鷄酒餉之. 鄭盡其饌[379], 言猶惡, 壓而毆之如前, 始乃服, 改診其夢, 曰: "松字[380], 十八公, 今日及第取十八人. 子坐第五枝, 當參第五名. 上下女人, 皆[381]安姓人也." 祖考入殿試遇策, 腹藁一揮, 而就登第第五. 同榜十八人, 安玹爲第一[382], 安璋居末, 皆如鄭言. 而其後, 祖考生二女, 皆早夭, 祖考亦早世, 尤可怪也.

---

373) 宮奴: 저본에는 '官奴'로 나와 있으나 나, 라, 마본을 따름.
374) 往觀: 저본에는 '逞視'로 나와 있으나 가, 나, 라, 마본을 따름.
375) 後: 저본에는 빠져 있으나 가, 나, 라본에 의거하여 보충함.
376) 諱忠寬: 나, 다본에는 '某'로 되어 있음.
377) 正德辛巳: 저본에는 빠져 있으나 가본에 의거하여 보충함.
378) 及: 저본에는 '藥'으로 나와 있으나 나본에 의거함. 가본에는 '若'으로 되어 있음.
379) 其饌: 가본에는 '喫'으로 되어 있음.
380) 字: 저본에는 '者'로 나와 있으나 나본을 따름.
381) 皆: 저본에는 빠져 있으나 가, 나본에 의거하여 보충함.
382) 第一: 가, 나본에는 '第二'로 되어 있음.

2-37.

正郞柳東立, 初名惺. 歲癸酉甲戌間³⁸³⁾, 年十六七, 夢獻納柳惺有罪, 朝廷論大辟, 惺以爲不祥, 改其名爲東立. 後有柳惺者, 柳永慶之族姪也, 官獻納. 萬曆戊申, 朝廷論永慶以逆, 坐惺安置三水, 東立始言己改名³⁸⁴⁾之故, 深異之. 及東立病死, 六七年之後, 歲丙辰, 朝家加罪, 惺賜死. 東立幼年之夢, 死後方驗, 豈不大可怪哉!

2-38.

鎭安縣監鄭湜, 湖南人也. 萬曆甲午乙未間³⁸⁵⁾, 居親喪, 時³⁸⁶⁾倭寇滿國, 獨湖南一路, 未被凶鋒. 湜生業稍裕, 南中豪士如林權·林愭·白振南輩, 各具舴艋, 載家屬, 避亂于羅州之³⁸⁷⁾黑山島. 島在海中絶遠處, 與濟州³⁸⁸⁾相隣, 漁採者所罕到, 竹樹參天, 土壤極膏, 蔬菜之肥, 魚鰒之饒, 倍濱海³⁸⁹⁾陸地十之. 行船者, 必候風占雲而後往焉. 湜盡載家業, 而一舸之中, 糧米³⁹⁰⁾屢百石之外, 喪中所需磨碾之屬, 亦載之. 留島中屢月, 聞湖南消息稍平, 民多安堵, 同往之船, 將往³⁹¹⁾故土, 候風潮. 湜夢³⁹²⁾有白頭老叟來, 謂曰: "我是島主也. 明日當假君便風, 君有馬甚駿, 吾心愛之, 請留之." 湜覺而異之, 向家人說其夢, 家人之夢, 亦同然³⁹³⁾. 湜益懼, 欲放其馬島中而

---

383) 間: 저본에는 빠져 있으나 가, 나본에 의거하여 보충함.
384) 己改名: 가본에는 '改己名'으로, 나본에는 '改其名'으로 되어 있음.
385) 間: 저본에는 빠져 있으나 나, 라본에 의거하여 보충함.
386) 時: 저본에는 빠져 있으나 나, 라본에 의거하여 보충함.
387) 之: 저본에는 빠져 있으나 나, 라본에 의거하여 보충함.
388) 州: 저본에는 빠져 있으나 나, 라본에 의거하여 보충함.
389) 濱海: 나, 라본에는 '邊海'로 되어 있음.
390) 糧米: 나, 라본에는 '糧穀'으로 되어 있음.
391) 往: 나, 라본에는 '還'으로 되어 있음.
392) 夢: 나, 라본에는 '夜夢'으로 되어 있음.

去, 湜長子, 儒士也, 獨不惑, 强止之, 曰: "男兒處大事, 豈可信一夢? 況今大寇在陸, 棄馬空山就陸地, 非計之得也." 湜一信一疑未決, 翌日又夢白叟來, 曰: "子惜一馬, 不信吾言, 幸留子處子, 不然, 吾不許利涉." 旣覺, 復說其夢, 欲留其馬, 長子又止之, 旣擧碇張帆, 與衆船偕發. 他船乘風而逝, 飄檣無恙, 回顧湜船, 至洋中徊徨[394)]不進. 湜大懼, 盡放[395)]家産于洋中, 船猶不進, 乃以前所隨小船[396)], 載其馬與少[397)]處子, 終不免墊[398)]沒, 滿船家屬, 盡塡魚腹. 南中人, 至今傳說, 皆咎其長子. 余初捷嵬科, 例除察訪[399)], 湜爲同僚, 爲人精明, 而悻直好名, 不幸至此, 可哀也.

## 2-39.

兪大修, 故判書兪絳之孫也, 官至正言. 嘗居喪守廬于墓下, 直[400)]奴怨之欲殺, 大修半夜夢, 絳蒼黃[401)]來, 排窓而告之曰: "速起倒臥!" 驚而覺, 流汗沾[402)]體, 深懼之. 時當窓臥宿, 遂倒衾枕, 臥不眠. 忽有人開窓, 以物挿兩股間而去, 驚而押之, 大劍刺兩股間,[403)] 穿衣衾, 着褥席矣. 遂喚衆僕追之, 賊伏絳[404)]墳上, 不能走, 縛來而燭

---

393) 亦同然: 나, 라본에는 '或同焉'으로 되어 있음.
394) 徊徨: 나본에는 '洄湟'으로 되어 있음.
395) 放: 나, 라본에는 '投'로 되어 있음.
396) 前所隨小船: 나, 라본에는 '別小舸'로 되어 있음.
397) 少: 저본에는 '小'로 나와 있으나 나, 라본에 의거함.
398) 墊: 저본에는 '蟄'으로 나와 있으나 나, 라본에 의거함.
399) 察訪: 나, 라본에는 '監察'로 되어 있음.
400) 直: 가, 나본에는 '有一'로 되어 있음.
401) 蒼黃: 나본에는 '蒼皇'으로 되어 있음. 서로 통함.
402) 沾: 가, 나본에는 '洽'으로 되어 있음.
403) 而去, 驚而押之, 大劍刺兩股間: 저본에는 빠져 있으나 가, 나본에 의거하여 보충함.
404) 絳: 저본에는 빠져 있으나 가본에 의거하여 보충함.

之, 卽家奴也. 杖殺之. 人皆曰: "絳之神, 挐致墳上, 使不得逃[405], 異哉!"

2-40.

古人有夢牛爲竪而死者, 或有夢大廩不嘗新而死者, 或有夢瓊瑰言之至[406]暮而死者. 夢者夢夢然, 不明之義也. 人之信夢, 未有災不及身者. 昔者[407], 慶尙左水使在海營, 有奴賊[408]過我境, 治兵船, 選水卒, 截其路而捕之. 有乞客遊水營者, 挾弓負羽而登其船, 水使止之, 曰: "兵凶事也, 海危地也[409]. 若我者國事也, 所不敢辭[410], 客[411]何爲於此?" 客曰: "我少時夢, 兩鬢傅金貫子爲水使, 吾之高功崇秩, 鬢傅雙金在此擧也." 遂追倭於海, 兩船相遇, 客彎弓立船頭, 向賊作喊聲, 指揮諸船卒. 忽見賊船中靑烟乍起, 炮聲隨之, 鐵丸一介, 入客之左鬢, 出于右鬢, 客遂仆水而死, 至今水營傳說[412]爲笑囮. 富平有民, 夢戴銀冠付銀頂子, 不久涉江氷, 陷而死, 亦此類也.

## 靈魂

2-41.

副提學柳潚大夫人李氏, 有孼族[413]柳師從之女, 弱年遭亂離, 失

---

405) 逃: 가, 나본에는 '遁'으로 되어 있음.
406) 至: 가, 나본에는 '日'로 되어 있음.
407) 者: 저본에는 빠져 있으나 가, 나, 라본에 의거하여 보충함.
408) 奴賊: 가, 나, 라본에는 '倭奴'로 되어 있음.
409) 海危地也: 저본에는 빠져 있으나 가, 나, 라본에 의거하여 보충함.
410) 辭: 가본에는 '避之'로, 나본에는 '避'로 되어 있음.
411) 客: 가본에는 '子'로 되어 있음.
412) 傳說: 저본에는 빠져 있으나 나본에 의거하여 보충함.

二親, 流轉[414]西關[415]. 李氏憐之, 流寓之中撫養之, 至過數年可笄, 理婚資, 擇可合[416]人嫁之. 夜夢, 柳師從百拜于庭[417], 以稱謝, 察其衣, 乃婦人紫色長衣也. 覺而悲之, 謂諸子曰: "昨夢, 柳師從來, 百拜謝于庭, 必有知鑑[418]. 余婚其女也, 然不着男服, 而衣婦人紫衣, 何也?" 其女在傍聞之, 不覺放聲而哭, 曰: "妾父遭亂[419]海右, 流離病疫而沒[420], 其斂無衣, 妾母脫其紫色長衣, 衣之, 冥中所着, 必斂時之服也." 不勝悲咽, 聞者莫不流涕.

2-42.

洪仲成[421], 早喪室, 有一男, 初生未學語. 其後四五年, 兒晝睡, 驚呼哭, 乳母抱持而問之, 兒曰: "有婦人盛粧, 身衣紫色長衣, 帶青段長帶, 泣而抱持, 曰: '吾兒可憐可憐.' 是以驚哭." 乳母問其貌, 卽其母狀也. 乳母聞之, 痛哭曰: "汝母初亡, 襲用紫色長衣, 青段長帶, 冥中所着, 必其衣帶也." 以此推之, 古者邵亭之鬼, 借衣陳情; 榮陽之魂, 纕裳訴寃, 李文敏之紗衫半臂, 嚴武妾[422]之琵鉉垂頭, 皆[423]非虛也.

---

413) 孼族: 가, 나, 다본에는 '庶族'으로 되어 있음.
414) 流轉: 가본에는 '流落'으로 되어 있음.
415) 西關: 가, 나, 다본에는 '關西'로 되어 있음.
416) 合: 저본에는 빠져 있으나 나본에 의거하여 보충함.
417) 庭: 가본에는 '庭中'으로 되어 있음.
418) 知鑑: 가, 나본에는 '神感'으로 되어 있음.
419) 遭亂: 가, 나본에는 '避亂'으로 되어 있음.
420) 沒: 가, 나본에는 '死'로 되어 있음.
421) 洪仲成: 나본에는 '吾友洪仲成'으로 되어 있음.
422) 妾: 저본에는 '接'으로 나와 있으나 가, 나본에 의거하여 바로잡음.
423) 皆: 가, 나본에는 '亦'으로 되어 있음.

2-43.

高敬命爲淳昌郡守, 得染疾而卒, 擧體具冷, 而心下猶溫, 經宿未斂[424]. 忽如夢之覺, 曰: "有使者招余, 引路而去, 至一官府, 使者入而告之, 官人曰: '向所招者,[425] 非此人.' 促令使者復引而還, 入淳昌境, 於路傍民家, 有鼓聲鏗鏗[426], 使者曰[427]: '願入此暫憩覓酒食而去[428].' 敬命隨入其家, 巫曰: '我城主來矣!' 迎坐坐上, 奉觴侑之, 享使者盡醉而送, 卽[429]入衙舍, 蘧蘧而覺之." 遂令從人往見路傍家, 夜祀未罷, 問之巫, 如其言矣.

2-44.

明原君, 宗室人也, 中年病疫而死, 三日以[430]後甦, 曰: "始知一身俱痛, 俄然痛定, 身穿窓隙而出, 曠野茫無畔岸,[431] 冥然而往, 昧然而來.[432] 忽至一處, 簫鼓聲奏, 巫人招之, 盤桓欲入, 諸鬼却之, 曰: '新死之鬼, 不可許厼[433]我享事.' 庭際[434]列櫟葉, 分置粟飯, 諸鬼勸食之, 怒而不喫." 旣生之後, 謂子弟[435]曰: "人死之後, 本體外物也, 我死勿用[436]灰槨, 猶有靈魂能食, 宜勿廢祀享." 後過[437]數十

---

424) 斂: 저본에는 '冷'으로 나와 있으나 가, 나, 다본에 의거함.
425) 向所招者: 나본에는 '向前招者曰'로, 다본에는 '向所捉者'로 되어 있음.
426) 鏗鏗: 가, 나, 다본에는 '登登'으로 되어 있음.
427) 曰: 저본에는 빠져 있으나 나본에 의거하여 보충함.
428) 而去: 저본에는 빠져 있으나 가, 나본에 의거하여 보충함.
429) 卽: 가, 나본에는 '旣'로 되어 있음.
430) 以: 가, 나본에는 '而'로 되어 있음.
431) 曠野茫無畔岸: 가본에는 '曠曠茫茫無有畔岸'으로, 나본에는 '曠曠茫茫畔岸'으로 되어 있음.
432) 昧然而來: 저본에는 빠져 있으나 가, 나본에 의거하여 보충함.
433) 厼: 가, 나본에는 '㕦'으로 되어 있음.
434) 庭際: 가, 나본에는 '庭除'로 되어 있음.
435) 子弟: 가, 나본에는 '諸子'로 되어 있음.

年沒, 墓在楊州西山我先墓之隣[438], 西山人至今傳說云.

2-45.

龍泉驛, 在黃海道路傍, 燕山朝殺洪貴達于此, 貴達字兼善. 後有宋軼, 以天使迎慰使, 宿其驛, 軼字嘉仲. 夜有寒氣, 自遠而近, 肥骨俱寒,[439] 殆不堪, 忽於戶外有聲, 曰: "嘉仲!"[440] 軼聞其聲, 知其爲洪太學士, 應之曰: "子是兼善否?" 曰: "唯." 遂呼童對置倚子,[441] 床下揖之使坐, 如有物居[442]倚上, 寒氣尤逼. 曰: "我死時, 天氣甚寒, 至今寒氣不解,[443] 願與我熱酒." 遂命[444]煮酒三盃, 具饌羞排倚前, 良久, 曰: "余寒稍解,[445] 多謝. 余每思[446]覓酒解凍, 候行官到館, 來討則[447]累致驚悸[448]徑殞, 非我故犯之. 令公福祿遐興, 子孫延甚, 勿憂勿憂." 遂辭去. 後軼爲領相, 子孫多至卿相, 礪城君寅·判書言愼·參判馹, 皆其后也.

2-46.

黃大任, 順懷世子嬪之父也. 嬪生長外家, 家在城內, 宗家住南

---

436) 用: 저본에는 빠져 있으나 가, 나본에 의거하여 보충함.
437) 過: 저본에는 빠져 있으나 가, 나본에 의거하여 보충함.
438) 我先墓之隣: 저본에는 빠져 있으나 가본에 의거하여 보충함.
439) 肥骨俱寒: 나본에는 '肌骨久寒'으로 되어 있음.
440) 嘉仲: 가본에는 '嘉仲嘉仲'으로 되어 있음.
441) 倚子: 나본에는 '椅子'로 되어 있음. 이하의 경우도 동일함.
442) 居: 나본에는 '倨'로 되어 있음.
443) 不解: 가본에는 '尙苦'로 되어 있음.
444) 命: 저본에는 빠져 있으나 가, 나본에 의거하여 보충함.
445) 解: 가, 나본에는 '釋'으로 되어 있음.
446) 思: 가본에는 '欲'으로 되어 있음.
447) 則: 가, 나, 다본에는 '焉'으로 되어 있음.
448) 驚悸: 다본에는 '驚怖'로 되어 있음.

郭外[449]萬里峴, 頗僻遠. 嬪初入內, 多[450]藏祀事, 告家廟, 家人謬從地遠近, 先城內後郭外, 內人奉膳者, 堵墻外家, 而宗家闇然[451]也. 忽有厲聲出祠堂中, 拿致奴僕祠門外, 如束縛之呼嘑[452], 痛楚如受栲然[453]. 家人失措, 靈曰: "速招大任來!" 大任跽[454]祠門外, 自堂中復厲聲曰: "爾家有祠, 先外家不及我宗家, 何耶?" 大任曰: "家有大慶, 自內有盛賜, 家人謬訛[455]內人, 先近後遠, 罪萬死." 曰: "大慶大慶, 有何大慶? 爾[456]勿復言大慶." 俄而內賜至, 大饗以御廚珍羞, 饗訖, 復呼家人, 曰: "昔余初終也, 襲衣未具, 不用靑段團領, 每於[457]冥中有饗事, 宰相無上服, 於禮有欠, 速製此遺我!" 家人有白曰: "幽明[458]異路, 不知何緣奉贈." 曰: "焚之祠庭[459], 是遺之也." 遂如命製文, 段鴉靑團領, 具[460]裌襖一襲, 焚之祠庭. 其後, 黃嬪夭折, 順懷[461]病而殂, 久之, 朝家又論大任私改嬪五條以誣[462], 朝廷竄遠[463], 迨數十年!

---

449) 外: 저본에는 빠져 있으나 가, 나본에 의거하여 보충함.
450) 多: 저본에는 빠져 있으나 가, 나본에 의거하여 보충함.
451) 闇然: 가, 나본에는 '闃然'으로 되어 있음.
452) 呼嘑: 가본에는 '號啼'로, 나본에는 '諕唬'로 되어 있음.
453) 栲然: 가, 나본에는 '栲掠然'으로 되어 있음.
454) 跽: 가, 나본에는 '跪伏'으로 되어 있음.
455) 訛: 저본에는 '鉢'로 나와 있으나 가본에 의거함. 나본에는 '使'로 되어 있음.
456) 爾: 저본에는 빠져 있으나 나본에 의거하여 보충함.
457) 於: 가본에는 '冥'으로 되어 있음.
458) 幽明: 저본에는 '幽冥'으로 나와 있으나 가, 나본에 의거함.
459) 祠庭: 나본에는 '祠堂'으로 되어 있음.
460) 具: 나본에는 '具褙'로 되어 있음.
461) 順懷: 나본에는 '順懷世子'로 되어 있음.
462) 誣: 저본에는 '貿'로 나와 있으나 가, 나본을 따름.
463) 竄遠: 가, 나본에는 '竄之邊遠'으로 되어 있음.

2-47.

壬辰之亂, 兵曹佐郎李慶流, 爲防禦使從事官, 戰敗死於賊. 其兄慶濬武將也, 方賊在平壤, 領大軍防守順安. 適値忌辰, 淸齋獨坐, 諸隊伍退就其部,[464] 忽聞帷壁[465]間有哭聲呵呵, 視之無見, 慶濬怪之. 俄而, 忽有人聲如嘯曰: "兄氏, 吾來!" 審之, 則慶流魂也. 慶濬泣而問之曰: "爾自何來?" 曰: "吾死後[466]欲訪吾兄之所居, 兵衛甚重[467], 怕而不敢進. 今者隊伍[468]稍退, 兄必[469]處靜, 乘間而來." 曰: "爾死於何地? 骸體亦在何地[470]? 可一一指之, 拾其遺體[471]而使之葬乎!" 曰: "兵敗之日, 僅抽身亂兵中, 埋伏草莽, 翌日步上山寺, 於路遇賊[472]而死. 方其被刃, 魂精驚散, 不知形體所居[473]." 曰: "爾可往來于吾兄弟間, 願勿往父母之所, 恐其益疚其懷也." 曰: "然. 吾亦不忍使父母知之也." 自此, 往來于兄弟之家, 家中事無不言之, 諄諄如平日. 如是者, 三年不止. 其始一家皆以戰敗日爲忌祭, 因其言, 審翌日, 死以戰敗翌日爲忌日[474]云.

2-48.

萬曆壬辰癸巳年[475]間, 統制使李舜臣之軍閑山島也. 其子從軍于

---

464) 諸隊伍退就其部: 가, 나본에는 '諸軍退就各隊'로 되어 있음.
465) 帷壁: 나본에는 '油壁'으로 되어 있음.
466) 死後: 저본에는 빠져 있으나 가, 나본에 의거하여 보충함.
467) 重: 가, 나본에는 '盛'으로 되어 있음.
468) 隊伍: 저본에는 빠져 있으나 가, 나본에 의거하여 보충함.
469) 必: 가, 나본에는 '亦'으로 되어 있음.
470) 骸體亦在何地: 저본에는 빠져 있으나 가, 나본에 의거하여 보충함.
471) 遺體: 가, 나본에는 '遺骸'로 되어 있음.
472) 於路遇賊: 나본에는 '於山路遇倭'로 되어 있음.
473) 形體所居: 가, 나본에는 '形骸所在'로 되어 있음.
474) 日: 저본에는 빠져 있으나 가, 나본에 의거하여 보충함.

忠淸道牙山縣⁴⁷⁶⁾, 與賊⁴⁷⁷⁾遇斬三四級, 逐北長驅. 有一倭潛伏草間, 而伺乘其不意, 突出⁴⁷⁸⁾擊之, 墜馬而死. 舜臣未之聞, 後忠淸道防禦使, 擒倭十三, 生致之閑山島⁴⁷⁹⁾. 其夜舜臣夢, 其子遍身流血而來, 曰: "降倭十三中有殺我者."⁴⁸⁰⁾ 舜臣驚悟⁴⁸¹⁾, 始疑其子見殺也. 俄而, 訃音至, 引降倭問之曰: "某日, 忠淸道某地, 有人乘赤白駁馬, 遇爾等, 爾等殺而奪其馬, 馬安在⁴⁸²⁾? 欲尋之." 其中有一倭, 進而言⁴⁸³⁾曰: "某日, 遇一⁴⁸⁴⁾少年, 赤白駁馬, 追我軍殺三四人. 我埋草間, 卒起擊之, 取其馬, 納其⁴⁸⁵⁾陣將." 問諸倭, 信然. 舜臣大痛, 命牢而斬之, 招子魂祭之, 爲文以告之.

## 2-49.

有陳耆卿者, 有所事出遊, 憩于川上秣馬, 忽聞人噴嚔聲, 顧之無見, 如是者⁴⁸⁶⁾數矣. 仍倦而睡, 夢有布衣士人, 揖而言曰: "有至冤, 欲向君訴, 君能副余願否?" 耆卿曰: "諾. 試言之." 士人曰: "僕姓某名某, 居某地, 僕有奴頑暴, 將傳諸第幾子, 子性嚴甚, 奴深怨之, 爲我執犧, 殺我埋于此. 僕有子居喪, 朝夕設祭, 而使其奴行

---

475) 年: 저본에는 빠져 있으나 마본에 의거하여 보충함.
476) 牙山縣: 저본에는 빠져 있으나 나, 마본에 의거하여 보충함.
477) 賊: 가, 다본에는 '倭'로 되어 있음.
478) 出: 가, 나, 마본에는 '起'로, 다본에는 '走'로 되어 있음.
479) 閑山島: 가본에는 '閑山島陣'으로, 나본에는 '閑山陣'으로, 마본에는 '閑山鎭'으로 되어 있음.
480) 夜舜臣夢 … 有殺我者: 저본에는 빠져 있으나 가, 나, 마본에 의거하여 보충함.
481) 驚悟: 나본에는 '驚而寤'로 되어 있음.
482) 在: 가, 나, 마본에는 '往'으로 되어 있음.
483) 而言: 저본에는 빠져 있으나 가, 나, 마본에 의거하여 보충함.
484) 一: 저본에는 빠져 있으나 가, 나, 마본에 의거하여 보충함.
485) 其: 가, 나, 마본에는 '之'로 되어 있음.
486) 者: 저본에는 빠져 있으나 가, 나본에 의거하여 보충함.

祭, 余畏而不敢食. 將於某日終制, 至是日, 子見吾子密言之, 報余
讐收余骸乎? 吾骸埋彼川邊樹下, 草葉隨風, 入吾鼻穴[487], 則輒噴
嚏矣." 又言其奴狀貌甚詳, 耆卿驚而覺, 甚異之. 遂就樹下, 攓蓬
剔沙, 果有人骸一具, 草葉隨風, 出入其鼻穴. 後至是日, 尋其家,
見新闋服者, 見耆卿, 顚倒而迎之, 餽餉極腆. 耆卿問其父緣何死
何所, 曰: "吾父出遊, 死不返, 不知死所, 虛葬此山上. 昨夢, 亡父
來言, '今日初來之客, 爾待之如待我, 必指死所[488].' 未知尊客[489]何
所指敎乎?" 耆卿忽神怠如夢, 屛間有語曰: "此過庭者, 卽其奴也."
熟察之其面目, 如所聞於川上之言[490]者. 耆卿乃始附耳語之, 故喪
人詐以微過, 縛其奴, 用鉅杖訊之, 一一輸情. 乃殺而磔之, 收父骸
于川上, 葬之故兆.


2-50.

陰城人金容, 萬曆甲午年[491], 爲求官, 旅遊京師, 遭厲疾[492]而死,
飢人盜其屍, 燔炙而食之[493]. 其後, 表弟金繼文壯元, 金冲之孫, 病
疫將死, 假寐見金容坐其傍, 贈詩曰: '骸棲林莽迹還沒[494], 魂逐雲烟
斷復連. 役役生前多謬辱[495], 哀哀身後催[496]堪憐. 漢江流水澄波碧,
爲洗胸中夜夜煎.'[497] 仍謂繼文曰: "汝自今日甦矣." 夢覺, 熱退而

---

487) 穴: 저본에는 빠져 있으나 나본에 의거하여 보충함.
488) 死所: 가, 나본에는 '我所死'로 되어 있음.
489) 客: 저본에는 빠져 있으나 가본에 의거하여 보충함.
490) 之言: 저본에는 빠져 있으나 가, 나본에 의거하여 보충함.
491) 年: 저본에는 빠져 있으나 마본에 의거하여 보충함.
492) 厲疾: 가, 마본에는 '厲疫'으로 되어 있음.
493) 之: 저본에는 빠져 있으나 가, 마본에 의거하여 보충함.
494) 迹還沒: 가, 마본에는 '疎還密'로 되어 있음.
495) 辱: 가, 마본에는 '訐'로 되어 있음.
496) 催: 가, 마본에는 '最'로 되어 있음.

甦.⁽⁴⁹⁸⁾ 容生時粗能屬文, 不甚善, 及其爲鬼⁽⁴⁹⁹⁾, 其詩悽惋, 勝生時矣.

2-51.

閔起文爲承旨時, 聞曉鍾詣闕, 馬上假眠, 忽遇亡友柳景深於路上, 敍寒燠⁽⁵⁰⁰⁾, 問其所如, 曰: "吾家子弟, 具酒饌邀之, 餉訖而歸." 倏然覺⁽⁵⁰¹⁾酒氣襲鼻, 深異之, 使人問其家, 柳氏子曰⁽⁵⁰²⁾: "是日亡父忌辰, 祭纔撤去云矣⁽⁵⁰³⁾."

2-52.

京城有一宰相, 以淸白名, 旣死⁽⁵⁰⁴⁾, 家業貧窶, 其子婚祀艱窘. 有一女可笄, 剋日將醮, 偶有祀事行于家. 適其晨有故, 友戴星而行, 路値⁽⁵⁰⁵⁾一宰相, 前呵後擁, 戒道而來. 遂擧鞭相⁽⁵⁰⁶⁾揖, 其醉如泥, 相與敍寒暄⁽⁵⁰⁷⁾, 曰: "今日不肖子邀余勸飮, 大醉而去, 子歸說諸兒." 仍揖而別, 未數步, 駐其馭, 贈一封小紙, 曰: "兒家甚貧, 方成婚, 欲以贈之, 因醉忘之, 子其⁽⁵⁰⁸⁾替余傳之." 其友尋其家, 傳其語, 諸子祀事終⁽⁵⁰⁹⁾訖, 聞之聚首而哭, 坼其封, 中⁽⁵¹⁰⁾有大珠三枚. 示之婦

---

497) 漢江流水澄波碧, 爲洗胸中夜夜煎: 저본에는 빠져 있으나 마본에 의거하여 보충함.
498) 熱退而甦: 가본에는 '發熱而蘇'로 되어 있음.
499) 爲鬼: 마본에는 '死也'로 되어 있음.
500) 寒燠: 나본에는 '寒暄'으로 되어 있음.
501) 覺: 저본에는 빠져 있으나 가, 나본에 의거하여 보충함.
502) 曰: 저본에는 빠져 있으나 가, 나본에 의거하여 보충함.
503) 云矣: 저본에는 빠져 있으나 가, 나본에 의거하여 보충함.
504) 旣死: 가, 나본에는 '旣死之後'로 되어 있음.
505) 値: 나본에는 '遇'로 되어 있음.
506) 相: 가, 나본에는 '而'로 되어 있음.
507) 寒暄: 가, 나본에는 '寒燠'으로 되어 있음.
508) 其: 가, 나본에는 '須'로 되어 있음.
509) 終: 가본에는 '才'로, 나본에는 '方'으로 되어 있음.

人, 婦人曰: "此[511]吾家葉簪之珠也, 初喪飯含, 用此珠, 今從何處復來?" 取其簪驗之, 三珠[512]皆汤[513]合舊蔕[514], 一家上下仆地而慟, 曰: "吾家失全盛舊業, 子孫貧匱, 昏事難周, 亡靈必軫念于此, 歸飯含之珠, 以助婚也." 其友亦長慟而去[515], 備酒果, 爲文而祭之.[516]

## 2-53.

進士朴悌生, 爲其亡舅申公求墓碣, 余爲之記. 其先人世系·子孫嗣續[517]甚詳, 而申公逝已遠, 載諸其文, 率多訛[518]者. 旣卒, 楷書[519]送之朴所, 其夜夢有客, 皆髑髏, 壃門排戶而入, 向余致謝甚款, 旣覺, 不覺神聳髮竪. 又嘗爲亡甥崔衙具碣, 自爲陰記, 使石工刻之. 石工謂僮僕曰: "昨夜, 夢有一年少儒生, 神淸狀姸, 來問曰: '汝是何人?' 曰: '某地人某名.' 曰: '是石品何如?' 曰: '甚好.' 曰: '日刻幾許字?' 曰: '能刻數十字.' 曰: '汝刻甚好, 須速刻無懈.' 翌日又夢如是, 其人狀貌又如之." 僮僕問: "其狀何如?" 曰: "如是如是." 實亡甥狀貌也, 擧家聞之悲泣. 嗚呼! 爲亡人立表塋所, 何可忽也? 記平生事蹟, 傳之不朽, 豈獨生人爲亡人爲也? 雖亡人必感悅於泉底, 古人纂禮文, 有祝文·祭文, 術家有符呪等書, 必非虛文, 能知神道者所施設也.[520]

---

510) 中: 저본에는 빠져 있으나 가, 나본에 의거하여 보충함.
511) 此: 저본에는 빠져 있으나 가, 나본에 의거하여 보충함.
512) 三珠: 저본에는 빠져 있으나 가, 나본에 의거하여 보충함.
513) 汤: 가본에는 '扬'로 되어 있음. 서로 통함.
514) 蔕: 나본에는 '葉'으로 되어 있음.
515) 去: 가, 나본에는 '歸'로 되어 있음.
516) 備酒果爲文而祭之: 저본에는 빠져 있으나 가, 나본에 의거하여 보충함.
517) 嗣續: 나본에는 '巨細'로 되어 있음.
518) 訛: 저본에는 '化'로 나와 있으나 나본에 의거함.
519) 書: 나본에는 '寫'로 되어 있음.

2-54.

兵使金禹瑞父亡, 其神恒住其家, 言語明白, 家人悉聞之. 凡有吉凶禍福, 先事而言之, 無不中, 親友至, 與之勞苦, 如平生驩. 一日, 謂其友曰: "公家有新味, 許我嘗之否?" 其友不自知, 使僕往探之, 有人饋葦魚甚鮮, 膾而進之饗神. 謂其妻曰: "某婢偸某物." 索而見獲, 笞之, 自此, 家僮不敢復傲. 時判書盧稷, 年尙幼, 家有病, 請治之, 神曰: "請以狗試之, 狗斃, 病卽愈." 遂立狗机上, 狗瞑目低頭, 有頃仆而斃, 家中大駭, 未幾病瘳. 禹瑞應武擧, 於試場引弓擬革面, 忽自空中呼曰: "禹瑞! 稍擧一拳." 擧一拳而發, 正貫于鵠, 因此登第, 過三四年, 更不至. 嘉靖乙卯, 倭寇南邊, 禹瑞赴戰, 野行遇倭, 挺劍而前, 禹瑞滿彎, 則倭縮身而坐, 發箭, 則踊身而超, 箭必後. 引弓之隙, 挺劍復進, 如是者三, 劒且急矣. 忽聞空中呼, "禹瑞禹瑞! 心喜滿彎而發, 箭貫其跟." 顧而發之, 復射之, 穿其胸, 倭遂倒, 割其馘而獻之, 因有軍功.

2-55.

吾家有一婢, 名倚新粧. 昔在坡州, 其屋後有衆塚, 山火大起, 延入衆塚, 忽有疾呼聲曰: "吾家火! 吾家火!" 哭聲如沸, 知其爲衆塚之鬼也. 蓋人之死也, 體骸外物也. 故古者所重, 在廟不在墓, 過廟則下, 過墓則式, 或因山爲陵而不封, 季札[521]葬子於嬴博, 『家禮』無侑食之節, 卽此義也. 自禮重拜掃, 人鬼必隨享而托, 神鬼之道, 豈無古今之異? 今見坡州之事, 人靈魂托於墓無疑, 相地守墓之

---

520) 又嘗爲亡甥崔衙具碣 … 能知神道者所施設也: 저본에는 빠져 있으나 나본에 의거하여 보충함.

521) 札: 저본에는 '禮'로 나와 있으나 의미상 바로잡음.

事, 烏可無戒勅哉!

## 鬼神

2-56.

聽松先生成守琛, 字中玉[522], 在京城白岳麓聽松堂, 黃昏獨坐無侍童, 忽有一物來立屋隅. 身被紺衣[523], 其長至踵, 散髮至地, 隨風髼髿, 亂髮之間, 雙目如環, 熒熒可怕. 先生問之曰: "爾爲誰?" 默然而不答, 曰: "來前." 遂近窗外[524], 羶臭裂鼻. 先生曰: "爾如賊也, 吾家無物; 爾如鬼也, 人鬼異路, 其速去!" 言訖颯然而逝, 不知所向.

2-57.

鄭翰林百昌, 弱冠讀書山寺, 厭諸僧煩聒, 常就佛榻後讀書. 榻有空穴無窓, 藏佛家像物, 夜深有一巨物, 蠢窣出伏書案之前, 臭氣逆鼻. 百昌熟視之, 其物出目縮鼻, 口角及耳, 耳垂髮鬖, 似有兩翼離披, 體色靑紅無象, 不省爲何物也. 百昌知是怪鬼, 安靜不愕, 讀不輟, 仍開算數巡, 猶自若, 其物久不前却. 百昌遂呼隣房僧, 夜闌皆睡, 三四聲方應, 其物還入榻穴. 百昌起入僧房, 求酒傾一大器, 以定其神. 是時, 握固存心, 瓜甲穿于掌中矣.

2-58.

申叔舟[525]少時, 赴謁聖試, 半夜與友人同就成均館, 見路中有一

---

522) 字中玉: 저본에는 빠져 있으나 가본에 의거하여 보충함.
523) 衣: 가본에는 '布衾'으로, 나본에는 '衣裳'으로 되어 있음.
524) 外: 가, 나본에는 '前'으로 되어 있음.

物, 張口當路, 上脣着[526]於天, 下脣着於地. 同行者[527]惶怖却步, 取他路而往, 叔舟直[528]入兩脣中, 有一[529]青衣童子, 拜而言曰[530]: "願從措大遊, 惟所指使." 叔舟頷之. 自此, 童子隨叔舟, 不少離, 遂捷䕸科. 凡[531]有吉凶, 莫不先事而言, 聽其指導, 無有不吉. 及渡海入日本, 風恬浪靜, 終致利涉而還. 其後, 從光廟, 封首勳, 位躋台鼎, 童子必先告其[532]吉, 及其終也, 泣而辭去, 未幾而沒. 嘗觀古書, 李林甫有神童, 安祿山有神兵, 豈此類也[533]歟!

2-59.

全穎達文官也, 自少能文鳴世. 未釋褐, 客遊完城, 宿池亭, 青荷被水, 月色微明, 亭二間內外有閣撩閣. 被酒獨眠, 有履聲自戶外[534]漸近, 排內外閣門而入, 容態絶艷. 穎達醉裡, 開目一視, 復冥然而睡. 美人撩[535]閣而出, 見于夢, 曰: "嗟哉! 無心郎. 吾心慕郎風儀才調, 冒進[536]淸光, 醉而不省. 余悵然而出, 題詩荷葉上, 留一墨以爲贈, 爲我[537]堅藏此墨勿失, 後必高第官且顯, 失此不吉乎!" 穎達朝起, 見外閣中有折蔕荷葉, 葉上有詩, 曰: '遠客沈酩喚不聞,

---

525) 申叔舟: 가본에는 '相國申叔舟'로 되어 있음.
526) 着: 나, 마본에는 '接'으로 되어 있음.
527) 者: 저본에는 빠져 있으나 가, 나본에 의거하여 보충함.
528) 直: 다본에는 '卽'으로 되어 있음.
529) 一: 저본에는 빠져 있으나 가, 나본에 의거하여 보충함.
530) 曰: 저본에는 빠져 있으나 가, 나본에 의거하여 보충함.
531) 凡: 저본에는 빠져 있으나 가, 나, 다본에 의거하여 보충함.
532) 其: 저본에는 빠져 있으나 가, 나, 마본에 의거하여 보충함.
533) 也: 저본에는 빠져 있으나 가, 나, 마본에 의거하여 보충함.
534) 自戶外: 저본에는 빠져 있으나 가, 나본에 의거하여 보충함.
535) 撩: 가, 나본에는 '掩'으로 되어 있음.
536) 進: 가, 나본에는 '近'으로 되어 있음.
537) 爲我: 저본에는 빠져 있으나 가, 나본에 의거하여 보충함.

水荷[538]搖月舞波紋. 今宵佳會天應惜[539], 留與光山一片雲.' 其側有墨一笏, 印字曰[540]'光出片雲'. 蓋荷葉不受墨, 而此則字畫甚明. 穎達深異之, 取其墨, 封而署之[541], 藏之錦囊中. 後登第, 作外[542]官遊州郡, 有薦枕官妓, 乘其醉, 探錦囊, 知有墨, 潛偸之, 納己囊. 夜未半作夢[543], 見昔日池亭美人, 慍而謂穎達曰: "始吾愛君, 贈墨勿失戒之, 今何食前言?" 穎達覺而開其囊, 無墨, 謂妓曰: "吾囊中失一物, 毋戲!" 妓驚而笑曰: "吾何須藏之[544]?" 穎達固懇之, 怪而欲還之, 曰: "吾戲探囊中完墨, 方吾乏墨, 密出之, 納于吾囊中耳[545]." 妓自披其囊, 有封識如古, 無其墨, 大怪之. 穎達曰: "神女所貽[546], 慢藏失之, 神其怒之乎!" 其後, 官不達.

2-60.

權擘[547]少時, 聞友人染病闔家, 時氣將不救, 往觀之, 衆止之, 曰: "不顧一身, 活人於烈火之中, 奈禍延一家何?" 擘曰: "死生有命, 見故人阽死[548], 忍視而不濟[549]不義, 賫藥往救之." 入其家, 童僕屍相枕矣. 友人握擘手而泣, 因與共宿, 覺而視之, 友人已潛抽

---

538) 水荷: 가, 나본에는 '睡荷'로 되어 있음.
539) 惜: 가, 나본에는 '借'로 되어 있음.
540) 曰: 저본에는 빠져 있으나 가, 나본에 의거하여 보충함.
541) 之: 저본에는 빠져 있으나 가, 나본에 의거하여 보충함.
542) 外: 저본에는 빠져 있으나 가본에 의거하여 보충함.
543) 作夢: 가, 나본에는 '非夢間'으로 되어 있음.
544) 吾何須藏之: 가, 나본에는 '吾何戲吾不見'으로 되어 있음.
545) 耳: 저본에는 빠져 있으나 가, 나본에 의거하여 보충함.
546) 貽: 나본에는 '贈'으로 되어 있음.
547) 權擘: 가본에는 '相國權擘'으로 되어 있음.
548) 死: 가본에는 '危'로 되어 있음.
549) 濟: 가본에는 '救'로 되어 있음.

身, 避之他所矣. 擎欲歸, 夜尙早, 歷衆屍出外廳, 坐而假寐. 時細雨初收, 月色熹微, 忽有兩鬼, 倒披簑衣, 超墻而入, 直趍於內, 曰: "其人遁矣." 出外廳覓之, 見擎在, 一鬼曰: "其人在此." 一鬼曰: "權政丞[550]也, 不可干." 復超墻而走, 擎褰衣追之, 行到一曲巷, 鬼曰: "其人在此." 遂超門而入, 俄而, 有哭聲矣.

高興柳氏曰: "擎信天不惑, 能捨身以救人, 其致福祿遐遠, 終隮[551]台鼎, 不亦宜哉! 其友不[552]顧擎救己之恩, 欲賣友[553]以代己, 遁身而避之, 其處心[554]無似, 宜夫神之殛也!"

## 2-61.

韓浚謙, 以平安方伯, 遭外憂, 過鳳山, 遂奉[555]柩安客舍. 夜[556]護喪之客, 夢魘而絶, 良久乃甦, 曰: "有一官人, 徒從甚繁, 令羅卒挐致, 詢問之, 曰: '本郡客館, 乃使命所止而舍, 地靈所擁護, 何敢令死喪[557]溷玆? 速挐主喪者來!' 鬼卒數十人, 纔往而返, 曰: '主喪者, 乃韓監司浚謙也. 館下有門神戶靈, 擁衛護者甚衆, 不可干.' 官人大怒曰: '向者, 李壽俊趁[558]燕京, 回死此館, 留屍以汚館, 今又如之, 不可縱. 監司如不可挐至, 速挐其子來.'" 此夜, 浚謙之子昭一, 夢亦如是, 未久, 無病暴死. 昔[559]姚崇宋璟微時, 過宿客店, 鬼

---

550) 丞: 저본에는 '承'으로 나와 있으나 가, 나, 다본에 의거함.
551) 隮: 저본에는 '濟'로 나와 있으나 가, 나, 다본에 의거함.
552) 不: 저본에는 빠져 있으나 가, 나, 다본에 의거하여 보충함.
553) 友: 저본에는 빠져 있으나 가, 나본에 의거하여 보충함.
554) 處心: 다본에는 '處身'으로 되어 있음.
555) 遂奉: 저본에는 빠져 있으나 가, 나본에 의거하여 보충함.
556) 夜: 저본에는 빠져 있으나 가본에 의거하여 보충함.
557) 喪: 가본에는 '屍'로 되어 있음.
558) 趁: 가, 나본에는 '赴'로 되어 있음.
559) 昔: 가본에는 '昔者'로 되어 있음.

卒王君昻守護, 不敢離, 宰相所止寓, 必有神鬼擁衛, 豈不異哉?
夢之者, 宣沙萬戶許隻, 護喪差使員隨來云[560].

## 2-62.

萬曆甲午, 卽兵後翌年也. 舉國飢饉, 人相食, 餓殍相藉於路. 儒士朴燁, 避亂於外, 新還京都, 故室蓬蒿, 止舍隙宇, 困於窮餒, 精神虛乏. 省親戚于馬市橋, 乘夜而歸, 路遇叉頭美女, 衣紫羅襦, 帶紅裙, 戛燁衣裾而過. 燁任俠也, 年少尤佚, 斜行且劘, 扶以擲心, 曰: "娘何侵夜而路?" 曰: "有所須, 夷猶於此." 曰: "若有所須, 何不須我而行?" 曰: "何難? 但恐被家人所訝, 宜夜深偕還陋第." 如言至其家, 家中婢僕, 多臥睡縱橫. 女曰: "飢無以待賓, 我隣[561]有新釀, 請求而來." 乃於銅鉢盛渾沌酒來, 共飮之, 遂與共歡, 終夜酣寢. 曉來夢覺, 覺其女全體俱冷, 搖之不醒, 卽死人也. 燁驚[562]起奔出, 家中臥睡者, 非睡卽死也. 驚走出洞口, 見大路邊明燈, 叩門告急, 乃鞋匠家也[563]. 燁吐實, 曰: "心驚體戰, 請覓酒以定之." 主人憐之, 枕傍有酒甕, 欲饋之, 索銅鉢不得, 甕口所覆紙又穿. 燁又言鉢所在, 偕至其家, 家卽士族家也, 有處子年長, 病飢而死, 擧家亦多飢死, 僵屍相枕. 燁悲之, 具棺賃車, 葬之西郊外, 爲文而祭之. 燁登第, 今以嘉善大夫, 方爲義州府尹.

## 2-63.

時御所慶運宮承政院, 卽平時貞陵洞宗室家也. 素稱多鬼, 宗室

---

560) 來云: 저본에는 '行'으로 나와 있으나 가본을 따름.
561) 隣: 라본에는 '隣舍'로 되어 있음.
562) 驚: 저본에는 빠져 있으나 라본에 의거하여 보충함.
563) 也: 저본에는 빠져 있으나 라본에 의거하여 보충함.

失馬, 求之不得, 馬鳴于樓上, 察其封鎖如古, 馬在其中. 及爲政院時, 有官吏在其廬, 每多夢魘. 有一承旨入直, 時夏夜, 窓戶四啓, 下吏皆宿窓下, 承旨獨不眠. 忽有一鬼, 身丈八九尺, 長脛聳身, 立于窓外. 又有一鬼差小, 來立于大鬼之左, 又有小鬼繼踵而來, 立于大鬼之右, 皆相持不動. 過數食頃, 承旨開目熟視, 不言不驚, 欲觀所爲, 群吏鼾睡不之省. 俄而, 兒鬼環大鬼, 旋轉五六匝, 大鬼先走, 群鬼隨之, 下階而不知所如. 或曰: "承旨卽爾瞻也."

2-64.

有一武士, 習射于訓鍊院, 日暮而還, 路遇一女, 鮮衣婉容, 立於射[564]場路左, 愁色滿顔. 武士心動, 戱之曰: "日暮虛場, 何物美姝獨立延竚?" 女卽改容, 春風之氣可掬, 遂嬌辭而答曰: "有所如, 歸向弊屋, 日暮路遠, 以是憂之." 曰: "娘若以道遠日暮爲愁[565], 與之同歸, 有何難?" 曰: "妾名終娘, 家在南山[566]底南部[567]洞路窮處, 如蒙賢君子不棄賤陋, 何幸之如?" 遂與携同手[568]歸南部窮巷, 入其家, 卽士族巨室[569], 長廊[570]衡外第三間也, 卽女所寓[571], 而四壁圖畫, 帷簾衾褥甚華. 仍[572]與之坐, 架上有細柳器, 盛切脯芳肴, 枕右有白沙缸, 淸醑灩瀲, 其側有[573]畵盃, 遞酬累巡. 遂極其繾綣, 而但

---

564) 射: 저본에는 '沙'로 나와 있으나 가, 나본에 의거함.
565) 爲愁: 저본에는 빠져 있으나 가, 나본에 의거하여 보충함.
566) 南山: 가본에는 '終南山'으로 되어 있음.
567) 部: 저본에는 '府'로 나와 있으나 가, 나본에 의거함.
568) 與携同手: 나본에는 '執其手'로 되어 있음.
569) 巨室: 나본에는 '巨家'로 되어 있음.
570) 廊: 저본에는 '廓'으로 나와 있으나 가, 나본에 의거함.
571) 所寓: 나본에는 '所居'로 되어 있음.
572) 仍: 가, 나본에는 '引'으로 되어 있음.
573) 側有: 가, 나본에는 '中把'로 되어 있음.

體冷如潑水, 久而不溫, 問之, 則曰: "冒[574]夜遠行, 弱體猶寒." 終
宵騈枕, 抵曉而覺[575], 宿醒甚渴. 歸時, 見隣婦曉汲水[576], 請飮, 婦
疑之, 曰: "郞何從空舍出來?" 曰: "宿終娘家." 曰: "其家闔家染病,
死尸如麻, 終娘逝已三日未斂, 是誑我也." 武夫[577]大驚, 再入省之,
家中死尸縱橫, 有一尸在[578]第三房, 卽終娘也. 有未盡肴酒, 尙在
屍側, 武夫懼[579]然而還, 曰: "亡娘必自悲[580]無斂, 知我意氣[581]多,
欲使之葬也." 遂具柩車斂, 而瘞之[582]于郊外, 盛備肴酒, 祭之而歸.
其夜夢, 終娘來謝曰: "不棄陋體, 斂瘞備盡, 豈無冥報? 郞其識
之." 後登第, 官至高階.

## 2-65.

壬辰之亂, 統制使李舜臣, 將造戰船, 發水軍, 伐材于閑山島. 樹
上有鬼, 嘯曰: "願勿伐此谷之樹, 兵死之鬼, 多托此谷之樹. 今爾
等來斫樹[583], 吾儕將[584]移他樹, 願勿伐此谷之樹." 軍卒問: "爾是何
人?" 曰: "吾全羅道儒生宋也. 一家男女, 皆[585]死於兵, 今來托此樹
也." 水軍遂移他谷.

---

574) 冒: 가, 나본에는 '暮'로 되어 있음.
575) 覺: 저본에는 빠져 있으나 가, 나본에 의거하여 보충함.
576) 水: 저본에는 빠져 있으나 나본에 의거하여 보충함.
577) 武夫: 가본에는 '武士'로 되어 있음. 이하의 경우도 동일함.
578) 在: 저본에는 빠져 있으나 가, 나본에 의거하여 보충함.
579) 懼: 저본에는 '悚'으로 나와 있으나 나본에 의거함.
580) 悲: 가, 나본에는 '悲死'로 되어 있음.
581) 意氣: 가본에는 '義氣'로 되어 있음.
582) 瘞之: 저본에는 공란으로 되어 있으나 가, 나본에 의거하여 보충함.
583) 樹: 저본에는 빠져 있으나 가, 나본에 의거하여 보충함.
584) 將: 가, 나본에는 '多'로 되어 있음.
585) 皆: 저본에는 빠져 있으나 가본에 의거하여 보충함.

2-66.

萬曆己未[586]冬, 參奉申友顏, 年少善楷書, 借宿李正言元興家, 夜半失所之. 隣人曰: "夜有物無象, 不似人, 自墻外招參奉去, 甚訝之." 家人尋之不得, 數日得之盤松池水[587]上, 見紫衣, 網而拯[588]之. 其家在都城西小門外, 故宰相李忠元之第也. 忠元有處子, 一日失所如, 越數日, 得之大川橋下, 蒙藁席而伏, 半死, 致之家, 數日乃死. 當初未得也, 有士人指諸橋下得之, 士人夜夢, 有人曰: "吾新得美妻, 愛之甚, 因爾失之, 吾當替以爾妻." 覺而視之, 其妻已失所在. 居數日, 復還之, 曰: "始吾怒爾奪吾妻, 故取爾妻, 今復得之, 使還之." 使[589]人探之, 李家處子已死矣.

2-67.

元士安, 昭敬大王朝文官名士也. 其兄妻南氏早死, 其小妹元氏未嫁, 忽一日神精怳慌, 狂辭胡說, 自稱南氏. 士安兄弟, 以妹呼之, 則曰: "我非爾妹, 卽爾嫂南氏也. 爾妹之魂在彼." 指窓間空地. 蓋離其魂, 坐之別處, 而入其體殼, 聲音擧止, 皆南氏也. 或去或來, 去則臥而呻痛, 來則起而整容, 爲南氏語. 如是者歲餘, 元氏神氣, 日益哀喪[590], 幾不能救矣. 原州元家本貫也, 有舊莊在焉. 元氏父母, 挈[591]其女歸原州, 欲避其祟, 祟亦隨往, 虐[592]元氏滋甚. 一日, 其祟出遊未返, 有丈夫鬚眉皓白, 風儀非常, 降于正堂, 曰: "吾

---

586) 己未: 저본에는 '癸未'로 나와 있으나 나본을 따름.
587) 水: 가, 나본에는 '氷'으로 되어 있음.
588) 拯: 저본에는 '留'로 나와 있으나 가, 나본을 따름.
589) 使: 가, 나본에는 '斯'로 되어 있음.
590) 哀喪: 나본에는 '爽'으로 되어 있음.
591) 挈: 저본에는 '絜'로 나와 있으나 나본에 의거함.
592) 虐: 저본에는 빠져 있으나 나본에 의거하여 보충함.

乃家祖先也$^{593)}$, 聞爾$^{594)}$罹祟$^{595)}$, 來告爾良方. 驪州・原州之交, 有江
名雨$^{596)}$灣, 入江$^{597)}$數十步, 有紫石, 長數十俠$^{598)}$寸許, 如是者數十
枚. 爾家兄弟, 士容庸駑不足使, 士安爾往取之, 我當擇之." 士安
如其言, 往之雨灣, 江中有沙洲, 果多紫石, 取數十枚進之, 丈夫叱
之曰: "皆非眞, 再往審之." 士安又往審之$^{599)}$, 江中淺灘, 又有數十
枚, 盡拾$^{600)}$而來. 丈夫手自擇之, 取其一, 與之, 曰: "此名$^{601)}$警魂
石, 有雌雄, 常在龍王案上, 不少離. 適會近日, 龍王出遊, 是石少
間出遊$^{602)}$湖邊, 其雄知爾再$^{603)}$尋, 避入湖中深處, 今其得者, 乃其
雌也. 惜乎! 爾之始往, 不兩得之. 然是石靈異無比, 百鬼望影而
遁. 宜佩之衣帶, 勿斯須去身, 人或求之, 愼勿與." 自此, 元氏日夜
衣佩是石, 其祟至門外, 盤桓不得入, 仍復不來. 厥後, 長安士大夫
家有鬼祟, 聞是石靈異, 至誠來丐, 士安不忍拒, 或與之, 佩之無不
效. 常作一寶物, 掛於壁上, 一日失所之, 後$^{604)}$得之酒甕, 蓋自壁
上, 誤落酒甕$^{605)}$中. 自此, 靈氣少損, 多不效.$^{606)}$

---

593) 也: 저본에는 빠져 있으나 나본에 의거하여 보충함.
594) 爾: 나본에는 '我孫'으로 되어 있음.
595) 祟: 나본에는 '祟鬼'로 되어 있음.
596) 雨: 저본에는 '牛'로 나와 있으나 나본을 따름. 이하의 경우도 동일함.
597) 江: 나본에는 '江中'으로 되어 있음.
598) 俠: 나본에는 '狹'으로 되어 있음. 서로 통함.
599) 又往審之: 나본에는 '再往察'로 되어 있음.
600) 拾: 저본에는 '枚'로 나와 있으나 나본에 의거함.
601) 名: 저본에는 '石'으로 나와 있으나 나본을 따름.
602) 是石少間出遊: 저본에는 빠져 있으나 나본에 의거하여 보충함.
603) 再: 저본에는 빠져 있으나 나본에 의거하여 보충함.
604) 後: 저본에는 빠져 있으나 나본에 의거하여 보충함.
605) 甕: 저본에는 빠져 있으나 나본에 의거하여 보충함.
606) 靈氣少損, 多不效: 저본에는 '少效'로 나와 있으나 나본에 의거함.

## 2-68.

京城小公主洞, 在南部, 有申⁶⁰⁷⁾莫定家. 其家常空無主, 假他人僑居, 詰其所以, 蓋始主人新買而居之, 其家有鬼, 無論晝夜, 恒⁶⁰⁸⁾不離左右, 言語如平人, 只不見其形而已. 稱其主爲主翁, 如奴僕事主, 所救⁶⁰⁹⁾無不必致⁶¹⁰⁾. 常求食不時, 不與, 輒作慍作怪. 嘗⁶¹¹⁾夜主翁夫婦同床臥⁶¹²⁾, 鬼伏床下而笑, 主翁苦之, 謀避他處, 鬼亦請從. 主翁曰: "汝在吾家, 已多歲月, 而不見形, 請畫汝⁶¹³⁾形於壁." 鬼曰: "見則⁶¹⁴⁾驚, 不欲使主翁驚怖." 主翁曰: "試畫之." 俄而, 見⁶¹⁵⁾壁上有畫, 雙頭四目, 高角嶷嶷, 哆口蹙鼻, 瞳睛俱赤, 其狀不忍見. 主翁掩面, 使速拭去之, 壁上無一點畫⁶¹⁶⁾. 主人密問方士, 訪⁶¹⁷⁾殺鬼神之方, 有曰: "鬼餒而求食, 得野鼠肉, 煮⁶¹⁸⁾而與之, 必死." 如其言, 得野鼠肉, ⁶¹⁹⁾置架板上而俟之. 鬼自外來⁶²⁰⁾, 曰: "今日遠遊飢甚, 願主翁饋小人以饌." 主翁曰: "偶得一美肉, 俟爾來." 遂⁶²¹⁾與之, 鬼一食而空其器. 俄而, 大聲痛哭曰: "主翁欺我哉⁶²²⁾? 此野

---

607) 申: 나본에는 '甲士'로 되어 있음.
608) 恒: 저본에는 빠져 있으나 가, 나본에 의거하여 보충함.
609) 救: 나본에는 '請'으로 되어 있음.
610) 必致: 가본에는 '畢致'로, 나본에는 '畢供'으로 되어 있음.
611) 嘗: 저본에는 '常'으로 나와 있으나 나본에 의거함.
612) 主翁夫婦同床臥: 가, 나본에는 '主人夫婦同床而宿'으로 되어 있음.
613) 汝: 저본에는 빠져 있으나 가본에 의거하여 보충함.
614) 則: 가, 나본에는 '必'로 되어 있음.
615) 見: 저본에는 빠져 있으나 가본에 의거하여 보충함.
616) 壁上無一點畫: 저본에는 빠져 있으나 가, 나본에 의거하여 보충함.
617) 訪: 저본에는 빠져 있으나 가, 나본에 의거하여 보충함.
618) 煮: 가, 나본에는 '炙'로 되어 있음.
619) 得野鼠肉: 가, 나본에는 '炙其肉'으로 되어 있음.
620) 來: 가, 나본에는 '至'로 되어 있음.
621) 遂: 가, 나본에는 '卽'으로 되어 있음.
622) 哉: 저본에는 빠져 있으나 가, 나본에 의거하여 보충함.

鼠肉也, 吾今死矣夫⁽⁶²³⁾!" 遂痛哭而出, 不復返. 自此, 家無鬼.⁽⁶²⁴⁾ 主人仍居露梁江上, 不復來, 只假他人, 取其直. 吾伯兄嘗僑寓其室, 仍主婢細聞⁽⁶²⁵⁾, 其⁽⁶²⁶⁾不虛矣.

## 2-69.

黃建中者⁽⁶²⁷⁾, 岩之子也, 世家京師, 縱步花柳. 有先業在鐵原, 往來留連者, 歲將半矣. 舍于古東州側, 嘗夜獨寢, 忽有美人, 排帷⁽⁶²⁸⁾直入, 容色絶艶, 狎坐喜⁽⁶²⁹⁾笑. 仍開裯昵枕, 建中心迷不定, 將不能閑其慾. 但時月嚴寒, 所服皆絳紛纖縞⁽⁶³⁰⁾, 意不得無訝, 却之甚固. 女巧說柔辭, 嫵媚百態, 終宵不肯去. 自此, 曉往昏來, 侵軼多方, 建中心知其非人, 終不許共懽. 使妻左, 女入其右, 使婢右, 女橫臥枕外, 使婢⁽⁶³¹⁾枕外, 女臥足下, 使侍者足下, 猶不離其床. 招道士·巫覡, 爲之防, 女慍曰: "我非苦⁽⁶³²⁾子, 只感先君恩, 欲報德於冥冥之中." 曰: "何哉?" 曰: "我乃東州弓裔時宮人, 泰封都破, 死亂兵中. 子之先祖黃繼允⁽⁶³³⁾, 瘞我于西都山外數里所. 當其時天暑, 衣絺紛, 至今猶着古衣, 幸君勿訝." 建中自度不得離, 舍之如京, 女隨而往, 追之⁽⁶³⁴⁾京第, 侵之如前, 建中猶牢拒⁽⁶³⁵⁾. 女畏犬, 家人多畜

---

623) 夫: 저본에는 빠져 있으나 가, 나본에 의거하여 보충함.
624) 家無鬼: 가, 나본에는 '其家無鬼怪'로 되어 있음.
625) 聞: 저본에는 '問'으로 나와 있으나 가, 나본을 따름.
626) 其: 가본에는 '其聲'으로 되어 있음.
627) 者: 저본에는 빠져 있으나 가, 나본에 의거하여 보충함.
628) 帷: 가, 나본에는 '幃'로 되어 있음.
629) 喜: 가, 나본에는 '戲'로 되어 있음.
630) 絳紛纖縞: 가, 나본에는 '締紛'으로 되어 있음.
631) 婢: 저본에는 '伴'로 나와 있으나 가, 나본을 따름.
632) 苦: 저본에는 '若'으로 나와 있으나 가, 나본에 의거함.
633) 黃繼允: 가, 나본에는 '黃繼尹'으로 되어 있음.

犬, 環鈴而馴之. 居數月, 女泣而辭曰: "子非徒薄倖[636], 斥我益堅, 吾與子緣已[637]盡矣, 從此辭去." 建中曰: "汝久留吾所, 待之不盡禮, 今將[638]別矣, 願聞來歲吉凶." 女只書五言一句, 曰: '金鷄屋上樑.' 一家未解其意. 建中宕子也[639], 與惡少橫行閭里, 犯邦憲, 拘之獄. 獄中梁上, 有黃鷄一栖[640], 詰之同囚, 則曰: "憂中夜長難曉, 畜此以識更." 建中始悟女之前言[641]. 女常言弓裔之事甚祥, 與國史互有同異. 家人以諺書, 譯其辭, 成一帙. 其父黃璘以爲妖, 火之.[642] 野史氏曰: "女是狐精, 故畏犬, 疑野狐入宮人, 斜作人[643]祟, 所以知弓裔時事[644]也."


## 2-70.

國初設成均館, 東西齋各十餘間, 只鋪甄甊, 無溫室. 士之宿于此者, 不堪其寒, 多連衾共枕以取煖. 西齋有進士間, 時有一年少儒士, 容貌昳麗, 常讀「離騷經」, 兩進士爭其共宿, 互引其股, 股裂而遂死. 自此, 進士間, 每天陰雨濕之時, 或夜聞讀書聲, 曰: "帝高陽之苗裔兮!" 如是積有年紀, 館儒之宿此者, 多有夢魘. 厥後, 燕山微行閭里, 犯夜禁, 或稱'李進士', 捕盜之吏不敢問. 燕山以爲生

---

634) 之: 가, 나본에는 '至'로 되어 있음.
635) 猶牢拒: 나본에는 '拒愈牢'로 되어 있음.
636) 薄倖: 가, 나본에는 '薄行'으로 되어 있음.
637) 已: 가, 나본에는 '亦'으로 되어 있음.
638) 將: 저본에는 빠져 있으나 가, 나본에 의거하여 보충함.
639) 宕子也: 저본에는 빠져 있으나 가, 나본에 의거하여 보충함.
640) 栖: 저본에는 빠져 있으나 가, 나본에 의거하여 보충함.
641) 女之前言: 가, 나본에는 '金鷄屋上梁之語'로 되어 있음.
642) 女常言弓裔之事甚祥 … 火之: 저본에는 빠져 있으나 가, 나본에 의거하여 보충함.
643) 人: 저본에는 빠져 있으나 가, 나본에 의거하여 보충함.
644) 事: 가, 나본에는 '事悉'로 되어 있음.

員·進士有勢力人所憚, 每遊幸, 必令生進擔輦, 仍罷成均館食堂, 爲虎闞, 東西齋委處衆妓, 一妓宿進士間, 中惡暴死. 自此, 士之[645] 宿進士間者, 夢見美人, 必成魘. 萬曆戊寅六月望日, 館官備燒酒烹狗肉, 以饗士. 有生員張彦球者, 湖外人也, 客寓進士間, 至是日, 諸友勸燒酒, 過飮而死. 明年六月望日, 館官復設燒酒狗肉, 以餉士. 前此一夜,[646] 進士李哲光, 宿于進士間, 夢有一生, 素昧之人也. 謂哲光曰: "我生員張彦球, 明日, 館官備酒饌餉士, 幸分我饋之." 哲光覺而異之, 問同宿者曰: "有生員張彦球者乎?" 僉曰: "然." "明日, 館官以酒肉餉士乎?" 曰: "然." 曰: "張彦球生耶?" 僉曰: "前年明日, 過飮燒酒, 死于此." 哲光瞿然大駭, 仍說其夢. 明朝, 參唊飮之列, 以別一器, 受狗肉; 以別一器, 受燒酒. 於座中, 兀然長拱而跪, 不自食一串一盃, 同列相肘而笑, 曰: "張生勸汝一盃酒, 世間豈有萬年生員? 李生勸汝一串肉, 世間豈有萬年進士?"

2-71.

李慶禧家[647]有鬼作妖, 或斷人髮, 鞭人背, 點汚飮食, 毁碎器物, 累年[648]不能去. 及慶禧爲開城都事, 所寓有蟬聲出壁間[649], 時冬月無蟬, 家人知鬼自京隨來, 甚憂之. 有一校生, 使氣猖狂者, 曰: "人鬼殊塗, 渠何敢作妖? 我當[650]辟之." 渾家信之, 請入壁門[651], 果有蟬聲甚淸, 低仰引促, 恰似秋吟樹間. 校生側耳聽[652]之, 乃廣聲叱

---

645) 士之: 저본에는 빠져 있으나 라본에 의거하여 보충함.
646) 前此一夜: 저본에는 빠져 있으나 라본에 의거하여 보충함.
647) 家: 저본에는 빠져 있으나 가, 나본에 의거하여 보충함.
648) 累年: 가, 나본에는 '累歲'로 되어 있음.
649) 壁間: 가, 나본에는 '壁柱間'으로 되어 있음.
650) 當: 가, 나본에는 '當痛'으로 되어 있음.
651) 壁門: 가, 나본에는 '壁柱間'으로 되어 있음.

話[653]曰: "何物妖鬼, 乃敢冬作蟬聲[654]?" 仍拔劍擊柱, 良久寂然[655]. 忽[656]有物自空中摔校生髻, 仆於地, 鞭扑[657]之聲, 震一堂, 校生流血, 氣窒不自省. 扶曳而出, 藥餌多日[658], 艱得生[659]. 慶禧官滿, 歸農庄, 場[660]有積禾成山, 高數丈者五峰, 一峰可出穀五六十石. 一夜五峰俱出火, 烜焰漲天, 呼隣人救之, 火遂滅了[661], 則無一點灰燼. 翌夜[662]火復起, 隣里救之, 又無火痕. 第三日[663], 火起如前, 呼隣人救之, 隣人曰: "兩日鬼戲, 非眞火也." 不來救, 是夜, 五峰皆[664]燒盡無餘. 長安人家多物怪, 如貞陵洞許兩家, 今爲慶運宮承政院者, 小公主洞今爲南別宮者, 松峴申莫定家, 栢子洞安舍長家, 人皆稱焉.[665] 凡所謂物怪者, 非人死爲鬼, 特物久有神[666], 能幻其形[667], 以爲戲耳. 其爲[668]天地間四大之氣, 鍾以成人, 死則還歸太空, 漠然[669]而散. 其間生爲含寃, 抵死[670]氣不散, 作妖人間者[671],

---

652) 聽: 저본에는 '廳'으로 나와 있으나 가, 나본에 의거하여 바로잡음.
653) 話: 가본에는 '喝'로, 나본에는 '話'로 되어 있음.
654) 聲: 가, 나본에는 '吟'으로 되어 있음.
655) 寂然: 가본에는 '寂然無聲'으로 되어 있음.
656) 忽: 가, 나본에는 '須臾'로 되어 있음.
657) 鞭扑: 가본에는 '鞭撻'로, 나본에는 '鞭杖'으로 되어 있음.
658) 多日: 가, 나본에는 '五六日'로 되어 있음.
659) 艱得生: 가, 나본에는 '乃起'로 되어 있음.
660) 場: 가, 나본에는 '庄'으로 되어 있음.
661) 了: 저본에는 빠져 있으나 가, 나본에 의거하여 보충함.
662) 翌夜: 나본에는 '翌日'로 되어 있음.
663) 日: 가본에는 '日夜'로, 나본에는 '夜'로 되어 있음.
664) 皆: 저본에는 빠져 있으나 가, 나본에 의거하여 보충함.
665) 長安人家多物怪 … 人皆稱焉: 저본에는 빠져 있으나 가, 나본에 의거하여 보충함.
666) 久有神: 가, 나본에는 '舊而神'으로 되어 있음.
667) 其形: 가, 나본에는 '人狀'으로 되어 있음.
668) 爲: 가, 나본에는 '始'로 되어 있음.
669) 漠然: 가, 나본에는 '渙然'으로 되어 있음.
670) 抵死: 저본에는 공란으로 되어 있으나 가, 나본에 의거하여 보충함.

千百中不一二焉. 獨物之久者, 含靈假狀, 與[672]昆虫・草木・鳥獸・魚
鼈之精, 能生氣爲虛狀者, 比比有之. 其氣本邪, 自不干[673]正, 所謂
邪不干正者, 豈虛語哉?

## 2-72.

駱山下所用洞, 有寡女安氏, 家居念佛, 素食常衣白衲, 戴編草
圓頂, 年過六十而死. 無子女, 有姪居其家, 數載餘, 堂中有人聲,
姪出見之, 安氏衣白衲, 戴編草圓頂, 白晝而坐矣. 擧家惶悚羅拜,
安氏飢請食, 其家盛饌而進之, 滿盤之羞, 須臾空矣. 又求之, 復具
而饗之, 如是月餘日矣. 一日, 曰[674]: "方春杜鵑花滿山, 政好, 作餠
願嘗之." 其家買油, 煎滿數器以餉, 又空其器. 自此, 求珍羞異味,
具而進, 一時便盡, 不與, 則輒怒作怪, 毆其僮僕, 侵其子弟, 不勝
其苦. 且憂其財實難繼, 密議避寓他所, 安氏曰: "主人今欲何往?
我亦欲從之." 遂寢其計. 安氏曰: "吾久留此, 多惱主人, 吾心欠安,
願優備酒食, 餞我于東小門外長松流水間." 主人喜甚, 奠家貨備餞
需, 供諸東小門外山水精潔處, 厥後, 寂然無聲, 家人相賀. 過十餘
日, 忽有叩門聲, 婢出視之, 有一夫黑面多鬚, 頭着白竹帽, 以絢索
爲纓, 拜而言曰: "舍長安氏至矣!" 俄而, 安氏白衲圓頂, 笑而入坐
于堂中, 其餘蓬頭鶉衣男女之鬼, 充滿堂庭. 求食與肉, 譁然作孼,
破碎器皿, 驅打人物. 一家朝夕之需, 箱篋之儲, 蕩然無餘, 牛糞馬
通, 散落房櫳, 人不可處矣. 擧家相率奔避, 所往無不隨之, 數年之

---

[671] 者: 저본에는 빠져 있으나 가, 나본에 의거하여 보충함.
[672] 與: 가, 나본에는 '如'로 되어 있음.
[673] 干: 나본에는 '犯'으로 되어 있음.
[674] 曰: 저본에는 빠져 있으나 다른 이본에 의거하여 보충함.

間, 死亡相繼, 駱下之家索然矣.

2-73.

北郊無祀鬼神祭, 凡死於水火飢兵者, 無不享之, 獨産死者不與焉. 昔者, 漢城府尹祭北郊還, 夜尙早, 城門未開, 下馬城底而假寐. 夢有一女, 遍身流血來, 訴曰:"聞郊壇享無祀之鬼, 欲來與酒食, 以國法不享産死之鬼, 城隍神呵禁不納, 是以來訴."言訖而覺, 惻然而傷之, 歸而啓達. 自此, 郊祀之饗, 設産死位板. 旌善郡守鄭元卿, 曾爲判官, 參北郊祭, 宿于野幕, 夢見鬼火籠山, 喧呼駢闐, 不知其幾千萬. 驚而覺, 奉常下人已藏祀, 喚起寢矣. 吁! 我國無主之魂, 其麗不億, 而祭需所費, 不過十盆之飯·十瓶之酒, 數毚之肩, 鬼何能均食? 而無名者, 又却而不納, 冥冥之間, 宜于多餓鬼也, 悲哉! 昔余在山寺, 見僧以數盂飯享無祀鬼, 倒鐃柄書空, 怪問之, 答曰:"釋法以梵唵字, 向食盂書之, 一器爲百器, 百器爲千器, 千器爲萬器." 吁! 北壇飯盂, 誰其倒饒柄書之? 可笑.

2-74.

全羅都事金某, 在全州南廳, 諸妓皆在後舍, 蒼頭退休他所[675]. 日將[676]暮, 獨坐無聊, 忽有一妓曳履過前軒, 衣裳鮮麗, 容儀閒雅, 眞絶代美姝也. 金意不自定, 問曰:"爾爲誰?"曰:"州中敎坊妓也."曰:"敎坊妓, 皆我所嘗熟見, 何見爾[677]之晩?"曰:"新妓也, 爲州官親屬所私, 藏之甚密, 今遇[678]有事過此." 金遂使之前, 歡笑移時,

---

675) 所: 나본에는 '處'로 되어 있음.
676) 將: 저본에는 빠져 있으나 가, 나본에 의거하여 보충함.
677) 何見爾: 가, 나본에는 '何相見'으로 되어 있음.

乃與低帷眠枕. 自是, 情意交洽, 曉往昏來, 靡日不同枕[679], 久則白日在側, 動無不隨之[680]. 金精神蕭爽, 形貌槁[681]萎, 漸至委頓床席. 監司高荊山, 多智[682]人也, 聞都事病由於遇祟, 曰: "是不難已也." 告之[683]州官, 聚境內巫女, 各具妓樂, 備夜祀之, 需極其豐, 設於南廳庭東別宇, 以享之衆鬼[684]. 祟妓謂金曰: "我欲往觀, 恐子棄我而去." 金曰: "我愛爾, 愈汝愛我, 唯恐汝捨我, 豈有我捨汝之理?" 祟妓稍信之, 往而觀之, 半身猶露屛間, 回顧頻頻, 旋復棄而來. 又聞衆樂聲高, 未幾又往, 如是者數矣. 至翌日夜, 又如之, 衆樂益張, 酒食繼至[685], 祟妓全體俱入屛內, 不復回顧南廳矣. 監司預爲移書, 令沿路諸驛, 立上品駿馹, 備鞍而待之, 以抵京師, 使金乘其祟妓樂而忘返, 中夜跨馬而遁. 達曙傳郵, 翌日未午, 直入京第. 遍於門戶堂廡, 傅丹砂符, 越兩日, 祟妓哭於屋上, 曰: "不圖郞君向我薄情如是耶? 雖厭我, 我豈無情? 奈朱衣之卒在門防之何?" 良久寂然無聲. 自此[686], 更無其祟. 蓋女性之所好巫祀, 死生一也, 荊山深得其情, 可謂智也已.

2-75.
李執中者, 蔭官也. 嘗差社稷祭, 與祭官某宿齋房, 某不眠, 執中

---

678) 遇: 가, 나본에는 '偶'로 되어 있음.
679) 同枕: 가, 나본에는 '侍寢'으로 되어 있음.
680) 之: 저본에는 빠져 있으나 가, 나본에 의거하여 보충함.
681) 槁: 저본에는 빠져 있으나 가, 나본에 의거하여 보충함.
682) 智: 저본에는 '知'로 나와 있으나 가, 나본에 의거함.
683) 告之: 가본에는 '先令'으로 되어 있음.
684) 鬼: 가본에는 '神'으로 되어 있음.
685) 至: 가, 나본에는 '進'으로 되어 있음.
686) 自此: 가본에는 '自後'로 되어 있음.

熟睡, 起而取衣帶自縊, 兩手交引. 某怪之, 試察所爲, 俄而, 有喀喀聲. 某攬而喚之, 且解頸上之帶, 執中久而甦, 曰: "夢有客, 極言彼生之樂, 反復說欲偕往, 聞言甚樂之, 自取衣帶縊, 客使兩手助之, 不覺其苦. 微子幾不甦矣." 又余聞之於家兄, 兄家負駱山, 山之上有松樹橫枝, 村兒有父母無怨, 自縊于其枝, 村人救之. 兒曰: "有人誘引我, 極言彼生之樂, 聞其言, 自不苦." 嘗怪是言.

2-76.

有士人金偉, 松都人也. 有一子, 聰明英異, 愛之篤[687]. 一日, 失其[688]所之, 蓋男子誘引而去也. 陟降陵阪, 跋涉深峭, 納于巖竇而守之, 飢而求食, 則每以白漿如乳酪者, 一器與之, 寒而求衣, 則茸細草覆蓋之, 夜不與同寢. 一日, 松都人採鐵于載寧長壽山, 見竇中有人, 驚察之, 卽隣士之子也. 見失已[689]六年, 父母常以見攬於虎, 悲號爲木主而祭之. 其人奔告松都, 金偉大驚, 率家人迎其子, 肌膚不瘦, 而神精如痴. 攝養于家, 日月乃復, 經二年死.

2-77.

祀事至嚴, 凡將事太廟肅敬, 進退間怔怯失儀者[690], 比比有之. 昔李相國陽元, 太廟祭[691]爲獻官, 相國足大, 擇廟藏中巨履着之. 踰門閾[692]縶解失履, 在後者蔭官, 謬以爲己履, 履外加[693]履而行.

---

(687) 篤: 저본에는 빠져 있으나 라본에 의거하여 보충함.
(688) 其: 저본에는 빠져 있으나 라본에 의거하여 보충함.
(689) 已: 저본에는 빠져 있으나 라본에 의거하여 보충함.
(690) 者: 저본에는 빠져 있으나 가, 나본에 의거하여 보충함.
(691) 太廟祭: 저본에는 빠져 있으나 가, 나본에 의거하여 보충함.
(692) 閾: 저본에는 '域'으로 나와 있으나 가, 나본에 의거함.
(693) 加: 저본에는 빠져 있으나 가, 나본에 의거하여 보충함.

相國顧而求之, 蔭官終不悟[694], 曰: "吾已[695]着之矣." 意其已脫履而獻官告之, 須[696]不知獻官失履而已疊履於履外也. 後[697]鄭相國琢, 差爲[698]獻官, 帶廟藏革帶, 贊引前導駿奔[699]之際, 不覺帶解墜地. 相國謬[700]以爲己帶, 拾取之, 帶上加帶. 贊引顧而求之, 相國曰: "吾旣帶之矣!" 意其己帶墜地而贊引告之, 殊不覺贊引失帶而已加帶於帶上也. 此眞儷語妃靑配白之對也.

## 俗忌

2-78.

世俗以兒疫帶神, 多尊奉之, 忌諱之, 只事祈禱[701], 不用藥石. 非惟人命夭札[702]之可哀, 英雋豪傑之才, 殄滅[703]於一疾, 良可惜也. 世咸曰: "斯疾也, 某事靈異, 某事怪愕, 非鬼而何?" 但不婦人也, 雖有識士大夫[704], 未免怔惑如巫瞽, 豈不寒心哉? 余惟疫[705]者熱, 熱者火也, 火性明, 火主心, 心本虛靈. 故方其發熱也, 虛[706]如鬼, 明如火, 不聽而聽, 不視而視, 幽房密室, 能燭外事. 或發於譫言胡

---

(694) 不悟: 가, 나본에는 '不與'로 되어 있음.
(695) 已: 가, 나본에는 '旣'로 되어 있음.
(696) 須: 가, 나본에는 '殊'로 되어 있음.
(697) 後: 저본에는 빠져 있으나 가, 나본에 의거하여 보충함.
(698) 爲: 가, 나본에는 '太廟祭'로 되어 있음.
(699) 奔: 가본에는 '奔走'로 되어 있음.
(700) 謬: 저본에는 빠져 있으나 가, 나본에 의거하여 보충함.
(701) 祈禱: 가, 나, 다본에는 '祈禳'으로 되어 있음.
(702) 夭札: 가본에는 '夭折'로 되어 있음. 서로 통함.
(703) 殄滅: 가, 나본에는 '殄殱'으로 되어 있음.
(704) 士大夫: 가본에는 '丈夫'로 되어 있음.
(705) 疫: 가본에는 '病'으로 되어 있음.
(706) 虛: 나본에는 '靈'으로 되어 있음.

說, 使人驚動妖惑, 無他, 心火熾熱, 如物照鏡而然也. 何以明其然也? 彼仙也, 彼佛也, 能使心志精明, 白生虛室, 故雖定坐方丈, 能知山外之事, 能通[707]他人之心, 不過明其心火故也. 患疾[708]之兒, 得以[709]異於此哉? 余家有奴患疫[710], 移五十里園莊, 余心憐之, 得一脚獐肉送之. 其肉未至, 奴亂言曰: "吾之獐脚安在?" 不絶于口, 奴死而肉至, 莊主憐[711]而奠之. 吾隣有兒患斑疹, 人或餽牛三蹄, 兒母密烹之, 不令兒知, 兒瞑目房中, 曰: "吾家有毛肉三塊[712], 請使我嘗." 吾意疫與[713]班疹皆熱[714], 熱火甚明, 能覰[715]於無形故也, 豈有神告之理[716]耶? 兒女[717]見其然, 攢手祝神, 可笑也哉!

## 2-79.

洪大諫[718]天民, 五月五日生. 幼時, 學馬史于先副學春卿, 至「孟嘗君傳」'五月五日生者, 長與戶齊, 不利於父母', 大諫大驚, 髮竦體栗. 至'人生受命於天乎? 受命於戶乎? 可高其戶, 誰能至者', 稍自寬於心[719], 而戰懼之心, 未嘗舍于懷. 至年十五[720], 與里中諸兒,

---

707) 通: 가, 나본에는 '洞'으로 되어 있음.
708) 疾: 가, 나본에는 '疫'으로 되어 있음.
709) 得以: 가, 나본에는 '何以'로 되어 있음.
710) 疫: 가, 나본에는 '腫'으로 되어 있음.
711) 憐: 가, 나, 다본에는 '哀'로 되어 있음.
712) 塊: 가본에는 '蹄'로 되어 있음.
713) 疫與: 가본에는 '腫疢'로, 나본에는 '腫病'으로 되어 있음.
714) 熱: 가, 다본에는 '極熱'로, 나본에는 '遊熱'로 되어 있음.
715) 覰: 저본에는 빠져 있으나 가, 나본에 의거하여 보충함.
716) 理: 저본에는 빠져 있으나 가본에 의거하여 보충함.
717) 女: 저본에는 '母'로 나와 있으나 가, 나본에 의거함.
718) 大諫: 가본에는 '大司諫'으로 되어 있음.
719) 心: 가, 나본에는 '中'으로 되어 있음.
720) 十五: 가본에는 '十四五'로 되어 있음.

折花於東郭外, 至道成菴, 諸僧多病疫, 面垢鼻血而臥. 大諫愕然
而退, 回時頭疼[721]涔涔, 到家病熱, 幾死而生, 其先夫人染其疾[722]
逝. 大諫平生自咎, 爲終天之痛云. 吁! 人命在天, 誕說雖不足信,
古人之拘於俗忌, 亦異哉! 昔胡廣姓黃氏, 父母惡其五月五日生,
棄之葫蘆中, 人收養之, 因姓爲胡, 胡父死不服喪.[723]

2-80.
世俗多忌諱事, 中國人海中[724]乘船忌'駐'字, 與箸[725]字同音, 稱箸
字[726]謂快[727], 快者[728]取疾速之意也. 華語稱物之重者曰'沈', 船中人
獨不稱沈而稱重者, 亦忌之也. 頃者, 我國儒士應擧者, 恒言惡用
落字, 與諸友約曰: "語言用落字者, 當以衆手[729]歐之." 有一儒, 場
中饌以絡蹄爲炙, 一儒把箸而進, 曰[730]: "請食立蹄炙." 立者, 樹立
之義也, 一場大笑. 或有未登科第前不食絡蹄者, 與落第者同音,
故忌之也. 柳熙緖, 將赴司馬試, 夢裡乘駿馬而馳, 中道忽[731]墜, 旣
覺, 撫然自失. 熙緖好駿馬, 常[732]假武人駿馬, 遍踏長安花柳間, 忽
馬蹶而墜, 忘其身之傷, 而喜其夢之驗. 翌日應擧, 果中司馬. 申

---

721) 疼: 가, 나본에는 '痛'으로 되어 있음.
722) 疾: 가, 나본에는 '疫'으로 되어 있음.
723) 吁 … 胡父死不服喪: 저본에는 빠져 있으나 가, 나본에 의거하여 보충함.
724) 海中: 저본에는 빠져 있으나 가, 나, 라본에 의거하여 보충함.
725) 與箸: 저본에는 '而籌'로 나와 있으나 가, 나, 라본을 따름.
726) 箸字: 저본에는 '籌者'로 나와 있으나 가, 나, 라본에 의거함.
727) 謂快: 가, 라본에는 '爲快子'로 되어 있음.
728) 者: 저본에는 빠져 있으나 가, 나, 라본에 의거하여 보충함.
729) 手: 가, 나, 라본에는 '拳'으로 되어 있음.
730) 曰: 저본에는 빠져 있으나 가, 나, 라본에 의거하여 보충함.
731) 忽: 가, 나, 라본에는 '而'로 되어 있음.
732) 常: 저본에는 빠져 있으나 가, 나, 라본에 의거하여 보충함.

熟[733]每赴試, 猫橫過前路必中, 及其中[734]試在明日, 而終日行不見猫. 強尋友家, 及夜深, 見路傍店舍, 病猫蹲于門外, 拂其扇而驚猫, 猫驚截路而過, 大喜歸宿于家. 翌日, 應試果中. 吁! 好忌諱, 女子之常事, 士子識道理, 豈惑於妖說! 但士習之重科學, 如涉[735]人之憂死生, 可笑也已.

## 2-81.

禍兮福所依, 福兮禍所伏, 吉凶之來, 自有天數, 豈人力所可消長? 俗稱'鵲巢南柯, 必受榮華; 凶禽止屋, 必罹災厄.' 余嘗切笑之. 余在靑坡, 鵲巢屋南, 人皆望余中第, 其年, 妻兄之婿果中第. 其後, 鵲又棲其樹, 其春, 余中司馬. 其後, 又巢其樹, 余又魁文科. 余退[736]居興陽, 鵲又巢南邱高樹, 族人咸賀必有榮, 其年, 果陞嘉善, 仍參錄扈聖勳. 明禮坊家南柳樹, 鵲又來巢, 其年同爨同姓人中武科. 又明年, 又巢其枝, 其年婢夫炮手中武擧. 而兩年之間, 余皆落職阻滯, 家患隨之. 又聞俗稱'梟至屋, 必有火災出對.' 余方嘗僑明禮坊家, 隣舍爲別房而處焉. 臥未起, 家僮譁然云: '有物甚怪.' 余起視之, 有梟棲竈上梁頭, 以杖叩之落地. 其夜, 大家外廊火, 至於自上傳敎'以不禁火責禁火司'. 去年妻喪, 卜葬加平, 有梟坐于行祭奴妻胸上, 喪主以爲妖, 逐其女, 不令近喪次. 其夜, 奚奴墜火于山麓, 山野半燒, 延墓幕. 及墓會葬也, 又有梟白晝觸人, 陪兒擒而視余, 余曰: "曾有驗, 今宜愼火." 夜中疾呼火起, 比隣半燒

---

733) 熟: 저본에는 '塾'으로 나와 있으나 나, 라본을 따름.
734) 中: 가, 라본에는 '登科赴'로 되어 있음.
735) 涉: 저본에는 '賤'으로 나와 있으나 가, 나, 라본에 의거함.
736) 退: 저본에는 빠져 있으나 다른 이본에 의거하여 보충함.

撲滅之[737]. 明禮洞別家之東, 有鴉鵲來鳴且交尾, 擧家皆愼有災. 未幾, 余爲諫院玉堂之長, 尋遷銓曹亞長, 四年而遞. 以此揆之, 鵲一也, 鴉一也, 而或榮或辱, 或災或福, 白犢·塞馬之吉凶, 烏可必也?


2-82.

國初, 漢陽之始開都也, 使鄭道傳定諸坊名號. 其中有'守眞坊', 後道傳移家而死. 時人皆曰: "守眞坊者, 眞所謂壽盡坊也."


2-83.

李忠義有兒, 長曰'仁祥', 季曰[738]'孝祥'. 稍長改兒時名, 仁祥爲覽, 孝祥爲覓, 所以名覽, 爲其眇一目也. 孝祥訴其父母曰: "吾兄眇一目, 而猶曰'覽', 吾則兩目俱全, 而曰'不見', 冤莫甚焉. 請改之!" 父母笑而改名, 曰[739]'覔', 言其兩目明也. 覽爲人多氣好俠, 一目眇而陷, 見元或亦眇一目, 其睛凸而靑白, 覽以扇掩其半面, 謂或曰: "觀子之目, 其凸如珠, 色又靑白, 旣眇其目, 亦云'不祥', 胡留死睛, 益醜人視?" 或始焉羞色滿面, 終則怒色形外, 瞠然疾視, 無以爲顔[740]. 良久而後, 覽去其扇, 曰: "若令不得已盲, 當如我凹然無痕." 或喜而笑, 遂相爲靑眼之交. 後或登第, 爲折衝將軍, 頂玉而終. 覽亦登第, 今爲三品官, 覔今爲刑曹[741]參判, 封勳爲完昌君.

---

737) 撲滅之: 저본에는 빠져 있으나 다른 이본에 의거하여 보충함.
738) 曰: 저본에는 빠져 있으나 가, 나, 라본에 의거하여 보충함.
739) 曰: 가, 나, 라본에는 '爲'로 되어 있음.
740) 顔: 저본에는 빠져 있으나 가, 나, 라본에 의거하여 보충함.
741) 刑曹: 나본에는 '兵曹'로 되어 있음.

## 風水

2-84.

蘇世讓三[742]昆季, 爲親卜葬地, 隣有相士[743], 其術如神. 爲卜一穴, 曰: "此地明堂也." 蘇將啓土. 其夜, 世讓之季, 密入地師之室, 屬壁而聽之, 師妻曰: "今日爲蘇而得吉地乎?" 師密曰: "其地果有明穴[744], 若指其穴, 相地者當死, 吾以稍南數尺之地, 卜之矣." 曰: "何也?" 曰: "其穴有三靈虫, 三昆季皆爲高品." 季歸告其兄, 移穴稍南數尺地, 用之, 師曰: "移卜大凶, 大[745]不可." 蘇不聽, 曰: "昨夜已聽密語矣." 師遂乞命, 曰: "此下必有大蜂三, 勿令飛去[746]. 失[747]一則一不貴, 失[748]二則二不貴, 吾且必死. 雖開穴, 俟吾還家而後[749], 開之." 遂躍馬而還. 於是, 破土開穴, 穴中有石, 石下果有三大蜂, 皆如拳, 卽旋掩之, 未及掩, 一蜂飛去. 師未及[750]入門, 螫師腦後, 仆地而死. 其後, 兩蘇皆升高品, 一蘇終不貴. 傳曰: "謀及夫人[751], 宜其死也." 相地師之謂乎[752]!

2-85.

朴府院君應順, 先朝國舅也. 其死也, 占葬地[753], 其穴後有無主

---

742) 三: 가본에는 '有六'으로 되어 있음.
743) 相士: 가본에는 '相地師'로 되어 있음.
744) 明穴: 가본에는 '明堂'으로 되어 있음.
745) 大: 가본에는 '決'로 되어 있음.
746) 飛去: 가본에는 '飛出'로 되어 있음. 이하의 경우도 동일함.
747) 失: 저본에는 '其'로 나와 있으나 가본에 의거함.
748) 失: 저본에는 빠져 있으나 가본에 의거하여 보충함.
749) 後: 저본에는 빠져 있으나 가본에 의거하여 보충함.
750) 未及: 가본에는 '歸末'로 되어 있음.
751) 夫人: 가본에는 '婦人'으로 되어 있음.
752) 相地師之謂乎: 저본에는 빠져 있으나 가본에 의거하여 보충함.

古塚. 闢土開穴⁷⁵⁴⁾, 得古碣埋地中, 亦古⁷⁵⁵⁾府院君之墓也. 遂啓達請遷之, 不允. 今世尹帶原君孝全⁷⁵⁶⁾, 使相地人朴尙義⁷⁵⁷⁾, 相其親副正公墓, 尙義曰: "是犯鬼門穴, 壙中有妖氣⁷⁵⁸⁾, 速遷之. 不然, 必有災." 仍開壙, 壙中木奴皆生髥, 木婢皆生髮, 長數寸⁷⁵⁹⁾, 隨風鬖髿. 深怪之, 拔其毫, 毫根皆白, 若着生人肌中⁷⁶⁰⁾. 以爲不祥, 改卜他地⁷⁶¹⁾, 葬之, 壙中得誌石, 亦古副正公⁷⁶²⁾墓也. 莊子曰⁷⁶³⁾: "不憑其子, 靈公奪而埋之, 靈公之爲靈也⁷⁶⁴⁾, 久矣." 安知靈公之前, 不有古靈公? 如府院副正墓, 有⁷⁶⁵⁾古府院古副正也歟! 地理未可⁷⁶⁶⁾推也.

## 天命

2-86.

康獻大王御豊壤行宮, 嘗當晝坐睡, 諸宦侍衛, 私相語曰: "人之榮落, 在天乎? 在主上乎?" 甲曰: "在天." 乙曰: "在主上." 良久相詰, 康獻大王和睡微聞, 旣覺, 密書曰: '除此中使右品官.' 堅封授

---

753) 葬地: 나, 마본에는 '葬穴'로 되어 있음.
754) 開穴: 저본에는 '時'로 나와 있으나 나, 마본을 따름.
755) 古: 저본에는 빠져 있으나 나, 마본에 의거하여 보충함.
756) 尹帶原君孝全: 저본에는 '尹漆原府院君孝文'으로 나와 있으나 나, 마본을 따름.
757) 朴尙義: 나본에는 '朴相義'로, 마본에는 '朴象義'로 되어 있음. 이하의 경우도 동일함.
758) 妖氣: 나, 마본에는 '怪氣'로 되어 있음.
759) 寸: 저본에는 '尺'으로 나와 있으나 나, 마본을 따름.
760) 中: 저본에는 빠져 있으나 나, 마본에 의거하여 보충함.
761) 地: 나, 마본에는 '山'으로 되어 있음.
762) 公: 저본에는 빠져 있으나 나본에 의거하여 보충함.
763) 曰: 저본에는 빠져 있으나 나, 마본에 의거하여 보충함.
764) 也: 저본에는 빠져 있으나 나, 마본에 의거하여 보충함.
765) 有: 저본에는 빠져 있으나 나본에 의거하여 보충함.
766) 可: 나본에는 '易'로 되어 있음.

乙者, 使進于恭靖[767]大王. 乙旣受封書出[768], 卒得陰陽之患, 私與甲替進之, 甲呈密書于恭靖大王, 大王柝見之, 卽除其中使高品官. 甲馳還復命, 康獻大王柝見其封, 卽甲也, 非乙也. 怪而訊諸乙, 乙吐實謝罪, 康獻大王嘆曰: "頃日甲乙相爭, 曰'榮落在天', 曰'在主上', 吾試之, 吾乃今始知在天也非在我也."

2-87.

司僕正尹暹, 又新之子也. 始生未數月, 臥之堂上, 父母對坐, 忽疾驚呼母, 夫人取而抱之. 俄而, 屋上壁土脫落于臥所, 聲動一堂, 而暹幸免. 旣長登第, 敭顯淸班, 壬辰亂死于倭. 吁! 人死有命, 雖緩一日, 亦神之助也, 矧享數十年榮貴者乎!

2-88.

吾姪柳承旨溰, 喪中喪女, 葬之春川, 日夜悲戚, 不自堪. 天朝逃兵劉大慶, 寓居其隣, 來語曰: "中國有一說, 請爲子慰之, 凡人生落地, 畢竟有落身處. 吾地有一人, 負羽守邊, 猰虜暴至, 城陷一軍盡衂. 其人遍身浴血, 間于積屍中, 以避其鋒. 夜中有一[769]將軍領兵, 不知從何來, 檢屍逐屍呼名, 張甲李乙, 無不一一應對. 將軍執簿應點之, 曰: '某也某也, 皆應死此戰者也.' 呼至其人, 其人應之, 將軍曰: '是夫不宜死此地, 他日, 浙江間關王廟中, 患腹[770]而死, 何爲介此亂屍中[771]?' 俄而東方曙, 將軍領兵而去, 不知所之. 猰虜

---

767) 恭靖: 가, 나본에는 '恭定'으로 되어 있음. 이하의 경우도 동일함.
768) 出: 저본에는 빠져 있으나 가, 나본에 의거하여 보충함.
769) 一: 저본에는 빠져 있으나 마본에 의거하여 보충함.
770) 患腹: 마본에는 '腹痛'으로 되어 있음.
771) 中: 저본에는 빠져 있으나 마본에 의거하여 보충함.

亦捲甲而廻[772], 其人得免焉. 而後年老, 與衆商周流販貨, 至一處, 止[773]宿關王廟, 腹痛遽作, 痛勢殊深[774], 自度不得活, 問其地, 乃浙江. 忽思前日神將言, 作家書處[775]家事, 悉以販貨屬之同伴, 俾傳諸家, 言訖而逝[776]. 人生有命, 前定如此, 不須浪自攰心." 溪聞之[777], 釋然自慰矣.

2-89.

洪瑞鳳家, 在永敬殿前, 迎賓將宰牛, 買一大牛, 庖丁未到. 方俟之時, 奴子水孫自果川載柴而來, 繫牛於柱, 牛背關橫木, 脊折不能動, 而所買之牛, 大小等也. 命以此易彼, 載柴之牛, 終入盤羞, 將屠之牛, 好歸果川. 余家有兩雄鷄, 其黑者轢雌專場, 每逐赤者, 赤者不得容, 托於隣家. 使奴輩射其赤者, 射者錯聽而中其黑者, 在家者充於盤羞, 逃隣者還擅衆雌. 微物之生死, 亦有其數, 欲害者不得自由, 而況於人乎! 夫人之以生死爲憂, 百計營爲者, 是[778]果知天乎哉?

---

772) 廻: 저본에는 빠져 있으나 마본에 의거하여 보충함.
773) 止: 마본에는 '寄'로 되어 있음.
774) 深: 마본에는 '甚'으로 되어 있음.
775) 處: 마본에는 '處置'로 되어 있음.
776) 逝: 마본에는 '死'로 되어 있음.
777) 之: 마본에는 '其言'으로 되어 있음.
778) 是: 저본에는 빠져 있으나 가, 다본에 의거하여 보충함.

# 卷三

## 學藝篇

## 文藝

3-1.

中國文士, 文鑑甚明. 朱天使之蕃曰: "朝鮮雖小國[1], 用閣老, 必選文章極高者, 首閣老柳永慶文章最[2]高." 每見其詩, 擊案稱善, 曰: "東方第一文章也!" 時領相柳永慶, 每令同知崔岦製之, 『皇華集』以柳永慶爲名者, 皆崔岦之詩也. 岦嘗與二宰相聯[3]名, 呈文于遼東, 時都御史[4]顧養謙, 展帖轎上, 引三宰相于前, 曰: "高哉! 是誰文章?" 曰: "第二宰相." 養謙熟視之, 以手指批點于帖上, 曰: "是文雖中國, 亦罕倫也." 余嘗赴天朝時, 我國有喪, 請免宴, 呈文懇禮部, 禮部牢却不許, 七郎官傳視其文, 相顧失色[5]. 舌人立于庭, 從朝至日昃, 不得皁白, 只巡觀三四回. 舌人請還其帖, 郎官曰: "留之部中." 其年, 鄭經世呈文禮部, 郎官稱善, 允其請, 曰: "此事甚難, 爲使臣文章之佳, 特允其請." 諸郎官極其稱引, 相與言, "此文雖佳, 不如前來使臣柳某之文, 其文高古倍此, 而以事體不當, 不準其請. 東方信多文章士也." 其年, 余過永平府萬柳莊, 卽鴻臚丞[6]李浣之別業也, 余題七言律十六韻于粉[7]壁. 時日昏, 秉燭而題,

---
1) 小國: 가, 나본에는 '小邦'으로 되어 있음.
2) 最: 저본에는 '甚'으로 나와 있으나 가, 나, 다본을 따름.
3) 聯: 나본에는 '連'으로 되어 있음.
4) 史: 저본에는 '使'로 나와 있으나 나, 다본에 의거함.
5) 失色: 가, 나본에는 '動色'으로 되어 있음.
6) 丞: 저본에는 '承'으로 나와 있으나 가, 나, 다본에 의거함.

有一老秀才來觀, 曰: "唉[8]! 佳作佳作!" 韓御史應庚, 李浣之妻弟也. 與隣居文士白翰林[9]瑜, 來觀稱譽, 刻板懸之壁. 自古, 中國文士小我邦人, 數百年來, 沿路數千里, 無一篇我國詩懸于壁者, 懸板自我始, 其亦榮矣. 後年鄭文孚, 自京還, 李家以家藏節孝編, 寄余, 節孝者, 御史姊韓氏事也. 余使朝中士大夫, 詠其事以報之. 余觀題詩萬柳莊者, 前後幾百篇, 余所製[10], 又非有大異者, 而中國人[11]獨於此揭之壁, 其文鑑亦異於我國之文士也. 余過[12]杏山, 於主人家, 題「方言歎」一篇, 後我國使臣經過, 主人揭紗籠誇婷之. 蓋其始主人家甚貧, 其壁不墁, 而至是以粉塡于字間, 以紗籠內罩之矣. 其「題萬柳莊」曰: '巾我河車指王京, 諸天無涯[13]是三淸. 朝來失路靑霞逈, 物外霑衣白露生. 怪石當磧[14]蹲老虎, 淸[15]鍾殷郭吼長鯨. 茅龍展尾紆淸澗, 遼鶴舒[16]翎抗畵甍. 翳日凉陰成[17]小店, 拂天高柳滿平坰. 臨風裊裊齊垂線, 匝地森森亂擢莖[18]. 嫩葉正濃紅女織, 新枝初暢葆蕤傾. 酡顔繫馬尋芳興[19], 玉手攀條惜別情. 徑糝白氈飄落絮, 門張翠幄擲流鶯. 凋[20]霜啄木秋聲急, 殘綠寒蜩夕

---

7) 粉: 저본에는 빠져 있으나 가, 나본에 의거하여 보충함.
8) 唉: 나본에는 '笑'로 되어 있음.
9) 林: 저본에는 '士'로 나와 있으나 가, 나, 다본에 의거함.
10) 製: 가, 나본에는 '題'로 되어 있음.
11) 人: 저본에는 빠져 있으나 가, 나본에 의거하여 보충함.
12) 過: 가본에는 '至'로 되어 있음.
13) 涯: 가, 나, 다본에는 '際'로 되어 있음.
14) 磧: 가, 나, 다본에는 '蹊'로 되어 있음.
15) 淸: 가, 나, 다본에는 '晴'으로 되어 있음.
16) 舒: 다본에는 '輩'로 되어 있음.
17) 成: 가, 나본에는 '藏'으로 되어 있음.
18) 莖: 저본에는 '莘'으로 나와 있으나 가, 나, 다본에 의거함.
19) 興: 저본에는 '輿'로 나와 있으나 가, 나본에 의거함.
20) 凋: 저본에는 '調'로 나와 있으나 가, 나, 다본에 의거함.

吹輕. 萬里三遊人不識, 天高地迥我何征? 神仙縹緲吾身是, 山海微茫上界行. 綉闥朱門淸晝掩, 寒林衰草暮鴉鳴. 風烟淡淡愁山色, 歌曲[21]悠悠送水聲. 鶴背明朝乘[22]北極, 鰲頭歸路杳東瀛. 烟波夢斷盧龍塞, 鄕客應尋舊姓名.' 其「方言歎」曰: '窓前何喧喧? 觀狀四隣集. 或閱我巾裳, 或指我簦笠. 坦腹而頮胸, 排門環堵立. 群言競啁啾, 諧笑互酬答. 五音疾如飇, 欲辨吾不及. 皆從文字來, 淸濁紛噓歙. 兒女鶯囀嬌, 丈夫蛙[23]咈急. 老語暮鴉聒, 穉語新燕渋.[24] 雍容中律呂, 鬪怒相嘮喳.[25] 而我解譯翻, 不勞象胥業. 猶如瑱在耳, 百不能曉十. 欲學秋露蟬, 逢人口常合. 角端八方語, 秦吉亦喋喋. 我獨假舌人, 百事聽[26]捭闔. 如聆神鬼語, 巫覡憑[27]相接. 天地自性情, 邐迤殊氣習. 鶴鳧各自悲, 牛馬不相涉. 五帝不襲治, 三王不同法. 陋哉可奈何! 禮義吾不乏.' 其「免宴」, 文全不錄.[28]

## 3-2.

李胄, 吾東文人也. 以書狀官赴中原, 登通州門樓, 題詩曰: '通州天下勝, 樓勢出層霄. 市積金陵貨, 江通楊子潮. 孤雲秋落渚, 獨鶴暮歸遼. 鞍馬身千里, 登臨古國遙.' 中原之人揭懸板, 稱之曰: "'獨鶴暮歸遼', 先生中國人, 不[29]外國人." 雖崔孤雲[30]作官中國, 而

---

21) 曲: 가, 나본에는 '哭'으로 되어 있음.
22) 乘: 가, 나본에는 '參'으로 되어 있음.
23) 蛙: 나본에는 '䵷'으로 되어 있음
24) 渋: 저본에는 '濇'으로 나와 있으나 가, 나, 다본에 의거함.
25) 啫: 가, 나, 다본에는 '喳'으로 되어 있음. 서로 통함.
26) 聽: 저본에는 '聯'으로 나와 있으나 나본에 의거함.
27) 憑: 나본에는 '頻'으로 되어 있음.
28) 其「免宴」, 文全不錄: 저본에는 빠져 있으나 다본에 의거하여 보충함.
29) 不: 가, 나, 다본에는 '下'로 되어 있음.
30) 孤雲: 가, 나본에는 '致遠'으로 되어 있음. 이하의 경우도 동일함.

其詩文, 未曾槪見於諸文士之列. 或謂, "『唐音』中無名氏者, 卽崔孤雲." 而未詳眞僞, 獨「藝文志」些少以見錄, 東人以爲榮. 近者, 學官魚叔權, 著[31]『稗官雜記』, 見抄於『天中記』[32], 卽[33]無中之有也. 東國人[34]多稱崔孤雲黃巢檄, 不選於四六書, 中國亦不免隘也. 以余觀之, 黃巢檄雖有驚人句, 而立語命意, 亦多顚錯, 東國人信乎不識文矣! 但山僧閨秀, 亦以同中國見選, 我國子集, 豈無一二可採者乎? 是可恨也. 如李靑懸板通州, 亦云幸矣. 余於萬柳莊等懸板, 有所感矣.

3-3.

李穀[35], 以書狀官朝天, 見路傍靑樓上, 有四[36]美人, 隱暎於朱簾之內, 向李穀嘆水. 穀卽於囊[37]中出白貼扇, 書一絶贈之, 曰: '兩兩佳人弄夕暉, 靑樓朱箔共依依. 無端一片陽臺雨, 飛灑三韓御史衣.' 穀回[38], 美人備香醪佳肴, 要於路以謝之. 近年, 書狀官趙徽赴京[39], 途中逢美人, 以薄紗罩面而行, 徽書一絶于白扇, 與之, 曰: '惹羞行路[40]護氷紗, 淸夜輕雲漏月華. 約束蜂腰纖一搦, 羅裙新剪[41]石榴花.' 徽宕子也, 追至其家, 其色絶艶[42], 以紅錦爲袴, 待徽

---

31) 著: 가, 나본에는 '嘗著'로 되어 있음.
32) 天中記: 저본에는 '天朝'로 나와 있으나 가, 나본에 의거함.
33) 卽: 가, 나본에는 '亦'으로 되어 있음.
34) 人: 저본에는 빠져 있으나 가, 나본에 의거하여 보충함.
35) 李穀: 다본에는 '李徽'로 되어 있음. 이하의 경우도 동일함.
36) 四: 저본에는 빠져 있으나 가, 나본에 의거하여 보충함.
37) 囊: 가, 나본에는 '袞'으로 되어 있음.
38) 回: 가, 나본에는 '回時'로 되어 있음.
39) 京: 가, 나본에는 '燕京'으로 되어 있음.
40) 路: 저본에는 '露'로 나와 있으나 가, 나, 다본에 의거함.
41) 剪: 나본에는 '哉'로 되어 있음.

極款. 又有我國一文士, 如中原, 見路上美姝, 坐驢車而往. 士倚門而望, 貽兩句詩, 索美人聯句, 曰: '心逐紅粧去, 身空獨倚門.' 美姝駐驢, 續之而去. 其兩句曰: '驢嗔車載[43]重, 添却一人魂.'

### 3-4.

李穡入中國, 應擧捷魁, 聲名動中國. 到一寺, 寺僧禮之, 曰: "飽[44]聞子東方文章士, 爲中國第一科, 今何幸見之?" 俄而, 有一人持餠來, 饋之. 僧遂作一句, 曰: '僧笑小來僧笑小.' 使穡對之, 僧笑者餠之別名也. 穡倉卒不能對, 期後[45]而退, 曰: "異日當更來報之." 後遠遊千里外, 見[46]主人把瓶[47]而來, 問: "何物?" 答曰: "客談也." 客[48]談者, 酒之別號也. 穡大喜[49], 遂對前日之句, 曰: '客談多至[50]客談多.' 半歲後, 歸而說其僧, 僧大喜[51]之, 曰: "凡得對貴精, 晚暮何傷? 得一言之[52]工, 而不遠千里而來報[53], 此又奇之奇也."

### 3-5.

始祖初名庇, 元世祖改以淸臣, 命儒臣張相公, 詩以贈之, 其詩

---

42) 絶艶: 나본에는 '絶代'로 되어 있음.
43) 車載: 가본에는 '疑載'로, 나본에는 '疑我'로 되어 있음.
44) 飽: 저본에는 빠져 있으나 가, 나, 다본에 의거하여 보충함.
45) 期後: 가, 나본에는 '謝'로 되어 있음.
46) 見: 저본에는 빠져 있으나 가, 나본에 의거하여 보충함.
47) 瓶: 가본에는 '餠'으로 되어 있음.
48) 客: 저본에는 '容'으로 나와 있으나 가, 나, 다본에 의거하여 바로잡음.
49) 穡大喜: 저본에는 빠져 있으나 가, 나, 다본에 의거하여 보충함.
50) 至: 가, 다본에는 '酌'으로 되어 있음.
51) 喜: 나본에는 '嘉'로 되어 있음.
52) 之: 가본에는 '至'로 되어 있음.
53) 報: 저본에는 빠져 있으나 나본에 의거하여 보충함.

曰: '聖主知賢相, 親呼改舊名. 千金輕似葉, 一字重難衡. 月白秋江淨[54], 塵磨故[55]鏡明. 願君留此德, 孫后見孫榮.' 始祖神主, 今在天安柳澤家, 其始代盡欲埋, 輒有夢呵禁, 使不得埋, 如是者數矣. 至今歷四百年猶在.【每年十月初丁日行祀. ○神主題曰: '顯祖考故宣忠同德佐理翊祚功臣三重大匡都僉議政丞判選部事高興府院君英密公府君', 神主傍題曰: '孝孫柳濯奉祀', 陷中曰: '高麗故都僉議政丞英密公柳淸臣.' 夫人海州吳氏神主題曰: '顯祖妣海州郡夫人吳氏神主.' 傍題同公, 陷中曰: '海州郡夫人吳氏.'】

3-6.

『皇華集』, 非傳世[56]之書, 必不顯於中國, 天使[57]之作, 不問美惡, 我國不敢揀斥, 受而刊之. 我國人[58]稱天使能文[59]者, 必曰'龔用卿', 而問之朱之蕃, 不曾聞姓名. 祁[60]順·唐皐, 錚錚矯矯, 而亦非詩家哲匠, 張寧稍似[61]淸麗, 而軟脆無指, 終歸於小家, 其餘[62]何足言? 徐居正對祁順, 敢爲先唱, 若挑戰者, 然卒[63]困於'百濟地形臨水盡, 五臺山脉自天來'之句. 栗谷譏之, 曰: "四佳有似角觝者, 先交脚後仆地. 下邦人待天使, 宜奉接酬和而已[64], 何敢先唱?" 此眞

---

54) 淨: 나본에는 '靜'으로 되어 있음.
55) 故: 가, 나, 다본에는 '古'로 되어 있음.
56) 傳世: 나본에는 '壽世'로 되어 있음.
57) 天使: 저본에는 '使臣'으로 나와 있으나 가, 나본을 따름.
58) 人: 저본에는 빠져 있으나 가, 나본에 의거하여 보충함.
59) 文: 저본에는 빠져 있으나 가, 나본에 의거하여 보충함.
60) 祁: 저본에는 '祈'로 나와 있으나 나, 다본에 의거함. 이하의 경우도 동일함.
61) 似: 저본에는 빠져 있으나 가, 나본에 의거하여 보충함.
62) 其餘: 가, 나본에는 '其他'로 되어 있음.
63) 卒: 저본에는 빠져 있으나 가, 나, 다본에 의거하여 보충함.
64) 已: 가, 나본에는 '止'로 되어 있음.

識者之言也. 我國待華使, 鳩集一時之文人稍能詩者, 以酬應而擇焉, 而不精貽笑天人, 何恨[65]? 鄭士龍雖稱騷將, 而其詩全無[66]成篇, 疵病自露. 獨李荇渾然成章, 而調格甚卑, 有類應科之文, 每作暨時仰屋, 應手沛然, 而其對[67]宛轉無疵, 非閑熟於平素不能. 朱之蕃[68]之詩, 駁雜無象, 反不如熊天使化之萎弱. 蘇世讓·李希輔, 雖見屈於當世詞宗, 不可與今世讀東文習四韻如柳根者齒列[69]. 文章漸下, 如流水之逝, 可歎也已!

## 3-7.

韓文「爲人求薦書」, 於[70]'木在山馬在肆'以起頭, 而其末段, 只以馬結之, 先儒疑以爲闕文. 余讀『莊子』至「馬蹄」篇, 以'馬及植木'起頭, 末段只言馬, 以卒其篇. 退之善竊古文, 取其意, 不取其辭, 厭然以爲己作, 使人不得以知之. 先儒之見, 或不及於是歟!

## 3-8.

昔余寓連山, 家中僮僕[71]患瘧, 余戲作四韻律詩一首, 傅其背, 瘧卽愈. 其詩曰: '土伯盤困九約身, 峨峨雙角拄[72]穹旻. 龍脂亂沸千尋钁[73], 虎戟交摐萬甲神. 哆啄吸[74]來塵渤海, 張拳打破粉崑崙. 可

---

65) 恨: 가, 나, 다본에는 '限'으로 되어 있음.
66) 全無: 가, 나본에는 '傅會'로 되어 있음.
67) 對: 가, 나본에는 '詩'로 되어 있음.
68) 朱之蕃: 가, 나본에는 '朱天使'로 되어 있음.
69) 列: 가, 나본에는 '論'으로 되어 있음.
70) 於: 저본에는 '曰'로 나와 있으나 나본을 따름.
71) 僕: 저본에는 '僚'로 나와 있으나 가, 나, 다본을 따름.
72) 拄: 저본에는 '柱'로 나와 있으나 가, 나, 다본에 의거함.
73) 钁: 저본에는 '钁'으로 나와 있으나 가본에 의거하여 바로잡음.
74) 吸: 나본에는 '歛'으로 되어 있음.

憐水帝屛<sup>75)</sup>兒鬼, 星鶩風馳地外淪.' 蓋瘧鬼水神, 而土克水, 故用
楚辭土伯之語也. 其後, 家中有病瘧者, 以其破紙, 傳相傳背, 無不
立效. 自是, 隣里有是病者, 謄書已瘧, 一邑皆然. 至於恩津·石城·
扶餘·公州·鎭岑·錦山之間, 互相傳寫, 雖積年老瘧, 無不一紙見
效. 可笑之甚也.

3-9.
盧仝「月蝕詩」曰: '一四太陽側, 一四天市傍.' 無註, 余未嘗<sup>76)</sup>曉
其義. 僉正車雲輅, 文章士也, 亦未解何謂<sup>77)</sup>. 後閱天文書, "天市星
傍, 有宦者星四, 太陽守星<sup>78)</sup>側, 有勢星四, 主腐<sup>79)</sup>刑人." 當時宦者
用事, 能作人威福, 同隱其說, 不顯稱故也. 余考『天文類抄』, 其說
果是. 讀書者, 無書不讀, 乃可論古人之作. 雲輅兄天輅, 亦文章士
也. 博學<sup>80)</sup>古書, 能註王勃<sup>81)</sup>「益州夫子廟碑」及庾信「哀江南賦」, 行
于世. 有譯官得之, 示中國儒士<sup>82)</sup>, 是兩文, 古人所不註者, 儒士得
而大異之, 用文錦七端, 買之. 譯官歸, 盛具酒羞, 餉天輅以謝之.

3-10.
王世貞, 一生攻文章, 居家有五室, 妻居中堂, 四室各置一妾. 其
一室, 置儒家文籍<sup>83)</sup>, 有儒客至, 見于其室, 討論儒書, 其室之妾,

---

75) 屛: 나본에는 '殘'으로 되어 있음.
76) 未嘗: 다본에는 '不能'으로 되어 있음.
77) 何謂: 저본에는 빠져 있으나 다본에 의거하여 보충함.
78) 星: 저본에는 '成'으로 나와 있으나 다본에 의거함.
79) 腐: 저본에는 '府'로 나와 있으나 다본에 의거함.
80) 博學: 다본에는 '博識'으로 되어 있음.
81) 王勃: 저본에는 빠져 있으나 다본에 의거하여 보충함.
82) 士: 저본에는 '生'으로 나와 있으나 다본을 따름. 이하의 경우도 동일함.

備禮食[84], 待其客. 其一室, 置仙家書籍, 有道客至, 見于其室, 討論道書, 其室之妾, 備道家之食, 待其客. 其一室, 置佛家書籍, 有釋客至, 見于其室, 討論佛書, 其室之妾, 備釋家之食, 待其客. 其一室, 置詩家書籍, 有詩客至, 見于其室, 討論詩家, 其室之妾, 備詩人之食, 待其客. 各於賓主前, 置紙筆硯, 常以書辭往復, 未嘗言語相接. 客去, 遂編而成書. 一日, 有少時友至, 猶尙寒士也. 俄而, 總兵官爲親求碑銘, 以千里馬三匹・文錦四十[85]匹・白金四千兩, 爲潤筆之資. 世貞立其使者展紙, 而揮之以答之, 盡擧潤筆之資, 與寒士, 不自取一物, 其直可數萬金. 翰林學士朱之蕃, 其弟子也. 嘗在世貞客席[86], 有人爲其親索碑文, 其行狀成一大冊, 幾至萬言. 世貞一讀, 掩其卷, 命書字的秉筆, 而口[87]呼之, 未嘗再閱其卷. 旣卒業, 使之蕃讀之, 參諸行狀, 其人一生履歷・年月・官爵, 無一[88]或差, 其聰明强記如此, 非獨其文章橫絶萬古爾[89]也.

## 3-11.

余少孤不學, 十歲始學『十九史略』於伯氏[90]. 時第三兄方讀第一卷, 家中無他冊, 家兄誨余第六卷「宋記」, 所讀只四張. 時李覽與諸兄作賦, 余欲效之, 不知下'之・而・於・乎'字, 請於覽願學之, 覽曰: "多學自知之." 余退而就四張中, 占出'之・而・於・乎'者, 參[91]之

---

83) 文籍: 가, 마본에는 '書籍'으로 되어 있음.
84) 禮食: 마본에는 '禮家之食'으로 되어 있음.
85) 四十: 가, 나, 다본에는 '四千'으로, 마본에는 '三千'으로 되어 있음.
86) 客席: 가본에는 '家'로 되어 있음.
87) 口: 저본에는 빠져 있으나 나, 마본에 의거하여 보충함.
88) 一: 다본에는 '一語'로, 마본에는 '一事'로 되어 있음.
89) 爾: 저본에는 빠져 있으나 가, 나, 마본에 의거하여 보충함.
90) 於伯氏: 저본에는 빠져 있으나 나본에 의거하여 보충함.

其諺釋, 大率相似, 自以爲[92]不難曉. 遂請題作賦及論, 文字皆出四張中, 而上下略取之, 或不用全句, 覽大驚, 曰: "此天下文章, 異日成就可量.[93]" 後敎官李公聖錫, 聞其言, 推而衍[94]之, 作「自牖篇」, 取文字中句訣, 作'伊·尼·隱·乙·厓西', 莫不類[95]三十字, 逆順諺解之法, 蓋其意欲使初學易效也. 李公多才,[96] 嘗作木牛流馬, 小如狗兒,[97] 能運步隨人意, 薦於官, 作大牛馬, 體重不能善步, 時人笑之. 李公請余作「自牖篇序」, 余卽書與之, 曰: "昔伏羲氏, 不讀一書, 能畵八卦, 其時, 龍馬負圖而出. 吾表兄聖錫氏, 亦不讀一書, 能作「自牖編」, 或者木馬負書而出耶?" 相國李恒福聞之[98], 嘗夜誦此序, 不覺獨臥而笑[99]. 後爲李相國所薦爲敎官, 以自牖編·訓童蒙, 頗有速效, 始笑之者, 終皆大異之.


3-12.

朴贊成忠元, 爲文未嘗起草, 良久沈思, 展一紙, 或下一點, 或作圓圈[100], 或作折畫, 或書'雖然'字, 或書'大抵'字, 或書'嗚呼'字然後, 正書于試紙[101], 不改一字. 或問之, 則曰: "凡爲文, 所難者命意, 至於文字, 在筆下矣."

---

91) 參: 나본에는 '五參'으로 되어 있음.
92) 以爲: 저본에는 '爲以'로 나와 있으나 가, 나, 다본을 따름.
93) 天下文章, 異日成就可量: 나본에는 '天下奇童, 異日文章絶世'로 되어 있음.
94) 衍: 나본에는 '演'으로 되어 있음.
95) 類: 다본에는 '數'로 되어 있음.
96) 李公多才: 나본에는 '聖錫性巧'로 되어 있음.
97) 小如狗兒: 저본에는 빠져 있으나 나본에 의거하여 보충함.
98) 聞之: 저본에는 빠져 있으나 나본에 의거하여 보충함.
99) 笑: 저본에는 '歎'으로 나와 있으나 나본을 따름.
100) 圓圈: 나, 다, 라본에는 '圓卷'으로 되어 있음.
101) 試紙: 가본에는 '試券'으로 되어 있음.

3-13.

司諫祖考爲文, 亦不起草, 細思大小曲折, 臨紙一揮而就之. 正郎申熟, 對策起草時, 高枕而臥, 脫冠覆面, 如醉如眠, 忽起而書之, 策成半篇. 又如是, 一篇終[102]矣[103]. 於此三者, 余皆試之, 大小曲折, 一一腹藁, 或有所[104]遺忘可惜, 獨運意已定, 文字果在筆下, 如朴二相之爲, 可也. 余累試場屋, 觀者壯之. 相國李浚慶子弟, 入場屋, 對策而來, 相國曰: "爾取草來?" 對曰: "臨試[105]卷書之, 忘不能[106]記." 相國笑曰: "爾之才, 可謂成矣. 吾少時策場中脫藁, 楷書別紙, 再三讀而后, 書之試卷而後, 納之. 爾則臨紙[107]不起草, 才可謂成矣." 蓋譏之也. 相國登第後, 作詩示鄭士龍, 曰: "吾詩果[108]參古人乎?" 曰: "雖不比古人, 爲友人作別章有裕矣." 相國自此, 不復爲詩.

3-14.

鄭湖陰新及第, 未學詩, 以弘文館正字, 在直廬, 典翰李思均, 自外乘醉而來. 俄而, 小吏抱牘而至, 卷空紙數十張[109]如束筍, 將以應別章輓詞[110]之求也. 使小吏展其紙, 略不搆思, 一筆揮之, 立就[111]或絶句, 或短律, 或長律[112], 或長篇古詩, 須臾而盡, 如風馳電

---

102) 終: 다본에는 '成'으로 되어 있음.
103) 矣: 저본에는 빠져 있으나 가, 나, 라본에 의거하여 보충함.
104) 所: 저본에는 빠져 있으나 가, 나, 라본에 의거하여 보충함.
105) 試: 저본에는 '紙'로 나와 있으나 가, 나본에 의거함.
106) 能: 저본에는 빠져 있으나 가, 나, 라본에 의거하여 보충함.
107) 紙: 나, 다본에는 '券'으로 되어 있음.
108) 果: 가, 나, 다본에는 '可'로 되어 있음.
109) 張: 저본에는 '丈'으로 나와 있으나 가, 나, 마본에 의거함.
110) 輓詞: 가, 나, 다본에는 '輓章'으로 되어 있음.
111) 立就: 저본에는 빠져 있으나 가, 나, 마본에 의거하여 보충함.
112) 或長律: 저본에는 빠져 있으나 가, 나, 마본에 의거하여 보충함.

掃之疾. 睨而視湖陰, 曰: "年少正字, 亦能詩乎?" 湖陰默察之, 其詩有佳有不佳, 而其瞻敏無敵. 出語人曰: "詩者, 文之精也, 豈其輕心揮手[113]若此而能傳後世服者哉?" 然[114]其心欽艶無已, 其着工於詩, 自此始.

### 3-15.

萬曆丁酉戊戌間, 中原發舟師防倭, 天將陳璘等, 到泊我[115]南海, 鰲城府院君李公[116]候焉. 天將有一人, 於篋中出一[117]寶藏, 以錦楮十襲, 次第開之, 其中有[118]一書, 乃杜子美手藁, '倚江楠樹草堂前'者, 古詩也. 句句字字, 皆點竄無完語, 只'東南颭風動地至'一句, 無點化處, 其餘皆濃墨以改之. 其字體頗拙, 子美着心辛苦, 緣詩致瘦可想. 以詩中之聖, 必搆草筆削, 不敢等閑作一語, 況後之人下此! 且千百倍, 而欲隨意揮灑者, 雖快於一時, 其於傳後也, 何如?

### 3-16.

黃汝獻, 文章高世, 而任俠使氣, 於一時無許可, 多爲時輩所擯, 其文不傳於後. 鄭士龍, 行檢抹摋, 爲淸議所斥, 而凡有作, 必聽斤正於退溪, 退溪如或指摘其瑕, 未嘗自是己見. 又與蘇齋相厚, 蘇齋之謫珍島十九年也, 湖南奴婢五口之年貢, 專委之蘇齋, 蘇齋深德之. 及其還朝也, 湖陰棄於世[119]久矣, 其文不重, 蘇齋遂盛稱而

---

113) 揮手: 가본에는 '掉之'로, 마본에는 '排之'로 되어 있음.
114) 然: 저본에는 빠져 있으나 가, 나, 다, 마본에 의거하여 보충함.
115) 我: 저본에는 빠져 있으나 가, 나, 마본에 의거하여 보충함.
116) 李公: 나본에는 '李恒福'으로 되어 있음.
117) 一: 저본에는 빠져 있으나 가, 나, 마본에 의거하여 보충함.
118) 有: 마본에는 '出'로 되어 있음.
119) 世: 저본에는 '時'로 나와 있으나 가, 나본을 따름.

推之, 其文集大行於時. 太史公曰: "不附靑雲之士, 烏能施於後世者?" 眞格言也.


3-17.

韓明澮, 得「渭川釣魚圖」, 絶筆也. 求名人詩, 咸曰: "非五歲詩[120], 難稱此畫." 於是, 請五歲來, 梅月公自松京[121]至, 援筆立寫, 曰: '風雨蕭蕭拂釣磯, 渭川魚鳥却[122]忘機. 如何老作鷹揚將, 空[123]使夷齊餓採薇.' 其詩風韻絶淸[124], 句句含諷詠[125]之意, 不覺悵然.


3-18.

張應斗, 湖南古阜人, 能文章, 不事擧子業, 築茅室, 周以四籬, 居靜養性[126], 不肯請謝往返[127]於交遊間. 嘗作「蜃樓記」, 監司李浚慶大驚, 以爲絶世高文. 少時, 與申企齋光漢相善, 企齋見忤元凶, 却掃駱峰下. 有一布衣, 叩門求見, 閽者却之, 排門而直入, 卽應斗也. 時企齋新搆小齋, 進牘求題詩[128], 應斗畧不經意, 一筆揮之立就, 其詩曰: '駱洞洞中老居士, 駱洞洞中來卜築. 身遊洞外心在洞, 洞有蒼松與巖石. 巖以鎭靜松以節, 巖松俱是心中物. 心中所有物[129]如此, 吾於勢力知無屈. 紛紛小兒豈知此, 松自蒼蒼巖自立.'

---

120) 詩: 저본에는 빠져 있으나 가, 나, 마본에 의거하여 보충함.
121) 京: 저본에는 '山'으로 나와 있으나 가, 나본에 의거함.
122) 却: 가본에는 '已'로, 나, 마본에는 '識'으로 되어 있음.
123) 空: 가, 나, 마본에는 '終'으로 되어 있음.
124) 絶淸: 가, 나, 마본에는 '淸爽'으로 되어 있음.
125) 諷詠: 가, 마본에는 '諷吟'으로 되어 있음.
126) 性: 나본에는 '閑'으로 되어 있음.
127) 返: 저본에는 '反'으로 나와 있으나 가, 나, 다, 마본을 따름.
128) 題詩: 가, 나, 마본에는 '題詠'으로 되어 있음.
129) 所有物: 마본에는 '取物有'로 되어 있음.

詩成, 長揖而逝[130]. 觀其詩, 眞有道者之語也. 居家, 一日省阡陌, 中途而返, 曰: "吾途中失脚, 幾殞而死,[131] 吾之精神, 一半謝[132]矣. 明年某月某日, 吾其死矣夫!" 如期而死.

3-19.

詩者出乎性情, 無心而發, 終亦有徵. 曹孟德「短歌行」曰: '月明星稀, 烏[133]鵲南飛. 繞樹三匝, 無[134]枝可依[135].' 是以, 有赤壁之敗. 蘇舜欽詩曰: '身如蟬脫[136]一榻上, 夢似楊花千里飛.' 夭徵也. '山蟬帶響穿疎戶, 野蔓蟠靑入破窓.' 賤徵也. 東坡「松醪賦」曰: '遂從此而入海, 渺翻天之雲濤.' 未久, 謫海南[137]. 大明文皇帝詩曰: '日照龍鱗萬片金.'[138] 建文皇帝對其句, 曰: '雨濕羊毛一片氈[139].' 其繁華蕭索之態, 懸絶. 余嘗過兎山, 見壁上金欽題詠[140], 一句曰: '腰間有物眞吾祟.' 蓋指所佩印也, 卒死於賊鋒. 雖出於不期然而然[141], 發言之際, 不可不愼也.

---

130) 逝: 가, 나, 다, 마본에는 '去'로 되어 있음.
131) 幾殞而死: 가, 나, 마본에는 '幾顚而起'로 되어 있음.
132) 謝: 다본에는 '沒'로 되어 있음.
133) 烏: 저본에는 '鳥'로 나와 있으나 가, 나, 다, 마본에 의거함.
134) 無: 가, 마본에는 '何'로 되어 있음.
135) 依: 나본에는 '棲'로 되어 있음.
136) 脫: 가, 나, 다본에는 '蛻'로 되어 있음.
137) 海南: 저본에는 '南海'로 나와 있으나 가, 나, 마본에 의거함.
138) 日照龍鱗萬片金: 저본에는 '風吹馬尾千條線'으로 나와 있으나 가, 나, 마본에 의거함.
139) 一片氈: 나본에는 '百點花'로 되어 있음.
140) 題詠: 저본에는 빠져 있으나 가, 나, 마본에 의거하여 보충함.
141) 然: 저본에는 빠져 있으나 가, 나, 마본에 의거하여 보충함.

3-20.

休靜者, 自號'淸虛道人', 東國名僧也. 名高而少其實, 所居遐方異物, 除腥血外, 皆立致, 供養白粒, 恒儲三百餘石. 聽法之僧, 充堂衍宇, 日三四百人, 其中擇年少美色兒童, 侍寢. 有一狂僧, 進而言曰: "請問五濁六塵者, 何謂也?" 靜曰: "云云." 曰: "然則吾師日擇年少兒童薦枕者, 何故也?" 靜大怒, 目群弟子毆之, 三百餘人, 各加一拳, 僧斃倒, 曳而出之. 及年過六十, 常選色美童女, 侍寢, 使之抑搔拊摩其躳者, 日二三人, 故常不離香山, 香山諸僧, 多近女色故也. 號稱能文章, 其文理不相續, 其詩稍可觀.[142] 其在金剛山, 有詩曰: '舞月朧仙千丈檜, 隔林淸瑟一聲灘. 欲識金剛眞面目, 白雲堆裡列峰[143]巒.' 其在香山, 有詩曰: '萬國都城如蟻垤, 千家豪傑盡醯鷄. 一天明月淸虛枕, 無限松聲[144]韻不齊.' 其他排律, 亦頗有風格. 東國名僧, 皆出其門. 萬曆壬辰難, 朝廷加總攝之號, 使統僧軍, 以年老辭歸香山, 自以其弟子惟政代之. 後余於金剛, 見『四溟集』, 其文亦多淸切, 可取.[145]

3-21.

學官朴枝[146]華, 號守庵, 自少遊名山, 粲[147]松絶粒. 嘗與學者同棲山寺, 浹一月, 常衣一布衣, 夜則枕書而眠, 十五夜左臥, 十五夜右臥, 布[148]衣無襞積[149]如新熨. 儒・道・釋三學者, 着工俱深, 於禮

---

142) 名高而少其實 … 其詩稍可觀: 저본에는 빠져 있으나 마본에 의거하여 보충함.
143) 峰: 저본에는 '群'으로 나와 있으나 가, 나, 마본에 의거함.
144) 聲: 가, 나, 마본에는 '風'으로 되어 있음.
145) 其他排律 … 可取: 저본에는 빠져 있으나 마본에 의거하여 보충함.
146) 枝: 저본에는 '之'로 나와 있으나 가, 마본에 의거하여 바로잡음.
147) 粲: 가, 나, 다, 마본에는 '餐'으로 되어 있음. 서로 통용됨.
148) 布: 저본에는 빠져 있으나 가, 마본에 의거하여 보충함.

書最[150]精, 博其文章, 詩與文皆高絶. 嘗製駙馬光川尉輓詞, 詩人
鄭之升, 稱引不已, 曰: "若人門地雖卑, 於騷家地位最高云." 其詩
曰: '天孫河鼓本東西, 嬴得人間五福齊. 湯餠當年曾拭[151]玉, 簫臺
此日共[152]乘鸞. 諸郎秉禮厭儀擧, 華寢連雲象設迷. 家在沁園相望
地, 不堪春草又萋萋[153].' 及年踰[154]七十, 常[155]杜門居城市, 坐一室,
終日危坐, 岑寂如山林. 逮壬辰倭寇入京, 避寇白雲山史呑村,[156]
與友人鄭宏[157]偕. 寇且至, 鄭生挈室[158]而去, 守庵與之別, 曰: "吾
老憊不得隨, 他日尋我於此." 後數[159]日寇稍退, 鄭生尋守庵, 不得
見, 溪上繫小紙於樹枝, 書杜詩五言律一首, 懷石自沈於樹下溪心
而死矣. 其詩曰: '京洛[160]雲山外, 音書靜不來. 神交作賦客, 力盡
望鄕臺. 衰疾江邊臥, 親朋日暮[161]回. 白鷗元水宿, 何事有餘哀?'
觀此詩, 事事相符, 眞守菴自輓也. 鄭得其屍, 草斂而去. 或疑其水
解, 道書曰: "屍解有五, 金木水火土也."

---

149) 裳積: 가, 나, 마본에는 '稜'으로 되어 있음.
150) 最: 마본에는 '尤'로 되어 있음.
151) 拭: 저본에는 '食'으로 나와 있으나 가, 나, 마본에 의거함.
152) 共: 저본에는 '惜'으로 나와 있으나 가, 나, 마본에 의거함.
153) 萋萋: 가본에는 '淒淒'로 되어 있음.
154) 踰: 저본에는 빠져 있으나 가, 나, 마본에 의거하여 보충함.
155) 常: 저본에는 '嘗'으로 나와 있으나 가, 나, 마본에 의거함.
156) 岑寂如山林 … 避寇白雲山史呑村: 저본에는 빠져 있으나 가, 나, 다, 마본에 의거하여 보충함.
157) 宏: 저본에는 '生'으로 나와 있으나 가, 나, 마본에 의거함.
158) 室: 마본에는 '家'로 되어 있음.
159) 數: 저본에는 빠져 있으나 가, 나, 다, 마본에 의거하여 보충함.
160) 洛: 마본에는 '路'로 되어 있음.
161) 日暮: 저본에는 '暮日'로 나와 있으나 가, 나, 다, 마본에 의거함.

3-22.

萬曆壬辰之亂, 余以質正官, 赴中原, 還到平壤行在, 聞第三兄夢熊死於亂. 告辭尋母, 到豊德奴介山江上農舍, 見壁上第三兄題詩, 曰: '蓬底幾時聞吉語, 介山烟幕免重來.' 第二兄夢彪, 亦題杜詩于壁, 曰: '風色蕭蕭暮, 江頭人不行. 村春雨外急, 隣火夜深明. 胡羯何多亂? 漁樵寄此生. 中原有兄弟, 萬里正含情.' 兩兄皆前歲所題者, 余覽之, 不覺失聲而哭. 俄而, 火莊浦防守潰, 賊兵渡江, 余蒼黃躍馬, 同潰卒而北, 行數里, 顧見農舍, 烟焰漲天, 賊已火之矣. 蓋[162]第三兄苦於秋獲, 所以有此題, 而終未聞吉而逝, 悲夫! 第二兄所題, 先知國將有亂, 憂余在中原未還也. 雖古詩, 而與述懷無異, 此與朴枝[163]華所題'京洛雲山外'之詩, 取比甚近. 余常[164]痛之, 所以有此記也.[165]

3-23.

柳克新, 夢鶴之子也. 夢鶴有學行[166], 以蔭官拜司憲府[167]持平, 出爲襄陽府使, 克新隨父行. 時國論有東西, 多士携貳, 克新東人也, 常嘅[168]之. 行到彌秀坡, 有詩曰: '坡東坡西二流水, 東流東海西流西. 嗚嗚咽咽鳴不已[169], 誰人到此不垂淚? 吾將邀穹氏三兄弟, 旨酒萬鍾烹龍千鼎以爲禮. 天吼山千丈萬丈幾個峯巒? 指[170]爪

---

162) 蓋: 저본에는 빠져 있으나 가, 다본에 의거하여 보충함.
163) 枝: 저본에는 '之'로 나와 있으나 가, 다본에 의거하여 바로잡음.
164) 常: 가, 다본에는 '嘗'으로 되어 있음.
165) 所以有此記也: 가, 다본에는 이어서 '朴詩見第一卷'이라는 내용이 첨부되어 있음.
166) 有學行: 저본에는 빠져 있으나 가, 나, 마본에 의거하여 보충함.
167) 府: 저본에는 빠져 있으나 가, 다본에 의거하여 보충함.
168) 嘅: 가, 나, 마본에는 '慨'로 되어 있음.
169) 已: 다본에는 '休'로 되어 있음.

一彈靑天外, 乃使二流爲一流. 東注漢江江[171]城頭, 浩浩蕩蕩萬萬秋.' 長溪黃廷彧, 文章人也. 大奇之, 曰: "此詩[172]眞文章也!" 或問: "穹氏三兄弟, 何許人?" 曰: "盤古氏之祖翁也." 克新豪傑[173]能辯, 給[174]好譏議. 李昇有口才, 貌類市人, 戱之曰: "昇來, 近日市價幾何[175]?" 昇曰: "近日市中稷米半升, 易南行臺諫五六人." 克新語塞, 四座絶倒.

3-24.

昔余陪鶴駕, 在洪州, 忝文學. 有年少儒生, 名[176]李士浩, 上疏自請爲都元帥, 以討倭賊, 觀其文章高古, 眞戰國縱橫者之文也. 余與彌善尹暾, 稱歎之, 謂士浩曰: "國家用人之法, 必縻之以官職, 而官爵且有階級, 一布衣安可爲都元帥? 可從軍爲策士戎幕, 以遂爲國之志." 士浩拂衣而去. 厥後數十年, 邈無形影, 辛亥年間, 爲生員壯元, 蓋不屑擧業, 從事兵流, 所與遊多儒士也. 卒罹羊甲之獄, 死于殿庭, 余嘗怪之, 問其詩一絶, 始覺反狀已具也. 其詩曰: '男子功名成不成, 登高四望目如星. 閑來垂釣滄江上, 臥聽乾坤風雨聲.' '登高四望目如星', 厲鬼之狀也; '臥聽乾坤風雨聲', 幸亂之意也. 吟之, 使人毛髮盡竦.

---

170) 指: 저본에는 '持'로 나와 있으나 가, 다, 마본에 의거함.
171) 江: 가, 마본에는 '之'로 되어 있음.
172) 詩: 저본에는 빠져 있으나 가, 나, 마본에 의거하여 보충함.
173) 豪傑: 가, 나, 마본에는 '豪俊'으로 되어 있음.
174) 給: 나본에는 '伶'으로 되어 있음.
175) 何: 나, 마본에는 '許'로 되어 있음.
176) 名: 저본에는 빠져 있으나 라본에 의거하여 보충함.

3-25.

禹弘績, 早有才名. 年[177]七歲, 長者以'老'字·'春'字[178], 使爲聯句, 弘績曰: '老人頭上雪, 春風吹不消.' 衆皆奇之, 知者默識其夭折. 友人鄭象義, 爲永崇殿參奉, 赴箕都, 弘績贈詩, 曰: '鄭虔才名三十年[179], 秋風匹馬向西關. 愁絶浿江干象義, 白雲千里漢南山.' 無人知此意, 象義到箕都, 未久聞喪而來, 當時以爲詩讖. 弘績以進士, 壯元登第, 爲親死於亂, 時人多惜之. 語在『三綱行實』.

3-26.

沈相國守慶, 少時以直提學, 爲巡撫御史, 往關西, 於平壤有所眄妓. 箕城門外有洞, 名嬋姸, 衆妓所葬. 相國有[180]詩, 曰: '滿紙縱橫摠誓言, 自期他日共泉原[181]. 丈夫一死終難免, 願作嬋姸洞裡魂.' 後爲忠淸監司, 女妓進歌謠軸, 請[182]詩權應仁, 製之, 其詩曰: '人生得意無南北, 莫作嬋姸洞裡[183]魂.' 相國覽而笑曰:"必權應仁來此也, 速邀來!"應仁入謁, 相國使賦詩, 詩曰: '歌傳白雪知音久, 路隔靑雲識面遲.' 平壤妓謂親戚曰[184]:"我死, 必書我墓曰'直提學沈守慶妾之墓.'"後妓死, 相國官已高, 親戚立表其墓, 而書之曰'直提學沈守慶妾之墓'. 蓋國法, 兩界人物, 勿許移他地, 有約未遂而死故也. 當時關西方伯, 以詩答之, 曰: '可憐一洞風流地, 猶葬先

---

177) 年: 저본에는 빠져 있으나 가, 나, 마본에 의거하여 보충함.
178) 春字: 저본에는 빠져 있으나 가, 나, 마본에 의거하여 보충함.
179) 年: 저본에는 '歲'로 나와 있으나 가, 나, 마본에 의거함.
180) 有: 저본에는 빠져 있으나 가, 나, 마본에 의거하여 보충함.
181) 原: 저본에는 '源'으로 나와 있으나 나, 다, 마본을 따름.
182) 請: 저본에는 빠져 있으나 가, 나, 마본에 의거하여 보충함.
183) 裡: 저본에는 '里'로 나와 있으나 가, 나, 다, 마본에 의거함.
184) 曰: 저본에는 빠져 있으나 가, 나, 마본에 의거하여 보충함.

生未死魂.[185]'

3-27.

余妻翁申栻[186], 官至漢城判官. 少時, 與黃州官妓, 相別於慈山寺[187], 有詩曰: '慈悲山下慈悲寺, 脉脉相看上馬遲. 明日客懷何處惡? 驛樓殘照獨登時.' 當時稱絶唱, 其首句'慈悲山下慈悲寺', 亦堪下淚. 患眼疾, 多滯業, 卒不第, 亂後棄官, 老于鄕曲, 八十而終.

3-28.

鄭之升, 幼時未有室家, 有所私娼女, 父母憂其妨業, 奪冠履, 囚之密室. 其友以女簡通之[188], 之升以詩答之, 曰: '梨花風雨掩重門, 靑鳥飛來[189]見淚痕. 一死何[190]能忘此別, 九原猶作斷腸魂.' 之升隨其舅, 如德川, 始與魚川察訪論交[191], 以折簡相問, 用俗書辭爲詩, 曰: '謹承書問慰難勝, 保拙無非下念仍. 細柳營中初識面, 生陽館裡更挑燈. 孤雲落日同相憶, 斗酒長篇並[192]不能. 餘祝萬安懷縷縷, 伏惟尊照鄭之升.' 其發言成詩, 才氣蕩溢如此. 時有僧[193], 自逍遙山遊香山而歸, 之升於德川道中相遇, 題其詩卷, 曰: '爾自西來我亦西, 春風一枝路高低. 何年明月[194]逍遙寺, 共聽東林杜宇啼.' 香山逍

---

185) 當時關西方伯 … 猶葬先生未死魂: 저본에는 빠져 있으나 가, 나본에 의거하여 보충함.
186) 栻: 저본에는 '拭'으로 나와 있으나 가, 나본에 의거하여 바로잡음.
187) 慈山寺: 가, 나본에는 '慈悲山寺'로 되어 있음.
188) 之: 저본에는 빠져 있으나 가, 나, 마본에 의거하여 보충함.
189) 來: 가, 나, 마본에는 '時'로 되어 있음.
190) 何: 가, 나, 다, 마본에는 '可'로 되어 있음.
191) 交: 저본에는 '文'으로 나와 있으나 가, 나, 다, 마본에 의거함.
192) 並: 가본에는 '病'으로, 나, 마본에는 '鬪'으로 되어 있음.
193) 有僧: 저본에는 '僧有'로 나와 있으나 가, 나, 마본을 따름.

遙山, 余所愛玩者, 尤於此詩不忘也[195]. 惜乎人也! 以如此之才, 不成一名, 而卒早夭也[196]. 其舅德川郡守, 乃余妻祖考申汝樑也.[197]

3-29.

許篈, 性好色, 謫甲山初還, 與金大涉家婢德介, 頗繾綣. 洪可臣儒士也, 以風馬譏之, 使其弟慶臣, 秉筆呼韻, 篈即席作「風馬引」, 口占其辭, 曰: '千牛閣下開天仗, 太液朝暉暎仙掌. 絡首金羈照地光, 徘徊弄影青雲上. 青雲迢迢不可攀, 一生夢斷玉門關. 玉門關西河水流, 萋萋芳草生其間. 南風北風吹長夏, 笑領千群戲平野. 君不聞寧爲沙漠憔悴骨, 莫作金門仗前馬.' 又嘗遣騎邀德介, 德介爲其主所挽, 不得致. 慶臣兄弟, 以'惜婢'命題呼韻, 使賦之, 又作斷句, 曰: '華堂滿白壁, 繡柱圍黃金. 春雨隨東風, 珠簾深復深. 雙燕呢喃下夕陽, 相思無路托春心. 春心已矣空怊悵, 斷夢虛勞入錦衾.' 其詩豪敏如此, 不載於『荷谷集』中, 故錄之.

3-30.

參議權擘, 一生攻詩, 詩鑑甚明. 凡人詩文, 能一見便[198]別都鄙, 百不一失. 或示徐益詩, 擘一見之, 曰: "此詩半鄕半京." 蓋益本京人, 而娶女[199]礪山, 已數年矣, 其藻鑑多如此. 又[200]有『習齋集』十

---

194) 何年明月: 마본에는 '明月清風'으로 되어 있음.
195) 香山逍遙山 … 尤於此詩不忘也: 저본에는 빠져 있으나 마본에 의거하여 보충함.
196) 也: 가본에는 '也悲夫'로 되어 있음.
197) 其舅德川郡守, 乃余妻祖考申汝樑也: 저본에는 빠져 있으나 마본에 의거하여 보충함.
198) 便: 마본에는 '能辨'으로 되어 있음.
199) 女: 가, 나, 마본에는 '妻'로 되어 있음.
200) 又: 마본에는 '今'으로 되어 있음.

餘卷, 而子孫貧匱, 只刊一卷. 車滄洲雲輅曰: "近來東方詩集[201], 惟『習齋集』爲第一, 圓熟不見疵病." 余求見之, 果然. 余年二十時, 上山寺讀書, 京都儒士未釋褐者, 多在焉, 今皆爲文人. 相與酬唱, 連章累篇, 或小詩, 或四韻. 其時, 擎子輅[202], 亦與酬唱[203]之列, 歸示其詩, 擎一見[204], 輒撮出[205]余詩, 曰: "此詩, 今雖未熟, 他日必成大家文章. 吾詩集[206], 吾未選抄, 他日開板壽後, 須使此人揀選." 尹月汀根壽, 見擎, 問: "近世文章高下, 人言新進中柳某能文章甚高云云, 其文與崔東皐昱, 孰優?" 擎曰: "崔[207]之文, 模倣古人之作, 雖工, 非自家造化. 若夢寅之文, 不擬前人[208]模範, 皆出胸中造化[209], 此最難處[210], 崔殆不及也." 且余曾聞, 車五山天輅, 論我文及崔文, 每如此, 其見略同. 亡友成晋善, 每曰: "以我觀之, 子之文, 博採孟·莊·馬·班·韓·柳, 自成造化, 不模古人之作. 崔昱只採漢史·韓碑·柳文, 模擬體格以[211]隘窄, 頗不如子之文." 晋善嘗問許筠曰: "柳之文與崔, 孰優?" 筠[212]默然[213]思之, 良久曰: "崔文老神, 柳似不逮." 余嘗卑歐陽修之文, 陋[214]李穡之文[215], 近科程擧子體,

---

201) 集: 저본에는 빠져 있으나 가, 마본에 의거하여 보충함.
202) 輅: 저본에는 '輅'으로 나와 있으나 나, 다본에 의거함. 이하의 경우도 동일함.
203) 酬唱: 가, 나, 마본에는 '唱和'로 되어 있음.
204) 見: 가, 나, 마본에는 '覽'으로 되어 있음.
205) 出: 저본에는 빠져 있으나 가, 나, 마본에 의거하여 보충함.
206) 詩集: 저본에는 '文集'으로 나와 있으나 가, 나, 다, 마본을 따름.
207) 崔: 가, 나, 마본에는 '昱'으로 되어 있음.
208) 人: 저본에는 빠져 있으나 가, 나, 마본에 의거하여 보충함.
209) 造化: 가, 나, 다, 마본에는 '變化'로 되어 있음.
210) 處: 저본에는 빠져 있으나 가, 나, 마본에 의거하여 보충함.
211) 以: 가, 나, 마본에는 '似'로 되어 있음.
212) 筠: 가, 나, 마본에는 '許'로 되어 있음.
213) 然: 저본에는 빠져 있으나 가, 나, 마본에 의거하여 보충함.
214) 陋: 가본에는 '鄙陋'로 되어 있음.

李奎報之文痿弱, 不及其詩賦, 而稍喜其詩, 與余詩體貌相類. 申玄翁欽一生攻文, 被謫後, 藻鑑甚[216]明. 權韜擎之子也, 亦有文鑑, 皆以余詩文, 東方無[217]比肩, 獨李奎報之詩[218], 相上下. 車雲輅, 天輅之弟也, 深於文章, 示余詩[219]全帙, 沈翫累日, 曰: "今之世, 無知此[220]文者, 惟知者知之, 曠世無比." 余使朱筆抄選, 俾便於繡梓, 辭曰: "間或有輕意揮灑之作, 必有數三句, 非人所及. 惜也! 不可選也." 又使韜選之, 辭曰: "公之欲選, 必憂鋟梓之文難. 今若憂[221]紙惜費, 自今以後, 不作可也, 已往全帙, 無可棄一首." 又使成汝學選之一帙, 加批點貫珠而不選, 曰: "詩中或有可刪, 而公自選之, 他人不[222]敢下手. 余觀東方[223]子集多矣, 無若公之大家, 雖然今之世孰知文章? 詩文雖工, 衆莫之賞[224], 不如著小說叢話, 非但裨補世教, 衆亦樂觀之." 余然其言, 隨聞見著『於于野譚』, 今成十餘[225]卷矣. 吁! 管·晏[226], 曾西之所羞比; 樊噲, 韓信之所羞伍, 孔明[227]自期於管·樂; 杜甫, 竊比於稷·契. 審戚之浩浩乎白水, 非管子莫暴, 匠人之運斤成風, 伯牙之高山流水, 必須知己而知之. 後世楊子雲, 豈可待也? 吁! 其已焉哉! 柳太學士根, 見我詩集, 曰[228]: "使

---

215) 文: 저본에는 빠져 있으나 가, 나본에 의거하여 보충함.
216) 甚: 가, 나, 마본에는 '益'으로 되어 있음.
217) 無: 나, 마본에는 '無可'로 되어 있음.
218) 詩: 저본에는 빠져 있으나 가, 나, 다, 마본에 의거하여 보충함.
219) 詩: 가본에는 '文章'으로 되어 있음.
220) 知此: 가, 나, 마본에는 '有知'로 되어 있음.
221) 憂: 가, 나, 마본에는 '愛'로 되어 있음.
222) 不: 가, 다, 마본에는 '何'로 되어 있음.
223) 方: 저본에는 '文'으로 나와 있으나 가, 나, 마본을 따름.
224) 賞: 나본에는 '貴'로 되어 있음.
225) 十餘: 가, 나, 마본에는 '一通十許'로 되어 있음.
226) 晏: 가본에는 '嬰'으로 되어 있음.
227) 孔明: 마본에는 '孤'로 되어 있음.

我有此, 我<sup>229)</sup>何選爲? 當盡峽刊行云矣." 惜乎! 余家貧, 安能盡刊 五六十卷之書? 其將爲糊壁之歸乎!

## 3-31.

蔡禎先<sup>230)</sup>, 儒士也. 好古文, 雖不自工其文, 論文有佳處, 嘗曰: "司馬長卿「長門賦」, 記一日之事, '登蘭臺, 下蘭臺. 朝修薄具, 夜夢君王. 晝陰夜明, 極其愁思. 畢昴旣出, 亭亭<sup>231)</sup>復明.' 皆一日之事, 而<sup>232)</sup>以究年歲, 不能<sup>233)</sup>忘結之, 此其妙處也." 又論「舞鶴賦」, 極道其淸冽, 言, "'氷塞長河, 雪滿群山. 星翻漢回, 曉月將落.' 寒極於冬, 淸極於曉, 古人措意, 逈出後世, 文字可想." 或問李·杜優劣, 答曰: "李詩曰: '柳色黃金嫩, 梨花白雪香.' 杜詩<sup>234)</sup>曰: '紅入桃花嫩, 靑歸柳葉新.' 賦花柳一也, 而李自然, 杜雕琢, 其<sup>235)</sup>優劣可立辨<sup>236)</sup>." 又論簡齋詩曰<sup>237)</sup>: "'洞庭之東江水西'下, 宜其樓臺之勝, 而以'篔旌<sup>238)</sup>不動夕陽遲', 接之, 語意似不續. 旣曰'登臨', 又曰'徙倚', 又曰'望遠憑危', 語勢<sup>239)</sup>相疊, 此文章之甚卑者也." 又曰: "冠巾加於衆體之上, 『禮記』以繪帛飾之金玉, 而大明以後, 以馬尾爲網巾,

---

228) 曰: 가본에는 '翫之曰'로 되어 있음.
229) 我: 저본에는 빠져 있으나 가, 나, 다본에 의거하여 보충함.
230) 先: 저본에는 '元'으로 나와 있으나 나, 마본에 의거하여 바로잡음.
231) 亭亭: 저본에는 '廷廷'으로 나와 있으나 가, 다본에 의거함.
232) 而: 저본에는 빠져 있으나 가, 나본에 의거하여 보충함.
233) 能: 나본에는 '敢'으로 되어 있음.
234) 詩: 저본에는 빠져 있으나 가, 나, 마본에 의거하여 보충함.
235) 其: 저본에는 빠져 있으나 가, 다, 마본에 의거하여 보충함.
236) 辨: 저본에는 '辦'으로 나와 있으나 가, 나, 다, 마본을 따름. 서로 통용됨.
237) 曰: 저본에는 빠져 있으나 가, 나, 마본에 의거하여 보충함.
238) 篔旌: 가, 나, 다, 마본에는 '簾旌'으로 되어 있음.
239) 勢: 나본에는 '意'로 되어 있음.

尾在馬後甚穢, 其古人之本意." 其言皆極有理.[240]


## 3-32.

鄭士龍, 入中原, 遊山寺, 遇一詩僧, 書四韻律數首, 示之. 是鄭所自負者, 而僧略不許可, 鄭謂僧不解詩, 遂書金時習四韻律四[241]首, 示之. 僧讀一過[242], 便起而入內, 取香爐及洗器[243]來, 整衣冠, 盥手燒香, 跪而加之床上而讀, 曰: "此物外高踏者[244]之作也, 非子所能." 士龍吐實而謝之. 其僧之明鑑若神[245], 必非尋常流俗人也.


## 3-33.

佔畢[246]齋金宗直, 嶺南人也. 年十六, 應擧京師, 作「白龍賦」見屈. 時[247]金守溫[248]爲大提學, 分與落榜試紙[249], 其中有佔畢齋落試之賦, 讀而奇之, 曰: "此眞他日典文衡之手, 惜其高才見屈!" 取其卷入啓, 上奇之, 命除靈山訓導. 時漢江濟川亭柱上, 有[250]題詩, 曰: '雪裡寒梅[251]雨後山, 看時容易畫時難. 早知不入時人眼, 寧把臙脂寫牧丹!' 後守溫遊濟川亭, 見其詩, 歎曰: "此眞前日「白龍賦」

---

240) 又曰 … 其言皆極有理: 저본에는 빠져 있으나 나본에 의거하여 보충함.
241) 四: 가, 나본에는 '兩'으로 되어 있음.
242) 一過: 다본에는 '一首'로 되어 있음.
243) 香爐及洗器: 가, 나, 마본에는 '香炷盥洗器'로 되어 있음.
244) 者: 가본에는 '士'로 되어 있음.
245) 神: 다본에는 '是'로 되어 있음.
246) 畢: 저본에는 '俾'로 나와 있으나 가, 나, 마본에 의거함. 이하의 경우도 동일함.
247) 時: 저본에는 빠져 있으나 나본에 의거하여 보충함.
248) 溫: 저본에는 '瑥'으로 나와 있으나 나, 다, 마본에 의거하여 바로잡음. 이하의 경우도 동일함.
249) 試紙: 가, 나, 마본에는 '試卷'으로 되어 있음.
250) 有: 저본에는 빠져 있으나 가, 나, 마본에 의거하여 보충함.
251) 寒梅: 마본에는 '靑松'으로 되어 있음.

之手也. 他日代我文衡者, 必[252]此人乎!" 尋其蹤跡,[253] 果佔畢齋作也. 其文鑑如神.

3-34.

李希輔, 讀書萬卷, 自少至老, 手不釋卷. 少時, 長者集親友, 設供帳山上, 遣騎邀[254]希輔, 希輔方讀書, 無意赴邀, 強之來, 則袖出蠹簡於座中注目. 時講鷹[255]飛下, 搏雉於席邊, 而希輔不一眄, 其淫於書, 可想. 爲遠接使李荇從事官, 送天使于碧蹄, 天使有一句, 曰: '寄語于干諸賢相.' 鄭士龍·蘇世讓等, 皆未曉, 希輔一見, 冷笑曰: "諸公讀書不多, 故昧此也. 詩云: '飮餞于干.' 謂諸公出餞於此也." 兩人有慚色. 燕山有愛姬死, 使朝中文士詩[256]之, 希輔有詩, 曰: '宮門深鎖月黃昏, 十二鍾聲到夜分. 何處青山埋玉骨? 秋風落葉不堪聞.' 燕山見之垂淚. 以此, 時議薄之, 官多滯. 至年老, 醉中泣下漣如, 子弟驚訝, 問其由, 希輔曰: "吾嘗讀書萬卷, 凡所著者, 人所未易曉. 今世人讀書不博, 忽我文章, 擧世貿貿, 孰知余詩高出陳簡齋上耶?" 死無後, 『安分堂集』十二[257]策, 未梓者, 傳之外孫, 今經亂離, 未知能保不失也[258].

3-35.

余少時, 遇詩人鄭之升于外舅申家, 問曰: "鄭士龍遊金剛山[259],

---

252) 必: 나, 마본에는 '非'로 되어 있음.
253) 尋其蹤跡: 가, 나, 다, 마본에는 '蹤迹尋問'으로 되어 있음.
254) 邀: 가, 다본에는 '要'로 되어 있음.
255) 講鷹: 나본에는 '放鷹'으로 되어 있음.
256) 詩: 가, 다본에는 '誄'로 되어 있음.
257) 十二: 가, 다본에는 '二十'으로 되어 있음.
258) 也: 나본에는 '也無'로 되어 있음.

無佳作, 獨少[260]詩絶句爲絶唱, 信乎?"之升曰: "古人之賦楓岳, 無有放象楓岳之面目者, 至[261]湖陰詩, '萬二千峰領略歸, 蕭蕭黃葉打征衣[262].' 正陽寒雨燒香夜, 遽[263]瑗方知四十非.' 信是佳作. 但此詩, 雖於香林·淨土賦之, 亦可, 香林·淨土兩寺, 京山俗刹也. 獨權近詩二句, '削立亭亭千萬峰, 海雲開出玉芙蓉.' 此則善形容余剛面目者." 今而思[264]之, 眞所謂可與論詩者矣.

3-36.

鄭北窓礦, 九月念後, 詠晚菊曰: '十九廿九皆是九, 九月九日無定時. 多少世人皆不識, 滿階惟有菊[265]花知.' 其弟磋和之, 曰: '世人最愛[266]重陽節, 未必重陽引興長. 若對黃花傾白酒, 九秋何日不重陽!' 向者, 朝廷開局, 選東方詩, 是時, 有以礦磋此詩言, 大提學柳根取磋詩, 而舍礦詩, 以爲無律. 吁! 礦識音律之人, 曾謂不如根之知音乎? 所以自古得知音難也.

3-37.

吾侄柳溰, 作昭敬大王輓詞四韻三篇, 其末篇曰: '虛殿沈沈月色寒, 悲風颯颯動旋竿. 白雲無路回靈馭, 丹扆何緣識聖顔? 入望昭陵分咫尺, 出遊高寢接衣冠. 昔年脩祀東巡處, 此日攀號血涕潸.'

---

259) 山: 저본에는 빠져 있으나 가, 나, 마본에 의거하여 보충함.
260) 少: 가, 마본에는 '一小'로, 나, 다본에는 '小'로 되어 있음.
261) 至: 가, 나, 다, 마본에는 '至如'로 되어 있음.
262) 征衣: 저본에는 '秋夜'로 나와 있으나 가, 나본에 의거함.
263) 遽: 저본에는 '遽'로 나와 있으나 가, 나, 다, 마본에 의거하여 바로잡음.
264) 思: 저본에는 '見'으로 나와 있으나 가, 나, 마본을 따름.
265) 菊: 나, 마본에는 '黃'으로 되어 있음.
266) 愛: 저본에는 '重'으로 나와 있으나 마본을 따름.

時大提學柳根, 以潗時以禮曹正郞, 不經近侍[267], 名位未著, 不用
其詩. 月沙李廷龜見之, 稱歎惜之.


3-38.
　鄭礥爲海州牧使, 見芙蓉堂懸板諸[268]篇, 盡取之, 付客舍帮子,
曰: "斫而爲薪, 以煖淨後之水." 自作一絶, 傅之樑上, 曰: '荷香月
色可淸霄, 更有何人弄玉簫? 十二曲欄無夢寐, 碧城秋思正迢迢.'
其詩膾炙當時, 而或深惡其驕也. 後壬辰之難[269], 倭寇入海州, 盡
破芙蓉堂板上之題, 獨留鄭礥·金誠一之兩詩. 金誠一雖不能詩,
爲日本信使時, 以强直取重日本, 故留其詩. 鄭詩則倭亦知其絶
唱, 故留之. 倭又到江陵, 見官府懸板, 盡留諸篇, 獨取林億齡古詩
長篇, 載船而歸, 倭亦知詩乎哉!


3-39.
　洪鸞祥, 履祥之弟也, 詩才敏妙. 履祥嘗製月課, 使鸞祥代搆「治
聾酒」七言絶, 其詩曰: '良辰康酌味偏長, 不待扁兪驗妙方. 醉裡厭
聞塵世事, 小槽猶愛滴淸香.' 時李山海典文衡, 考置居首. 一日,
逢履祥曰: "子之課製中, 「治聾酒」一絶極佳, 令人詠嘆不已." 履祥
曰: "非吾自製, 乃舍弟代作耳." 山海驚曰: "賢季之才, 吾何聞之晚
也?" 卽回轎委訪, 極加敬歎而去.

---
267) 不經近侍: 저본에는 빠져 있으나 가, 다본에 의거하여 보충함.
268) 諸: 나본에는 '題'로 되어 있음.
269) 難: 가본에는 '亂'으로 되어 있음.

3-40.

尹潔得五言一絶, 曰: '路入石門洞, 吟詩孤[270]夜行. 日[271]午潤沙白, 山靑啼一鶯.' 言于車軾曰: "此詩何如?" 軾朗吟再三, 曰: "此非人所能, 必鬼詩也." 潔曰: "吾果昨夜夢中得之, 必有神助也."


3-41.

尹春年, 知音律. 鄭湖陰作樂府, 示春年, 春年曰: "我國人不識音律, 自古不能作樂府歌辭. 子雖工文章, 不能協五聲六律." 湖陰倣淸平調'洞庭西望楚江分', 作一絶, 字字用禮部韻同音之字, 以示春年, 春年諷詠一過, 曰: "此一節, 諧律可用." 湖陰曰: "與古之何樂章諧律?" 春年熟思之, 曰: "與李白淸平調'洞庭西望楚江分'一絶, 同律." 湖陰蹴然稱謝, 自此, 更不作樂章.


3-42.

滕王閣序, '關山難越, 誰悲失路之人?' 知事李忠元[272], 兒時讀至此, 疑之曰: "悲字[273], 必是非字之誤也. 對句曰'盡是他鄕之客', 是字與非字爲對." 兒童之見甚透, 可謂發古人之所未發也.


3-43.

「項羽不渡烏江賦」, 實權五福所作, 魚無跡取以爲己作, 以誣世. 其賦多文氣, 非如魚諸賦少氣力. 當時識者, 或有不信者, 無跡憤之, 遂作「夢遊太眞院賦」, 所以伸其冤也. 蓋「不渡烏江賦」, 世雖

---

270) 孤: 저본에는 '苦'로 나와 있으나 가, 나본을 따름.
271) 日: 가, 나본에는 '月'로 되어 있음.
272) 李忠元: 가, 나본에는 '李元忠'으로, 마본에는 '李志元'으로 되어 있음.
273) 字: 저본에는 '者'로 나와 있으나 가, 나, 마본에 의거함.

稱佳作. 然[274]其曰'傳檄祿産', 其曰'韓彭跰[275]足'者, 尤可笑. 項羽雖驚, 豈與祿産同事? 彼韓彭者, 豈羽所畏耶? 其語之癡多類此.

## 3-44.

崔仁範, 字德規[276], 乃余少時交也. 能文章, 序記近古, 庭試所製「濟川舟楫賦」, 行於世, 亦非尋常應擧文字也. 自少專攻於詩, 不屑[277]於擧子文[278], 登科未多歲而[279]逝. 死後, 於家中, 嘗衣黑綈[280]袍, 曳巨履, 呼號僮僕, 出入於堂廡間[281], 家人皆見之如平時. 亂後遺稿散亡, 今無寸[282]紙餘, 只記其嘗所自負者. 其曰: '喚做寺[283]僧頑似吏, 賒來村馬弱如驢[284].' 又曰: '過雨山坡[285]無舊路, 逢年澤國有新村.' 余時年尙[286]少, 未知巧拙, 有人示德規四韻詩四首於荷谷許篈. 篈曰: "四首中三首, 當入『東文選』." 荷谷自好者, 其論詩必不苟, 以此可占其成家也. 萬曆丙子年, 余與德規同棲正因寺, 時白沙李相國恒福, 字子常, 亦往讀書, 常與德規論詩, 而未嘗交鋒相角. 德規還家, 子常與尹暹·朴慶新唱酬, 一筆連題四韻四五篇, 其中有二句, 曰: '佛放寶光窓有暈, 龍噓白焰井無氷.' 朴慶新時年

---

274) 然: 저본에는 빠져 있으나 마본에 의거하여 보충함.
275) 跰: 마본에는 '蹺'로 되어 있음.
276) 德規: 다본에는 '德觀'으로 되어 있음. 이하의 경우도 동일함.
277) 屑: 가, 나본에는 '屑屑'로 되어 있음.
278) 文: 나본에는 '業'으로 되어 있음.
279) 而: 저본에는 빠져 있으나 가, 나, 다본에 의거하여 보충함.
280) 綈: 저본에는 '裪'로 나와 있으나 나본을 따름.
281) 間: 저본에는 빠져 있으나 가, 나본에 의거하여 보충함.
282) 寸: 가본에는 '尺'으로 되어 있음.
283) 寺: 저본에는 '舍'로 나와 있으나 다본에 의거함.
284) 驢: 다본에는 '蠅'으로 되어 있음.
285) 坡: 나본에는 '陂'로 되어 있음.
286) 尙: 저본에는 빠져 있으나 가, 나본에 의거하여 보충함.

十七, 次其韻曰: '南樓不掃一庭雪, 西澗無聲今夜氷.' 余歸而道德規, 德規曰: "皆文章. 然子常之句, 奇絶冠古, 非渠所能. 我若在, 渠何敢作此戲?" 後閱李奎報集, 皆在集中. 此子常爲李相國之諡也耶![287]

3-45.

詩者言志, 雖辭語造其工[288], 而苟失意義所歸, 則知詩者不取也. 昔先王朝有桃花馬, 使群臣賦之, 鄭士龍詩曰: '望夷宮裡[289]失天眞, 走入桃源避虐秦. 背上落花仍[290]不掃, 至今猶帶武陵春.' 士龍自選私稿[291], 三選其詩而三刪之, 故『湖陰集』中無是詩. 其賦桃花, 可謂巧矣, 而抑其中[292]終無歸指, 望夷·虐秦之語, 豈合於應敎之製乎? 宜夫終見刪矣[293].

3-46.

夫雕鏤萬物, 使萬物各賦其形者, 天之才也; 擺弄造化, 能倣象萬物之態[294]者, 詩人之才也. 惟莫工者天, 而何物詩人奪天之工哉? 是知才者無命是天之所使, 天亦多猜也乎? 旣賦之才, 胡使之窮乎? 吾友成汝學, 詩才之高一世寡倫, 而至今六十, 未得一命之官, 余嘗怪之. 其詩曰: '草露虫聲濕, 林風[295]鳥夢危.' 又曰: '面惟其[296]友

---

287) 耶: 저본에는 빠져 있으나 가, 나본에 의거하여 보충함.
288) 工: 다본에는 '極'으로 되어 있음.
289) 裡: 나본에는 '中'으로 되어 있음.
290) 仍: 가, 나본에는 '憐'으로 되어 있음.
291) 私稿: 가, 나본에는 '私藁'로 되어 있음.
292) 抑其中: 가본에는 '扣其所題'로 되어 있음.
293) 刪矣: 가본에는 '其禍'로 되어 있음.
294) 之態: 저본에는 빠져 있으나 나본에 의거하여 보충함.

識, 食爲丈夫[297]哀.' 又曰: '雨意偏侵夢, 秋光欲染詩.' 其詩雖極工, 而其寒淡[298]蕭索, 殊非榮貴人氣像, 豈獨詩之使其窮哉? 詩亦鳴其窮也. 又有李廷冕, 洪男之孫也, 身短而面有瘡, 自號短瘡.[299] 嘗於雨後有詩, 曰: '庭泥橫短蚓, 壁日聚寒蠅.' 其友李春英文人也, 每稱其妙而斥其窮, 後果登第, 未幾而死. 蓋庭泥橫短蚓, 賤人之徵[300]也, 壁日聚寒蠅, 夭之徵也. 余與尹修撰繼善, 於詩人李孝原家小酌, 繼善卽席題一聯, 曰: '官遊千里蔗甘盡, 世事一春花落忙.' 座中皆稱其美, 余曰: "年少人何作此語?" 果未久而夭. 吁! 詩者出自[301]性情虛靈之府, 先識夭賤, 油然而發, 不期然而然. 非詩能窮人, 人自窮也, 故詩自如斯哉! 但有才者, 天亦猜之, 於世人又[302]何尤焉? 惜哉!

### 3-47.

余少時, 遊漢江夢賚亭, 亭卽相國鄭惟吉亭子也. 時相國多散居江湖, 窓戶皆有春帖子, 其一曰: '官閑身漫世誰嗔? 夢賞亭中白髮人. 賴是朝家無一事, 扁舟來釣漢江春.' 其二曰: '梅欲粧梢[303]柳欲顰, 淸江水濶[304]綠潾潾[305]. 老臣無與安危事, 惟向楓宸祝萬春.' 其

---

295) 林風: 나본에는 '風枝'로 되어 있음.
296) 其: 나본에는 '吾'로 되어 있음.
297) 丈: 저본에는 '大'로 나와 있으나 나, 다본에 의거함.
298) 淡: 저본에는 '談'으로 나와 있으나 나, 다본에 의거함.
299) 自號短瘡: 저본에는 빠져 있으나 나본에 의거하여 보충함.
300) 徵: 나본에는 '識'으로 되어 있음.
301) 自: 저본에는 빠져 있으나 나본에 의거하여 보충함.
302) 又: 저본에는 빠져 있으나 나본에 의거하여 보충함.
303) 梢: 저본에는 '稍'로 나와 있으나 가, 나본에 의거함.
304) 濶: 가본에는 '泮'으로, 나본에는 '漢'으로 되어 있음.
305) 潾潾: 가, 다본에는 '粦粦'으로 되어 있음.

三日: '白髮先朝老判書, 閑忙隨分且安居. 漁[306]人報道春江晚, 未到花時薦鱖魚.' 余少時嘗記誦, 抵老不忘, 每一詠來, 可想相國風致也.

## 3-48.

余於往年, 宿松泉精舍, 夢覺聞[307]有聲如雨, 驚[308]問寺僧曰: "雨耶[309]?" 僧曰: "瀑聲, 非雨也." 余遂口占曰: '三月山寒杜宇稀, 遊人雲臥靜無機. 中宵錯認千林雨, 僧道飛泉洒[310]石磯.' 後[311]日有客來言, "鄭松江澈[312]一絶曰: '空山落木聲, 錯認謂疎雨. 呼僮[313]出門看, 月掛溪南樹.'" 上年八月十四夜, 洪慶臣遊楓嶽, 宿表訓寺, 夜將央, 同遊琴者朴生曰: "雨矣!" 慶臣聞而覺, 明月滿窓, 開窓視之, 天無點雲, 只簷外刳水取泉, 風吹飛沫, 作雨聲矣. 慶臣笑而口號一絶, 曰: '崖寺無塵秋氣淸, 滿窓明月夢初驚. 淙淙一壑風泉響, 錯認前山夜雨聲.' 諺稱[314]詩人意思一般, 信哉!

## 3-49.

宰相李俊民有詩, 曰: '老去功名如老妻, 不難離別別還憐.' 後有姓李者, 又有詩, 曰: '老去詩書如美女, 我非忘爾爾無情.' 詩人意思一般者, 此也.


3-50.
崔孤竹慶昌, 尋僧寺[315]入山谷, 忽失路, 口號一絶曰: '危石纔敎
一逕通, 白雲猶自秘仙蹤. 橋南橋北無人問, 落木寒流[316]萬壑同.'
其失迹棲遑之恨, 在於言表, 吟之悵然.


3-51.
河應臨, 年甫十歲, 以奇童稱. 有一長者, 指[317]竹笋爲題呼韻, 應
聲而[318]答曰: '平地忽生黃犢角, 岩間初展蟄龍腰. 安得折[319]爾爲長
笛, 吹作太平行樂調?' 及其年少登第, 一時言才子, 以應臨爲首.
嘗[320]送客西郊有詩, 曰: '草草西郊別, 春風酒一盃. 靑山人不見,
斜日獨歸來.' 當時以'山中相送罷, 日暮掩柴扉', 並稱, 而識者知其
年命不延, 未幾而沒. 其友人遠遊湖右, 日暮歸到靑坡, 忽於橋邊
遇應臨, 駐馬問寒燠, 仍托家事而去. 歸問其家, 死已葬矣.


3-52.
江陽君者, 宗室人也, 性疎雅, 能詩愛梅. 病且革, 開窓見梅花初
發, 使侍婢折一枝來, 置案前[321], 覓紙筆, 題詩曰: '年將知命病
相[322]催, 屋角悠悠楚些哀. 梅萼不知人事改, 一枝先發送香來.' 書罷

---

315) 寺: 가, 나본에는 '舍'로 되어 있음.
316) 流: 나본에는 '溪'로 되어 있음.
317) 指: 저본에는 빠져 있으나 가, 나본에 의거하여 보충함.
318) 而: 저본에는 빠져 있으나 나, 다본에 의거하여 보충함.
319) 得折: 가본에는 '能斫'으로 되어 있음.
320) 嘗: 저본에는 빠져 있으나 가, 나본에 의거하여 보충함.
321) 案前: 가, 다본에는 '案上'으로, 나본에는 '甁上'으로 되어 있음.

而死. 韓恂者, 志氣淸朗, 遊心物外, 年三十三而沒. 臨終呼妻子, 展紙濡筆而書曰[323]: '落烟火三十三春, 撫宇宙而長逝.' 擲筆而逝.

3-53.
近來學唐詩者, 皆稱崔慶昌·李達, 姑取其善鳴者而錄之. 崔慶昌過[324]古宰相李長坤家, 有詩曰: '門前車馬散如烟, 相國繁華未百年. 村巷寥寥過寒食, 荼蘼花落故[325]墻邊.' 又如中原, 有將軍戰死, 作挽歌曰: '日暮[326]雲中火照天[327], 單于兵近鹿頭關[328]. 將軍自領千人去, 夜渡瀘河戰未還.' 李達遇崔慶昌于茂長, 有所眄妓, 適見[329]商人, 賣紫霞錦[330], 卽走翰呈慶昌, 曰: '商胡賣錦江南市, 朝日照之生紫烟. 佳人欲作君裙帶[331], 手探囊中無直錢.' 慶昌報之曰: "若論此詩價, 豈止直千金? 殘縣少[332]資, 只[333]以一句準白米[334]十石, 合四十石遺之耳." 其他, 賦寒食, 曰: '白犬在前黃犬隨, 野田草除[335]塚纍纍[336]. 老翁祭罷田間飮, 日暮少兒扶醉歸.' 又客船上[337]有

---

322) 相: 나본에는 '且'로 되어 있음.
323) 曰: 저본에는 빠져 있으나 나본에 의거하여 보충함.
324) 過: 가본에는 '至'로 되어 있음. 이하의 경우도 동일함.
325) 落故: 저본에는 '發何'로 나와 있으나 나본을 따름.
326) 暮: 가, 나본에는 '沒'로 되어 있음.
327) 天: 가, 나본에는 '山'으로 되어 있음.
328) 關: 저본에는 '山'으로 나와 있으나 가, 나본에 의거함.
329) 適見: 저본에는 빠져 있으나 가, 나본에 의거하여 보충함.
330) 紫霞錦: 가, 나본에는 '紫雲段'으로 되어 있음.
331) 欲作君衣帶: 가, 나본에는 '欲買作裙帶'로 되어 있음.
332) 少: 다본에는 '無'로 되어 있음.
333) 只: 저본에는 '止'로 나와 있으나 가, 나, 다본을 따름.
334) 米: 가, 나, 다본에는 '粒'으로 되어 있음.
335) 除: 가, 나, 다본에는 '際'로 되어 있음.
336) 纍纍: 저본에는 '累累'로 나와 있으나 나, 다본에 의거함.
337) 船上: 가, 나본에는 '海上'으로 되어 있음.

詩, 曰: '碧海如天[338]雲影涵, 白鷗無數上苔岩. 山花落盡不歸去, 家在石峰江水南.' 又有詩, 曰: '寒林烟碧鷺鶿[339]飛, 江上人家掩竹扉. 斜日斷橋人去盡, 滿山空翠滴霏微.' 又慶昌詩曰: '茅菴寄在白雲間, 長老西遊久未還. 黃葉飛[340]時疎雨過, 獨敲寒磬宿秋山.' 皆淸淡可想[341]. 但此人等只事小詩, 元學不裕, 終不大鳴如古人, 可惜!

3-54.

副提學洪慶臣, 弱冠有詩名. 萬曆乙未[342]年間[343], 遊三角山, 有詩二首. 其一[344]曰: '五六春衣潔, 青山步屦[345]徐. 雲臺崔嵲上[346], 石室憗王居. 綠樹藏啼鳥, 淸流出戱魚. 迷花不知路, 何處訪秦餘?' 其二曰[347]: '二月春遊早, 春[348]山無杜鵑, 人隨流水入, 寺在亂峰前. 夜露滋三秀, 天風動萬年. 高僧時過我[349], 相與不知眠.' 其格調近唐, 若使進進不已, 豈止[350]今日之慶臣乎? 不可使之無傳焉.

3-55.

劉希慶, 常隸也. 素性澹雅, 自少不事農工商兵, 學詩禮, 遨遊縉

---

338) 如天: 가본에는 '波空'으로 되어 있음.
339) 鶿: 저본에는 '絲'로 나와 있으나 나본에 의거함.
340) 飛: 가, 나본에는 '落'으로 되어 있음.
341) 可想: 가, 나본에는 '可尙'으로 되어 있음.
342) 乙未: 가본에는 '己未'로 되어 있음.
343) 年間: 저본에는 빠져 있으나 가, 나본에 의거하여 보충함.
344) 其一: 저본에는 빠져 있으나 가, 나본에 의거하여 보충함.
345) 屦: 가, 나본에는 '履'로 되어 있음.
346) 上: 저본에는 '像'으로 나와 있으나 가, 나본에 의거함.
347) 其二曰: 저본에는 빠져 있으나 가, 나본에 의거하여 보충함.
348) 春: 저본에는 '靑'으로 나와 있으나 가, 나본을 따름.
349) 我: 저본에는 '夜'로 나와 있으나 가, 나본을 따름.
350) 止: 나본에는 '知'로 되어 있음.

紳間. 亂後, 不自料生[351], 或爲衛將所書員, 扈衛中殿次邃安, 時雪霽, 溪山之勝倍之. 扈從諸官, 使希慶賦之, 其[352]詩曰: '扈衛遼陽古郡城, 風飄瓊屑洒林坰. 村童莫厭埋樵逕, 天爲行宮[353]作玉京.' 又嘗遊龍門山, 同遊儒生, 馬上使希慶賦[354]之, 其詩曰: '山含雨氣水含烟, 靑草湖邊白鷺眠. 路入海棠花下轉, 滿地香雪落揮鞭.' 初時尙好禮, 謂希慶知禮, 士夫家以禮治喪者, 邀以問禮. 及亂後, 俗不[355]好禮, 凡長安有喪者, 知與不知, 輒使之裁喪服, 希慶處賤不得辭. 年七十, 爲喪家役夫, 飢走哭泣中[356], 識者哀之.

3-56.

鄭磏兒時, 隨長者[357]遊江閣, 望見汀沙之間, 有兩物[358]依依而來. 或曰: "人也." 或曰: "鷺也." 忽聞橫笛之聲, 始覺而[359]爲人. 長者[360]使磏賦之, 磏應聲口占, 曰: '遠遠沙上人, 初疑雙白鷺. 臨風忽橫笛, 寥亮江天暮.'

3-57.

蔡壽有孫, 曰'無逸', 年纔五六歲, 壽夜抱無逸而臥, 先作一句, 詩曰: '孫子夜夜讀書不.' 使無逸對之, 對曰: '祖父朝朝藥[361]洒猛,'

---

351) 料生: 가, 나본에는 '聊生'으로 되어 있음.
352) 其: 저본에는 빠져 있으나 가, 나본에 의거하여 보충함.
353) 宮: 저본에는 '官'으로 나와 있으나 가, 나, 다본에 의거함.
354) 賦: 가, 나본에는 '韻'으로 되어 있음.
355) 不: 나본에는 '猶'로 되어 있음.
356) 哭泣中: 가본에는 '哭道中'으로 되어 있음.
357) 長者: 마본에는 '諸長老'로 되어 있음.
358) 物: 마본에는 '白物'로 되어 있음.
359) 而: 가본에는 '其'로 되어 있음.
360) 長者: 마본에는 '諸長者'로 되어 있음.

壽³⁶²⁾又於雪中, 負無逸而行, 作一句, 曰:'犬走梅花落.'語卒, 無逸對曰:'鷄行竹葉成.'

3-58.

詩關風敎, 非直哦咏物色耳³⁶³⁾. 古者, 木鐸者采之, 而載之風雅, 至唐時, 猶有此風. 杜詩曰:'采詩倦跋涉, 載筆尙可記³⁶⁴⁾. 高歌激宇宙, 凡百愼失墜.'註者曰:"公謂采詩之官倦於跋涉, 而不采吾詩, 吾之詩如史官載筆, 尙可備史之失墜也."然則唐之時, 猶有采詩之官也歟! 今者, 閔相國夢龍, 斥詩人曰:"作詩者, 多諷時事, 或成³⁶⁵⁾白眼, 或致詩案之患, 宜不學也."非無才也, 而終身不作一句詩. 鄭尙書宗榮, 亦戒子孫不學詩. 余以爲兩公³⁶⁶⁾雖善身謀, 殊無古人三百篇遺義也. 近世, 奸³⁶⁷⁾臣金安老, 搆新亭于東湖, 扁曰'保樂堂', 求申企齋光漢詩, 企齋辭不獲, 贈詩曰:'聞說華堂結搆新, 綠窓丹檻照湖濱. 風光亦入陶甄手³⁶⁸⁾, 月笛還宜錦繡人. 進退有憂公保樂, 行藏無意我全眞. 烟波點檢須閑熟, 更與何人作上賓?'其詩多含譏諷, 其曰'聞說'者, 明其不自往見也. 其曰'風光亦入陶甄手'者, 明其朝家庶政及江山田土, 皆入陶甄之手也. 其曰'月笛還宜錦繡人'者, 明其繁華之事³⁶⁹⁾, 不宜於風月, 宜於富貴人也. 其曰'進

---

361) 藥: 가본에는 '飮'으로 되어 있음.
362) 壽: 저본에는 빠져 있으나 가본에 의거하여 보충함.
363) 耳: 저본에는 빠져 있으나 나본에 의거하여 보충함.
364) 記: 나본에는 '絶'로 되어 있음.
365) 成: 나, 다본에는 '來'로 되어 있음.
366) 公: 저본에는 '人'으로 나와 있으나 나, 다본에 의거함.
367) 奸: 저본에는 '姦'으로 나와 있으나 나, 다본을 따름. 서로 통함.
368) 手: 저본에는 '寺'로 나와 있으나 나, 다본에 의거하여 바로잡음.
369) 之事: 나본에는 '木'으로 되어 있음.

退有憂公保樂'者, 明其古人進退皆有憂, 安老[370]獨保其樂, 不與民共之也. 其曰'行藏無意我全眞'者, 明其無意進退於此時, 自全其節也. 其曰'更與何人作上賓'者, 明其我不願作上賓於其堂, 更有何人附勢者爲渠賓客乎? 此詩句句有深意, 千載之下, 可以暴白君子之心也. 安老亦深於文章, 豈不知其意? 然而終不害者, 恐爲時賢口實, 而不欲露其隱也.

3-59.

東湖設讀書堂, 錄文學之士賜暇讀書, 參其選者, 必才望俱隆. 李誠中出[371]入其選, 有才不足之稱, 有一先生曰: "誠中有詩, 曰[372]: '紗窓近雪月, 滅燭延淸輝. 珍重一樽酒, 夜闌猶未歸.' 其詩如此, 不可不選." 以是參其錄. '滅燭延淸光[373]', 乃李白之句, 而四句中一句, 是古詩, 誠中可謂'三句書堂'也. 南省身將薦翰林, 多異議, 柳瀟爲副提學, 謂翰林先生曰: "南生嘗有四韻詩, 其聯四句曰: '一萬二千峰上路, 壬寅庚子年間行. 風烟眼[374]底至今色, 笙鶴空中猶舊聲.' 爲此詩者, 獨不爲翰林乎?" 以是參其選, 省身可謂'四句翰林'也.

3-60.

李後白, 未釋褐時[375], 犯路於觀察使, 曳致營門, 自道儒生. 觀察使喚韻[376]使賦之, 其詩曰: '斷橋斜日眩西東, 撲面塵沙捲夕風. 誤

---

370) 老: 저본에는 '樂'으로 나와 있으나 나본을 따름.
371) 出: 다본에는 '亦'으로 되어 있음.
372) 曰: 저본에는 빠져 있으나 가, 나본에 의거하여 보충함.
373) 光: 다본에는 '輝'로 되어 있음.
374) 眼: 다본에는 '到'로 되어 있음.
375) 時: 저본에는 빠져 있으나 나본에 의거하여 보충함.
376) 韻: 저본에는 빠져 있으나 가, 나본에 의거하여 보충함.

觸牙旌知不恨, 浪仙從此識韓公.' 觀察使大喜[377]賞之, 遂與相善.
後登第爲御史湖南, 至南原府, 府[378]以妓末眞薦枕, 頗繾綣惜別而
去. 至谷城, 遇雨滯三日, 有詩, 曰: '御史風流似牧之, 靑樓昨過帶
方時. 春心至老消難盡, 翠袖侵晨淚欲滋. 江水無情移畵舫, 角聲
如怨送征旗. 浴川三日留人雨, 堪[379]笑天公見事遲.' 帶方南原古
號, 浴川谷城別號.[380] 後爲吏曹判書, 一切用公道, 不聽人求, 有一
人來求官, 公出[381]示私簿, 曰: "初欲以公除官錄之, 今[382]惜其求也."
遂一筆句之. 自此, 人無敢以私干公, 門庭寂無事焉[383]. 及爲咸鏡
道觀察使, 惡邊將侵漁軍卒, 軍卒有訴其將不法, 輒罪其將, 自此,
軍律陁墜. 李濟臣爲北道兵使, 遇尼湯介賊胡之變, 士卒不徇其將
節制, 卒致慶源之陷, 濟臣竄死義州. 北民咎後白而惜濟臣也.[384]

3-61.

吳謙爲光州牧使, 奇高峯大升, 李靑蓮後白, 皆在南中, 文章俱
冠當世. 謙欲邀爲士林奇會, 預飭州吏, 一新妓女綵衣華粧, 盛陳
宴, 俱大觀而請之. 奇·李一時偕至, 酒半酣, 謙執酌[385], 曰: "今日
之請兩君, 非爲作一場閑[386]話叙情, 素較盃觴而止也. 謙自在京華,

---

377) 喜: 가, 나본에는 '嘉'로 되어 있음.
378) 府: 저본에는 빠져 있으나 나본에 의거하여 보충함.
379) 堪: 가, 나본에는 '可'로 되어 있음.
380) 帶方南原古號, 浴川谷城別號: 저본에는 빠져 있으나 가, 나본에 의거하여 보충함.
381) 出: 저본에는 빠져 있으나 가, 나본에 의거하여 보충함.
382) 今: 저본에는 빠져 있으나 가, 나본에 의거하여 보충함.
383) 無事焉: 가본에는 '無車馬云'으로 나본에는 '無車馬'로 되어 있음.
384) 及爲咸鏡道觀察使 … 北民咎後白而惜濟臣也: 저본에는 빠져 있으나 나본에 의거하여 보충함.
385) 酌: 가, 나본에는 '酳言'으로 되어 있음.
386) 閑: 저본에는 '開'로 나와 있으나 가, 나, 다본을 따름.

服兩君宗匠儒林, 欲成騷壇之白戰, 爲百年翰墨之壯觀也. 願兩君無讓." 奇於卽席, 令少妓磨墨張牋, 走[387]筆書七言四韻律八篇, 字不加點, 揮翰如飛. 李又積華牒[388], 齊肩恣豪揮洒, 教坊八十餘妓, 各有所贈, 長篇短篇律詩古詩, 隨意而就, 各盡歡而罷. 又於翌日, 謙盡去華盛之具, 就別齋, 略設盂盤, 酒微醺, 謙又請曰: "昨日快觀兩君詩戰, 願今日細論千古, 各罄平生睍[389]記." 李最熟綱目, 除表表著顯者外, 至於百五十冊中微章小句, 無不應口而誦. 奇又取『綱目』中李所論難者, 能擧本紀・本傳所從來, 旁通諸家大小說, 觸處成誦, 或全篇, 或數十行, 略盡文字, 無不貫穿, 羅列於目前. 謙離席[390]而拜, 曰: "昨日之戰, 季眞能克明彦, 今日之戰, 明彦能捷季眞. 昨今兩日之會, 眞士林絶代之勝事, 雖陳洞庭之鈞天廣樂, 月殿之霓裳羽衣, 不多於光州之宴也."

## 3-62.

鄭湖陰士龍, 與魚叔權學官驩甚, 叔權謂士龍曰: "閣下雖善文章, 至於精解古文, 殊不如小生." 士龍曰: "豈其然乎? 請嘗試之." 遂隨手取架上書, 開杜牧之「阿房宮賦」, 叔權問: "鼎鐺玉石, 金塊珠礫, 何謂耶?" 士龍曰: "鼎與鐺, 玉與石, 金之塊, 珠之礫也." 叔權曰: "不然. 言秦視鼎如鐺, 玉如石, 金如土塊, 珠如沙礫也." 士龍曰: "然." 叔權曰: "使負棟之柱, 多於南畝之農夫; 架樑之椽, 多於機上之工女; 釘頭磷磷, 多於在庾之粟粒; 瓦縫參差, 多於周身

---

387) 走: 저본에는 '注'로 나와 있으나 나본을 따름.
388) 牒: 가, 나본에는 '牋'으로 되어 있음.
389) 睍: 가, 나, 다본에는 '覩'로 되어 있음.
390) 離席: 나본에는 '移席'으로 되어 있음.

之帛縷; 直欄橫檻, 多於九土之城郭; 管絃嘔啞, 多於市人之言語, 何謂耶?" 士龍曰: "皆言其多也." 叔權曰: "不然. 言無用之物多於有用之物也." 士龍曰: "然." 俄而, 有小兒挾『十九史略』, 趁而過, 使之前, 開卷得'祖逖聞雞起舞事', 叔權問曰: "中夜聞雞, 何以曰'此非惡聲', 而至於起舞也?" 士龍曰[391]: "言世方亂, 何以沈睡至夜半耶? 聞雞早起, 此非惡聲也." 叔權曰: "不然. 古書曰[392]: '夜雞鳴則世必亂.' 故『莊子』曰: '解獸[393]之群鳥, 皆夜鳴.' 李白詩曰: '群鳥皆夜鳴.' 言世亂也. 逖幸難人也, 知世將亂, 故喜而舞也." 士龍憮然應曰: "然然." 頗有慙色.

## 3-63.

高敬命, 字而順, 在光州閑居時, 徐益爲隣郡太守. 有一僧, 與益相厚, 留其邑[394]許多日. 將向光州, 干謁于敬命, 益曰: "吾當某日往省高君, 寄聲丁寧." 僧如光州, 謁敬命, 而[395]仍致益辭, 敬命頗待之款, 次卷中詩與之[396], 仍曰: "徐君近日作何詩?" 曰: "作四韻詩四首矣." 曰: "爾記其韻乎?" 曰: "能記之. 蓋以'雲'·'濆'等字爲韻也." 敬命意以爲, '君受若來, 必以詩酒挑戰, 揣其才, 不能臨場卒應, 必預搆若干首, 要以窘我, 所謂四首, 必其日酒場之需也.' 敬命亦用其韻, 預搆[397]六首以待之. 至[398]其日, 益果載酒, 如期而至

---

391) 曰: 저본에는 빠져 있으나 가, 나본에 의거하여 보충함.
392) 曰: 저본에는 빠져 있으나 가, 나본에 의거하여 보충함.
393) 獸: 저본에는 '戰'으로 나와 있으나 가, 나본에 의거하여 바로잡음.
394) 邑: 다본에는 '衙'로 되어 있음.
395) 而: 가, 나, 다본에는 '已'로 되어 있음.
396) 與之: 저본에는 빠져 있으나 가, 나본에 의거하여 보충함.
397) 搆: 저본에는 빠져 있으나 가, 나본에 의거하여 보충함.
398) 至: 저본에는 빠져 있으나 나본에 의거하여 보충함.

矣. 酒半酣, 盦曰:"釣鯉者以鰕[399], 卽鹿者以田[400], 我當[401]先之." 遂
書五言律四韻一首, 卽僧所稱韻也. 敬命有若搆思者, 遂和一首, 盦
復用其韻, 敬命卽次之. 如是者, 已盡四首矣. 仍以巨盃相屬, 已經
累巡, 猶不至亂. 敬命曰:"禮無不答, 我亦有以酬之." 又押其韻,
有曰:'幽芳窮[402]谷裡, 怪物大江濱.' 餘忘之矣. 盦憚之, 瞑目投盃,
陽[403]若沈醉, 托以起旋, 使侍婢牽之, 已拂衣乘馬而去矣.


3-64.

柳根按節湖西時, 與[404]諸倅大宴于拱北樓, 徹夜酣樂. 醉興方濃,
忽聞鷄鳴聲, 問曰:"此何聲也?" 蓋嫌其夜已向曙也. 有妓陽臺雲,
故對之曰:"此乃江邊白鷺聲也." 根喜其所對迎合己意, 稱其才慧,
仍令座中賦詩. 洪鸞祥文士也, 時以文義倅, 亦與焉, 先占一絶,
曰:'酒半高樓畫燭明, 錦城管絃[405]正轟轟. 佳人恐敗風流興, 笑道
鷄聲是鷺聲.' 方伯覽而稱賞, 一時膾炙. 湖西士人, 以末句作爲詩
題, 多有賦之者云.


3-65.

曩者, 我國士林之禍荐仍, 士多放誕自點. 有鄭子唐者, 士人也,
雅性豪逸, 文才寡儔. 時宰相家園有名梨, 秋顆方熟, 子唐與友生,
夜遊園外, 相與言曰:"孰偸是梨者?" 子唐曰:"我能之." 僉曰:"相

---

399) 鰕: 가, 나본에는 '蝦'로 되어 있음. 서로 통함.
400) 田: 저본에는 '油'로 나와 있으나 가, 나본에 의거함.
401) 當: 저본에는 빠져 있으나 가, 나본에 의거하여 보충함.
402) 窮: 저본에는 '穹'으로 나와 있으나 가, 나, 다본에 의거함.
403) 陽: 나본에는 '佯'으로 되어 있음. 서로 통용됨.
404) 與: 저본에는 빠져 있으나 라본에 의거하여 보충함.
405) 管絃: 가, 나, 다본에는 '絲管'으로 되어 있음.

國性暴, 婢僕有過, 可笞輒殺之. 若見露, 逢彼之辱[406], 必不細, 奈何?" 子唐曰: "吾何畏彼哉?" 遂赤身佩布囊, 踰墻攀樹, 摘梨子, 方盈囊. 時月色如晝, 相國家適有尊客至, 命鋪筵梨樹下翫月, 令侍婢進盃盤. 酒累行, 侍婢至賓前稱觴, 不覺失笑, 相國大怒, 使蒼頭奴牽出, 訊之曰: "尊客前, 何敢失聲而笑?" 婢跪而對曰: "失禮罪當死, 偶見樹上有人裸體, 愚女性輕, 不敢言而密笑之." 相國仰視之大驚, 號之使下, 子唐下樹長揖, 傍若無人. 問其姓名, 曰: "鄭子唐!" 時子唐文聲藉甚, 貴賤無不聞者, 相國叱之曰: "若夜越人墻偸果, 無行甚, 如果士人, 宜以文字自贖." 姑令新鬼禮見, 命負手而立, 俛首去地[407]一寸, 以'新凉入郊墟'爲題, 作八角律賦. 子唐連[408]呼不輟, 須臾成一篇, 賓主大嘉賞之, 下席延之上座, 終夜歡飮而罷. 其賦有曰: '蘇子瞻讀書窓畔, 松風山雨夜浪浪[409]. 白樂天送客江頭, 楓葉荻花秋瑟瑟.' 其餘忘不記, 膾炙當時, 至今傳寫東人冊子. 後子唐登第, 爲弘文館正字, 過市上, 有一女坐窓內, 煮綠豆油餠, 列于窓外盤上. 子唐欲之, 下馬拔簾中荻竿, 潛立門側, 釣而食之. 旣主女煮餠訖, 出視之, 一盤空矣. 大驚叫罵隣人, 隣人咸曰: "門外持竿客可疑." 遂牽其裾, 悠辭慢罵, 子唐笑曰: "吾性只嗜餠, 不喜飮酒, 主人乎莫牽我衣!" 及子唐被謫, 宿于江上[410], 夢見至尊, 感而爲之, 詩曰: '情裡佳人夢裡逢, 相驚憔悴舊時[411]容. 覺來身在高樓上, 風打空江月隱峯.' 未幾而逝.

---

406) 辱: 나본에는 '怒'로 되어 있음.
407) 地: 가, 다본에는 '冠'으로 되어 있음.
408) 連: 나본에는 '續'으로 되어 있음.
409) 浪浪: 나본에는 '琅琅'으로 되어 있음.
410) 上: 저본에는 빠져 있으나 나본에 의거하여 보충함.
411) 時: 나본에는 '顔'으로 되어 있음.

## 3-66.

李洪男, 與羅世纘相酬唱, 以簫字爲韻, 逐句[412]下書李羅, 最末李[413]次簫字, 曰: '羅李李羅羅李李, 兩人相作太平簫.' 羅世纘[414]遂却筆. 余每奇其句, 後得『太平廣記』于中原, 羅李爲簫之語, 出自唐人. 洪男兒時有才名, 長者指半月呼韻, 其韻[415]以魚字極難, 洪男卽應口而號曰: '半壁依稀出海魚.' 又呼蛆字[416], 復卽對曰: '薄醬淸影照浮蛆.' 其才之早成如此. 我國文章之士, 皆攻『太平廣記』, 故洪男早從事[417]於斯.


## 3-67.

趙士秀, 與洪暹·趙彦秀·鄭惟吉·鄭士龍, 會飮于其家後松崗. 士龍於卽席題詩, 曰: '嘉招不合到衰翁, 表裡城闉眺望通. 驄御直凌重嶺上, 笙歌還訪[418]百花中. 名留[419]峴首傳應遠, 詩到臨川語更工. 酬了一春知有債, 莫敎紅綠旋成空.' 主人士秀, 卽席次韻, 其餘皆翌日追述, 皆[420]在松崗家壁上. 亂後, 其孫右尹趙存世, 或記存諸公末句, 惟吉則曰: '却恐[421]明朝太史奏, 嚴家星象聚遙空.' 士秀則曰[422]: '莫怪夜深禁燭跋, 明朝風雨一春空.' 暹則曰: '壁間華篇響摩

---

412) 句: 가, 나본에는 '篇'으로 되어 있음.
413) 李: 저본에는 빠져 있으나 가, 나, 다본에 의거하여 보충함.
414) 世纘: 저본에는 빠져 있으나 가, 나본에 의거하여 보충함.
415) 其韻: 저본에는 빠져 있으나 가, 나본에 의거하여 보충함.
416) 字: 저본에는 '者'로 나와 있으나 가, 다본을 따름.
417) 事: 저본에는 빠져 있으나 가, 나, 다본에 의거하여 보충함.
418) 訪: 마본에는 '放'으로 되어 있음.
419) 留: 마본에는 '遣'로 되어 있음.
420) 皆: 저본에는 빠져 있으나 마본에 의거하여 보충함.
421) 恐: 마본에는 '見'으로 되어 있음.
422) 曰: 저본에는 빠져 있으나 마본에 의거하여 보충함.

空.' 其餘則[423] 都不得記. 後考『湖陰集』,「三月下旬, 松岡邀余, 及退之'伯高吉元登眺後麓'爲題」云, 余意,[424] 然湖陰末句'紅綠旋成空', 不佳, 三月之後, 綠亦空耶?

3-68.

成好善·柳克新, 善雄辯, 相與論文章[425], 好善曰: "文章如成家舍, 高大如鍾樓, 四無墻壁, 人之處之者必傷寒; 軍堡雖小, 四壁藏修, 則人之處之者不傷寒." 克新曰: "子何以傷寒稱? 願子以避暑言之." 一時皆以爲名言.

3-69.

夫文章之傳世不朽, 古之語到今猶存者, 皆其精鍊無疵, 蓋範於來世. 而抑其中, 孝子慈孫, 世爲傳家珍翫, 猶彛鍾古器破殘缺, 頓不中於日用, 他人視之尋常, 而其家藏之十襲, 壽之百歲, 豈不貴乎哉? 吾表弟閔應時, 來示余囊中數紙, 卽其玄王祖考閔孝悅·高王祖考閔泮所製詩文也. 其子孫雖不文, 其天性純孝, 世守家藏, 屢經兵火喪亂, 而不失於數百年之間, 亦後世所罕也. 余亦忝外孫之後, 觀其詩文, 典雅可傳於世, 故錄于左. 孝悅文科, 泮司馬壯元, 早歲補蔭, 不得中正科, 皆官至腰金.

3-70.

「新樓北軒記」. "辛巳夏, 余新到任, 見蓮亭與公廨頹圮, 慨然有

---

423) 則: 저본에는 빠져 있으나 마본에 의거하여 보충함.
424) 後考湖陰集 … 余意: 저본에는 빠져 있으나 마본에 의거하여 보충함.
425) 章: 저본에는 '草'로 나와 있으나 가, 나, 다본에 의거함.

重修之志. 適國家方務更張, 如量田戶籍號牌等事, 至多, 委任朝
官, 蓦布州郡, 爭先集事, 日夜催督, 急於星火. 中外官吏惴惴焉,
惟恐後期而獲戾矣, 奚暇復修公廨乎? 旣在任數月, 聚吏民訪便
否, 吏民皆憚無以應, 或有訕笑者. 余以多方反覆引喻, 是年秋始
役, 此地平衍村不産, 分遣京外寸寸而取之, 又重其民力, 只役官
屬, 不絶績縷之極, 踰年而棟宇乃成. 於此, 向之憚與笑者, 皆喜相
趁赴役. 自是, 曰'西軒', 曰'鄕校齋', 曰'公須廳', 頹圮尤甚, 漸次增
修, 三年而公廨粗完, 予亦遞去, 工未訖. 然樓池制度, 雖未極其壯
麗, 其開豁淸爽, 足以滌煩熱而寧使命矣. 噫! 余之用心苦矣, 工役
之艱亦甚矣. 然不覩舊亭之廢, 無以知今日之功, 不經工役之艱,
無以知前日之勞. 自今, 踵余分符者, 登眺於斯, 宴樂於斯, 果念吾
用心之勤經營之艱. 凡工之未完, 事之未就者, 卒能有成乎? 如或
困於薄書沈於盃酒, 坐視傾圮, 莫之動心, 則使吾九仞之功, 虧於
一簣矣, 豈吾今日期望之意乎? 天順七年癸未九月初吉, 府使驪江
閔孝悅記." 閔同知泮詩, '獨坐村庄計萬端, 滿簷風雨送冬寒. 破愁
只用三盃酒, 換骨何曾九鼎丹. 跨馬幾人馳紫陌, 倚窓終日賞靑
巒. 酷憐古老來相飮, 月上東隅夜已闌.'

## 3-71.

林亨秀, 早年能文章, 爲時輩所推, 爲文操筆立成, 一揮數千言.
爲人豪邁[426]使氣, 群少側目[427]. 時陳復昌挾權肆毒, 網打賢流, 惡
亨秀才名出己上, 陰中之, 竄之關北, 除會寧判官. 會寧別號鰲山,
有「鰲山歌」, 其地人至今傳誦之. 其歌曰: '鰲之山兮天一方, 北連

---

[426] 豪邁: 나, 마본에는 '豪逸'로 되어 있음.
[427] 目: 나본에는 '耳'로 되어 있음.

沙$^{428)}$漠南海洋. 干戈幾年征戰場? 至今白骨堆陵崗. 英雄事業信恢弘$^{429)}$, 坐見荊棘爲康莊. 版籍今收$^{430)}$戎虜鄕, 春光大烈凌穹蒼. 繼起豪俊何洸洸? 宰割山河籌策良. 臨江亭障制跳梁, 築城萬里連海長. 吾王聖德邁唐虞, 仁威遠曁包戎羌. 彤階稽顙自梯航, 戰士放戈歸耕桑. 去歲邊民$^{431)}$罹旱荒$^{432)}$, 扶老携幼行且僵. 子孤夫$^{433)}$鰥女又孀, 九重惕惕宸心傷. 疇能體余醫民恙$^{434)}$, 往哉汝欽臣兢惶. 再拜稽首辭明光, 感荷天恩雙涕滂. 東郊征馬忽騰驤, 腰間尺劍搖寒鋩. 離亭車馬如堵墻, 摻$^{435)}$袂折柳飛瓊觴. 曲曲陽關唱妙娘, 瓊琚百篇需行裝. 新秋物色轉凄凉, 欲去未去仍彷徨. 關山迢遞不可望, 路轉圻甸魂飛揚. 毋兮麋鹽$^{436)}$不遑將, 陟屺$^{437)}$有淚垂寒眶. 弭節山椒馬飮塘, 二縣言邁投淮陽. 峨峨鐵關高太行, 嶺路百折摧車輈. 窮山雷雨忽雱雱$^{438)}$, 乾坤晝晦$^{439)}$愁倀倀. 富野微茫暮雲霙, 鶴樓秋月搖光芒. 岐陽何處謁周昌, 湧珠千年餘舊坊. 文道$^{440)}$十室官道傍, 籬落蕭條民物戕. 雙城東畔海泱泱, 高樓望京羅紅粧. 鼻白山前秋草黃, 鶴仙亭下行人忙. 咸山佳氣鬱興王, 樓臺金碧相輝煌. 場留擊毬想龍章, 洞訖兎鼠哀螳螂. 天兵神算$^{441)}$何可量? 西夷

428) 沙: 나본에는 '朔'으로 되어 있음.
429) 弘: 나본에는 '張'으로 되어 있음.
430) 收: 저본에는 '牧'으로 나와 있으나 나본에 의거함.
431) 民: 나본에는 '氓'으로 되어 있음.
432) 荒: 나본에는 '蝗'으로 되어 있음.
433) 夫: 저본에는 '失'로 나와 있으나 나본에 의거함.
434) 恙: 나본에는 '痒'으로 되어 있음.
435) 摻: 저본에는 '穆'으로 나와 있으나 나본에 의거함.
436) 鹽: 저본에는 '䭔'로 나와 있으나 나본에 의거함.
437) 屺: 저본에는 '此'로 나와 있으나 나본에 의거함.
438) 雱雱: 나본에는 '雰雰'으로 되어 있음.
439) 晦: 저본에는 '夜'로 나와 있으나 나본을 따름.
440) 道: 나본에는 '高'로 되어 있음.

北狄怨成湯. 路峻函關森橡⁴⁴²⁾樟, 城雄三撒排營廂. 侍中臺上爲倘伴, 孼臣如何自招殃. 川原草木染殷盍, 只⁴⁴³⁾今折戟埋戰場. 端山含⁴⁴⁴⁾輝寶玉藏, 萬錢絡繹來胡⁴⁴⁵⁾商. 二嶺崔崔揷天央, 人僵馬仆愁羊腸. 嶺上哦詩驚玉皇, 巨靈瑟縮藏山房⁴⁴⁶⁾. 山後山戎接界壃, 占勢列鎭⁴⁴⁷⁾嚴關防. 雄城自古民豪强, 邇來掊克官多贓. 貪泉未遣夷齊嘗, 莫怪薏苡讒言彰. 白山皓皓⁴⁴⁸⁾參天閶, 六月飛雪隨輕颺. 東臨鏡府屹城隍, 貙豻萬甲羅斧斨. 桓桓元帥儼⁴⁴⁹⁾高堂, 延客置酒陳笙簧. 徘徊登眺歎莫⁴⁵⁰⁾喪, 議割舊壃何其怯. 龍城爲界計未臧, 孰主張是吾未詳. 寧山北去路低昂, 入境按轡心茫茫. 咨嗟問俗感流亡, 父老欣迎羅酒漿. 橐鞬萬騎驅⁴⁵¹⁾彭彭, 紅旗前導隨風颺. 譙樓帳幕照紅裳, 將軍出迎羅刀槍⁴⁵²⁾. 行廚玉盤斫鯠魴, 錯以鹿胎而熊肪. 文筵秩奏琴瑟鏘⁴⁵³⁾, 金樽潋灩羅浮香. 洪恩遠覃雨露瀼, 飢變爲飽災爲祥. 日雨而雨暘而暘, 滿疇華實秋穰穰. 昇平百年足稻粱, 刁斗不驚民無瘡. 江流豆滿去湯湯, 山馳白頭來回翔. 斡木之河可濯湘⁴⁵⁴⁾, 雲頭古嶫圍山旁⁴⁵⁵⁾. 雄藩自古壯保障, 駕御胡羯如牛羊.

---

441) 算: 저본에는 '籌'로 나와 있으나 나본을 따름.
442) 橡: 저본에는 '預'로 나와 있으나 나본을 따름.
443) 只: 나본에는 '至'로 되어 있음.
444) 含: 저본에는 '合'으로 나와 있으나 나본에 의거함.
445) 胡: 저본에는 '明'으로 나와 있으나 나본에 의거함.
446) 房: 저본에는 '傍'으로 나와 있으나 나본을 따름.
447) 鎭: 나본에는 '陣'으로 되어 있음.
448) 皓皓: 나본에는 '鎧鎧'로 되어 있음.
449) 儼: 나본에는 '嚴'으로 되어 있음.
450) 歎莫: 나본에는 '欲得'으로 되어 있음.
451) 驅: 나본에는 '馳'로 되어 있음.
452) 槍: 저본에는 '鎗'으로 나와 있으나 나본을 따름.
453) 鏘: 저본에는 '瑲'으로 나와 있으나 나본을 따름.
454) 湘: 나본에는 '緗'으로 되어 있음.

紅腐千倉更萬箱, 劍戟燿日凝淸霜. 有儼[456]文廟翼序庠, 再拜展謁
鳴佩璜. 吾道何曾間遐荒, 遺敎徧及扶彝綱. 窮邊戎馬日劻勷, 更
喜讀書聲琅琅. 吏民不知太守狂, 共道玉皇香案郞. 供奉何曾衰職
匡, 遠邇活我恩波汪. 嗟余懶性本披猖, 惟爾依望何敢當? 早年落
拓形倡佯, 敢與聖朝[457]期登皷. 長安酒肆典翻鸘, 充腹藜莧甘如餳.
十載如今落名韁, 泉石尙未醫膏肓. 江湖端合駕舟艎, 一生契[458]活
隨烏檣. 製芰荷兮飯菰蔣, 載明月兮聽鳴榔[459]. 不然歸分南畝秧,
荷鋤帶婦治莠稂. 到老辣性任桂薑, 甘與斥鷃[460]槍楡枋. 收取殘
齡[461]寄芩菖, 遠離塵世喧蜩螗. 不分富貴登巖廊, 上佐堯舜來麟鳳.
羅前八珍餕炰[462]牂, 珠襦玉匣歸北邙. 只緣吾方血氣剛, 昭世不敢
歌雪雱. 自愧才難任枊枨, 作鉤恨不如直[463]鋼. 强撑孤艇濟瞿塘,
却怕移文有德璋. 聖恩何幸不篏糠, 不才久容盜太倉. 金墀玉殿漫
鳴璫, 佝默常慙賢路妨. 謭薄何曾[464]與贊襄, 庶幾一飭如松篁. 寄
我耳目恩非常, 此身未死何嘗[465]忘? 平生文墨謾趨蹌, 軍旅之事初
未遑. 詩書安敢鎭豺狼, 幸賴吾王勤外攘. 更策駑鈍戒交相, 聖主
洪恩期一償. 庶令赤子養于孃, 共躋壽域無夭殤. 春日宜蠶女執
筐, 夏日宜稼男把穰. 夫耕婦織各自償, 幸無刑肉醫眼瘡. 歲稔無

---

455) 旁: 나본에는 '房'으로 되어 있음.
456) 儼: 저본에는 '嚴'으로 나와 있으나 나본을 따름.
457) 朝: 나본에는 '明'으로 되어 있음.
458) 契: 나본에는 '計'로 되어 있음.
459) 榔: 저본에는 '鄕'으로 나와 있으나 나본에 의거함.
460) 鷃: 나본에는 '鶸'으로 되어 있음.
461) 齡: 저본에는 '岭'으로 나와 있으나 나본에 의거함.
462) 炰: 저본에는 '飽'로 나와 있으나 나본에 의거함.
463) 直: 나본에는 '眞'으로 되어 있음.
464) 何曾: 저본에는 '曾荷'로 나와 있으나 나본을 따름.
465) 嘗: 나본에는 '敢'으로 되어 있음.

勞焚巫尫, 賦均且莫歌隰萇. 神祇垂休飫饘蘸, 滿車汗[466]邪惟我穰.
齊民有食軍有糧, 兵車百年無搶攘. 列陣諸將聯佩纕, 轅門日日相
娛康. 烏號彎月較穿楊, 殷地畫鼓聲鎗鎗. 牽黃臂蒼跨驌驦, 銀鞍
玉鐙[467]金鏤錫. 驚弦落鵰下鶖鶬, 陰山一發雙麕獐. 制勝亭上倚胡
床, 江山如畫開縑絅. 馳來繫柳馬駉駉, 狎坐紅[468]顏如海棠. 黃金
美酒炙肥腸, 爛醉歌舞陳伶倡. 朋友[469]隨處償年芳, 收拾美景盈奚
囊. 何人窓底怨鳴螿? 香閨夢裡愁鴛鴦. 鳴弓彈劍歌慨慷, 幸我鬢
髮等滄浪. 期將養馬而峙粻, 撫背單于振其吭. 漢廷無賴送王嬙,
永洗甲兵傾天潢. 歸拜北闕玉珮聲瑲瑲[470].' 其歌瞻雄奇麗, 押韻無
窘束, 可傳於後. 惜乎! 以如此之才, 竟死非命, 後[471]自濟州牧使,
中路賜死. 自憤以文才見忤奸人, 卒死不辜, 遺言其子孫, 勿令讀
書. 其子爲人醇慤, 不識一字, 乃其遺訓然也, 惜哉[472]!

3-72.

中國多半字[473], 多[474]變字體, 去繁取簡, 殊非[475]古道. 以觀爲观,
以猶爲犹, 以邊[476]爲过, 以雜爲襟, 如此等字, 其類甚夥, 不可殫
記. 我國御覽文字, 亦有呇表木紙, 木者休之半字, 棄紙之謂也. 官

---

466) 汗: 나본에는 '汚'로 되어 있음.
467) 鐙: 나본에는 '磴'으로 되어 있음.
468) 紅: 저본에는 '好'로 나와 있으나 나본을 따름.
469) 友: 나본에는 '遊'로 되어 있음.
470) 瑲瑲: 저본에는 '蹌蹌'으로 나와 있으나 나본에 의거함.
471) 後: 저본에는 빠져 있으나 나, 마본에 의거하여 보충함.
472) 其子爲人醇慤 … 惜哉: 저본에는 빠져 있으나 나, 마본에 의거하여 보충함.
473) 中國多半字: 가, 나, 라본에는 '中國人多書半字'로 되어 있음.
474) 多: 가, 나, 라본에는 '或'으로 되어 있음.
475) 非: 가, 나, 다, 라본에는 '失'로 되어 있음.
476) 邊: 나본에는 '過'로 되어 있음.

案政目懸某月日力, 力者動字之牛, 轉動政之謂也. 古者, 書籍極簡, 字有科斗·篆籀體, 以漆汁濡竹枝, 書于編簡, 畫畫艱滯, 宜夫文字[477]隨而簡省也. 後世文字浩漫, 不得已變篆[478]爲分, 變分爲隸, 變隸爲草, 其書之煩, 出連車軐[479], 入充樑壁, 猶不勝其多. 中世舍楷取草, 文字多謬, 大明高皇帝欲變其訛, 公文用草者, 論以不敬. 中國近來之書, 懲於草爲牛字, 蓋出於忽遽不得已也, 亦可[480]以觀世變也.

3-73.

或曰: "中國地名, 皆用文字, 詩人用以屬對. 如不夜城·無風塞, 黃牛峽·白馬江, 黃姑渚·白帝城, 黃草峽·赤甲山, 魚龍川·鳥鼠山[481], 烏蠻[482]·白狄·鳳池麟閣, 皆靑白爲配, 觸地而得之, 我國方音成地名, 不合於詩云云." 難之者曰: "是不然. 我國地號, 到處多偶. 至於牛峯·兎山, 靑山·黃澗, 龍岡[483]·魚川, 靑岩·碧沙, 羅州·錦山, 珍原·寶城, 豆毛·安骨, 燕岐·鴻山, 釜山·鉢浦, 鰲樹·鷄林, 老江·少農, 金井·石城, 木川·草溪, 陰城·陽川, 如此等處, 不可勝數. 以方言[484]稱之, 老奴項·背岩洞, 高嶺寺·求理街, 唐陂[485]巷·漢井洞, 彌助項·愁里嶺類, 隨地而在. 只以我國少詩人, 詩中[486]罕有是對,

---

477) 文字: 가, 나본에는 '文書'로 되어 있음.
478) 篆: 가본에는 '籀'로 되어 있음.
479) 軐: 가, 나, 라본에는 '軫'으로 되어 있음.
480) 可: 저본에는 빠져 있으나 가, 나, 다, 라본에 의거하여 보충함.
481) 山: 나본에는 '谷'으로 되어 있음.
482) 蠻: 저본에는 '辮'으로 나와 있으나 가, 나, 다본에 의거함.
483) 龍岡: 가본에는 '龍江'으로 되어 있음.
484) 方言: 나본에는 '方音'으로 되어 있음.
485) 陂: 저본에는 '坡'로 나와 있으나 나본에 의거함.
486) 詩中: 저본에는 빠져 있으나 나본에 의거하여 보충함.

或者語塞.

3-74.

中國之士, 讀書爲句, 而字·則字·於字, 皆屬下句之首, 故自古句絶在句上[487]. 我國之士[488]句讀也, 皆屬上句之末, 如屬下句而讀之者[489], 衆笑之以爲曲. 楚辭曰: '採三秀兮於山間.' 又曰: '雲溶溶兮而在下.' 若屬上文, 則何以兮字間之乎? 我國之人, 讀何則之則'音側, 何所據耶? 『莊子』文字'何則'二字間, 多間以也字, 然則何屬上, 則屬下可知. 獨近世洪至誠, 而則皆屬下句, 人咸笑之曰: "視茫茫, 而髮蒼蒼, 而齒牙動搖, 爲一句, 何若分三句讀之?" 余觀深山僧讀經, 雖短句三四言, 如有而則間其間, 必屬下而讀, 余甚[490]是之. 自此, 欲矯俗謬, '寬而栗, 直而溫, 入則孝, 出則悌, 依於仁, 立於禮.' 亦[491]屬下句而讀.

3-75.

金繼輝, 聰明罕今古, 讀書十行, 俱下一[492]過, 皆領略文字意義. 嘗爲全羅方伯, 牒訴數千張, 使善讀之吏數十人[493], 蟬噪蜂聒, 一時讀過, 皆覆其牒. 讀訖, 不問本旨, 只令反而題之, 辭意俱當, 不一[494]錯了. 如有疊呈者, 則問[495]其名, 輒發其姦, 百姓大異之, 咸以

---

487) 句上: 마본에는 '下句'로 되어 있음.
488) 士: 저본에는 빠져 있으나 마본에 의거하여 보충함.
489) 者: 저본에는 빠져 있으나 마본에 의거하여 보충함.
490) 甚: 저본에는 빠져 있으나 마본에 의거하여 보충함.
491) 亦: 저본에는 빠져 있으나 마본에 의거하여 보충함.
492) 一: 저본에는 빠져 있으나 가, 나, 마본에 의거하여 보충함.
493) 人: 저본에는 빠져 있으나 가, 나, 마본에 의거하여 보충함.
494) 一: 저본에는 빠져 있으나 가, 나, 다, 마본에 의거하여 보충함.

爲神. 赴中原通州, 路遇一人賣十九全史, 其卷六百, 一覽無不曉
然如燭照, 抽亂帙試之, 問無不應, 如瞭瞭目前. 又引市人, 取市中
異書, 宣言欲買, 衆皆連車[496]輸置館中, 繼輝一夜覽其書[497]. 翌日
給[498]曰: "價之不得買, 還之市." 市[499]中諸書, 旬日讀之殆盡, 對人
論說, 瑣瑣羅穿.

3-76.
李德馨爲李提督如松[500]接伴使, 軍中秘書累百言, 提督門子[501]潛
示, 德馨忙甚, 僅覽一遍, 催奪其帖而去. 德馨卽爲狀啓[502], 聞行
在, 後再得其本參之, 無一字謬.

3-77.
姜宗慶, 善記誦. 其妻弟申樴, 集雜字數百字, 字[503]字皆割, 而顚
倒雜糅之, 不屬文理. 一覽訖, 便取去, 使宗慶書之別紙, 取其本參
之, 不錯一字.

3-78.
盧蘇齋守愼, 謫珍島十九年, 冬則爲窟室而讀書, 無所不至,[504]

---

495) 問: 다본에는 '聞'으로 되어 있음.
496) 車: 저본에는 빠져 있으나 가, 나, 다, 마본에 의거하여 보충함.
497) 書: 마본에는 '盡'으로 되어 있음.
498) 給: 저본에는 '乃'로 나와 있으나 나, 다, 마본을 따름. 가본에는 '始'로 되어 있음.
499) 市: 저본에는 빠져 있으나 가, 나, 마본에 의거하여 보충함.
500) 李提督如松: 저본에는 '提督'으로 나와 있으나 가, 나, 마본에 의거함.
501) 子: 다본에는 '下'로 되어 있음.
502) 啓: 저본에는 빠져 있으나 가, 나, 마본에 의거하여 보충함.
503) 字: 저본에는 빠져 있으나 가, 나, 다본에 의거하여 보충함.
504) 無所不至: 가, 나본에는 '於書無所不讀'으로 되어 있음.

而偏讀『論語』及杜詩, 至二千周, 且偏好柳文·韓碑[505]·『國語』. 及爲丞相, 亦不廢讀書. 性儉素, 且嗜酒, 喚侍婢, 冒寒夜[506]點燈暖酒, 爲不安于心, 求佛寺點火蔓荊【荊俗名明可木】, 滋油揷之壁. 於寢房, 置銅爐·酒缸·銅斟【斟俗名酒煎子】, 夜長無眠, 則起收[507]蔓荊, 撥爐火, 一吹便起燃燈. 自酌銅斟, 加爐上熱啜[508]之, 抽架上書, 滿意讀之. 每一夜, 酒一瓶, 書若干卷, 抵老死不輟, 年[509]幾八十而終[510]. 少時, 以玉堂封事被譴, 直聲動於士林, 及還朝作相, 建白無異事. 守愚堂[511]崔永慶, 譏之曰: "盧相國之唾, 宜用之治腫." 蓋[512]治腫用未言前唾, 爲良故也[513].

## 3-79.

蘇齋盧守愼, 嘗燕坐[514], 有朴生光前者, 自山寺而來. 蘇齋曰: "在山寺, 讀何書?" 曰: "韓文也." "讀幾算?" 曰: "讀五十算." "所讀何其尠也?" 曰: "精心翫味, 是以讀之遲也." 曰: "然則一一皆着於心, 無虛算乎?" 曰: "讀書之時, 一行十念, 雖收放念, 虛算過半." 曰: "然. 是人人通有是患. 凡讀書放念, 而讀至千萬算, 所讀雖不精, 終爲吾有. 雖精心而讀之, 所讀只五十, 畢竟不爲吾用, 有讀書之法, 太上多算." 余因公事, 謁西厓相國柳成龍, 西厓曰: "吾見子

---

505) 韓碑: 가, 나본에는 '韓非'로 되어 있음.
506) 夜: 저본에는 빠져 있으나 나본에 의거하여 보충함.
507) 收: 가, 나본에는 '取'로 되어 있음.
508) 啜: 가, 나, 다본에는 '歠'로 되어 있음. 서로 통용됨.
509) 年: 저본에는 빠져 있으나 가, 나, 다본에 의거하여 보충함.
510) 終: 나본에는 '卒'로 되어 있음.
511) 堂: 저본에는 빠져 있으나 가, 나본에 의거하여 보충함.
512) 蓋: 저본에는 빠져 있으나 가, 나본에 의거하여 보충함.
513) 也: 저본에는 빠져 있으나 가, 나, 다본에 의거하여 보충함.
514) 坐: 가본에는 '居'로 되어 있음.

文章甚高, 讀何書?"相與答問, 余道蘇齋之言, 西厓曰[515]: "大不然. 思者心田也, 讀書以心如[516]耕田者, 寸尺起土也." 兩相國之言, 各有所得, 而余嘗試之, 收放心工夫之最難者, 蘇齋之言近之矣.

3-80.

成倪生長綺紈, 性嗜讀書, 今古書籍, 聞無不求得, 無不覽. 所居枕藉書卷, 平生身多虱, 捫虱而挾之卷中, 後之人, 借其書於子孫, 常見枯虱在卷中. 倪常[517]謂人曰: "平生苦愛文章, 着功倍於他人, 至於本分, 終不少加人之賦與也, 不可以工夫增損也云." 余意不然. 夫變化氣質, 亦非難事, 學問文章, 何異哉! 余幼穉時, 家兄誨以艶麗之篇, 爲詩文多尙艶麗. 洪諫議天民, 余妹夫也, 見余作稱引, 獨惜詞尙其華, 失其誨[518]也. 余常服其言, 不自慊, 作雪詩五十餘韻, 用麤言大語, 不尙艶. 洪覽之, 稱善曰: "繼自今宜倣此!" 自此, 余之詩文, 不事[519]炳炳琅琅, 與幼穉時大變者, 實出於洪諫議之誨也.

3-81.

今年春, 新刊中原書七十小說, 目曰'『鍾離葫蘆』'. 自西伯所來, 淫藝不忍覩聞, 獨其二事, 可觀[520]世敎. 其一曰: "有一夫, 病且死, 諸子請遺敎, 曰: '我死, 須[521]著銅環四箇柩傍. 爾輩聽風水先生[522]

---

515) 曰: 저본에는 빠져 있으나 가, 나본에 의거하여 보충함.
516) 如: 나본에는 '亦'으로 되어 있음.
517) 常: 마본에는 '嘗'으로 되어 있음.
518) 誨: 저본에는 빠져 있으나 마본에 의거하여 보충함.
519) 事: 저본에는 빠져 있으나 마본에 의거하여 보충함.
520) 觀: 가, 나, 마본에는 '關'으로 되어 있음.
521) 須: 저본에는 '猶'로 나와 있으나 가, 나, 마본을 따름.

言, 這搬那搬, 不知幾遭523).'" 其一曰: "有呆人癡也. 失鋤于田, 妻問在何所524), 高聲曰: '在田第數525)畝.' 妻曰: '如是高聲, 或有人聞之, 先取去何?' 其人往于田, 鋤已亡矣, 其人歸, 附耳謂妻曰: '鋤已亡矣.'"

3-82.

高麗忠宣王之朝元也, 作萬卷堂于中原, 聚一時學士, 趙孟頫與其中, 與王頗相款. 王之還也, 得孟頫書甚多, 大布東方. 至今東方526)學書者, 皆祖孟頫, 求之中原, 孟頫之書極罕. 蓋其書肥脆, 殊失鍾·王瘦勁淸簡之法, 我國之書, 粗熟緩弱, 不傳晉氏之體者, 皆孟頫誤之也. 且我國童穉之學, 皆以『十九史略』·『古文眞寶』, 爲入學之門. 吾嘗三入中原, 所謂『眞寶』·『史略』, 中原所極罕, 如孟頫書. 蓋是三者, 豈非中原之所賤棄, 而唯我國蒙527)學者攻之也. 昔權璉, 屢捷科場爲第一, 金馹孫問: "讀何書而能528)若是?" 璉曰: "所熟惟『少微通鑑』耳." 馹孫弛然而臥, 彼馹孫只讀韓文, 而輒傹然自多. 我國所尙之低微若此, 宜乎人材之不及中原也.

3-83.

諺曰: "燕讀『論語』, 故其鳴曰: '知之謂知之, 不知謂不知, 是知

---

522) 先生: 저본에는 빠져 있으나 나. 마본에 의거하여 보충함.
523) 遭: 가본에는 '遷'으로 되어 있음.
524) 何所: 마본에는 '某所'로 되어 있음.
525) 數: 나. 마본에는 '幾'로 되어 있음.
526) 至今東方: 저본에는 빠져 있으나 나. 라본에 의거하여 보충함.
527) 蒙: 저본에는 빠져 있으나 라본에 의거하여 보충함.
528) 能: 저본에는 빠져 있으나 나. 라본에 의거하여 보충함. 가본에는 '若是能'으로 되어 있음.

也.' 蛙讀『孟子』, 故其鳴曰: '獨樂樂, 與衆樂樂, 孰樂?' 倉庚讀『莊子』, 故其鳴曰: '以指喩指之非指, 不若以非指喩指之非指'也; '以馬喩馬之非馬, 不若以非馬喩馬之非馬'也." 倉庚俗名負鑪口, 決起田間而鳴, 其鳴多聲. 萬曆癸巳, 余在江西行在, 與中原浙江儒士黃伯龍話, 余稍解華語. 伯龍曰: "我國人專一經, 爾國人治幾經?" 余曰: "我國人治三經或四經, 至於燕也·蛙也·倉庚也, 亦能專一經." 曰: "何耶?" 曰: "燕專『論語』, 故曰: '知之謂知之, 不知謂不知, 是知也.'" 言未竟, 伯龍曰: "蛙之專經『孟子』, 所謂獨樂樂, 與衆樂樂, 孰樂者耶?" 余驚曰: "何以知之?" 曰: "我們那裏, 亦有是說. 北京官話, 獨音豆, 上樂音天, 下樂音路, 孰音睡, 以官話讀之, 不如蛙聲. 獨江南以是, 我國文字, 多用江南之音也."

3-84.

金馹孫少時, 盛有才聲, 武宰相[529]迎之爲婿[530]. 馹孫陽若[531]不能文, 在書房所讀, 惟『十九史略』. 上山寺鍊業, 爲書候[532]厥舅, 短札寂寞無他辭, 只稱'文王沒, 武王出, 周公周公, 召公召公, 太公太公.' 其舅覽之不樂, 藏之袖. 時一文士在座, 熟聞馹孫名, 欲覽其書, 其[533]舅羞而匿之, 强之而[534]後, 出視之. 文士覽之良久, 竦然驚曰: "是天下奇才也! 文王名昌, 武王名發, 方音履底謂昌, 足謂發, 言履弊足出也. 周公名旦, 召公名奭, 太公名望, 言朝朝夕夕望望也."

---

529) 相: 저본에는 빠져 있으나 이본에 의거하여 보충함.
530) 婿: 라본에는 '甥'으로 되어 있음.
531) 若: 저본에는 빠져 있으나 가, 나, 라, 마본에 의거하여 보충함.
532) 候: 저본에는 빠져 있으나 이본에 의거하여 보충함.
533) 其: 저본에는 빠져 있으나 마본에 의거하여 보충함.
534) 而: 저본에는 빠져 있으나 나, 라, 마본에 의거하여 보충함.

其舅大喜, 買履而送之. 及其與妻兄弟同赴東堂試, 初場醉臥[535], 曳
白而歸, 中場又醉眠, 曳白而歸, 及終場, 盡粘三場試紙, 連數十幅
而入. 考官問策, 以'中興'爲目, 而宋高宗齒於歷代之中興, 駙孫卷
其題目, 入考官前, 曰: "宋高宗偸安一隅, 忘親釋怨, 乞和於犬羊,
豈與殷宗周宣, 並列於中興之主? 請改之." 考官大慙, 改下文字, 如
其言. 駙孫乘半酣[536], 揮洒數十幅而來, 日未斜矣. 其舅問其子曰:
"金生今日又曳白乎?" 對曰: "今日則[537]妄言[538]亂辭, 浣墨而來, 不
知何許言也." 及掛榜之日, 使人[539]往觀之, 駙孫謂之[540]曰: "汝往
觀, 上[541]頭第一名無我名, 卽還, 勿復觀之!" 果第一矣. 妻家大
驚[542], 待之始盡敬. 駙孫雖能文章, 每屈己而伸其兩兄, 兩[543]兄盡
登第後, 參第二名. 爲文腹裡運[544]辭, 磨墨滿硯[545], 一筆揮之而立
就, 不復改一字, 投之篋中, 經累月後, 出而改之. 或問其故, 曰:
"當始起草, 心中猶有私意, 不自見其疵病, 及其久而後, 私意除公
心生, 乃明知其醇疵也." 年三十三而終, 其文章未成就, 良可惜也.

## 3-85.

凡人言語之發, 皆由性情, 自古疾痛慘怛, 必呼父母, 出於天性.

---

535) 醉臥: 가, 나, 라, 마본에는 '醉眠'으로 되어 있음.
536) 半酣: 가본에는 '半醉'로 되어 있음.
537) 則: 저본에는 빠져 있으나 가, 나, 다, 라본에 의거하여 보충함.
538) 妄言: 나, 라, 마본에는 '荒言'으로 되어 있음.
539) 人: 저본에는 빠져 있으나 가, 다, 라, 마본에 의거하여 보충함.
540) 之: 저본에는 빠져 있으나 이본에 의거하여 보충함.
541) 上: 저본에는 'ヒ'로 나와 있으나 이본에 의거하여 바로잡음.
542) 大驚: 다본에는 '大喜'로 되어 있음.
543) 兩: 저본에는 빠져 있으나 가, 라, 마본에 의거하여 보충함.
544) 運: 저본에는 '連'으로 나와 있으나 나, 다본을 따름.
545) 滿硯: 저본에는 빠져 있으나 이본에 의거하여 보충함.

中國之人呼'爺爺', 爺爺者父也; 我國之人呼'阿媽', 阿媽者母也. 先母後父之俗, 殊[546]失中國之正, 甚可笑[547]也. 今巫覡必呼'我王萬壽'者, 出於中國遼東東寧衛, 麗朝時, 瀋王入中國, 獲罪本國, 不得還, 元仍封之瀋爲王. 當時從者數百人, 皆居瀋不歸[548], 今瀋陽東寧衛, 是也. 其俗生子, 先敎東語, 享神先祝'我王萬壽'者, 不忘本也. 今之序班, 皆用東寧衛人爲之, 爲其知東語也. 又今人築室, 擧杵作聲, 以齊其力, 如古人舂杵之歌, 蓋稱我王城多苦[549], 蓋昔東國築城之役, 而民多苦之, 作此聲. 或曰: "自秦始皇築長城時始." 未知孰是. 又於邊城徼道, 各處倉庫巡綽[550]之際, 皆有聲曰: "吾謀密多猪子加羅!" 言'我防賊[551]'之謀周密多方, 汝賊如猪子者[552]速去'也, 方音謂去爲加羅. 成均館齋直[553]小童, 呼唱儒生及覆講·夜直·飮福·勸飯·坐堂時呼[554]直日等, 高聲長喝, 不成某語,[555] 其聲自古及今, 皆不變. 盧守愼, 十九年謫居珍島而歸, 聞太學齋直聲, 曰: "十九年在外, 人事無不變, 獨太學齋直聲不變云."

---

546) 殊: 저본에는 빠져 있으나 가, 나, 마본에 의거하여 보충함.
547) 可笑: 가, 나, 마본에는 '可羞'로 되어 있음.
548) 不歸: 가, 마본에는 '不得歸'로, 나본에는 '不得還'으로 되어 있음.
549) 苦: 저본에는 '藁'로 나와 있으나 가, 나, 마본에 의거하여 바로잡음.
550) 綽: 저본에는 '作'으로 나와 있으나 가, 나, 라본에 의거함.
551) 賊: 가, 나, 마본에는 '盜'로 되어 있음.
552) 者: 저본에는 빠져 있으나 가, 나, 마본에 의거하여 보충함.
553) 齋直: 저본에는 빠져 있으나 가, 나, 마본에 의거하여 보충함.
554) 呼: 저본에는 빠져 있으나 나, 라본에 의거하여 보충함.
555) 不成某語: 가, 나본에는 '不解某語'로, 라본에는 '不解其語'로 되어 있음.

## 識鑑

3-86.

高祖諱好池, 勇力絶人. 年十六七, 與南怡相角, 約曰:"用大木鏑箭, 射足底, 不動一趾[556]者爲甲, 動則爲乙." 伸其足小牖上, 從外滿彎以中之, 南怡不動足, 如木偶, 高祖一趾差動, 以此分甲乙. 玄祖諱潰, 知人有藻鑑, 密察南怡不令終, 率高祖, 下興陽農墅, 南怡死, 還京師, 再登武科. 守珍島郡, 有土妖病民, 立石塑以鎭之, 自後, 邑中清泰, 其神算莫測. 郡中有絶巘[557]阻甚, 嘗[558]策馬馳絶坂, 上下如飛, 至今有擊毬遺址, 在珍島峻坂上.

3-87.

齊安大君, 見安平君及諸君, 多不令其終, 思欲陽愚避[559]患. 且畏有子以招[560]累, 平生不近女色, 曰:"女陰近穀道, 醜不可近." 夫人密[561]令美娥, 乘夜[562]狎之, 旣覺, 大怒而笞之. 自此, 侍婢莫敢近. 嘗有太學進士, 鮮家僮, 親自求刀于鐵匠, 鐵匠在齊安門內, 進士親打鐵于門內. 齊安從內見之, 問:"彼爲誰?" 曰:"太學進士也." 當時人士各勵節[563], 有儒名者, 不踵貴門. 齊安始見儒生, 貴敬之, 引而接之, 分庭而禮, 陞[564]之堂, 對席而坐, 命侍婢[565]陳方丈之饌,

---

556) 趾: 저본에는 '指'로 나와 있으나 나본에 의거함. 이하의 경우도 동일함.
557) 絶巘: 가, 나본에는 '峻巘'으로 되어 있음.
558) 嘗: 저본에는 '常'으로 나와 있으나 가, 나본을 따름.
559) 避: 마본에는 '辟'으로 되어 있음.
560) 以招: 라본에는 '而招'로, 마본에는 '而爲'로 되어 있음.
561) 密: 저본에는 빠져 있으나 라, 마본에 의거하여 보충함.
562) 乘夜: 라본에는 '乘醉'로 되어 있음.
563) 節: 라, 마본에는 '操節'로 되어 있음.
564) 陞: 저본에는 '升'으로 나와 있으나 라, 마본을 따름. 서로 통함.
565) 命侍婢: 저본에는 빠져 있으나 라, 마본에 의거하여 보충함.

以觴之. 俄而, 正一品君三人, 投剌請見, 儒生欲下堂, 齊安不使之
下, 曰: "吾客不可下!" 諸君入拜于庭下, 仍於階上賜席, 進士欲下
坐, 又挽之, 曰: "吾客不可下!" 進士惶懼流汗, 扶醉而歸[566].

3-88.

燕山爲世子時, 狂悖之徵已著, 孫舜孝升康靖大王御榻, 附耳語
切諫之, 曰: "此座可惜, 願早爲之計." 群臣大駭之, 咸曰: "所言公,
公言之, 舜孝何敢攀御榻附耳語? 請罪之." 上[567]笑曰: "老臣爲我
近酒色, 密言[568]之耳." 然終不能從.

3-89.

朴元宗, 有不賞之功·震主之威. 恭僖大王每引見, 而罷出也,[569]
必下龍床, 俟其出差備門, 乃陞床. 元宗聞之, 自此每罷出, 必褰裳
疾走, 顚倒喉喘出門[570]而後已, 曰: "人臣逢此優禮, 豈有善享其終
者乎?" 自此, 多近婦人飮醇酒, 遂疽發其[571]背, 使侍婢相遞爪抓
之[572], 不廢酒色, 瘡日甚, 終不救云. 三十六爲領相, 四十三沒.

3-90.

閔同知泮夫人朴氏, 朴去疎之女, 昭憲王后之侄也, 平陽君朴仲
善之妹, 領相平城府院君朴元宗之叔母也. 性明敏, 有禮法, 吾外

---

566) 歸: 라, 마본에는 '還'으로 되어 있음.
567) 上: 라, 마본에는 '康靖大王'으로 되어 있음.
568) 言: 라, 마본에는 '諫'으로 되어 있음.
569) 而罷出也: 가, 마본에는 '元宗其罷出也'로, 나본에는 '元宗見罷出也'로 되어 있음.
570) 出門: 저본에는 빠져 있으나 가, 나, 마본에 의거하여 보충함.
571) 其: 저본에는 빠져 있으나 가, 나, 다 마본에 의거하여 보충함.
572) 爪抓之: 가본에는 '呪之'로 되어 있음.

家奴婢, 嘗稱吾先妣貌如朴氏. 朴氏爲父母守廬墓下, 失祭需豆泡, 諸婢相推調鬨詰, 朴氏曰:"不難辨." 卽列坐諸婢於庭中[573], 取水使次第漱之於盆中, 其竊食者, 豆泡出漱盆, 不敢隱其奸, 其明慧如此. 元宗每來省朴氏, 必使侍婢宮樣餈以待之, 其家禮如此. 同知家在銅峴麗墻里, 吾外叔父閔匡世, 賣其宅, 移居雙門里, 佐郞鄭士雄, 買銅峴家居之. 每夜, 夢有老宰相, 白鬚竹杖, 呼婢子山婢[574], 曰: "今有何人入吾家耶?" 如是者數矣. 問之舊主, 老人卽閔同知也. 山婢者, 卽同知[575]鈴下蒼頭也. 鄭深怖, 賣其庄而去. 匡世孝友俱融[576], 居家處身如高人[577], 其行高[578], 世[579]所不及. 平生不求聞達, 不仕而卒, 可惜也!

## 3-91.

許琮者, 燕山朝議政也. 始爲大[580]諫議, 先王將廢妃尹氏, 朝議歸一. 琮早曉赴闕, 將陳啓, 歷其姊, 姊博識經史, 於書無不涉[581], 最通『朱子綱目』. 見琮, 曰: "公有何憂色[582]? 又何早臨?" 琮曰: "朝議已定廢妃, 弟職參諫長, 今日當言事, 是以憂." 姊曰: "歷觀前代, 有子爲嗣君, 而責廢其母, 則禍不及言事者乎? 決勿往也!" 琮大悟, 至中道, 陽墜馬氣絶, 下吏奔告政院, 招醫求藥, 輿歸其室. 朝

---

573) 庭中: 라본에는 '庭下'로 되어 있음.
574) 山婢: 라본에는 '山非'로 되어 있음. 이하의 경우도 동일함.
575) 卽同知: 저본에는 빠져 있으나 라본에 의거하여 보충함.
576) 融: 라본에는 '隆'으로 되어 있음.
577) 高人: 라본에는 '古人'으로 되어 있음.
578) 其行高: 저본에는 빠져 있으나 가, 다, 라본에 의거하여 보충함.
579) 世: 라본에는 '今世'로 되어 있음.
580) 大: 저본에는 빠져 있으나 가, 나본에 의거하여 보충함.
581) 涉: 나본에는 '通'으로 되어 있음.
582) 色: 저본에는 '也'로 나와 있으나 가, 나본을 따름.

廷卽日出新諫議[583]李, 卒成其事. 廢尹氏[584]後, 燕山卽位, 盡殺其
時言事者, 李罪至族, 琮得免焉. 時弘文校理李長坤亡命, 朝家捕
之急, 長坤微服, 徒步而遁, 困甚睡于路邊. 追胥熟視草鞋, 極大異
常, 曰: "足大似長坤, 而[585]布衣草笠, 非也." 舍而去. 途中飢不能
行, 時夏月, 見川上有人遺矢, 麥飯半消, 遂掬而洗於水吞之, 目開
氣甦, 匍匐至民家, 隱爲白丁女婿. 長坤身長, 不善備作, 白丁家[586]
苦之, 曰: "若身長多費布衣, 惰不事事, 何耶?" 及聞燕山廢, 長坤
請[587]妻翁覓紅衣于校生, 將見邑倅, 隣人笑之曰: "白丁之婿, 猥見
邑主[588], 欲失禮受棍[589]乎?" 遂納刺于邑倅, 倅顚衣倒屣, 出迎之,
使主壁于客館, 視膳調味而進, 邑人大怪之. 遂聞于朝, 承召飛傳,
還京師, 做大官, 官至二相.

3-92.

沈義者, 沈貞之弟也, 能文章. 見其兄貞爲不善, 不欲與爲是非,
遂陽愚謬, 妄其言行. 其始學也, 問其友, "凡人文理有何驗乎?" 友
弄其愚也, 曰: "文理之坼, 有聲砉然." 遂杜門讀書, 期至聞聲而止,
讀至[590]五六年無聲. 一日, 婢以破沙器盛火, 自廚而出, 砉然發聲,
義遂叩臂而舞, 曰: "吾文理今始坼矣!" 乃始應擧登第. 及其居喪
也, 與貞同守[591]墓于山下, 忽夜半起[592]坐而哭, 貞問之, 則曰: "夜

---

583) 諫議: 가본에는 '諫長'으로 되어 있음.
584) 廢尹氏: 저본에는 빠져 있으나 가본에 의거하여 보충함.
585) 而: 저본에는 빠져 있으나 가, 나본에 의거하여 보충함.
586) 家: 저본에는 빠져 있으나 가, 나본에 의거하여 보충함.
587) 請: 저본에는 빠져 있으나 나본에 의거하여 보충함.
588) 邑主: 가, 나본에는 '邑長'으로 되어 있음.
589) 棍: 나본에는 '禍'로 되어 있음.
590) 讀至: 가본에는 '讀書'로 되어 있음.

夢見親, 親曰: '哀哉! 愚兒何以聊生? 某地有田, 某奴有子, 爾其取之.' 是以哭也." 貞憐之, 遂成券與之. 翌日, 貞亦[593]染指於田僕, 欲誆其愚弟, 中夜而哭, 義驚而問之, 貞曰: "今我夢見兩親, 親曰: '哀哉! 長子何以奉祀? 某地有田, 某婢有子, 爾能取之.' 是以哭也." 義曰: "兄氏之夢, 眞春夢也." 隣有婦, 喪夫未葬, 在殯垂素帳陳衾褥, 羃其酒饌, 朝夕而哭. 義乃黑其全體, 潛入臥於[594]衾褥. 寡婦率諸婢, 進食而哭曰: "哀哉! 靈魂今何往乎?" 義遂於帳內, 露其黑手而揮之, 曰: "吾何歸乎? 今在此矣." 婦與婢罷哭而走, 義乃收其饌果, 踰墙而奔. 申光漢題貞別墅逍遙堂詩, 曰: '落葉藏秋壑, 斜陽映半山.' 蓋譏其如賈似道・王安石也. 貞不之覺, 而義知之[595], 密嚇于光漢曰: "吾欲說吾兄, 可乎?" 光漢哀丐之. 如是數矣, 終不泄[596], 其爲陽愚可知. 及其家禍作, 逮訊殿[597]杖數十, 輒狂號亂辭[598], 乃釋之. 其所以自少陽愚者, 乃所以免殿杖之禍, 所謂'其愚不可及'者, 非耶?

3-93.

今上初, 臨海已死, 私親無所奉, 姑安孝敬殿廊廡, 禮官猶以爲所不敢. 時吾姪柳湀, 以禮曹正郎, 咨其議于諸大臣, 過吾姉洪大諫夫人, 陳其事, 夫人曰: "自古, 帝王未有不封私親爲正位. 自漢

---

591) 守: 저본에는 빠져 있으나 가, 나본에 의거하여 보충함.
592) 起: 저본에는 빠져 있으나 가, 나본에 의거하여 보충함.
593) 亦: 저본에는 빠져 있으나 가, 나본에 의거하여 보충함.
594) 於: 저본에는 빠져 있으나 가, 나본에 의거하여 보충함.
595) 之: 저본에는 빠져 있으나 가, 나본에 의거하여 보충함.
596) 泄: 가, 나본에는 '說'로 되어 있음.
597) 殿: 가본에는 '殿廷'으로, 나본에는 '殿庭'으로 되어 있음.
598) 狂號亂辭: 가, 나본에는 '狂呼亂說'로 되어 있음.

文封薄太后, 漢昭封鉤弋夫人, 漢哀封恭皇恭后[599], 宋仁封宸妃, 無不追上顯號, 而獨漢宣帝不封私親, 前史美之. 今若主張爲是, 則近於諂, 沮斥爲非, 則必有師丹之禍. 況此廓廡之奉, 而猶曰'不可', 豈終得之? 爾其愼之." 其後, 果追封成陵, 奏請大妃之[600]號, 一如夫人言. 先是, 昭敬大王試士泮宮, 以'鄭衆謝拜軍司馬'爲題, 擧子千[601]餘人, 太半謂宦者鄭衆失旨, 而其知有儒宦之別者, 百不能一二, 而皆因閱史得之. 試罷, 吾姪柳洸, 過拜夫人, 夫人問題, 仍曰: "後漢有兩鄭衆, 未知儒者歟宦者歟[602], 是必儒者鄭衆也[603]." 洸瞿然曰: "夫人尙知, 擧場千人[604], 猶不之識也, 良可愧也." 及是時, 擧朝士大夫卿相, 皆不知漢有師丹, 豈非可笑[605]也歟? 且今上初, 詔使熊化來, 從事官[606]或者憂之, 我國其有火災乎? 聞者未之解也. 夫人聞之, 曰: "事見『詩人玉屑』, 取能火之義." 未幾, 松都四百[607]餘家, 平壤千餘家, 旬日俱火. 博學先見如此, 但先君嚴禁勿令著述文字, 平生無一句語傳世, 惜哉!

3-94.
洪天民, 與朴應男爲莫逆之交, 常許[608]以姓不同之兄弟也. 洪之妻柳氏[609], 從窓隙密窺, 曰: "子常以朴爲心交, 然其終負子者朴也,

---

599) 恭皇恭后: 가, 다본에는 '恭皇后'로 되어 있음.
600) 之: 저본에는 빠져 있으나 가본에 의거하여 보충함.
601) 千: 가, 나본에는 '萬'으로 되어 있음.
602) 宦者歟: 저본에는 빠져 있으나 가, 나본에 의거하여 보충함.
603) 也: 저본에는 빠져 있으나 가, 나본에 의거하여 보충함.
604) 千人: 가본에는 '萬人'으로, 나본에는 '萬士'로 되어 있음.
605) 可笑: 가, 나본에는 '可羞'로 되어 있음.
606) 從事官: 저본에는 빠져 있으나 가, 나본에 의거하여 보충함.
607) 百: 저본에는 '千'으로 나와 있으나 가, 나본을 따름.
608) 常許: 나, 라본에는 '相許'로 되어 있음.

慎之!" 後果爲朴所排.

3-95.
逆賊許筠, 聰明英發, 生九歲能作詩, 甚佳. 諸長者稱譽之, 曰: "此兒, 他日當作文章士." 獨其姊婿禹諫議性傳, 見其詩, 曰: "異日, 雖作文章士, 覆許宗者, 必此兒也." 及筠爲從事官, 隨遠接使柳根, 到義州. 時迎慰使申欽, 日與相會, 聞其博誦古書, 至如儒道釋三家書, 無不觸處洒然, 人莫能當也. 欽退而歎曰: "此子非人也! 其狀亦不類, 必是狐貍蛇鼠等物精也." 識者之明鑑如此. 余時爲都司迎慰使, 候天使朱之蕃, 聞此語, 余雖酷嗜文章, 平生未嘗一相訪也.

3-96.
西厓[610]柳成龍, 爲都體察使, 有列邑移文事. 文旣成, 屬驛吏, 過三日, 復收其文, 將追改之, 驛吏持文而至, 相國詰之曰: "爾何受書三日, 尙不分列邑?" 吏對之曰: "俗談'朝鮮公事三日', 小人知三日後復推之, 故延至今日矣." 相國欲罪之, 仍思之, 曰: "是言可以警世, 吾過矣." 遂改其文而使之頒. 時倭奴尙在境內, 八道日飭操鍊, 成龍以首相, 都訓鍊事, 設兒童砲殺手以敎習. 有武士一人, 詣都監, 請得綿布百匹, 買駿馬百匹. 成龍甚異之, 問其由, 武士曰: "布一匹, 當買新生駒一匹, 善養三四年, 足以充兒隊成長後之用." 成龍色不悅. 時與賊對壘, 而敎訓兒童, 習劍槍擊刺, 有同兒戲, 或有竊笑之者. 至今數十年間, 設科取士, 技藝成就, 頃日助中國, 征

---
609) 柳氏: 나, 라본에는 '宋氏'로 되어 있음.
610) 厓: 저본에는 '崖'로 나와 있으나 나, 다본에 의거하여 바로잡음.

奴兒, 我兵各工火砲, 胡奴畏之, 中國賴之, 句踐胎敎之法, 實兵家矜式也. 昔大駕駐永柔, 設科取二百武士, 時鳥銃在試才之目, 擧子把銃不解其法, 或令軍士點火, 砲聲忽發, 驚掉失手. 余時以憲府持平, 爲監試官, 觀此冷笑, 曰: "不小國試, 豈有軍士點火取其才乎?" 時武將李鎰[611], 亦在試官中, 獨曰: "今國家旣以鳥銃取人, 不出十年, 必見擧國藝成矣." 卽今我國兵事置度外, 而鳥[612]銃之工, 能發無虛乎, 李將軍之言驗矣夫!

### 3-97.

益城君洪聖民, 嘗與洪淵, 論禦倭, 淵曰: "倭之未下陸, 猶可以舟師禦之, 及下陸之後, 決非我國所支." 益城曰: "下陸之[613]倭, 猶離水之魚也. 世[614]稱易制, 何子之言異是?" 曰: "大不然. 凡事試之後, 知其難易[615]." 至壬辰亂, 我國或以舟師[616]得捷, 而至於陸戰, 無不見衄, 淵之料敵, 可謂明矣. 淵儒臣也, 平時參將薦者也.

### 3-98.

倭將淸正, 嚴攝管下人. 管下有一人, 被淸正督過生怨, 當淸正臨陣, 遂挺身劍擊淸正, 淸正拔劍防之, 傷一指, 刃不及身. 麾下人捽之,[617] 將斬之, 淸正顚倒疾其聲, 止之, 曰: "我方設兵威臨陣, 是夫一藐爾匹夫, 欲敵大將軍, 爲人可堪指使, 其赦之, 以備大用."

---

611) 鎰: 저본에는 '溢'로 나와 있으나 다본에 의거하여 바로잡음.
612) 鳥: 저본에는 '烏'로 나와 있으나 다본에 의거하여 바로잡음.
613) 之: 저본에는 빠져 있으나 라, 마본에 의거하여 보충함.
614) 世: 저본에는 빠져 있으나 라본에 의거하여 보충함.
615) 易: 저본에는 빠져 있으나 라본에 의거하여 보충함.
616) 師: 저본에는 빠져 있으나 라, 마본에 의거하여 보충함.
617) 麾下人捽之: 라본에는 '麾下捽其人'으로 되어 있음.

遂拜爲一偏將. 清正豁達任俠, 有顚倒豪傑之量, 平秀吉擇斯人, 委之一面[618], 可謂知人也哉!

## 3-99.

白川民, 方秋, 刈禾積于郊, 郊中結幕, 夜守之. 忽有鵂鶹鳴于屋上, 其民心驚, 遂離其幕, 埋于積禾中, 夜久不寐. 有大虎潛伺幕下, 攫其幕, 幕空無人, 遂怒毀其幕而去. 近來仁川民, 又守禾于野幕, 同伴者鼻睡如雷, 懼其爲虎所聞, 獨抽身積禾而處, 虎果尋鼻息聲, 攬幕中人而去. 人之防患, 貴在防之未然, 野夫猶然, 況達理之士夫也哉? 戒之哉! 見幾而不作者.

## 衣食

## 3-100.

向者, 我國被倭患, 十萬天兵來救之, 華人見我國人衣裳寬博, 皆大笑之. 我國人動輒遭侮, 甚苦之, 且以闊袖大襖, 不合於騎射, 行朝移文列邑, 使變其衣制. 時余以侍講院文學, 與司書黃愼·說書李廷龜, 因講學事, 俱在宋侍郎應昌軍門. 有中原儒士呂榮明, 聞我國欲變衣制, 甚惜之, 曰: "吾在上國, 嘗見有人聚古器·古衣者, 爾國日用器皿, 及大小表裡衣制, 皆倣唐時之制, 頗有古人體貌, 卽今上國衣制, 太窄且奢, 器皿亦非古, 不及爾國古朴之制, 宜各遵其俗, 不必效也." 其時李提督如松, 亦見我國衣制[619], 嘉其近古, 曰: "爾國衣制[620], 若是近古, 何故效中朝[621]改制云." 蓋我國自

---

618) 一面: 저본에는 빠져 있으나 라본에 의거하여 보충함.
619) 衣制: 가, 다, 라, 마본에는 '衣裳'으로 되어 있음.

新羅時, 皆通中國, 多學唐朝禮制, 故其器用·衣服, 必皆倣象唐制
如此. 非我國人所知, 惟天朝博古者知之, 呂·李之言得之矣.

3-101.

　飮食與風俗別, 中國人所嗜, 東國之人不之重. 中國人喫茶, 能
盡七碗, 見于古書, 而王通判君榮, 勸余一二碗, 甚快氣充, 然至三
四[622]碗, 苦[623]不能堪, 王之勸之不止, 眞所謂水厄也. 『家禮』有麪
食·米食, 余嘗未曉其義, 天朝人之食食也, 別具麪食, 隨飯而進,
用麥末和水煎熟, 大如掌, 疊十餘片, 喫飯時勸之, 悶[624]不可堪也.
又有甚焉, 我國宋儒眞·李夢鶴之死逆也, 頒五體于列邑. 時天將
在王京, 命刲其肉煮食之, 勸問安使李忠元食之, 曰: "此仇讐之肉
也, 天朝人喫之不憚." 自盡一器, 勸之苦, 忠元不得已食一臠. 紫
蝦鹽沈菰葅[625], 俗所謂感動醢, 東方下味也. 昔天使過海州, 食紫
蝦瓜俎, 飮泣不忍食, 遠接使怪而問之, 天使曰: "吾有老母在萬里
外, 此味甚珍, 不忍下咽." 遠接使索州官進之, 天使曰: "不勝感
動." 故名其醢曰'感動'. 有魚得江者, 康靖大王朝名臣也, 善滑稽多
謗. 其友遺紫蝦菰葅, 得江復書曰: "寧不感動?" 其[626]友復書曰:
"公以滑稽遭謗, 猶不戒, 而今以後權停, 可也." 紫蝦, 方名權丁故
云. 『禮記』·「內則」, 有八珍之品, 爲養老設也, 卽今試之, 皆非珍
味也. 今者, 我國水陸之羞, 不可記, 至於山人釋子食素也, 而有絶

---

[620] 衣制: 마본에는 '衣服'으로 되어 있음.
[621] 中朝: 가, 다본에는 '中國'으로 되어 있음.
[622] 三四: 다, 라본에는 '四五'로 되어 있음.
[623] 苦: 저본에는 '若'으로 나와 있으나 나, 라본에 의거함.
[624] 悶: 가, 나, 라본에는 '悶'으로 되어 있음. 서로 통함.
[625] 菰葅: 가본에는 '瓜葅'로, 나, 다본에는 '苽葅'로 되어 있음. 이하의 경우도 동일함.
[626] 其: 저본에는 빠져 있으나 가본에 의거하여 보충함.

味焉. 頭流山僧, 摘竹實作飯, 以黃栗末乾柿屑而炊之, 以八味茶下之. 八味者, 五味子加人蔘·麥門冬·蜂蜜也. 皆骨山僧, 取當歸·葌葉及山葡萄, 石間[627]白蜜, 沈之木桶中, 喉渴氣煩, 則滿意飲之. 妙香·皆骨諸山僧, 每秋八月, 各持油醬麵末, 入深谷, 採松茸, 煮而食之. 松茸者, 一名'松蕈', 又曰'松芝', 初生松下陳葉中, 大如拳, 童芝尤美. 僧徒合衆力採之, 積如屋者數所, 以十字剖莖, 中藏麫油醬, 編茅束之, 如禮所謂敦牡. 裹以泥塗, 積薪而燃之, 待其爛熟, 闢之, 香滿一壑, 諸僧隨量喫之, 其味絶天下.

## 3-102.

向者, 十萬天兵[628], 久住我國, 風俗之異, 互相非笑. 我國人喜食膾, 中國之人, 多唾而醜之, 我國士人曰:"『論語』'膾不厭細', 其註, '牛羊與魚之腥, 聶而切之[629]爲膾.' 夫子所嘗嗜者, 何子之過?" 中國人曰:"牛䐃與千葉, 皆穢惡所包, 切而膾之, 可安於[630]腹乎?" 又取肉炙串, 瀝其腥血而示之, 擲于地, 曰:"中國人, 肉非爛煮不食, 肉若帶血, 是獯虜之食也." 曰:"膾也炙也, 古人所好, 多見於古書, 何傷?" 我國人夜坐闇室, 中國人自外開[631]門而嗅之, 曰:"必有高麗人." 言其有腥氣也. 我國人多食水族, 雖不自聞嗅[632], 必有腥氣[633]故也. 然遼左之人啖虱, 荊南之人食蛇, 陝西之人食猫, 南方朝士喜食蜜螂, 天下之人, 皆食蝦蟆, 我國人無不唾之. 近者,[634] 中

---

627) 石間: 다본에는 '石門'으로 되어 있음.
628) 天兵: 가, 나, 라본에는 '唐兵'으로 되어 있음.
629) 之: 저본에는 빠져 있으나 가, 나, 라본에 의거하여 보충함.
630) 於: 저본에는 '乎'로 나와 있으나 가, 나, 라본에 의거함.
631) 開: 저본에는 '關'으로 나와 있으나 라본을 따름.
632) 嗅: 다본에는 '臭'로, 가, 나, 라본에는 '其臭'로 되어 있음.
633) 腥氣: 가, 나, 다, 라본에는 '腥臭'로 되어 있음.

國南北之人相攻, 朝論亦隨而携焉, 北人攻⁽⁶³⁵⁾食蝦蟆, 自南人始, 大禁天下, 仍謂'蝦蟆化蟹', 並與蟹而禁之. 蟹者, 中國古人之所嗜, 又何禁焉? 此所謂'懲羹吹虀'者, '因噎廢食'者也, 不亦甚哉? 蓋蝦蟆南蠻所食, 韓愈食之, 柳宗元譏之, 蜜螂亦古人所刺, 豈意流入於中國? 宜與夫臟膾·千葉膾·虱蛇猫⁽⁶³⁶⁾而並禁之也.

### 3-103.

萬曆戊戌·己亥之間, 天兵⁽⁶³⁷⁾滿京城, 南以信爲禮房承旨, 有一天將, 使家丁言于政院曰: "方春之月, 此國多蟶, 味甘最宜脾胃, 將軍願嘗之. 言于接待都監, 都監固諱不與, 請啓知國王." 以信曰: "蟶者, 我國所⁽⁶³⁸⁾無之物, 都監何處覓進⁽⁶³⁹⁾?" 仍入啓防之, 家丁大怒頓足, 曰: "是爾國賤產, 何誑說以搪之?" 以信曰: "若我國土產, 何敢爲天將惜小⁽⁶⁴⁰⁾費瘦之⁽⁶⁴¹⁾? 顧非所⁽⁶⁴²⁾曾聞, 故以實告." 家丁愈怒, 曰: "市街上多多有, 爾何厚誣?" 以信曰: "若然, 則何不持以示我?" 家丁卽走市上, 持一小物而來, 曰: "此非蟶乎?" 以信熟視⁽⁶⁴³⁾之, 卽土花也. 以信大笑曰: "我國以此物爲土花, 不知爲蟶也, 是我國至賤產也." 令都監隨量饋之, 仍入啓焉.

---

634) 近者: 가, 나, 라본에는 '近日'로 되어 있음.
635) 朝論亦隨而携焉, 北人攻: 저본에는 빠져 있으나 가, 나, 라본에 의거하여 보충함.
636) 猫: 저본에는 빠져 있으나 가, 나, 라본에 의거하여 보충함.
637) 兵: 저본에는 '將'으로 나와 있으나 가본을 따름.
638) 所: 저본에는 '亦'으로 나와 있으나 가, 나본에 의거함.
639) 覓進: 나본에는 '得進'으로 되어 있음.
640) 小: 가본에는 '所'로 되어 있음.
641) 之: 가본에는 '而不供'으로 되어 있음.
642) 所: 저본에는 '不'로 나와 있으나 가, 나본에 의거함.
643) 視: 저본에는 '示'로 나와 있으나 가, 나, 다본을 따름.

3-104.

我國人, 以水團爲角黍, 流頭日食之, 流傳累百年, 無有異名. 及[644]余以春坊學士, 從軍于宋經略應昌衙門, 通判王君榮, 餉余以角黍, 狀如牛角, 糯飯和棗實與蜜成塊. 喫訖飲茶, 問其法, 鑿木成桶如牛角, 中空, 蒸糯米飯·棗實·蜂蜜, 納木桶[645]中, 作塊之[646]. 正如我國正月十五日[647]俗所喫藥飯.

3-105.

我國人, 以蓴菜·鱸魚, 不詳眞假, 皆以巨口細鱗, 大如俗所謂民魚者爲鱸. 或曰: "銀口魚, 亦巨口細鱗, 卽鱸魚也. 昔術士左慈, 盤中釣出松江鱸, 三腮者爲鱸魚, 今銀口魚亦三腮." 或曰: "遼左多銀口魚, 遼人名之以秋生魚, 非鱸魚也." 及天使梁有年來東, 有年松江人, 示若民魚者, 則曰: "眞鱸魚也." 示水蓴, 則曰: "非蓴也. 中國亦有此菜, 名小水蓮, 中國人嗜之. 若眞蓴則在陸, 非水草也." 余按『文選』鮑明遠「蕪城賦」, 曰: '澤葵依井.' 註曰: '澤葵, 蓴也. 蓴味滑如葵, 葉亦如之, 生澤中.' 又古詩云: '蓴滑如銀線.[648]' 我國所謂者, 庸非眞蓴而何? 余意名實之訛, 何有古今? 梁天使之言錯也.

3-106.

朝家[649]差試官, 旣落点之後, 使[650]禮賓寺, 供饋而送之, 復命之

---

644) 及: 저본에는 '乃'로 나와 있으나 라본을 따름.
645) 桶: 저본에는 '角'으로 나와 있으나 마본을 따름.
646) 之: 라, 마본에는 '云'으로 되어 있음.
647) 十五日: 마본에는 '望日'로 되어 있음.
648) 銀線: 나본에는 '銀綿'으로, 마본에는 '銀絲'로 되어 있음.
649) 家: 저본에는 '官'으로 나와 있으나 라본에 의거함.
650) 使: 저본에는 '自'로 나와 있으나 라본을 따름.

卷三 學藝篇 241

日亦如之. 其食粗陋, 不堪下箸, 試官對案, 成禮而已. 朴大立·鄭惟吉, 皆食之無餘, 當時語曰: "鄭林塘食宣飯, 去鼠矢; 朴判書食宣飯, 不捎鼠矢." 言禮賓之飯, 鼠矢居半, 鄭則以匙捎而去之, 朴則以搏飯[651]甚大, 鼠矢藏其中而不覺也. 鄭相每赴宴, 不夕飯而往, 家人勸之, 則曰: "親舊爲老生, 具饌邀[652]之, 我若先鮑家食, 見珍羞不下箸, 主人必謂我薄其饌, 不亦傲乎?[653]" 是以, 家主進饌, 不擇[654]美惡而食之[655], 主翁皆[656]大悅." 昔魏大夫曰: "或賜酒, 不夕食饋之, 恐其不足." 其取於斯乎!

### 3-107.

金節齋宗瑞之開六鎭也, 爲國任怨, 北民性素悍, 易怨易變, 而金[657]冒死以身當之. 方其夜坐張燭[658], 有飛箭貫於壁, 金色不變. 每食以虫[659]毒亂之, 金先飮再燒之酒三四升而後食, 蟲不得逞其毒. 及其六鎭已成, 邊事已完, 民始樂爲之用.

### 3-108.

李濟臣·金行·金德淵, 自少時相友, 同楊應別試做工, 其三人所製策, 共成一卷, 目曰'焚舟楊試策', 行于世. 金行·金德淵嗜鱉湯,

---

651) 搏飯: 라본에는 '匙團飯'으로 되어 있음.
652) 邀: 라본에는 '懇'으로 되어 있음.
653) 不亦傲乎: 라본에는 '不亦敖慢乎哉'로 되어 있음.
654) 擇: 저본에는 빠져 있으나 라본에 의거하여 보충함.
655) 食之: 라본에는 '啖之'로 되어 있음.
656) 皆: 저본에는 빠져 있으나 라본에 의거하여 보충함.
657) 金: 나, 라본에는 '宗瑞'로 되어 있음. 이하의 경우도 동일함.
658) 夜坐張燭: 나, 라본에는 '張燭夜坐'로 되어 있음.
659) 虫: 라본에는 '蠱'로 되어 있음.

李濟臣唾之, 曰:"如彼凶醜之物, 豈士子所可近口? 士族人食鼈[660]者, 勿問[661]爲人如何, 必庸虜人也."行與德淵昫之, 曰:"必有以困之也[662]."德淵有別業, 在城山湖上, 約以某日, 釣魚賞荷[663]于城山. 二人如期而至速, 他客在座者甚衆, 德淵爲客, 具午食[664], 進爛烹[665]鷄湯, 糁以薑椒, 湯溢[666]大椀, 芳香擁鼻. 三人食之, 皆盡器, 德淵謙[667]謂濟臣曰:"家貧無異饌, 母鷄啄黍而肥."二客不爲味薄良謝, 濟臣曰:"吾平生食鷄羹, 未有若此之美."德淵曰:"請益."濟臣曰:"願添一器."命復[668]進一椀, 濟臣曰:"好矣!"又啜而空其器, 行與德淵曰:"此味與王八湯, 何如?"濟臣搖手[669], 曰:"食珍味已飫, 何敢道醜說?"德淵曰:"子所盡[670]兩器, 非王八湯乎?"滿座拍手大笑, 濟臣大驚, 佯若據地喀喀者. 自此, 最所嗜者鼈羹也.[671]

3-109.

有京師士[672]人, 因事如北道, 至德原, 午廚于溪上, 遇一武夫, 容貌甚偉, 爲人寬大長者. 多趨率, 鞍馬極華, 亦憩于溪上, 張布幕以食焉. 因興[673]致款, 俄而, 武夫從者進魚[674]膾, 潔白薄如蟬翼, 醋醬

---

660) 鼈: 가, 라본에는 '鱉'로 되어 있음.
661) 問: 저본에는 빠져 있으나 가, 라본에 의거하여 보충함.
662) 也: 저본에는 빠져 있으나 가, 라본에 의거하여 보충함.
663) 賞荷: 가, 라본에는 '賞花'로 되어 있음.
664) 午食: 가, 라본에는 '午飯'으로 되어 있음.
665) 烹: 가, 라본에는 '熟'으로 되어 있음.
666) 湯溢: 저본에는 '一'로 나와 있으나 가본에 의거함. 라본에는 '溢'로 되어 있음.
667) 謙: 저본에는 빠져 있으나 가, 라본에 의거하여 보충함.
668) 復: 저본에는 빠져 있으나 가, 라본에 의거하여 보충함.
669) 搖手: 저본에는 빠져 있으나 가본에 의거하여 보충함. 라본에는 '搗手'로 되어 있음.
670) 盡: 저본에는 '進'으로 나와 있으나 라본에 의거함.
671) 自此, 最所嗜者鼈羹也: 저본에는 빠져 있으나 가, 라본에 의거하여 보충함.
672) 士: 저본에는 빠져 있으나 가, 나, 라본에 의거하여 보충함.

又美, 勸士人[675]共啗之, 各盡數器. 明日, 又到文川野次, 武夫先至, 坐幕內, 自幕後進膾如前, 皆飫而罷. 到高原, 又如之. 士始[676]因便旋出幕後, 見蛇頭·蛇皮狼藉, 怪而問之, 從者曰: "武夫之僕, 伏溪橋下, 摘草葉, 吹之作聲, 有大蛇從橋下出, 引繩結其項, 而捕之入幕後." 問: "何所用乎?" 曰: "欲爲藥." 欲隨之,[677] 從者呵之. 士始悟向者之膾, 蛇也非魚也, 遂哇之喀喀. 蓋武夫有淫瘡, 非此無良方故也. 自此, 更不同路.[678]

## 3-110.

金季愚, 恭禧大王再從舅也. 爲官不願隆赫, 臺閣淸要, 皆辭不就, 又不喜往返交遊.[679] 官至工曹[680]參判. 嘗搆別舍于淨業院山上, 宮尼入啓言, "金參判搆室于院壓近處, 請禁之." 上夜御慶會樓, 命召之. 是日也, 季愚往親戚家省親, 爲圍繞酒戶甚寬, 諸賓各執大杯, 獻酬無慮數十巡, 猶不醉. 上曰: "聞舅氏搆廊于淨業院上, 然乎?" 對曰: "然." 上曰: "私家貧匱, 何以應役需? 寡人當助其役, 願舅氏勿憂."[681] 上素聞季愚雄飮, 命以八面銀鍾容數升者, 連賜二十五爵, 始微醺, 依韜而返, 曰: "平生不曾醉, 至是暫醉[682]矣." 上

---

673) 興: 저본에는 빠져 있으나 가, 나, 라본에 의거하여 보충함.
674) 魚: 저본에는 빠져 있으나 가, 나, 라본에 의거하여 보충함.
675) 人: 저본에는 빠져 있으나 나본에 의거하여 보충함.
676) 始: 저본에는 빠져 있으나 가, 나, 라본에 의거하여 보충함.
677) 欲隨之: 가본에는 '故捕之'로 되어 있음.
678) 更不同路: 나, 라본에는 이어서 '或曰武夫自惟儉也'라는 내용이 첨부되어 있음.
679) 爲官不願隆赫 … 又不喜往返交遊: 저본에는 빠져 있으나 나본에 의거하여 보충함.
680) 工曹: 저본에는 빠져 있으나 나본에 의거하여 보충함.
681) 嘗搆別舍于淨業院山上 … 願舅氏勿憂: 저본에는 빠져 있으나 나본에 의거하여 보충함.
682) 醉: 가, 나본에는 '醺'으로 되어 있음.

非但不禁搆舍, 又從而優給工匠役債, 刻期迄功室成, 仍賜落成宴. 特命兩丞相金安老·金謹思及兩尹國舅, 參其宴, 皆季愚通家族親也, 而平生未嘗請謝, 往返其恬退, 不要權勢可想.[683] 居家, 每五日椎一牛, 與夫人中堂對榻而坐, 大銀盤爤爛[684]烹牛肉, 日三對酌, 用巨杯, 盡滿盤肉. 一月常盡六牛而已, 不用他珍味. 夫婦壽各八十而終.

### 3-111.

丁贊成應斗, 食量最寬. 嘗閑居農墅, 村翁有以紅柿二百顆, 盛大柳器, 酒二壺及諸肴而進者[685], 贊成盡二壺及諸肴, 空其器. 坐與閑話, 取紅柿, 決其蔕, 投之口, 須臾而盡. 遂擲柳器於村翁前, 村[686]翁拜而謝曰: "始儂之進也, 欲貢[687]閤下累日之需, 不意今者對儂而盡之也." 其巷中有李忠衛者[688], 家中有四時之祀, 祀罷, 要[689]贊成而餉之, 其一位所陳, 皆進於贊成. 凡祭器極大, 倍於燕器三之, 果六七器[690], 油蜜桂二三器, 高皆尺, 餠炙高尺,[691] 麪食一[692]器, 魚肉湯六七器. 其他水陸之羞若干器, 至於飯也酒也, 隨量而進, 每每[693]空其器, 一家知其大嚼, 必務令極豐, 以爲罕世之壯觀

---

[683] 上非但不禁搆舍 … 不要權勢可想: 저본에는 빠져 있으나 나본에 의거하여 보충함.
[684] 爤爛: 저본에는 빠져 있으나 가, 나본에 의거하여 보충함.
[685] 者: 저본에는 빠져 있으나 가, 나, 라본에 의거하여 보충함.
[686] 村: 저본에는 빠져 있으나 가, 나, 라본에 의거하여 보충함.
[687] 貢: 가, 나, 라본에는 '供'으로 되어 있음.
[688] 李忠衛者: 가, 나, 라본에는 '李忠義'로 되어 있음.
[689] 要: 가, 라본에는 '邀'로 되어 있음.
[690] 器: 가, 나, 라본에는 '貼'으로 되어 있음.
[691] 餠炙高尺: 가, 라본에는 '餠高尺炙高尺'으로 되어 있음.
[692] 一: 가, 나, 라본에는 '二'로 되어 있음.
[693] 每每: 가, 나, 라본에는 '輒'으로 되어 있음.

也. 吾巷中有金應泗者, 醫官也, 腹大十圍, 食量甚[694]寬. 洪諫議天民, 儒生時患胃病, 與應泗共處山寺療之, 爲應泗具豆腐[695]一大釜, 飯五斗[696], 濁酒一大盆, 餉應泗, 一喫而倒其器. 遂負手[697]盤桓, 仰天而[698]噫曰: "近日, 吾之脾胃甚弱矣!"

## 3-112.

有宋生者, 寒士也.[699] 乏家僮, 於外方得一奴子, 年十七八, 問: "何所能?" 對曰: "無所能, 只能採薪." 命家人[700]晨炊, 使之往樵, 奴對食不食, 問其故, 曰: "吾能一食一斗飯." 宋生壯之, 命炊一斗飯, 羹一盆, 具匙箸與之, 奴投匙箸, 取一椀[701]爲匙, 一食而盡之. 奴求繩索, 覓一綯[702]與之, 請大索五六十綯, 聚諸隣里而與之. 奴出城上山, 手拔大木根幹, 皆左右拔之, 如採春葱, 積之如邱山. 束以五六十大索[703], 負之而來, 城門窄, 積之城外, 而[704]輸之家, 街衢甚隘, 行人不得通. 高官大宰, 戒前卒, 無得辟路, 回轡而去. 宋生與其妻言, "此奴得力雖多[705], 餉之難, 制之尤難." 使之任其所之, 後莫知所如.[706]

---

694) 甚: 가, 라본에는 '極'으로 되어 있음.
695) 豆腐: 가, 나, 라본에는 '豆泡'로 되어 있음.
696) 五斗: 가, 나, 라본에는 '五升'으로 되어 있음.
697) 負手: 나본에는 '贊手'로 되어 있음.
698) 而: 저본에는 빠져 있으나 나, 라본에 의거하여 보충함.
699) 寒士也: 저본에는 빠져 있으나 가, 나본에 의거하여 보충함.
700) 家人: 가, 나본에는 '家婢'로 되어 있음.
701) 一椀: 가본에는 '大椀'으로 되어 있음.
702) 綯: 가, 나본에는 '條'로 되어 있음. 이하의 경우도 동일함.
703) 索: 가, 나본에는 '繩'으로 되어 있음.
704) 而: 저본에는 빠져 있으나 가, 나본에 의거하여 보충함.
705) 多: 가, 나본에는 '甚大'로 되어 있음.
706) 後莫知所如: 저본에는 빠져 있으나 가, 나본에 의거하여 보충함.

3-113.

京中有一饞夫, 因事如南陽海漵, 素聞南陽多石花醢, 欲嘗之. 見主人竹筒中有石花醢滿焉, 以爲石花醢與茄子相宜, 求茄子而不得, 見廡下有茄子半折, 取筒中石花醢, 加諸茄子而食之. 俄而, 主家老叟多咳喘, 良久咳嗽, 欲唾而失竹筒. 又有小兒, 患痢脫肛門, 母以半折茄子, 推以納之, 至是求之, 而失其處. 蓋客以老叟咳唾爲石花醢, 加諸納脫茄子而食之矣. 吁! 世之求利達貪饞苟食者, 其奚異夫探竹筒而食茄子也歟?


3-114.

有一書生, 騎一驢, 從一僮, 午飯于溪上[707], 有一官人騎駿, 乘輜重, 從僕甚繁, 亦午飯于溪上. 官人僕從敖[708]生行李草草, 有驕色. 生開小橐, 出小傘張之, 進四足朱盤, 其盤[709]羞有鮮魚羹炙膾, 有豆腐·牛臁·蓴湯, 有菉豆麪食, 有赤豆粥, 有美酒若干杯[710]. 又用別朱盤, 排饌如右, 進官人, 食訖, 收拾而行, 不滿一僮背. 同行數日, 密察之, 小瓠穿穴, 流豆麪成條, 細糜濡蜜[711], 未赤豆爲粥, 切臁和椒, 曬豆泡加鹽椒, 飯餌魚紙片乾蓴, 疊絮乾酒. 其酒[712]三燒厚紙, 滋油漿, 割以投湯. 飯[713]針成糧, 合盤加足, 薄銅帖器, 如是者, 不滿一橐[714]. 諸具華潔, 務約勝人, 官人僕[715]從大慙. 蓋中國用

---

707) 溪上: 가, 나, 라본에는 '溪邊'으로 되어 있음.
708) 敖: 가, 라본에는 '傲'로 되어 있음. 서로 통함.
709) 其盤: 저본에는 빠져 있으나 나, 라본에 의거하여 보충함.
710) 杯: 저본에는 빠져 있으나 가, 나, 라본에 의거하여 보충함.
711) 濡蜜: 가, 라본에는 '油蜜'로 되어 있음.
712) 酒: 저본에는 빠져 있으나 가, 나, 라본에 의거하여 보충함.
713) 飯: 가, 나, 라본에는 '販'으로 되어 있음.
714) 一橐: 가, 나, 라본에는 '小橐'으로 되어 있음.

銀兩, 千里[716]一驢, 百具皆在路店, 我國則百里行賚, 數駄不裕. 書生雖鄙瑣, 其務約以矯俗者乎![717]

## 教養

3-115.

鰲城府院君李恒福曰:"駿馬生子於京城, 宜養之外方; 士人生子[718]於外方, 宜養之京師." 眞格言也. 近者, 京師匱乏, 雖有良馬, 不能喂養, 欲駿馬之成才, 宜養于外方. 外方儒士, 不肯力學, 雖有才子, 不能成就, 欲其子之成就, 宜養乎京師. 余觀朝班之犀·金·銀高品者, 皆是京人, 非朝廷用人[719]之偏. 近來旅官[720]京師之苦, 甚於昔[721]外方朝士不肯久官京師. 吁! 都城十里, 人才幾許, 而滿朝靑紫, 皆出此中? 當今蘭茸之圖美官者, 舍京師, 焉往乎哉? 然則外方人士, 比之於京城馬兒耶!

3-116.

林亨秀, 死於丁未非命, 深悔文字之招累, 戒子孫勿事儒學, 其子枸不識一字. 迨國家爲亨秀伸冤, 拜枸爲定山縣監, 監司勸學校, 分詩賦題于列邑, 以獎儒生. 秘密封其[722]題, 皮封曰:"縣監親

---

715) 僕: 저본에는 '服'으로 나와 있으나 가, 나, 라본을 따름.
716) 千里: 저본에는 '千里一里'로 나와 있으나 가, 나, 라본에 의거함.
717) 者乎: 저본에는 빠져 있으나 가, 나, 라본에 의거하여 보충함.
718) 子: 저본에는 빠져 있으나 가, 다본에 의거하여 보충함.
719) 人: 저본에는 빠져 있으나 가, 다본에 의거하여 보충함.
720) 官: 가, 다본에는 '宦'으로 되어 있음.
721) 昔: 저본에는 빠져 있으나 가, 다본에 의거하여 보충함.
722) 其: 저본에는 빠져 있으나 가, 나, 마본에 의거하여 보충함.

執開坼." 刑吏請枸手開其坼, 誤以賦字爲賊字, 問吏曰: "何以聚軍?" 曰: "吹令角以聚軍." 於是, 集土兵數百. 吏請見文字, 退伏曰: "非賊字也, 乃賦字也." 枸大驚曰: "何以散軍?" 吏曰: "復吹令角以散軍." 枸大慚, 吹令角散軍. 枸有膂力, 自繫馬四足, 着蹄釘于庭. 聞門外同官至, 枸慚甚, 擧其馬, 藏之廐中, 乃迎客.

## 音樂

3-117.

高麗「樂志」曰: "高麗俗樂, 考諸樂譜載之. 其「動動曲」及「西京」以下二十四篇, 皆用俚語." 故於史不載. 「長生浦曲」在其中, 其敍曰: "侍中柳濯, 出鎭全羅, 有威惠, 軍士愛畏之. 及倭寇順天府長生浦, 濯赴援, 賊望見而懼, 卽引去. 軍士大悅, 作是歌." 只有序, 不有歌辭云. 濯卽余先祖, 其本傳曰: "自製長生浦等曲, 傳樂府[723]." 近來, 柳克新作「動動曲」, 以嘲[724]侮時政, 動動者鼓聲也. 克新志士也, 其亦有所述歟!

3-118.

天將楊經理鎬, 以禦倭留王京, 行軍過[725]靑坡里[726]. 時田中男女鋤耘, 齊聲而歌, 經理問通官曰: "彼歌亦有腔調乎?" 曰: "皆有腔調." 曰: "可得聞乎?" 曰: "用[727]俚語爲曲, 非文字也." 曰: "令接伴

---

723) 樂府: 라본에는 '樂譜'로 되어 있음.
724) 嘲: 저본에는 '調'로 나와 있으나 라본에 의거함.
725) 過: 저본에는 빠져 있으나 나, 라, 마본에 의거하여 보충함.
726) 靑坡里: 라, 마본에는 '靑坡郊'로 되어 있음.
727) 用: 저본에는 빠져 있으나 나, 라, 마본에 의거하여 보충함.

使翻譯以進." 其歌曰: '昔日若[728]如此, 此形安得持? 此心[729]化爲絲, 曲曲還相[730]結. 欲解復欲解, 不知端在處.' 經理覽而[731]稱善, 曰: "我行軍而過, 路無不聳觀, 而觀此農人, 皆鋤耘不掇, 非徒勤於本農[732], 其歌曲亦甚有理, 可賞也." 遂分靑布各一匹, 以賞之.

## 3-119.

昔余避地北道之高原錦水村, 山水淸僻, 眞隱者棲遯之地. 隣有趙瓊改名汝璣者, 累於鄕解, 入嵬等, 喜歌山氓射鹿之謠. 其辭曰: '嘑無之兮, 兒言非兮. 花落樹[733]底兮, 芰衛揮兮, 門已入兮. 蜂乃接兮, 出大逵兮.' 又曰: '諢[734]無有兮, 兒言謬兮. 懸其蜂兮, 花開飄風兮, 回立回立兮.' 蓋北方獵人射鹿, 先使家兒乘, 曉旭登山要跌, 鹿常於曉露, 齕草飮水, 日出則入林而眠. 獵人恐鹿見人驚逸, 僞作樵歌, 隱其語, 喩同獵, 令鹿不疑. 諢者, 發語聲; 無者, 僞稱無鹿也, 兒言非者, 兒言有鹿者非也; 花落樹下者, 鹿眠林下也. 芰[735]衛者, 北方牛車之稱, 僞稱網爲牛車也. 門已入, 言其罹其網也, 蜂箭, 接中也, 出大逵, 得鹿出平路屠之也. 懸其蜂, 言射之也; 花開飄風者, 鹿起走也; 回立者, 失鹿回歸也. 余散居林下, 無意人世, 將歌[736]錦水射鹿之謠, 以終吾餘年, 故記.

---

728) 若: 라본에는 '苟'로 되어 있음.
729) 此心: 마본에는 '愁心'으로 되어 있음.
730) 相: 나, 라, 마본에는 '成'으로 되어 있음.
731) 而: 이본에는 '之'로 되어 있음.
732) 本農: 나, 라, 마본에는 '本業'으로 되어 있음.
733) 樹: 마본에는 '水'로 되어 있음.
734) 諢: 가, 다, 마본에는 '嘑'로 되어 있음. 서로 통함.
735) 芰: 저본에는 '芙'로 나와 있으나 가, 다, 마본에 의거함.
736) 歌: 저본에는 '欲'으로 나와 있으나 가, 다, 마본에 의거함.

3-120.

眞伊者, 松都娼女也. 嘗僑居于松都, 古射場宿焉, 夜月微明, 閴無行人, 有白馬將軍, 駐馬盤桓, 以袖拭淚而歌曰: '五百年都邑地, 匹馬歸來兮. 山川依舊, 人傑何所之兮. 已矣哉! 故國興亡, 問之何爲兮?' 歌竟揮鞭而逝, 不知所向, 始知其非人也. 其歌悲壯, 殆非婦人所能, 今人謬傳爲眞伊作, 松都人云.

3-121.

北窓先生鄭磏, 解音律, 以繩係酒壺, 以兩[737]銅箸, 揷其一於壺中, 持[738]其一擊壺, 作雅曲, 無不中五音六律. 其父順朋, 爲江原監司, 遊金剛山, 至摩訶衍庵, 磏從之, 順朋謂磏曰: "人言汝善嘯, 我曾未聞, 到此境, 可作一曲." 磏對曰: "今日[739]邑人多候于此, 請明日登[740]毘盧峯上吹之." 翌日, 磏冒雨早往, 僧止之, 曰: "今日雨, 不可登毘盧峯." 曰: "向晚當晴." 遂杖藜而往, 日晚果晴. 順朋隨之, 聞[741]山谷間有笛聲淸高, 巖谷[742]皆震. 僧驚曰: "山深境絶, 有何笛聲淸壯[743]? 必神仙也." 順朋默識之, 至則果磏之嘯也, 非笛也. 雖孫登·阮籍蘇門之嘯, 不能過也. 磏處山寺, 重屛以圍之, 廢盥[744]櫛不窺戶, 終日靜默危坐. 時有居僧來問之[745], 磏曰: "今日,

---

737) 兩: 저본에는 빠져 있으나 라, 마본에 의거하여 보충함.
738) 持: 저본에는 빠져 있으나 라, 마본에 의거하여 보충함.
739) 今日: 저본에는 빠져 있으나 라, 마본에 의거하여 보충함.
740) 登: 저본에는 빠져 있으나 라, 마본에 의거하여 보충함.
741) 聞: 저본에는 빠져 있으나 라, 마본에 의거하여 보충함.
742) 谷: 저본에는 '石'으로 나와 있으나 라, 마본을 따름.
743) 淸壯: 마본에는 '淸絶'로 되어 있음.
744) 盥: 저본에는 '冠'으로 나와 있으나 라, 마본을 따름.
745) 之: 저본에는 빠져 있으나 라, 마본에 의거하여 보충함.

家奴持酒壺來矣." 俄而驚, 曰: "惜哉! 今日不得飮矣." 旣而, 奴自家而至, 曰: "今日, 負酒壺而來, 至嶺上, 跌於巖上[746]而甁破矣."

### 3-122.

有河允沈者, 不知何許人, 善吹玉笛. 嘗渡海遇逆風, 泊舟島中[747], 連旬留連風, 勢益不順, 甚無悰, 日夜吹玉簫以自遣. 舟中有一人, 夜夢神人, 白髮頎而長, 謂舟人曰: "明日,[748] 我當[749]借爾便風, 須爲我留河允沈而去. 不然, 必不借[750]利涉." 舟人密與相語, 渾舟之夢盡然, 其神之容貌言語, 皆如之. 舟中人大恐, 相與謀多取糗[751]糧及諸需, 置之[752]巖穴, 竝儕其玉笛而留之[753]. 旣擧碇[754]而將發, 佯驚謂允沈曰: "忘糗糧及諸需•玉笛於巖穴中而來, 速往取來!" 允沈下船, 衆齊力刺船而去. 允沈頓足號呼, 後[755]莫知所終. 至今舟人, 往來過是島, 往往於烟朝月夕, 聞玉笛之聲, 故號其島爲'吹笛島'. 又於嘉靖中, 有丹山守者, 宗室人也, 亦[756]善吹玉笛有名聞. 因事之海西, 日暮至峽中, 有賊十餘人, 挾弓矢[757]當路, 掠輜重及丹山守而去. 入山谷數十里, 而見彩幕[758]葳蕤, 徒衆各執供具,

---

746) 巖上: 라본에는 '巖石'으로 되어 있음.
747) 島中: 마본에는 '島下'로 되어 있음.
748) 明日: 가, 나, 라, 마본에는 '明朝'로 되어 있음.
749) 當: 저본에는 빠져 있으나 가, 라, 마본에 의거하여 보충함.
750) 必不借: 가, 나, 라, 마본에는 '將不許'로 되어 있음.
751) 糗: 저본에는 빠져 있으나 가, 나, 라본에 의거하여 보충함.
752) 之: 저본에는 빠져 있으나 가, 나, 라, 마본에 의거하여 보충함.
753) 之: 저본에는 빠져 있으나 가, 나, 라, 마본에 의거하여 보충함.
754) 碇: 저본에는 '矴'으로 나와 있으나 가, 나, 라, 마본에 의거함.
755) 後: 저본에는 빠져 있으나 가, 나, 라, 마본에 의거하여 보충함.
756) 亦: 저본에는 빠져 있으나 가, 라본에 의거하여 보충함.
757) 弓矢: 가, 나, 라, 마본에는 '弓劍'으로 되어 있음.
758) 彩幕: 나, 라, 마본에는 '綵幕'으로 되어 있음.

持兵戟而衛擁, 中有一大將, 朱冠錦袍, 箕踞紅椅上. 時海西賊林
巨正, 擁兵橫行, 官軍失捕, 王人遇害, 所謂大將者, 卽巨正也. 其
卒捕得行路人入告, 巨正令跪之地, 問: "若名爲誰?" 曰: "宗室人
丹山守也." 巨正笑曰: "爾是善吹玉笛者舟山守耶?" 曰: "然." 曰:
"爾行李有玉笛耶?" 曰: "有之." 巨正使左右進盃, 盤悉陸海珍羞,
擧金觴屬之, 令取玉笛吹之, 丹山守不得已吹兩三聲[759], 巨正愀然
掩涕[760]. 蓋朝家捕盜[761]甚急, 雖延數月之命, 而[762]自知終不免也.
聞其腔調甚悲, 不勝悲激於中. 曲罷, 連勸四五盃[763], 以不能辭, 巨
正命騎卒護送谷口. 吁! 允沈能吹笛而死, 丹山能吹笛而生, 是何
一玉笛而死生殊耶?[764] 丹山雖不刳腹而死, 未免屈膝而生, 亦玉笛
之祟也歟!

3-123.

金雲鸞者, 成均進士也. 中進士後, 病眼喪雙明, 本以士人, 恥學
陰陽·卜筮爲瞽瞍事, 乃學彈箏以自遣, 手法入神. 嘗月夜無寐, 自
悲廢疾, 不見天日, 又不可更赴擧爲大科, 又不可求蔭任通仕路,
又不可齒平人往返士流爲交際, 以無限悲愁, 寓於箏. 傍南山麓古
祠堂, 倚墻作三四腔, 其聲甚悲楚, 忽有祠堂裡衆鬼, 齊聲大哭, 啾
啾如沸. 雲鸞大驚, 携箏而走, 蓋聲調造妙, 能感鬼神而然也. 雲
鸞[765]有二子, 克誠·克明,[766] 皆業書中第.[767]

---

759) 聲: 마본에는 '調'로 되어 있음.
760) 掩涕: 가, 라본에는 '掩泣'으로 되어 있음.
761) 捕盜: 가, 라본에는 '捕之'로, 나, 마본에는 '捕渠'로 되어 있음.
762) 而: 저본에는 빠져 있으나 가, 나, 라, 마본에 의거하여 보충함.
763) 盃: 마본에는 '觴'으로 되어 있음.
764) 丹山能吹笛而生, 是何一玉笛而死生殊耶: 저본에는 빠져 있으나 가본에 의거하여 보충함. 나, 라, 마본도 이와 유사함.

3-124.

林悌, 字子順,[768] 少時, 遊松京滿月臺, 留守送酒與笛, 偕酒數行, 笛聲甚高. 悌謂笛者曰: "此臺之主, 非吾親戚, 亦[769]非吾故舊. 往時家居, 間閣甚寬, 器具甚備, 一朝蕩然埋沒, 不亦悲哉!" 遂抗聲大哭,[770] 涙下承睫. 君子聞之, 曰: "昔者, 叔輒[771]哭日食, 昭子曰: '叔將死也.'[772]" 今者, 子順亦非所哭而哭, 其夭不亦宜哉!"

## 射御

3-125.

司諫祖考善射, 終日射帿, 無一箭落地. 其在錦山, 有青鳥小於燕, 止於屋上, 其邑武士皆曰: "此鳥射則決起, 矢過腹下,[773] 還坐舊地, 終日射不得[774]中. 故號倒箭鵄, 言盡倒鵄中之箭而不得中也." 祖考一射之, 果決起矢[775]上, 還下[776]舊處而坐, 第二矢決起之時, 耗然逢矢[777]而墜. 衆皆異之, 問其射法, 曰: "射飛之法, 不指其物, 先近於虛地, 是以中之." 衆皆服. 祖考以善[778]射之故, 求美箭竹於

---

765) 鷲: 저본에는 '鶖'로 나와 있으나 나, 다, 마본에 의거함.
766) 克誠克明: 나본에는 '克成克得'으로 되어 있음.
767) 皆業書中第: 나본에는 '皆中武科'로, 마본에는 '皆業武中第'로 되어 있음.
768) 字子順: 저본에는 빠져 있으나 가본에 의거하여 보충함.
769) 亦: 저본에는 빠져 있으나 나본에 의거하여 보충함.
770) 大哭: 가본에는 '放哭'으로 되어 있음.
771) 輒: 저본에는 빠져 있으나 가, 나본에 의거하여 보충함.
772) 叔將死也: 나본에는 '叔將死非所哭也'로 되어 있음.
773) 腹下: 가본에는 '腹中'으로 되어 있음.
774) 得: 저본에는 빠져 있으나 가, 나본에 의거하여 보충함.
775) 矢: 가, 나본에는 '箭'으로 되어 있음.
776) 下: 저본에는 빠져 있으나 가, 나본에 의거하여 보충함.
777) 矢: 가본에는 '箭'으로 되어 있음.

南邑, 箭竹皆絶品, 藏在樓上, 過七八十年, 竹之陳者, 其品[779]尤美. 而先妣早寡, 吾諸兄皆不尙武, 其竹或爲筆管, 或供女織, 多散失. 吾巷中武士得其竹者, 無不中武科, 故爭厚賂婢子, 或與用事, 婢私[780]潛竊而造箭, 射於訓鍊院, 不論順逆風, 皆過南小門洞, 或直抵南山. 吾巷中武士, 連榜捷嵬科者[781], 皆賴此, 而吾家殊不知也. 楚文之獲矢, 知莊之抽叢, 皆不拘射也. 器貴其良, 非虛語也.

## 3-126.

李夢麟善射, 射命中, 一世無雙. 有一[782]文士試射, 使夢麟韝其臂, 角其指, 匣其掌, 而入射廳. 以角指操弓[783], 韝臂引弦[784], 同列皆笑之. 文士曰: "子何敢[785]笑? 此李夢麟之所結束乎!" 文士徒知夢麟善射, 不知左右射之有異, 良可捧腹. 夢麟旣老, 力不勝强弓[786], 以細木枝爲弓, 以針爲箭鏃, 射壁上之蠅, 發無不中.

## 3-127.

僧天然, 年八十, 謁松禾縣監. 縣監新得駿馬, 未馴, 見人便立, 踶齧殊甚. 置之廐間, 四面樹柵爲閑, 用大索如人股者, 左右維繫, 從柵隙投蒭擲豆, 輒隅目[787]吹鼻, 衆懼莫敢近. 天然一見, 歎賞曰:

---

778) 善: 가, 나본에는 '好'로 되어 있음.
779) 品: 저본에는 '器'로 나와 있으나 가, 나, 다본에 의거함.
780) 私: 저본에는 빠져 있으나 가, 나본에 의거하여 보충함.
781) 者: 저본에는 빠져 있으나 가, 나본에 의거하여 보충함.
782) 一: 저본에는 빠져 있으나 가, 나본에 의거하여 보충함.
783) 弓: 저본에는 '方'으로 나와 있으나 가, 나, 다본에 의거하여 바로잡음.
784) 弦: 저본에는 '絃'으로 나와 있으나 다본에 의거함.
785) 敢: 저본에는 빠져 있으나 가, 나본에 의거하여 보충함.
786) 弓: 저본에는 '方'으로 나와 있으나 가, 나, 다본에 의거하여 바로잡음.
787) 隅目: 가본에는 '嗔目'으로 되어 있음.

"此馬駿甚, 惜乎! 厮養懦怯, 終使逸才未展. 貧道雖老[788]耄, 請爲公馴之不出寸晷間, 可乎?" 乃拔去列柵, 解大索, 只存御勒. 求大杖, 或以盈把者, 與之却之, 與盈拱者, 始受之. 遂大吼提其杖, 把御勒牽出中庭, 馬乃咆哮, 如虎躍龍騰. 天然一踊而登, 仍復俯脫[789]其御勒, 馬跋前聳後, 超踔三尋, 左臥右輾, 使人不着於背. 天然猶兩膝挾其脇腰, 隨所轉仄[790], 終不離背上, 恣其馳驟, 不擇險夷榛莽, 水澤深淺, 遍大坰而四五匝. 馬始戰掉震, 越流汗洽體[791], 高高下下, 唯所指使, 乃歸之舊廐下, 日未移晷. 自此, 加鞍施鞭, 使童子牽之, 猶低首怗耳, 莫敢忤視, 終爲追風之駿乘焉.

## 書畫

### 3-128.

古篆有科斗·垂露·奇字·柳葉·倒薤·鵠頭等書, 各殊其[792]體. 蓋上古無墨無筆, 用漆用竹以成書, 漆粘物也, 每畫頭大尾尖如科斗[793]. 凡點畫引而斷之, 其末必結如垂露, 交畫之處, 漆光模[794]糊爲奇字. 批其畫末, 則爲倒[795]薤; 點其畫頭, 則爲鵠頭, 批畫之末, 漆盡而微, 如畫禾穗, 則爲穗書. 初非有意於象物, 而或自類於物

---

788) 耄: 저본에는 '耗'로 나와 있으나 가, 나본을 따름.
789) 脫: 가본에는 '挽'으로, 나본에는 '奪'로 되어 있음.
790) 轉仄: 가본에는 '轉反'으로 되어 있음.
791) 洽體: 저본에는 빠져 있으나 나본에 의거하여 보충함. 가본에는 '流汗洽身'으로 되어 있음.
792) 其: 저본에는 빠져 있으나 가, 나, 라, 마본에 의거하여 보충함.
793) 科斗: 가, 나, 라본에는 '蝌蚪'로 되어 있음. 서로 통함.
794) 模: 저본에는 '糢'로 되어 있으나 가, 나, 라본에 의거함.
795) 倒: 저본에는 '到'로 나와 있으나 나, 마본에 의거하여 바로잡음.

狀$^{796)}$, 後之模擬者, 推衍鑿空, 爲龜龍·鳥獸·雲穗之形, 皆非古也. 鄭相國惟吉書法, 頭大尾尖, 如科斗書, 其始有鼎姓者, 創爲此體, 蓋$^{797)}$效科斗古篆爲也. 體法甚古, 有非末世春蚓·秋蛇$^{798)}$之隨意也. 可見古人用意處也.

## 3-129.

承旨金絿, 有節操, 能文章, 善草隷. 嘗捷司馬·生進試, 皆壯頭, 考官批其詩卷, 曰:"詩如李白, 賦如相如, 文如馬遷, 筆如羲之."其才之見重, 當世如此. 每書屛障, 必先$^{799)}$坐椅上, 撫$^{800)}$劍長嘯, 俟其神氣激揚, 輒下椅, 揮洒其書. 先臨趙子昂「赤壁賦」, 後臨張汝弼, 故其草書以「赤壁賦」, 字劃$^{801)}$爲汝弼盤縮之態. 蓋「赤壁賦」, 乃趙$^{802)}$孟頫爲高麗忠宣王書者也. 中原無此本, 惟我國傳刻焉.$^{803)}$ 絿書草書, 人稱曰'熟', 則必怒, 曰'生', 則有喜色, 爲其將來有地步然也. 絿嘗語衆曰:"余粗有薄才, 文與書將傳於後, 若我處$^{804)}$身失宜$^{805)}$, 必遺臭於後, 宜倍自飭礪, 平生不作不善, 可也."卒與己卯諸賢, 同其$^{806)}$出處, 金湜·金淨·奇遵被禍時, 絿亦在四賢中, 時人惜之.

---

796) 物狀: 마본에는 '物象'으로 되어 있음.
797) 蓋: 저본에는 '益'으로 나와 있으나 나, 마본에 의거함.
798) 秋蛇: 마본에는 '秋蟋'로 되어 있음.
799) 必先: 저본에는 빠져 있으나 가, 나, 라본에 의거하여 보충함.
800) 撫: 저본에는 '舞'로 나와 있으나 가, 나, 라본을 따름.
801) 劃: 저본에는 빠져 있으나 가, 나, 라본에 의거하여 보충함.
802) 趙: 저본에는 빠져 있으나 가, 나, 라본에 의거하여 보충함.
803) 惟我國傳刻焉: 라본에는 이어서 '今中原亦有焉, 自我國傳刊云.'이라는 내용이 첨부되어 있음.
804) 處: 저본에는 '虛'로 나와 있으나 가, 나, 다, 라본에 의거하여 바로잡음.
805) 宜: 나, 라본에는 '誼'로 되어 있음.
806) 其: 저본에는 빠져 있으나 가, 나, 라본에 의거하여 보충함.

3-130.

黃耆老, 嗜飮酒, 善草書. 欲得其書者, 設大宴邀之, 遠近諸[807]賓客, 各持縑素華牋, 積千百軸. 耆[808]老多多益辦, 而不擇筆之美惡, 亦不持自家好穎而去. 但令磨墨數斗, 聚主人家禿筆, 如兒童墻頭棄翰婦人[809]諺札之餘, 悉合而添束之, 用數尺長管, 折管頭, 以繩纏縛[810]之. 至日暮泥醉, 無意操筆, 諸賓皆遲之. 及酒闌不分朱碧而後, 以拳握管端, 不用指, 濡墨恣揮之, 一揮能盡數三百紙[811], 日未夕而罷. 龍飛虎攫, 神出鬼沒之態, 千變萬化[812]不可狀. 其書蓋祖張旭·張汝弼, 而神怪不測多, 自成造化, 雖中國數百世, 亦罕倫焉. 其時隱士成守琛, 自號聽松, 亦以能書名一代, 詆耆老書, 以爲, '耆老筆力有餘, 而自創非古以誣世.' 世之右成書者, 亦[813]斥耆老. 余曾見耆老書, 無字草書, 橫點五六, 縱點亦過五六, 此則非古, 或者之譏以是哉! 以今[814]觀之, 聽松之書, 蓋取法鮮于樞, 雜以趙松雪, 耆老書, 猖狂自恣, 而東方草書之雄, 聽松之書, 烏可比擬哉? 中國人見聽松書, 謂山僧野客之書, 聽松隱遁避世之人也, 中國人信知書體[815]也. 聽松喜用狗尾毛[816]狗脊毛, 作筆用之, 蓋取其毛勁, 而山人朴野, 無力辦筆之以[817]也哉!

---

807) 諸: 저본에는 빠져 있으나 라본에 의거하여 보충함.
808) 耆: 저본에는 '嗜'로 나와 있으나 다, 라, 마본에 의거하여 바로잡음.
809) 婦人: 가, 나, 라, 마본에는 '婦女'로 되어 있음.
810) 縛: 이본에는 '縳'으로 되어 있음. 서로 통함.
811) 數三百紙: 가, 나본에는 '數三紙'로, 라, 마본에는 '數千紙'로 되어 있음.
812) 萬化: 저본에는 빠져 있으나 라본에 의거하여 보충함.
813) 亦: 이본에는 '多'로 되어 있음.
814) 今: 저본에는 '令'으로 나와 있으나 가, 나, 다, 마본에 의거하여 바로잡음. 라본에는 '余'로 되어 있음.
815) 體: 저본에는 빠져 있으나 나본에 의거하여 보충함.
816) 毛: 저본에는 빠져 있으나 라본에 의거하여 보충함.

3-131.

黃耆[818]老, 善草書, 慕張汝弼, 嘗書「後赤壁賦」, 掛諸竈間, 熏烟煤, 造石盒藏之, 埋田中. 農夫耕而發之, 深異之, 告于州官, 啓視之, 得烟煤故紙八張. 其末曰: '張汝弼書.' 其書[819]龍騰鳳翥, 而多客氣, 筆端生拙, 州官不知, 以爲眞張筆, 大布於世間. 至今刊行, 經亂而不滅, 可笑. 黃生老筆, 豈至於此乎? 此特年少時所戲也.

3-132.

李後白與宋贊, 偕往趙彦秀第, 後白見座隅有屛風, 卽黃耆老草書也. 謂彦秀曰: "吾家有新屛, 請換此." 彦秀曰: "何也?" 曰: "吾平生疾此書, 願代以吾屛而焚之." 宋贊曰: "不可! 吾常[820]往黃生家, 見座中揷絹素綵箋推案[821], 黃生抽二張草書示[822]贊, 又出空箋二張, 令贊依樣書[823]之. 贊亦粗解運筆, 倣像如黃生書, 生稱賞曰: '求吾書者, 日累百紙, 不勝疲, 當用此[824]代之. 凡眼烏[825]能辨之?' 仍抽[826]架上古法帖, 拈出[827]己書, 二張中字法比之, 皆古人書法, 無一字自創者[828]. 又指贊書, 曰: '某字某劃皆死, 凡書非積功[829]難

---

817) 以: 다본에는 '故'로 되어 있음.
818) 耆: 저본에는 '嗜'로 나와 있으나 라, 마본에 의거하여 바로잡음.
819) 其書: 저본에는 빠져 있으나 라, 마본에 의거하여 보충함.
820) 常: 라본에는 '嘗'으로 되어 있음.
821) 推案: 라, 마본에는 '堆架'로 되어 있음.
822) 示: 저본에는 '視'로 나와 있으나 라, 마본을 따름.
823) 書: 라, 마본에는 '畵'로 되어 있음.
824) 此: 저본에는 빠져 있으나 라, 마본에 의거하여 보충함.
825) 烏: 라본에는 '焉'으로 되어 있음. 서로 통함.
826) 抽: 저본에는 '揷'으로 나와 있으나 라, 마본을 따름.
827) 拈出: 저본에는 빠져 있으나 라, 마본에 의거하여 보충함.
828) 者: 저본에는 '字'로 나와 있으나 라, 마본을 따름.
829) 功: 저본에는 '工'으로 나와 있으나 라, 마본을 따름.

工云.'黃生之筆, 未易題品也." 後白有慚色.

3-133.

崔興孝, 草書絶妙, 安平大君折節禮[830]敬之, 爲興孝備縑素八幅, 求其書. 興孝大醉, 自外歸, 立其使門外, 箕踞門臬, 使蒼頭展其[831]縑, 濃墨亂揮, 或點或抹, 或豎或橫, 不成一字, 只墨浣[832]其縑卷, 而屬其使以還之. 安平見之, 大驚大怒.[833] 翌朝, 興孝謁安平, 安平盛氣而見之, 曰: "不佞愛足下筆法高妙, 備素縑八幅, 索足下書, 不意[834]足下侮我, 不惟不書, 浣墨汚其縑, 終不成一字,[835] 得無不佞獲罪左右者乎?" 興孝大驚曰: "昨日大醉, 殊[836]不省落筆也, 請觀之." 安平出示之, 興孝慙謝[837]不已, 遂展其縑, 仍其點抹橫豎之劃, 而爲[838]草書, 顚風驟雨驚龍躍虎之狀, 隨筆[839]而就. 安平大驚大喜, 嗟賞不已. 興孝爲吏曹佐郎, 莊獻大王親政, 興孝下筆端重, 勢不及其日畢寫, 命他郎遞寫. 初安平愛興孝書與己同法, 數臨其第, 興孝知安平不逭[840]大禍, 遂改書法尙怪僻[841], 安平大惜之, 遂與相疎, 以此免禍. 其八幅書, 至今傳刻, 多在屛幛, '床上書連

---

830) 禮: 저본에는 빠져 있으나 가, 나, 라, 마본에 의거하여 보충함.
831) 其: 저본에는 빠져 있으나 가, 나, 라, 마본에 의거하여 보충함.
832) 浣: 나, 라, 마본에는 '涴'으로 되어 있음. 이하의 경우도 동일함.
833) 大驚大怒: 가, 라본에는 '大驚且大怒'로, 나본에는 '大驚且怒'로 되어 있음.
834) 不意: 저본에는 빠져 있으나 가, 나, 라, 마본에 의거하여 보충함.
835) 終不成一字: 저본에는 빠져 있으나 가, 나, 라, 마본에 의거하여 보충함.
836) 殊: 저본에는 '雖'로 나와 있으나 가, 나, 라, 마본에 의거함.
837) 慙謝: 나본에는 '慙愧'로 되어 있음.
838) 爲: 가, 나, 라, 마본에는 '成'으로 되어 있음.
839) 筆: 저본에는 빠져 있으나 가, 나, 라, 마본에 의거하여 보충함.
840) 不逭: 가본에는 '不免'으로 되어 있음.
841) 僻: 저본에는 빠져 있으나 가, 나, 라본에 의거하여 보충함.

屋,<sup>842)</sup> 紫騮行且嘶'等詩<sup>843)</sup>, 是也.

## 3-134.

古有買妙畫於中國者, 畫長松下有人仰面看松, 神采如生, 世以爲天下奇畫<sup>844)</sup>也. 處士<sup>845)</sup>安堅曰: "是畫雖妙<sup>846)</sup>, 人之仰面也, 項後必有皺紋, 此則無之<sup>847)</sup>, 大失其旨." 自此, 終爲棄物. 又有古畫, 稱妙筆畫, 老叟抱兒孫, 匙<sup>848)</sup>飯以飼之, 神采如活. 康靖大王見之, 曰: "是畫雖好, 凡人之食兒, 必自開其口, 是則含之, 大失畫法." 自此, 終爲棄紙<sup>849)</sup>. 夫畫與文章何異? 一失本意, 雖錦章繡句, 識者不取, 唯具眼者能知之.

## 3-135.

康靖大王朝, 華使金湜, 工畫竹, 爲曠世<sup>850)</sup>絶筆. 請見東方<sup>851)</sup>今古<sup>852)</sup>畫竹之筆, 上命廣搜國中以示之, 湜徧<sup>853)</sup>覽之, 曰: "皆非竹也, 或麻也<sup>854)</sup>, 或蘆也, 請見眞竹." 時安堅妙畫, 亞郭熙, 中國素服其

---

842) 床上書連屋: 저본에는 빠져 있으나 나, 라, 마본에 의거하여 보충함. 가본에는 '床上書壁屋'으로 되어 있음.
843) 詩: 저본에는 '書'로 나와 있으나 가, 나, 라, 마본을 따름.
844) 奇畫: 나, 라본에는 '絶筆'로 되어 있음.
845) 處士: 나, 라본에는 '畫師'로 되어 있음.
846) 妙: 나, 라본에는 '好'로 되어 있음.
847) 之: 나, 라본에는 '有'로 되어 있음.
848) 匙: 저본에는 빠져 있으나 나, 라본에 의거하여 보충함.
849) 紙: 저본에는 '畫'로 나와 있으나 나, 라본을 따름.
850) 曠世: 가본에는 '當世'로 되어 있음.
851) 東方: 가, 나, 라, 마본에는 '東國'으로 되어 있음.
852) 今古: 저본에는 빠져 있으나 가, 나, 라, 마본에 의거하여 보충함.
853) 徧: 나, 라본에는 '遍'으로 되어 있음. 서로 통함.
854) 也: 저본에는 빠져 있으나 가, 라, 마본에 의거하여 보충함.

妙神. 上使堅用[855]盡一生筆力, 畵竹若干幅, 各體以進之, 湜曰: "此雖妙手, 然非竹也, 蘆也." 上亦[856]素知畵法, 命苑圃[857]進一盆竹, 盡摘密葉, 存疎葉, 置軒墀. 當夕陽, 使安堅依樣畵之, 試示諸湜, 湜一見, 輒大驚, 曰: "此眞竹也! 雖中國妙畵, 罕與之倫." 上大奇之. 於是, 出尙方縑素, 受湜畵, 藏諸景福宮. 與姜邯贊朴淵鞭龍時所得靑龍鱗一隻, 並爲至寶, 藏文武樓上. 後景福宮災, 其畵[858]與古珍俱火.

### 3-136.

鰲城府院君李恒福, 弱冠善畵, 欲學畵于金湜, 畵山水·翎毛·人物若干紙, 唧之袖裡, 要湜所昵者書, 抵湜[859]請見, 書辭不暢, 泛言請見, 而不言學畵. 湜以爲受簡求畵者, 惰色形於外, 鰲城自恨以畵之故, 見辱於人, 仍悟畵者賤技也, 不足學, 遂不出諸袖. 俄而, 儒士[860]李孟衍至, 向鰲城致款甚, 湜意是子雖幼, 爲儒士所敬, 稍加禮貌. 鰲城察其色, 益卑之, 終不出一言及畵, 乃辭而出. 自此, 更不從事於畵.

---

855) 用: 저본에는 빠져 있으나 가, 나, 라. 마본에 의거하여 보충함.
856) 亦: 저본에는 빠져 있으나 가, 나, 라. 마본에 의거하여 보충함.
857) 苑圃: 가, 나, 라. 마본에는 '苑囿'로 되어 있음.
858) 其畵: 저본에는 빠져 있으나 가, 나, 라. 마본에 의거하여 보충함.
859) 抵湜: 저본에는 빠져 있으나 가, 라. 마본에 의거하여 보충함.
860) 儒士: 가, 라본에는 '文士'로 되어 있음.

## 醫藥

3-137.

楊禮壽, 昭敬大王朝太醫也. 幼時, 謁鄭湖陰于直廬, 湖陰方讀「陽節潘氏歷代論」, 謂禮壽曰: "爾亦志學耶?" 仍誨其論一遍, 去其冊使誦之, 禮壽應口而終篇不錯. 湖陰大驚, 曰: "以爾之才, 學文章, 當傳我衣鉢." 禮壽寒門人也, 急於祿仕, 應醫科爲名醫. 其方用霸術, 治百病, 速效如神. 有一女, 産後發心火[861], 狂言亂語[862], 常曰: "有白衣幼女至, 狂疾輒作." 問之禮壽, 禮壽曰: "非鬼祟也. 兌象少女, 肺尙白, 是風邪入肺, 專治肺風得瘳." 又有一人病瘡, 閉戶密室, 有物如柳絮滿堂, 而飛落於身, 鑽膚而入, 便成瘡. 問之禮壽, 禮壽曰: "是病不著於方書, 必虫氣如絮, 挾鬼邪也, 用殺虫辟鬼之劑, 卽效." 禮壽多口給, 有[863]一人來, 言其病曰: "乍寒乍熱, 困惱思臥, 乏氣虛汗, 日以漸劇." 時春夏之交, 日長少食, 察其病, 蓋出於飢. 禮壽曰: "新稻米作飯, 包萵[864]苣葉, 作丸大如拳, 加[865]炙蘇魚, 每日午, 呑下十五丸, 則必有效[866]." 聞者絶倒.

3-138.

安德壽, 昭敬大王朝老神名醫也. 年老多病, 罕與人相接, 而其診[867]病命藥, 百不一差, 雖難名痼[868]疾, 無不治. 世稱楊禮壽用霸

---

861) 心火: 가, 나본에는 '心疾'로 되어 있음.
862) 亂語: 가본에는 '亂說'로, 나본에는 '亂話'로 되어 있음.
863) 有: 저본에는 빠져 있으나 가, 나본에 의거하여 보충함.
864) 萵: 저본에는 '尙'로 나와 있으나 나, 다본에 의거함.
865) 加: 저본에는 빠져 있으나 가, 나본에 의거하여 보충함.
866) 必有效: 가, 나본에는 '必愈'로 되어 있음.
867) 診: 저본에는 '疹'으로 나와 있으나 가, 나, 다본에 의거함.
868) 痼: 저본에는 '固'로 나와 있으나 가, 나, 다본에 의거함.

道, 速效而多傷人; 安[869]德壽用王道, 效遲而不傷人, 時論多歸
安[870]. 有一人遇邪祟, 苦疾沈痛累月, 德壽以藥療[871]之, 其症五變,
藥亦五變, 皆見效. 夜夢有一人, 謂德壽曰: "吾與若人, 積世深讐,
已告上帝必殺之. 乃以五變其症, 以避公藥, 而公乃五變其藥以療
之, 吾將不[872]勝公矣. 明日, 當六變其症矣, 公若更治以新藥, 吾當
移其讐行, 與公爲祟矣." 德壽覺而異之. 頃之, 其家來問其病, 其
症果六變矣, 德壽以疾辭焉, 其人竟不救. 吁! 邪雖祟人, 必因榮衛
之虛, 而逞其邪, 人能善防以良藥, 邪不得[873]投其隙. 吾於膏肓二
豎之說, 深有疑焉. 考之醫書, 膏下肓上, 亦有可療之劑, 秦之醫
緩, 亦怕二豎之祟己耶? 惜乎! 德壽惑於一夢, 不卒救其人也.

3-139.

嘗聞之太醫, 經絡者, 腠理之會, 乃一身肥膚空隙之地, 針之無
血, 針雖深不痛. 蚤虱與蛭, 噆人之膚, 常尋血肉, 不侵經絡, 蛟螆見
人之露體, 飛鳴來集, 不坐於經絡, 知其無血也. 今夫道德文章, 天地
之經絡, 而無血無肉之地也. 宜夫! 世之蚤虱蛟螆者, 不來集也.

3-140.

成均館洞[874]有一女, 年四十七, 無子女, 問之卜人, 咸曰: "平生
無子女." 頗信之. 今年四月, 腹大脹[875], 腹中有動物, 問之醫, 咸

曰: "蟲毒也." 使女醫藥[876]之, 女醫怕其有孕不藥, 有一醫善針術, 把尺銀針, 乘其動也而鍼之, 不得中, 謂蛇龜在腹內, 潛避其鋒. 遂亂刺之沒鍼, 一鍼盡屈, 女不勝痛, 日夜呼號, 乞剖腹出蟲而死. 俄而, 流血滿褟, 男子落地呱呱, 渾體無傷. 吁![877] 卜醫之不可信如此. 天命所在, 人欲殺而不得焉, 豈不異哉? 時萬曆乙卯也.

## 3-141.

古者, 有特壽者三老[878], 一老曰: "娶妻色麤醜." 一老曰: "量食節所受." 一老曰: "夜宿不覆首." 蓋非徒男子好色[879], 色之美者, 射汪必[880]倍, 衛生者必先遠之. 故養生書曰: "上士異室, 中士異床, 下士異席." 古人亦於此戒懼. 近世宋贊, 享年九十, 不與婦同寢, 自中年, 夜着寢衣, 長過足, 結片幅小褌, 裏下而宿, 所食有程限, 食後引弓射的. 八十九十, 猶不替, 取其强筋骨下食飲也. 比觀諸友[881]中, 好色嗜[882]飲酒, 所食無限量者, 卒未能延壽. 屈指酒徒, 作穄崇飲者, 不十年相繼殞[883]絕, 班班皆可鑑. 余素患胃病, 不得喫申後飯, 南都憲瑾曰: "子之不食, 宜也. 余氣或暫張, 或不妥, 輒飢却食, 蓋人之病, 常出於飲食. 忍飢一兩日, 必不至死, 姑待氣平而食可. 故一生節喫少病, 今至七十云." 余亦是其言, 晚則不食. 近世, 又有朴僉知廷立者, 生平節所食, 三剖一黃瓜, 食其一, 他物亦

---

876) 藥: 나본에는 '視'로 되어 있음.
877) 吁: 나본에는 '嗚呼'로 되어 있음.
878) 老: 저본에는 빠져 있으나 라, 마본에 의거하여 보충함.
879) 好色: 라, 마본에는 '好美色'으로 되어 있음.
880) 必: 라, 마본에는 '宜'로 되어 있음.
881) 諸友: 라, 마본에는 '儕友'로 되어 있음.
882) 嗜: 저본에는 '喜'로 나와 있으나 라, 마본을 따름.
883) 殞: 저본에는 빠져 있으나 마본에 의거하여 보충함. 라본에는 '隕'으로 되어 있음.

如之[884], 卒享八十三. 又有柳僉知祖認, 年七十, 嚴冬不着毛帽包腦, 問其由, 幼時裹頭, 果厚毛綿[885]帽倍厚他人, 苦患頭風, 夢有神人, 曰: "脫爾綿帽及毛巾, 以凍爾腦, 病卽愈." 自此, 學凍腦法, 頭向猫穴而寢, 晝則不裹耳腦. 崔二相滉曰: "子耐寒露頂, 猶不皴乎?" 曰: "西施·玉眞, 嫩面如酥, 寒雖折膠, 未嘗[886]蒙面目, 自幼習爲性故也. 頭目[887]何擇? 余亦習爲常, 非異術也." 余年三十, 患眼疾, 或耳聾, 有長者玄積福曰: "皆因頭風致此, 宜逐日千梳, 絶勿裹頭, 以凍腦卽效. 吾亦於此備嘗之, 時七十, 毛皮不護首矣." 余從其言, 日梳頭千過, 不用毛綿裹頭髮, 若復裹之, 前症輒[888]復作. 至今雖因此涕洟, 亦不能從衆變其習. 先是, 大夫人嘗見余[889]寒天不着毛冠, 始憂終不憂, 曰: "是兒初及第, 雪天寒甚, 免毛帽, 赴拜表于西郊, 時萬朝[890]咸往, 而唯[891]宋贊及余兒不護頭. 其後, 宋贊年過[892]九十, 余不憂矣云." 卽今朝班中朝士, 不毛耳掩者, 或有焉, 多學余之爲云. 蓋頭者衆陽之會, 雖不裹亦不寒. 昔香山有寒泉, 白樂天日來浴髮, 有詩焉, 樂天享年八十六而終.

## 3-142.

萬曆丙申年, 宣傳官柳肇生, 與友人閑話, 語[893]及養生之道, 或

---

884) 如之: 라본에는 '如是'로 되어 있음.
885) 綿: 저본에는 '錦'으로 나와 있으나 라본을 따름. 이하의 경우도 동일함.
886) 嘗: 라본에는 '曾'으로 되어 있음.
887) 頭目: 라본에는 '頭面'으로 되어 있음.
888) 輒: 저본에는 빠져 있으나 라본에 의거하여 보충함.
889) 余: 저본에는 빠져 있으나 라본에 의거하여 보충함.
890) 萬朝: 라본에는 '滿朝'로 되어 있음.
891) 唯: 라본에는 '獨'으로 되어 있음.
892) 年過: 저본에는 빠져 있으나 라본에 의거하여 보충함.
893) 語: 저본에는 빠져 있으나 가, 나, 라본에 의거하여 보충함.

曰: "藏息於胎, 可以長生." 或曰: "吸而不呼, 引氣甚長, 一息之間, 消了晷刻, 可以延年." 宣傳歸, 與其[894]妾約, "吾[895]一息之間, 若算至五十, 吾息不逮, 吾負若; 吾息過之, 若負吾." 始多不逮, 終焉有裕, 閱數月, 能至算百, 息不促. 如是者數月, 渡江敗船, 淪於水底, 遂塞氣不息, 瞑行水底, 達于岸上, 而一不吸水, 得免魚腹之葬. 後爲宰相封勳, 自此[897], 宣傳廳免新許參, 必誦關門[898]樓瓦上十神, 一息十回, 不能者[899]不許參[900]. 所謂十神, 一曰'大唐師傅', 二曰'孫行子', 三曰'猪八戒', 四曰'沙和尙', 五曰'麻和尙', 六曰'三殺菩薩', 七曰'二口龍', 八曰'穿山甲', 九曰'二鬼朴', 十曰'羅土頭'.

## 3-143.

愼喜男, 爲生員時, 居泮, 與下齋儒生相[901]善, 時生年七十餘.[902] 其後五十年, 爲江原監司, 過[903]旌善, 生投刺請謁, 問其年, 百二十餘歲[904]. 喜男大異之, 訪其廬謝之, 其所居室, 只[905]東有小牖取明, 對壁有出入之戶, 一甚溫靜無風. 問修養之方, 都無異常人云.

---

894) 其: 저본에는 빠져 있으나 가, 라본에 의거하여 보충함.
895) 吾: 저본에는 빠져 있으나 가, 나, 라본에 의거하여 보충함.
896) 若: 저본에는 빠져 있으나 가, 라본에 의거하여 보충함.
897) 封勳自此: 저본에는 빠져 있으나 가, 나, 라본에 의거하여 보충함.
898) 關門: 나, 라본에는 '闗門'으로 되어 있음.
899) 者: 저본에는 빠져 있으나 가, 나, 라본에 의거하여 보충함.
900) 參: 저본에는 '恭'으로 나와 있으나 가, 나, 라본에 의거함.
901) 相: 저본에는 빠져 있으나 가, 나, 라본에 의거하여 보충함.
902) 時生年七十餘: 가본에는 '時年已七十餘'로 되어 있음.
903) 過: 가, 나, 라본에는 '到'로 되어 있음.
904) 歲: 저본에는 '年'으로 나와 있으나 나본을 따름.
905) 只: 저본에는 빠져 있으나 가, 나, 라본에 의거하여 보충함.

3-144.

羅州牧使有親客白髮紅顔者, 爲事過州, 牧使館之, 令敎坊選芳年美妓侍枕, 留旬日而去. 妓臨別, 悲咽[906]不忍解携, 出涕濡衫, 諸妓胥嘲曰: "爾曾別多少好男兒, 傷離不至此, 今爲白首一老, 何涕洟[907]之多也?" 牧使聞之, 怪詰其由, 妓[908]曰: "客雖年多[909]踰七十, 食飮行止, 無異少壯人. 無他服餌, 而但腰下靑囊, 藏一方鐵[910], 如小兒拳, 每夕沈之一椀水, 淸曉啐之, 收鐵囊中, 日不輟. 能御女, 異乎人少壯云." 近世, 服食衛生者, 有以鐵鑄器, 夜盛水朝服之, 或至眉壽. 有宰相洪淵慕之, 亦服鐵水, 卒患疾[911]喘而死. 又有李郁者, 蔭官也,[912] 守鳳山郡累年, 郡多産鐵, 水中多鐵氣, 汲井貯桶, 移時則桶底必有鐵滓, 居民多風痰喘嗽顚蹶[913]之病. 郁患之, 覓磁石一大塊·二小塊, 沈巨釜之底貯水, 而凡官家[914]酒食茶湯, 皆用其水. 旣累歲, 有[915]星使過郡, 求磁石欲充劑, 郁使家人就釜底索三磁, 一最小者進之, 漉釜水不見石, 再令探之, 不見二石, 只取一石而來. 石如蜂房, 觸手而辟[916], 乃其大者, 而消融不滿握, 其二則盡爍無餘矣, 蓋磁石爲鐵水所食而然也. 郁棄官而歸, 得偏死

---

906) 悲咽: 저본에는 빠져 있으나 가, 나본에 의거하여 보충함.
907) 涕洟: 나본에는 '涕泣'으로 되어 있음.
908) 妓: 저본에는 빠져 있으나 나본에 의거하여 보충함.
909) 多: 가, 나본에는 빠져 있음.
910) 方鐵: 나본에는 '方錢'으로 되어 있음. 이하의 경우도 동일함.
911) 疾: 가본에는 '痰'으로 되어 있음.
912) 蔭官也: 나본에는 이어서 '余外外家先祖完南, 乃其後裔.'라는 내용이 첨부되어 있음.
913) 蹶: 저본에는 '厥'로 나와 있으나 가, 나본을 따름. 의미는 서로 통함.
914) 官家: 가, 나본에는 '官中'으로 되어 있음.
915) 有: 저본에는 빠져 있으나 가, 나본에 의거하여 보충함.
916) 辟: 가, 나본에는 '碎'로 되어 있음.

之病, 歲餘卒不起. 吁! 鐵水[917]之毒, 曷能或[918]壽人, 或疾人? 無乃服之法有善不善耶? 又聞价川多鐵液, 飮井者多[919]疾夭. 有李春蘭者[920], 生五子, 使臨溪而家, 飮流川而不飮井, 獨免土[921]疾云矣.

## 技藝

3-145.

凡人大小藝, 自私其業, 不傳于人. 古者[922], 梓慶之鐻[923], 輪扁之輪, 大馬之錘鉤, 宋人之洴澼絖[924], 皆此類也. 我國之漢京[925]絲麵, 松都[926]蕎麵, 全州白散, 安東茶食, 星州栢子餠, 仁同油皮障泥, 義州鏤鐵鐙[927]子, 皆此自私其妙, 不肯傳他邑. 昔者, 龍仁縣奴, 能作瓜菹[928], 世傳其術, 隣邑效之不能傳. 衿[929]川縣監, 專使龍仁, 懇縣令請學焉. 龍仁縣奴, 伏于庭, 曰: "小邑無他異饌, 獨以一瓜菹名焉. 今使傳之他邑, 請以死辭." 縣令不得强. 平山人有能治馬癈[930]

---

917) 水: 저본에는 빠져 있으나 나본에 의거하여 보충함.
918) 或: 저본에는 빠져 있으나 가, 나본에 의거하여 보충함.
919) 多: 저본에는 빠져 있으나 가, 나본에 의거하여 보충함.
920) 者: 저본에는 빠져 있으나 나본에 의거하여 보충함.
921) 土: 저본에는 '士'로 나와 있으나 가, 나본에 의거하여 바로잡음.
922) 古者: 저본에는 빠져 있으나 가, 라, 마본에 의거하여 보충함.
923) 鐻: 이본에는 '鑢'로 되어 있음.
924) 洴澼絖: 저본에는 '澼洴洸'으로 나와 있으나 가, 다, 라 마본에 의거하여 바로잡음.
925) 漢京: 저본에는 빠져 있으나 가, 나, 라, 마본에 의거하여 보충함.
926) 松都: 가, 나, 라, 마본에는 '松京'으로 되어 있음.
927) 鐙: 저본에는 '釘'으로 나와 있으나 이본에 의거함.
928) 瓜菹: 나본에는 '苽菹'로, 다, 라 마본에는 '瓜菰'로 되어 있음. 이하의 경우도 동일함.
929) 衿: 저본에는 '矜'으로 나와 있으나 이본에 의거하여 바로잡음.
930) 癈: 저본에는 '廢'로 나와 있으나 이본에 의거함.

者, 秘其方, 不傳之. 太守朴燁有嚴威, 威以刦之, 猶不授其妙. 獨礪山有酒, 名'壺山春', 味最勝, 隣邑不得學. 其郡婢, 爲武人羅俊龍妾, 羅$^{931)}$爲朔州太守, 傳其釀法於朔州, 今朔州之酒芳烈, 如壺山春. 吁! 旁邑去$^{932)}$十里, 不能彷彿其妙法, 獨二千里外$^{933)}$朔州之釀克肖. 以此推之, 赤松之術, 近代張良不能傳, 而洞賓能學於千載之後. 孔子之道, 門人有若不能似$^{934)}$, 而程·朱能得$^{935)}$於千載之後, 貴在心得, 豈曰地異而年遠者哉?$^{936)}$

## 3-146.

石介者, 礪城尉宋寅之婢也. 顔如老獲, 眼如燈明箭$^{937)}$. 兒時自外方入, 充於鈴下之$^{938)}$役, 宋家豪貴戚里$^{939)}$, 粉鉛朱翠之娥, 備左右應待$^{940)}$, 不可勝記. 使石介戴木桶汲水, 石介之井, 掛桶井欄, 終日歌, 其歌不成腔調, 如樵童採女之謳. 日暮空桶而歸, 受笞猶不悛, 明日復如是. 又使之採藥$^{941)}$, 携筐出郊, 措筐$^{942)}$野田中, 多拾小石, 唱一曲, 投一石于筐中, 筐旣盈, 逐$^{943)}$曲出一石于田, 盈而復瀉

---

931) 羅: 저본에는 빠져 있으나 라, 마본에 의거하여 보충함.
932) 去: 마본에는 '距'로 되어 있음.
933) 外: 저본에는 빠져 있으나 가, 라, 마본에 의거하여 보충함.
934) 似: 가본에는 '傳'으로 되어 있음.
935) 得: 가본에는 '學'으로 되어 있음.
936) 地異而年遠者哉: 가, 라본에는 이어서 '一說, 宋欽爲朔州時, 釀此酒, 宋礪山人名, 其酒爲宋欽酒.'라는 내용이 첨부되어 있음.
937) 燈明箭: 가, 나, 라, 마본에는 '撚箭'으로 되어 있음.
938) 之: 저본에는 빠져 있으나 가, 라, 마본에 의거하여 보충함.
939) 戚里: 가본에는 '富奢'로 되어 있음.
940) 應待: 가, 나, 라, 마본에는 '應對'로 되어 있음.
941) 採藥: 가, 나, 라, 마본에는 '挑茱'로 되어 있음.
942) 措筐: 저본에는 빠져 있으나 가, 나, 라, 마본에 의거하여 보충함.
943) 逐: 저본에는 '遂'로 나와 있으나 나, 라, 마본에 의거함.

者再三. 日暮空筐而回, 受笞猶不悛, 明日復如是. 礪城聞而奇之, 使之學歌, 爲長安第一名唱, 近來百年間所未有. 雕鞍錦衣, 日赴權貴之筵[944], 纏頭金帛, 日積于家, 終爲富家婦[945]. 吁! 天下之事, 勤而後成, 豈獨石介之歌也歟! 懦而不立, 何事能就? 亂後, 石介赴海州行在, 有豪奴不服, 欲訴官致罪, 爲所殺.[946] 其女玉生, 亦名唱, 爲當今第一.[947]

## 3-147.

相國韓應寅, 居喪信川地, 時倭寇滿國, 世家[948]皆不自聊. 相國挈其家明農, 使侍婢服勤水畝, 四五月之交, 稻已再耘, 滿畝已成蒼雲. 相國曳杖省阡陌, 喜而歸, 詑[949]諸老農曰: "吾稼再耘, 已成蒼雲, 深可樂也." 老農往看之[950], 非稻也, 盡稂莠也. 蓋侍婢生長京城, 未曾窺田園, 所事惟羅紈・琴瑟・歌舞, 一朝驅而入之南畝, 所鋤去皆佳禾, 所培植皆稂莠, 而擧家昧昧不之悟. 信川人笑之, 每見錯了事, 必曰'韓相國之農'. 吁! 末世用人, 類是矣.

## 3-148.

先王朝, 余爲春坊輔德. 有天將, 營東關王廟, 工訖辭歸, 上引接于慶運宮, 余以御前傳譯入侍. 天將曰: "俺因西行忙, 未及種樹廟

---

944) 筵: 저본에는 '邀'로 나와 있으나 가, 나, 라, 마본을 따름.
945) 婦: 저본에는 빠져 있으나 가, 라, 마본에 의거하여 보충함.
946) 亂後 … 爲所殺: 저본에는 빠져 있으나 가본에 의거하여 보충함. 나, 라, 마본도 이와 유사함.
947) 爲當今第一: 저본에는 빠져 있으나 가, 나, 라, 마본에 의거하여 보충함.
948) 世家: 나본에는 '家世'로 되어 있음.
949) 詑: 가본에는 '誇'로 되어 있음. 서로 통함.
950) 看之: 나본에는 '省之'로 되어 있음.

庭而歸, 願俺去之後, 移⁹⁵¹⁾大松盈圍者有踐, 勿謂俺去而忽之." 上問: "移種大樹盈圍⁹⁵²⁾者, 豈有不枯之理乎?" 對曰: "中國能移大松盈圍者, 苟得善藝法, 百不一枯." 上曰: "何若?" 對曰: "種法, 雖曰 '正松五竹', 正月大旱⁹⁵³⁾, 不如二月初中旬. 先喪其枝幹, 不易四方, 細斲本土, 勿傷大小根. 移種之地, 掘土平深寬, 先以麥數斗鋪之, 移⁹⁵⁴⁾大松合圍者, 依前向背, 安其根鋪麥之上. 使根勿斷勿屈, 務舒蔓如在本地, 上下橫竪伸縮, 皆如古. 又多取本土, 毋雜以新壤, 築之如初築也. 厚其土, 築之不緊, 懼傷根也. 再築三築以往, 薄其土築之緊. ⁹⁵⁵⁾ 緊無令土上舊痕, 至舊痕而止, 松之露根者, 盡埋之則必死. 築訖, 四隅樹大柱, 用大繩絟之, 令大風不撓⁹⁵⁶⁾根, 昏曉沃漑之不停, 百種不一枯." 上顧謂注書曰: "記之."

3-149.

有客善種樹者, 來言余曰: "種樹之法, 每二月初中旬間, 折枝火燒枝端, 勿令氣泄, 揷於芋顆⁹⁵⁷⁾及菁蘿根樹之地, 皆生. 又一方佳樹之枝, 有大枝中橫生小枝者, 從小枝上下皆數尺, 斷其大枝, 兩端焦以火, 橫埋大枝於地, 使小枝竪出地上, 則大枝爲根, 小枝爲株, 必活. 又一方桑椹⁹⁵⁸⁾, 聚而腐之, 子出種之糞田, 一年長茂, 散樹他處, 能成萬株桑, 不出三四年. 凡新卜園亭者, 不可不學此法也."

---

951) 移: 가, 나본에는 '多種'으로 되어 있음.
952) 盈圍: 가, 나, 다본에는 '盆抱'로 되어 있음.
953) 大旱: 저본에는 '太旱'로 나와 있으나 가, 나본에 의거하여 바로잡음.
954) 移: 나본에는 '種'으로 되어 있음.
955) 懼傷根也 … 薄其土築之緊: 저본에는 빠져 있으나 가본에 의거하여 보충함.
956) 撓: 가, 나, 다본에는 '搖'로 되어 있음.
957) 顆: 가본에는 '塊'로 되어 있음.
958) 椹: 가, 나본에는 '葚'으로 되어 있음. 서로 통함.

3-150.

萬曆甲寅, 東海漁人二十人, 同舟入洋中絶遠處, 釣巨口魚, 値颶風, 舟覆溿海中, 極海無坻[959]嶼可薄. 二十人皆泅, 泛泛如鷗鳧, 隨風來往, 溦冽波上, 或搏或休, 肢體不頓, 飢則拏攫小鮮而食, 足以充腸. 但晝夜在波上, 皆爲睡所迷, 淪于水底, 驚覺蹙波而上升. 比至六七日, 死者十四, 獨六人得[960]活, 忽遇釣船, 攀而登得生[961]. 甚哉! 睡之迷人也. 避倭入山, 見倭鼾[962]睡如雷.


## 占候

3-151.

先儒氏曰: "只知惠迪吉從逆凶, 焉知今日晴明日雨?" 此不免拘儒之說也. 若不預知風雨之候, 孔夫子必不得乘[963]桴浮海, 孔明必不能獻捷於赤壁, 大明太祖必不能殲陳友諒於河上, 范蠡必不能用計然之術於公私, 白圭必不能占豐歉水旱於未然, 螻蟻必流於行潦, 烏鵲必蟄其牖戶, 鷄鵙不止於魯門, 譆譆不鳴於鄭邑矣. 昔余渡老江, 日方中, 舟中有望雲者, 曰: "明日此時必大風." 余甚異之, 詰其由, 舟人曰: "彼墨雲[964]低飛而南者, 今日之風也; 白雲高飛而北者, 明日之風也. 彼白雲如裂絮靡然[965]而北, 明日此時, 風必指其所向." 余默識之, 至明日午時, 果大風. 萬曆辛卯年夏秋之

---

959) 坻: 저본에는 '底'로 나와 있으나 나, 라본에 의거함.
960) 得: 나, 라본에는 '猶'로 되어 있음.
961) 得生: 저본에는 빠져 있으나 나, 라본에 의거하여 보충함.
962) 鼾: 저본에는 '鼻'로 나와 있으나 나, 라본에 의거함.
963) 乘: 저본에는 '棄'로 나와 있으나 다본에 의거하여 바로잡음.
964) 墨雲: 다본에는 '黑雲'으로 되어 있음.
965) 靡然: 다본에는 '糜然'으로 되어 있음.

交, 青雲散布如山岳, 岳上皆有樹木如松栢狀, 七月大風, 漕船淪敗不可記. 沿海帆檣, 皆漂碎入日本. 其明年, 倭兵大寇, 八道魚爛. 今庚申秋夏間, 雲氣又如辛卯年, 余思昔日之徵, 深憂之. 未旬日, 大風拔屋, 海船盡漂, 國家失租稅萬餘石. 是年, 萬曆及泰昌兩皇帝崩, 明年, 奴酋再發, 陷遼東, 天之示徵, 果非虛矣. 余昔居喪, 見黑雲屯屯散天, 曰: "明日午後, 必有大風." 客皆疑詰之. 明日頓忘之, 省農於六十里外, 中路遇大風, 傷寒而痛數日. 余又避寓咸鏡之高原, 煮鹽于海, 是時, 天旱而有雨候, 謂幹事者曰: "不數日當雨, 愼之!" 果致大雨, 旬日之功, 盡壞於一夜. 余非不知, 而不能預爲之備者, 知之皆[966]精也. 余兄夢彪氏, 見天上無點雲, 知三日內必雨, 呼童子急移花木, 客哂之, "如此晴天燠日, 移花木, 奈枯死何?" 兄笑曰: "天必雨, 子識之." 明日果雨, 客大異之. 余戚丈鄭愼, 頗曉星曆, 見月犯于畢, 謂相國李山海曰: "某日必雨." 至其日雨, 山海遣其子慶伯, 簑笠致謝. 余按『呂氏春秋』, 古者, 登靈臺望雲氣, 先知休咎之徵, 故書曰: "星有好風好雨." 考諸前牒, 皆可據, 俱錄于左.

天漢中, 星繁則多雨, 星少則多旱, 水星入海則大雨, 五星在東南明動, 則多雨, 土星逆入河大水發. 天河內有黑雲猪蛇之形, 中渡斷而復續, 周時有雨. 黑雲經過天河, 不論何狀, 皆爲多雨之候. 晝則日色紫, 夜則月色白, 皆雨之候. 十二月節氣之日, 有丹霞氣, 一月內多雨. 氣在日月上下廣布者, 三日內大風大雨. 夜觀北斗魁斗之間, 有黑雲色雲在傍, 則當夜有雨. 北斗潤, 是夜或當夜, 必大雨【杜詩曰: '風來北斗昏'】. 黑黃白潤色之雲, 長二丈餘, 遍遮北斗而

---

966) 皆: 다본에는 '不'로 되어 있음.

不散, 三日內必雨, 如無雨, 人小安和. 北斗四下, 皆無雲, 微薄而冥濛, 獨蔽北斗, 或上下有覆, 五日內必雨. 夜占北斗, 朝占日上下, 有雲氣五色, 又形如電而微覆, 一日內必雨. 其應雨不可一[967]止也. 雲氣蔽北斗, 蒼色大雨, 黑色多雨. 北斗及日上下, 氣如魚龍, 或如鱗甲, 其日夜必然大雨, 不然, 別日有急速暴雨. 流星東向西, 來日雨; 北向南, 來日主陰無雨; 西向南, 當年水旱災傷; 北向東, 連日雨不斷; 北向西, 主[968]渰田禾. 昏昏而行, 江河泛漲, 黑焰, 年來有大水. 雲氣如帶, 或白或黑, 在寅卯方或寅卯時, 甲乙日必雨; 或辰巳時或方見, 丙丁日雨; 午未方或時來掩日, 則戊己日雨; 坤申方或時見, 庚申日雨; 酉戌方或時見, 壬癸日雨. 旺相之日雨者, 長生; 休囚之日雨者, 萬物焦枯, 亦可驗. 諺曰: "雲行東無悰, 雲行西雨濺泥, 雲行南水漲潭, 雲行北雨便足." 又曰: "雲入東與馬通, 雲入西雨凄凄, 雲入南鳥喃喃【言雨晴日出鳥鳴也】, 雲入北沒馬勒, 天無雲三日雨. 夜雨夜晴, 翌日必再雨. 夕陽紅暈, 滿西南天, 不久南風而雨."【余在西江, 村老指而言, 果驗】甲子旬卯初, 觀黑雲不多, 午時定有西風至; 赤雲不多, 申時定有南風至. 黑雲往來蔽日色, 巳時雨從西北方來; 青雲一條長, 未時雨從東方來; 白雲遮日, 辰時雨從西方來. 甲寅旬, 黑雲蔽日, 巳時定有南風至; 黑雲薄不遮日, 午時有西風至; 赤雲成塊, 未時東風至; 黃雲片片, 酉時北風至; 黃雲四起, 午時雨從西方來. 黑薄雲日邊微起, 辰時雨從南方來; 青雲成條, 未時雨從東方來. 甲辰旬, 薄雲段段不連, 巳時有北風至; 青雲片片, 午時有南風至; 黃雲滿天, 申時有大風東至; 赤雲四起, 辰時有南風至; 黑雲如斗, 辰時有大雨從北方來; 白雲

---

967) 一: 다본에는 '一日'로 되어 있음.
968) 主: 다본에는 '主水'로 되어 있음.

成條, 酉時雨從東方來. 甲午旬, 靑雲四起, 未時有南風至; 白雲成片, 午時有北風至; 黃雲成塊, 申時有西風至; 赤雲蔽日, 午時雨從北方來; 靑霞不連, 申時雨從東方來. 甲申旬, 黑薄雲滿天, 辰時有北風; 紅雲成團, 午時南風至; 白雲如破絮, 酉時西風至; 黃雲成塊, 申時有風至. 黑雲一條蔽日, 辰時有細雨從西方來; 白雲似山尖起近日, 午時雨從南方來. 甲戌旬, 靑雲貫日, 辰時西風至; 黑雲如破絮, 午時大風北方來; 黃雲成條, 長而不斷, 申時東風至; 白雲片片圍日, 未時西風至; 黑雲濃而碎之, 不相連, 巳時風雨北方來; 赤雲塊塊不動, 申時雨自西方來. 高雲, 明日風; 低雲, 今日風, 高雲裂絮而長, 明日周時, 大風隨雲所向. 陰時, 雲帶潤色, 隨便雨. 星含水氣, 如在水中, 不久大霖. 兪大禎, 嘗目覩其驗.


## 3-152.

正月十五日, 農家候月, 未著於古記, 而東民占其歲豊稔[969], 見驗如神. 車滄洲雲輅, 嘗作「農家候月」一近體四韻, 曰: '農家正月望, 常候月昇天. 近北豊山峽, 差南稔海邊. 赤疑焦草木, 白怕漲川淵. 圓滿深黃色, 方知大有年.' 雲輅字萬里, 讀『易』五百回, 嘗著「天行圖說」, 所見甚邃. 蓋義理之奧, 宋朝諸儒卞之詳也[970]. 若萬里, 可謂發前賢之所未發者歟!


## 3-153.

夫占時候潮, 莫切於日用, 宜存冊子備忘之記[971]. 蓋古人猫眼占

---

969) 豊稔: 나본에는 '豊歉'으로 되어 있음.
970) 也: 저본에는 '不'로 나와 있으나 가, 나, 다본에 의거함.
971) 記: 마본에는 '錄'으로 되어 있음.

時, 有詩曰: '猫兒眼裡定周天, 子午懸[972]針卯酉圓. 辰戌丑未如鷄卵, 寅申巳亥杏仁圓.' 又李奎報在祖江, 賦潮水往來之侯, 其詩曰: '三兎三龍水, 三蛇[973]一馬時. 三羊猴亦二, 月黑復如斯.' 解之者曰: "凡潮水, 一日至三日, 卯時至; 四日至六日, 辰時至; 七日至九日, 巳時至. 十日獨午時至, 十一日至十三日, 未時至; 十四日至十五日, 申時至. 望後如望前, 每月周而復始." 潮卯時至, 則汐酉時至, 必爲對衝也. 四海皆有潮汐, 而獨我國東海無潮汐, 先儒之說, 不曾到[974]此也. 豈中國之東海, 爲我國之西海, 我國之東海, 爲天下極深之處, 潮汐所不及也, 先儒之[975]聞見有不逮也歟?

## 卜筮

3-154.

古者, 有善卜筮者, 非徒於人脩短・陞沈・吉凶・悔吝也, 取驗若神, 至於種草木・造器皿, 推究其終始, 契合於悠久者, 有之. 昔有買一瓦枕者, 常置書床, 忽有客叩門請謁, 倒[976]屣迎之, 討論今古, 博洽慧敏無比. 知其爲[977]物怪, 欲執之, 客驚走爲鼠, 竄匿[978]于林下[979]. 遂擧瓦枕, 投之不中, 瓦枕中裂, 其枕有文, 曰: "某年某月[980]

---

972) 懸: 마본에는 '垂'로 되어 있음.
973) 蛇: 저본에는 '巳'로 나와 있으나 가, 다, 마본을 따름. 서로 통함.
974) 到: 마본에는 '道'로 되어 있음.
975) 之: 저본에는 빠져 있으나 가, 다본에 의거하여 보충함.
976) 倒: 저본에는 '側'으로 나와 있으나 가, 라본을 따름.
977) 爲: 저본에는 '僞'로 나와 있으나 가, 라본을 따름.
978) 竄匿: 저본에는 빠져 있으나 나, 라본에 의거하여 보충함.
979) 林下: 가, 나, 라본에는 '床下'로 되어 있음.
980) 某月: 저본에는 빠져 있으나 가, 나본에 의거하여 보충함.

某日某時, 見異客破." 高麗王入中國薨, 乏棺材, 或曰: "某僧舍栢梁[981], 可合爲棺." 以他材易之, 拔其梁而浴之, 其梁有文, 曰: "某年某月某日某時, 爲高麗王棺." 李濟臣爲書狀官, 赴燕京, 買一鏡于市, 其奩有文, 以銀字書之, 曰: "某年號某甲子某月日造, 後二百年歸李氏." 其鏡背貫紐處, 銀字書八分[982]李字, 濟臣旣買, 算其年適二百載矣. 海州山寺, 有沈香佛, 自中原來, 不知幾百年矣. 至萬曆, 有客曰: "吾聞佛之中臟, 有金銀諸寶, 試發而視之." 臟中無物, 只杜沖葉以金字書之, 曰: "李珥, 字叔獻[983], 號栗谷, 道名義庵." 李栗谷相國珥叔獻甫, 少時, 入山[984]號義庵, 中年[985]自坡州[986]移居海州[987]石潭者也. 某[988]年珥卒, 車五山天輅, 以此立傳. 虛庵鄭希良, 遊全羅道, 朝日至友人書室, 坐語, 忽見叢竹長竹三竿無風自戰, 主人怪之, 問希良, 良曰: "至[989]午, 必有官人來, 伐是竹而去." 果至午, 有[990]官吏來謁, 問其故, 曰: "官家有所需, 覓長竿, 敢請!" 主人使其吏自擇於叢竹中, 吏[991]自擇三竿而伐之, 卽其朝自戰之竹也. 韓億齡, 善卜之矇瞽也. 有人家中牝牛産犢, 推其年月日時, 誣以人[992]命, 令億齡占之, 億齡曰: "是命年四歲, 當具五刑而

---

981) 梁: 가, 나, 라본에는 '樑'으로 되어 있음. 서로 통함. 이하의 경우도 동일함.
982) 書八分: 나, 라본에는 '八分書'로 되어 있음.
983) 獻: 저본에는 '憲'으로 나와 있으나 가, 나, 라본에 의거하여 바로잡음. 이하의 경우도 동일함.
984) 入山: 가, 나, 라본에는 '爲僧'으로 되어 있음.
985) 中年: 저본에는 빠져 있으나 가, 나, 라본에 의거하여 보충함.
986) 坡州: 가, 나, 라본에는 '坡山'으로 되어 있음.
987) 海州: 저본에는 빠져 있으나 가, 라본에 의거하여 보충함.
988) 某: 저본에는 '其'로 나와 있으나 나본에 의거함.
989) 至: 저본에는 '某'로 나와 있으나 가, 나, 라본에 의거함.
990) 有: 저본에는 빠져 있으나 나, 라본에 의거하여 보충함.
991) 吏: 저본에는 빠져 있으나 가, 나, 라본에 의거하여 보충함.
992) 人: 저본에는 빠져 있으나 가, 나, 라본에 의거하여 보충함.

死. 人雖至惡, 豈有[993]四歲犯五刑者乎? 必六畜也." 客大驚而服. 後四年, 家有婚事[994], 宰其牛充盤肴[995]. 又有一人, 令家僮種匏子, 見雙甲茁地, 以其年日時成五條, 問金孝明[996], 孝明, 瞽師中名卜者也. 曰: "是匏某年月[997]日時死, 不及結子矣." 其人笑而不信, 識諸篋中. 至夏月, 匏蔓方[998]長, 會天雨屋漏, 令家僮承屋易瓦, 失其手, 一瓦落蔓上中絶. 客驚悟, 視篋中所識[999], 果其日矣. 君子曰: "是豈獨占之者能之? 事事[1000]前定於未形, 天也, 人謂事事可以力能營之乎? 半夜而憂, 不亦謬乎?"

## 3-155.

楊州松山里, 有橫琴山, 山下有人家故址, 故老或云: "平難長者舊居, 不記歲月, 礎砌之長, 皆數十尺." 有庶孼崔衍者, 故大諫崔鐵堅之子, 而吾亡甥崔衙之庶弟也. 今爲吾姪柳瀟孼女婿. 居喪, 守廬于松山, 將卜築于其地, 夢有神人, 曰: "此地下有銀, 何不掘之?" 覺而異之, 遂掘之不見銀, 只有一異蟲, 長股長角, 狀甚獰, 衍怖而還掩之. 其夜, 又夢神人曰: "何不深掘之?" 益異之, 掘數尺, 不見蟲, 得瓦塼, 陽字銘之曰: "富貴不馮其主, 羊生人奪而里之, 自羊年, 始傳其女子玉." 玉字下缺一字, 而餘草頭. 衍乙未生, 有一女, 始名雲英, 吾女孫亦稚兒也, 戲嬉間嘗曰: "爾名雲英聲低,

---

993) 有: 저본에는 빠져 있으나 가, 나, 라본에 의거하여 보충함.
994) 事: 저본에는 빠져 있으나 가, 나, 라본에 의거하여 보충함.
995) 盤肴: 가, 나, 라본에는 '盤羞'로 되어 있음.
996) 金孝明: 가, 나, 라본에는 '金孝命'으로 되어 있음. 이하의 경우도 동일함.
997) 月: 저본에는 빠져 있으나 가, 나, 라본에 의거하여 보충함.
998) 方: 저본에는 빠져 있으나 가, 나, 라본에 의거하여 보충함.
999) 視篋中所識: 가, 라본에는 '發其篋視之'로, 나본에는 '發其篋中所識'으로 되어 있음.
1000) 事: 저본에는 빠져 있으나 가본에 의거하여 보충함.

宜改以玉英." 其家人曰: "善." 或稱雲英, 或稱玉英, 草頭之缺, 似是英字也. 又有'德元年', 而上缺一字, 必是正德也. 今過百年, 時己未月未日也. 莊子曰: "不馮其子, 靈公奪而里之." 古之異客, 或有預推廢興於千百年之前, 而如合契, 其神矣哉!

### 3-156.

金詗新生員, 自南來居太學, 妙於卜筮, 鳴一代. 有宗室人, 爲[1001]宋祀連[1002]之女婿, 家在南部里[1003], 聞詗善卜來問, 詗不多說, 只染筆書之, 曰: "有懷伊人, 一去西北, 瞻望歔唏, 風淸月白." 宗室詰其由, 笑而不答. 是年秋[1004], 朝論大起, 削祀連僞勳, 伸安塘之冤. 先時, 祀連以政丞安塘家奴, 誣告上變, 殺安塘, 陞僉知中樞, 至是削勳. 宗室之妻, 還[1005]爲安家婢, 安家子女, 捉致爲從婢, 隨轎後, 自南部西北, 向壯義洞[1006], 宗室家請代以他婢, 不許. 宗室當秋風月白之夜, 瞻望垂淚, 一如其言. 及詗登第, 觸罪將受刑于禁府, 同囚盡受栲掠, 次及詗, 詗密占之, 至午應有恩赦. 詗輒[1007]請如厠, 故[1008]久不起, 獄卒立促[1009], 至午果有命特除, 刑得免焉. 後詗省其堂姨, 姨家業甚裕, 有寒族送婢, 候[1010]起居于姨. 詗與彼亦同戚也, 問寒燠, 婢曰: "小主今日解娩生女." 詗問之曰: "何

---

1001) 爲: 저본에는 빠져 있으나 나본에 의거하여 보충함.
1002) 宋祀連: 가본에는 '宋嗣年'으로 되어 있음. 이하의 경우도 동일함.
1003) 里: 저본에는 빠져 있으나 가, 나본에 의거하여 보충함.
1004) 秋: 저본에는 빠져 있으나 가, 나본에 의거하여 보충함.
1005) 還: 가본에는 '遂'로 되어 있음.
1006) 壯義洞: 가본에는 '藏義里'로, 나본에는 '藏義洞'으로 되어 있음.
1007) 輒: 저본에는 빠져 있으나 가, 나본에 의거하여 보충함.
1008) 故: 저본에는 빠져 있으나 가, 나본에 의거하여 보충함.
1009) 促: 가, 나, 다본에는 '督'으로 되어 있음.
1010) 候: 저본에는 '俟'로 나와 있으나 나, 다본을 따름. 서로 통함.

許時?"曰: "某時也." 訶默算之, 謂堂姨曰: "是兒女必貴, 姨家賴此兒[1011], 終受大福, 願及此時收育之." 姨素知訶神卜, 卽伻人請養其女[1012], 其家喜許之. 竟爲相國柳墡[1013]之夫人, 訶之姨終身享其養, 姨亦過稀壽死, 死後數日[1014], 墡亦卒. 訶在獄時, 李芑亦被金安老所中, 同在囚中, 訶推其命, 知終爲相國, 遂與[1015]結歡云.

3-157.

李蓍慶, 嘗與具義剛同坐, 語及卜筮事, 義剛使蓍慶試己占, 蓍慶卽於席下, 得一物, 握拳而問之曰: "吾掌中有何物?" 計字劃得兌卦, 義剛曰: "子之掌中, 有缺孔針也." 始蓍慶果得一針, 而不知孔之缺也, 出而視之, 果然. 蓋兌者小金也, 掌中之金, 不過針也. 兌象缺口, 取其義也. 義剛非徒事卜筮, 而偶中之, 遂雀躍自比於康節云.

3-158.

曺偉名儒也, 號梅溪. 燕山朝, 朝燕京未還, 論罪至死, 將俟還渡鴨江而殺之. 偉問遼東陰陽先生, 先生與偉書, 曰: '千層浪裏翻身出, 夜宿岩前月色新.'[1016] 偉未曉其意, 及還, 議稍解, 貶邊遠, 死配所, 歸葬塋兆. 朝議復起, 剖棺斬屍, 暴之經三夜而後葬, 其暴屍處, 有大岩矣[1017].

---

1011) 兒: 나본에는 '女'로 되어 있음.
1012) 女: 저본에는 '母'로 나와 있으나 가, 나, 다본에 의거함.
1013) 柳墡: 가본에는 '柳琠'으로 되어 있음. 이하의 경우도 동일함.
1014) 數日: 나본에는 '數月'로 되어 있음.
1015) 與: 저본에는 빠져 있으나 가, 나본에 의거하여 보충함.
1016) 夜宿岩前月色新: 나본에는 '也須巖下宿三宵'로 되어 있음.
1017) 有大岩矣: 저본에는 '有岩'으로 나와 있으나 나, 라본에 의거함.

3-159.

相國朴淳, 號思菴, 風儀淸爽[1018], 先王稱之曰: "水月精神, 氷玉襟懷." 其詩亦淸婉可愛, 性好色, 客廳夾房, 常貯侍婢. 相國與洪諫議天民相對, 相國背窓而坐, 侍婢在窓內, 每引針, 銀環玉指, 時出窓外, 相國不之見, 而洪不覺發笑. 及其坐罷, 退閑于永平之牛頭溪, 寢疾枕侍婢而[1019]臥, 忽瞿然驚, 曰: "昔吾赴天朝, 問卜師, 其占辭曰: '枕鳳而逝.' 今所枕之婢名鳳, 吾之疾不起矣." 方其病革也, 有虎囕[1020]狗於寢房前, 相國占之, 曰: "以我盧去, 來寅其徵." 寅日果逝. 其亡也, 家計淸甚, 索蜜不得嘗而卒, 聞者悲之.

3-160.

興陽人柳忠信, 將斷時占方書, 贈吾伯氏, 曰: "吾昔因此冊, 見困於人不細, 更不推此占, 茲以奉贈." 詰其由, 笑而不答, 强之, 則曰: "少時, 學此占于鄕先生, 持以上京, 宿于路店舍, 主人妻有姿容. 遂心凝目成, 抽此冊卦之, 得玉女相逢之辭, 心甚喜, 乘夜潛挑之. 主人妻高聲大呼, 主人翁提棒逐之, 盡棄行裝而走. 自此, 更不用此占." 吾伯氏得是冊, 心笑之. 逮居喪守墓于西山, 行祭奴許若大, 稍解諺書, 遂以此占誨之, 村人問事多驗, 聲播一鄕. 數百里之內, 酒米日至, 餉若大. 占一也, 而得失不同, 可笑也.

3-161.

古有朰者, 相國兒名也. 幼時, 與隣兒頭他非者, 爲竹馬戲, 及朰

---

1018) 淸爽: 마본에는 '蕭爽'으로 되어 있음.
1019) 而: 저본에는 빠져 있으나 가, 나, 다, 마본에 의거하여 보충함.
1020) 囕: 나본에는 '攬'으로 되어 있음.

者[1021])爲相國, 而頭他非失明, 學卜筮, 而才短無聲[1022]), 貧丐不自料[1023]). 乞哀之, 思欲開生路, 密與相約曰: "吾陽若[1024])失馬, 繫馬於東門外道莊谷第幾松樹, 使汝占之, 汝宜曰: '馬繫道莊谷第幾松樹.' 吾當使數十人索得之, 若是則名滿國中, 長安訊卜者歸之." 遂如約, 果得馬于道莊谷松林間, 自此, 聲名大振. 會國君失玉帶, 聞頭他非善卜, 飛駟召之, 頭他非本無能, 而致國君之召, 自懼失對罹厄. 而偸帶之盜, 密使人邀於路, 頭他非上馬, 據鞍而歎曰: "不可說耳." 憂之之說也. 會偸帶者, 名火狗, 而業書吏, 方言相近, 聞之大愕. 多賂頭他非, 勿令言 '不可說耳' 四字, 只稱玉帶藏在庭西階下[1025]), 毋令僕蒙大辟. 頭他非如其言, 掘階下, 果得玉帶, 國君大異之, 曰: "是巫咸·靈氛之匹也, 寡人將再試之." 遂如厠, 路[1026])見大蟾蜍[1027]), 使宦豎以石鎭之, 問曰: "吾得何物, 試言之. 不中當殺, 若[1028])中必大賚." 時相國侍側, 頭他非大悶, 伏地向相國而言曰: "因乞氏而頭他非死矣!" 自歎相國乞[1029])作虛名, 致渠死地也. 而國君不知其由, 只知乞氏之爲石, 頭他非之方言爲蟾, 聞之大驚, 曰: "寡人果得一蟾, 鎭之以石, 是天下神卜也." 遂優賞至累千百. 吁! 虛名偶中, 實福歸焉, 一之亦幸, 況至再乎! 天也, 非人也.

---

1021) 者: 가, 나, 다, 라본에는 빠져 있음.
1022) 聲: 다본에는 '成'으로 되어 있음.
1023) 自料: 가, 나, 라본에는 '自聊'로 되어 있음.
1024) 若: 저본에는 빠져 있으나 가, 나, 라본에 의거하여 보충함.
1025) 階下: 가본에는 '石階下'로, 나본에는 '石下'로 되어 있음.
1026) 路: 저본에는 빠져 있으나 가, 나, 라본에 의거하여 보충함.
1027) 蜍: 저본에는 빠져 있으나 가, 나, 다, 라본에 의거하여 보충함.
1028) 若: 저본에는 빠져 있으나 가, 나, 다, 라본에 의거하여 보충함.
1029) 乞: 저본에는 빠져 있으나 가, 나, 라본에 의거하여 보충함.

# 博奕

3-162.

博奕者小數[1030]也, 善賭者, 一[1031]收千金. 全州有金哲孫者, 有絶世美妾. 倭有善奕者, 悅其妾, 知哲孫好賭奕, 以一寶鞍畫日星珠爲鈿, 以示哲孫, 哲孫請以賭之, 一戰而勝, 得其[1032]鞍. 倭加重貨請退, 如見贏, 請注美妾. 哲孫心易之, 遂[1033]與牢約, 三戰三輸, 終以妾歸倭, 倭携[1034]其妾, 上船而去[1035]. 其妾在倭中怨之, 爲之歌[1036]寄哲孫, 其[1037]歌曰: "全州地金哲孫, 與人奕賭莫爲先. 千金美姬載倭船, 畫日畫星一鈿鞍, 須替妾顔看."

其後百餘年, 有西川令, 宗室人[1038]也, 善奕爲東方第一手, 曠世無敵. 有上番老卒, 自下道來, 牽駿馬上, 謁曰: "聞公子善奕, 試與戰, 不勝, 注[1039]此馬." 三戰兩輸, 竟進其馬而去, 曰: "請[1040]公子善喂此馬, 他日踐更期滿, 當與再戰, 還取[1041]此馬而歸." 西川令笑曰: "諾." 自此[1042], 得駿馬, 喂養倍他, 甚肥腯[1043]. 他日老卒期滿, 果再來請奕, 西川令三戰三輸, 遂取馬而歸, 曰: "小人愛此馬, 自

---

1030) 小數: 나, 라본에는 '小技'로 되어 있음.
1031) 一: 저본에는 '日'로 나와 있으나 나, 라, 마본에 의거함.
1032) 其: 저본에는 빠져 있으나 라본에 의거하여 보충함.
1033) 遂: 저본에는 '須'로 나와 있으나 나, 라본에 의거함.
1034) 携: 나, 라본에는 '牽'으로 되어 있음.
1035) 去: 나, 라본에는 '歸'로 되어 있음.
1036) 爲之歌: 저본에는 빠져 있으나 나, 라본에 의거하여 보충함.
1037) 其: 저본에는 빠져 있으나 나, 라본에 의거하여 보충함.
1038) 人: 저본에는 빠져 있으나 나, 라본에 의거하여 보충함.
1039) 注: 저본에는 '任'으로 나와 있으나 나, 라본을 따름.
1040) 請: 저본에는 '讀'으로 나와 있으나 나, 라본에 의거하여 바로잡음.
1041) 還取: 나, 라본에는 '騎'로 되어 있음.
1042) 自此: 나본에는 '自以'로, 라본에는 '自以新'으로 되어 있음.
1043) 腯: 저본에는 빠져 있으나 나, 라본에 의거하여 보충함.

知上番京師, 客中難得善喂養[1044], 姑托公子家矣. 今蒙公子善養, 變玄黃一肥[1045], 不勝感激矣.[1046]"

其後五十餘[1047]年, 有申求止者, 私奴也. 妙奕甲東方, 自歎有絶藝窮居食貧. 時有[1048]外戚李樑[1049], 權傾一代, 自稱善奕世無雙, 求止欲謁樑[1050], 莫爲之. 先以四十疋錦[1051], 買赤珉珀纓子, 密與樑家奴, 盂酒交懽數反, 曰: "欲謁相公, 賤隷也, 無階一拜, 願仍爾通名." 奴曰: "相公多貴客, 金貂者, 日夜如織. 但某日忌辰, 却客閑坐, 可某日來." 至其日, 果儵[1052]間一謁, 樑喜甚, 曰: "爾固奕之甲手申求止乎? 今日果[1053]可交一戰." 求止故不勝, 樑喜曰: "爾之技止此乎?" 他日又[1054]謁, 求止曰: "小人與人[1055]對奕, 未嘗見輸, 東國稱之. 今於相國輸其局, 心不快[1056], 夜不能寐. 請[1057]用重物, 爲孤注." 樑曰: "諾. 我輸, 當惟汝請; 汝輸, 當[1058]注何物?" 求止曰: "小人家[1059]有傳來明璫[1060]纓, 請以此進." 終見屈, 出諸[1061]懷而進,

---

1044) 養: 저본에는 빠져 있으나 나, 라본에 의거하여 보충함.
1045) 一肥: 나, 라본에는 '爲肥澤'으로 되어 있음.
1046) 不勝感激矣: 나본에는 이어서 '西川一慨一奇, 後因人寄聲于所居鄕, 鄕人亦不知其妙於奕, 豈有絶技而藏名隱遁歟!'라는 내용이 첨부되어 있음. 라본도 이와 유사함.
1047) 餘: 저본에는 빠져 있으나 나, 라. 마본에 의거하여 보충함.
1048) 有: 저본에는 빠져 있으나 나, 라. 마본에 의거하여 보충함.
1049) 樑: 저본에는 '梁'으로 나와 있으나 나, 다, 라본에 의거함. 이하의 경우도 동일함.
1050) 樑: 저본에는 빠져 있으나 나, 라. 마본에 의거하여 보충함.
1051) 四十疋錦: 나본에는 '四十尺綿'으로, 마본에는 '四十疋綿'으로 되어 있음.
1052) 儵: 저본에는 '投'로 나와 있으나 마본을 따름.
1053) 果: 나, 라, 마본에는 '閑'으로 되어 있음.
1054) 又: 나본에는 '來'로 되어 있음.
1055) 與人: 저본에는 빠져 있으나 나, 라. 마본에 의거하여 보충함.
1056) 不快: 나, 라, 마본에는 '怏怏'으로 되어 있음.
1057) 請: 라, 마본에는 '願'으로 되어 있음.
1058) 當: 나, 라, 마본에는 '欲'으로 되어 있음.
1059) 家: 저본에는 빠져 있으나 나, 라. 마본에 의거하여 보충함.

樑每垂其纓, 誇賓客曰: "誰謂申求止奕家甲手? 常隷非不重貨, 吾能注取其纓矣. 常隷之技, 無足論." 異日, 求止復謁, 樑喜甚[1062], 遂諱客杜門而見之[1063], 曰: "孰謂汝東方第一奕? 無意退此纓乎?" 請挑戰決雌雄, 求止垂敗而勝者[1064], 連三局. 樑憮然曰: "我今負, 當從汝願, 欲何物?" 求止遂於袖中, 出一束空折簡四五十紙, 進之, 曰: "小人[1065]有賤女, 將成婚, 願求婚需於平安一道." 樑曰: "甚不難, 惟汝求." 樑素敏於書翰, 一揮滿紙, 四五十簡與之. 求止具騎僕, 遍平安一道, 納其簡, 列邑列鎭之間[1066], 無不倒履出迎, 空大館而舍之, 敬之如使星. 所資連軫並輜[1067], 稇載而返, 卒爲富家翁矣.

---

1060) 瑭: 나본에는 '珀'으로, 라, 마본에는 '珀寶'로 되어 있음.
1061) 諧: 저본에는 빠져 있으나 나, 라, 마본에 의거하여 보충함.
1062) 喜甚: 저본에는 빠져 있으나 나, 라, 마본에 의거하여 보충함.
1063) 之: 저본에는 빠져 있으나 나, 라, 마본에 의거하여 보충함.
1064) 者: 저본에는 빠져 있으나 나, 라, 마본에 의거하여 보충함.
1065) 小人: 저본에는 빠져 있으나 라본에 의거하여 보충함.
1066) 列鎭之間: 저본에는 빠져 있으나 나, 라본에 의거하여 보충함. 마본에는 '列鎭之官'으로 되어 있음.
1067) 並輜: 나, 라, 마본에는 '騈騎'로 되어 있음.

# 卷四

## 社會篇

### 科擧

4-1.

應擧之法, 或四祖有庶孼, 或有身爲公私賤, 或四館停擧, 或名有罪籍, 或作罪變姓名, 不許赴, 俾[1]受先生六品以上署押爲證. 中世此法漸解, 爲先生者, 重士子應擧, 不論知與不知, 皆押署與之. 士子亦多[2]向壁僞署[3]錄名, 赴擧案, 四館不究問. 向者, 鄭林塘惟吉, 新陞六品, 其押最易僞模, 士子之[4]僞模者甚衆. 四館會議, 欲辨眞僞停其擧, 以懲[5]弊習, 聚其案, 送林塘所, 俾自辨眞僞. 林塘以書報之, 曰: "皆吾所着也. 或坐而着之, 或臥而着之, 或乘醉而着之, 或和睡而着之, 雖不同, 皆吾所着也." 四館開書大笑閧堂, 自此, 不復辨眞僞. 聞者皆知其爲[6]異日宰相也.

4-2.

科目取士, 有六經義·四書疑. 六經義[7]有節目詳密, 可以得才, 而多謄錄, 士多模擬竊取, 故一科不取一名, 全棄之, 徒虛目而已. 四書疑, 科文之最腐, 應科者, 以製讀爲辱, 入場相模襲, 主客不相

---

1) 俾: 저본에는 빠져 있으나 가, 나, 라본에 의거하여 보충함.
2) 多: 저본에는 빠져 있으나 가, 나, 라본에 의거하여 보충함.
3) 署: 가본에는 '差'로, 나, 라본에는 '着'으로 되어 있음.
4) 之: 저본에는 빠져 있으나 가, 라본에 의거하여 보충함.
5) 懲: 저본에는 '徵'으로 나와 있으나 가, 나, 라본을 따름.
6) 爲: 저본에는 빠져 있으나 나, 라본에 의거하여 보충함.
7) 六經義: 저본에는 빠져 있으나 가, 나, 라본에 의거하여 보충함.

嫌[8]. 向者, 鄭惟吉·李洪男·盧守愼, 同約會試工[9]夫, 以詩·賦·疑俱百爲程, 而鄭·李皆緣家故不如約, 獨[10]盧疑五十, 詩賦如之, 時人皆稱耐苦. 其後, 柳根好讀東文, 誦疑過三百首[11], 未久赴殿試, 平生未曾作殿策, 而只緣誦盡三百疑, 終捷狀頭. 吁! 科文雖陋, 猶耕者有獲, 未有不着工而能得者. 然屈首誦疑, 士氣墮盡, 宜乎![12]

4-3.

安自裕, 應進士試, 賦以竹宮爲題. 會大暴雨, 自裕避雨于試官幕後, 試官相與言曰: "今日之賦, 以'夫何一佳人兮'爲首句者, 宜爲壯元." 自裕密聽之, 時搆草已半, 卽裂以改之, 以'夫何一佳人兮'爲首句, 果[13]中壯元. 後黃洛與趙挺同接[14], 入進士試, 詩[15]以'迫脅上樓船'爲題, 挺密語于洛曰: "吾欲以'人生識字憂患始'爲首句." 洛拊掌笑曰: "今歲年少之士, 好讀李白, 今日之題, 正中時尙, 子何用腐陳語爲首句?"[16] 挺濡筆欲寫而還止. 是時, 考官相與言[17]曰: "今日之詩, 以'人生識字憂患始'爲首句, 當爲壯元." 擧場無是句, 而挺又落其試.

---

8) 嫌: 가, 나, 라본에는 '尤'로 되어 있음.
9) 工: 저본에는 '士'로 나와 있으나 가, 나, 라본에 의거함.
10) 獨: 저본에는 빠져 있으나 가, 나, 라본에 의거하여 보충함.
11) 首: 나본에는 '篇'으로 되어 있음.
12) 宜乎: 저본에는 빠져 있으나 가, 라본에 의거하여 보충함.
13) 果: 나, 라본에는 '卒'로 되어 있음.
14) 同接: 나, 라본에는 '同榻'으로 되어 있음.
15) 詩: 저본에는 빠져 있으나 나본에 의거하여 보충함.
16) 洛拊掌笑曰 … 子何用腐陳語爲首句: 저본에는 빠져 있으나 나본에 의거하여 보충함. 라본도 이와 유사함.
17) 言: 라본에는 '議'로 되어 있음.

4-4.

李穆·金千齡, 文聲相埒, 穆才尤高, 每場屋常推壯元. 一日於科試, 命題以「三都賦」, 千齡請看首句于穆, 穆曰: "吾欲去枝辭, 務約爲指." 其首句曰: '夏尊十二之山, 虞祀九州之域'云云. 千齡憚之, 陽笑曰: "今日之[18)]試, 公當讓壯元于僕. 考官出此題, 欲觀兩京·三都之雄文, 子欲襲古句爲老儒之語乎?" 穆然之, 一筆改之, 曰: '今夕何夕? 天雨[19)]翩翩.' 千齡歸而取前首句[20)], 約其辭而進之. 穆汎濫百餘句, 不能收拾, 終屈於千齡, 而千齡爲之魁.


4-5.

鄭林塘惟吉, 與李洪男, 文才相頡頏. 謁聖試表以'請纂『東國名臣言行錄』'爲題, 洪男先題首句, 曰: '思而學, 學而思. 言顧行, 行顧言.[21)]' 林塘瞿然內驚, 陽笑曰: "今日之題, 考官欲見進君子退小人之說, 子其讓我壯元乎[22)]!" 洪男性輕, 卽改之, 以進君子退小人爲首句, 林塘奪洪男所棄者爲首句, 終取壯元, 洪男爲第二.


4-6.

鄭礦, 與朴忠侃同榻, 做科業. 入場屋, 忠侃倡議改題, 試官不許, 忠侃曰: "鄭礦於大同接作之." 試官招鄭礦問之, 礦曰: "生果作之, 已而忘之, 朴忠侃能記之, 請問諸朴忠侃." 試官曰: "若果作之, 何若之忘而忠侃之記耶?" 礦曰: "生作而棄之, 忠侃每讀[23)]而誦之,

---

18) 之: 저본에는 빠져 있으나 가, 나, 라본에 의거하여 보충함.
19) 天雨: 가, 나, 라본에는 '天風'으로 되어 있음.
20) 句: 저본에는 빠져 있으나 가, 나, 다, 라본에 의거하여 보충함.
21) 言顧行, 行顧言: 저본에는 '行顧言, 言顧行'으로 나와 있으나 가, 나, 라본을 따름.
22) 乎: 저본에는 빠져 있으나 나, 라본에 의거하여 보충함.

故生則忘之, 而忠侃則記之." 試官·擧子皆大笑, 聲鬨一場.


4-7.

柳永忠, 每作科文, 多脫題. 崔鐵堅, 與之同閈, 曉入場中, 於炬下呼之, 曰: "柳永忠, 柳永忠!" 永忠應之, 鐵堅曰: "汝今作文幾句?" 永忠曰: "題之未出, 何文之作?" 鐵堅曰: "汝於平生見題而作乎?" 一場大笑. 太史公曰: "題未出而先作文, 奚獨永忠?"


4-8.

余參會試考官, 坼封之時, 見表弟洪造之子汝明得參, 喜甚. 與首試官李月沙廷龜, 連署報喜, 忙擾間, 錯書'洪造高中可賀', 汝明得報, 甚疑之. 時洪造在原州, 夢自家爲進士. 噫! 一字之錯, 應夢於百里之外, 豈不異哉? 時萬曆四十三年三月也.


4-9.

萬曆壬寅年, 昭敬大王試士泮宮, 余參試官之後, 尹綎之論多語疵, 首試官領相李德馨, 與大提學李好閔, 及諸考官, 議將科以次上. 參試官讀卷, 取筆書之, 硯中無墨, 字不明, 又取他硯濡筆, 墨亦乾矣. 命下吏取水, 下吏遲回久不到, 又命參試官更讀之, 左右無異辭, 皆如前科之. 俄而水至, 下吏磨墨而進, 領相問左相金命元曰: "於左相何如?" 曰: "以余觀之, 入格何妨[24]?" 曰: "左相之意如此, 可書三下." 群議不滿, 參試官輕銳, 濃墨而書三下. 一座大笑曰: "天也如何?" 吁! 尹綎一紙之文, 參試官三畫之書, 亦聽於

---

23) 讀: 가, 나, 라본에는 '書'로 되어 있음.
24) 妨: 가, 다본에는 '防'으로 되어 있음.

天, 天亦多事矣哉!

4-10.

國家每於丙年, 設重試科, 使已登科[25]者, 再試于科, 所以勸文官益其業也. 金弘度能程文, 富氣槪[26]. 入重試場不作, 侵作者使不得作, 有作者, 以濁酒濡衫袖, 批其頰. 或勸弘度作, 弘度指其膝, 曰: "此膝不屈於人, 久矣." 言生員及第皆以壯元受人之拜也. 見孫軾方起草苦吟, 弘度[27]以濕袖, 批其頰, 曰: "軾! 爾亦能文乎?" 軾慚而止. 時[28]姜克誠文聲藉甚, 一場以壯元相許[29]. 弘度屬巨杯, 使之醉, 自朝至晡, 克誠沈醉, 密於酒中腹藁, 日且暮, 臨紙揮筆[30], 對策累萬言[31]. 考官自堂上察之, 見克誠終日飮, 錯認不作如弘度. 及揭榜, 梁應鼎爲第一, 克誠爲第二, 考官大驚, 恨其錯認, 時論亦[32]皆惜之. 然[33]以今觀之, 應鼎之策, 如捕龍虎; 克誠之作[34], 如刺繡紋, 宜乎! 克誠之下於應鼎. 而但醉中腹藁之作, 猶若彼, 其才之俊逸可想也.

4-11.

翰林李嶸, 文章早就, 十三[35]中進士初試第一等, 二十一中進士

---

25) 科: 저본에는 빠져 있으나 가, 나, 라본에 의거하여 보충함.
26) 氣槪: 가, 나, 라본에는 '豪氣'로 되어 있음.
27) 弘度: 저본에는 빠져 있으나 가, 나, 라본에 의거하여 보충함.
28) 時: 저본에는 빠져 있으나 나, 라본에 의거하여 보충함.
29) 相許: 가, 나, 라본에는 '期'로 되어 있음.
30) 揮筆: 나, 다, 라본에는 '揮毫'로 되어 있음.
31) 萬言: 가, 나, 라본에는 '千言'으로 되어 있음.
32) 亦: 저본에는 빠져 있으나 가, 나, 라본에 의거하여 보충함.
33) 然: 저본에는 빠져 있으나 가, 나, 라본에 의거하여 보충함.
34) 作: 가, 나, 라본에는 '策'으로 되어 있음.

第二, 居喪讀『小學』四百回, 其文益長. 及爲第二, 屈拜於李好閔, 意常怏怏. 其年有別試, 偶與好閔錄名, 異日及[36]分所, 嶸一所[37], 好閔二所[38]. 嶸欲奪好閔壯元, 入門錄名于成均館, 與好閔同場, 會日暮犯夜, 軍卒掠試券. 嶸旣書表, 未及卒業于論, 於炬下追奔[39], 胡草而呈之, 文義逾[40]益美, 翌日策文尤善. 暨畢考, 嶸表二上[41], 論上之下, 策上之中, 好閔獨一策爲上之上, 爲第一, 嶸爲第二. 計嶸劃通三文爲十八分, 好閔以九分, 從優等居魁. 一時皆偉嶸之才, 短嶸之好勝. 嶸是年[42]又捷殿試第二, 時盧稙[43]爲都承旨, 備酒饌邀嶸, 嶸醉中把杯, 謂稙曰: "士稚[44]乎! 當今不斬柳成龍, 無以爲國事." 成龍當世[45]第一名宰, 無顯過可指名. 稙方相善, 惡之曰: "年少郞, 奚爲過言? 今夜但醉耳." 嶸熟視投盃, 曰: "始以士稚, 爲可人, 今乃大知其庸劣也." 一座不樂罷酒. 是年, 嶸病疫而死, 死後經旬, 家人夢, 嶸曰: "吾復生矣!" 如是者[46]數矣. 一家之夢或同, 開棺視之, 時夏月也, 肥體盡爛, 臭滿四隣. 嶸臨終愛醫女, 名曰'命長浦'[47]. 金行善滑稽, 聞其死, 歎曰: "命矣! 夫斯人也."

---

35) 十三: 다본에는 '二十'으로 되어 있음.
36) 及: 저본에는 '乃'로 나와 있으나 가, 나본을 따름.
37) 一所: 가, 나본에는 '二所'로 되어 있음.
38) 二所: 가본에는 '一所'로 되어 있음.
39) 追奔: 가본에는 '進奔'으로, 나본에는 '追改'로 되어 있음.
40) 逾: 가, 나, 다본에는 '愈'로 되어 있음.
41) 二上: 가본에는 '三上'으로 되어 있음.
42) 年: 나본에는 '科'로 되어 있음.
43) 稙: 저본에는 '植'으로 나와 있으나 다본에 의거함. 이하의 경우도 동일함.
44) 稚: 저본에는 '雅'로 나와 있으나 가, 나본에 의거함. 이하의 경우도 동일함.
45) 當世: 가본에는 '當時'로 되어 있음.
46) 者: 저본에는 빠져 있으나 나본에 의거하여 보충함.
47) 命長浦: 가본에는 '命伊也'로 되어 있음.

4-12.

庶孼姜文祐, 改名應擧, 僞着直講車軾·典籍安海名署. 海欲告言[48]官, 軾止之, 曰: "文祐往年削其科, 又今削之不祥, 吾寧受辜[49], 不忍發." 海竟發之, 削其科, 錮其擧. 明年, 海目疾喪明, 人謂積不善之致[50], 德軾而薄海也.

4-13.

庶孼鄭蕃, 中謁聖及第, 壯頭唱榜, 臺諫論之, 削其科. 蕃擲袍笏而出, 曰: "人之爲[51]不善, 災必逮夫身及子孫, 言官之汰[52]吾科者, 殃其及子孫乎!" 其臺諫有獨子, 明年死, 人皆曰: "天道好還, 甚可畏也." 噫![53] 今之[54]詔附權臣者, 權臣[55]一敗, 非但如鄭蕃之才人, 亦多殃及其子孫, 尤可畏哉!

4-14.

朴光祐[56], 爲及第第二, 於闕內遇一先生. 呼新來, 使之納名, 倒唧曰'祐光朴', 先生曰: "爾勿恨爲第二, 蘇東坡爲第二及第, 南袞爲第二及第." 言訖, 使之進, 光祐問下人先生爲誰, 卽修撰金馹孫也. 余於新及第, 路街三日, 遇先生朴弘老, 弘老曰: "老新來何往而今

---

48) 言: 저본에는 빠져 있으나 가, 라본에 의거하여 보충함.
49) 辜: 라본에는 '罪'로 되어 있음.
50) 致: 저본에는 '就'로 나와 있으나 나, 다, 라본을 따름.
51) 爲: 저본에는 빠져 있으나 가, 나, 라본에 의거하여 보충함.
52) 汰: 가, 나, 라본에는 '欻'로 되어 있음. 서로 통함.
53) 噫: 가, 나, 라본에는 '呼'로 되어 있음.
54) 之: 저본에는 빠져 있으나 가, 나, 라본에 의거하여 보충함.
55) 權臣: 저본에는 빠져 있으나 나, 다, 라본에 의거하여 보충함.
56) 光祐: 가, 라본에는 '光佑'로 되어 있음. 이하의 경우도 동일함.

始爲及第?" 余答曰: "在前恐爲第二, 故忍而到今也." 弘老大笑, 扣鐙而去, 曰: "除雜放氣, 新來進!" 蓋弘老[57]是余同年進士, 早爲第二及第, 余時年三十一, 而爲壯元及第. 納名倒啣, 以退爲進, 以雜言爲雜放氣, 皆古風也. 後弘老, 改名弘耆.

4-15.

右議政鄭芝衍, 年四十五登第. 其友朴應男, 已爲大司[58]憲, 聞喜報, 馳往見之, 宰相屈軺軒來問, 家人喜甚, 從窓隙窺之. 應男不爲寒暄, 無一言及賀, 取案上一冊覽之, 卷中撮數語, 與芝衍相難, 最久而後, 徐曰: "子今爲及第, 能爲國效死否?" 芝衍曰: "不才晚達[59], 有何損益於國乎?" 應男張目而視, 曰: "是何言耶? 朝廷取士[60], 其意有存, 子不死國, 其誰效命?" 無一言及賀而去, 其人之矯情鎭物如此. 聞新進鄭琢可用, 薦爲翰林, 他日, 於親友家遇琢, 琢慇懃致款于應男, 應男無一辭相接, 了若不相識者, 琢慚甚. 然而周旋于朋儕, 終始皆應男之力也. 應男居常, 喜讀書, 大書於壁曰: '可以十年不讀書, 不可一日近小人.' 其爲[61]人不平易[62], 使氣任勢, 人皆憚之以爲險. 然行事近古人者, 多[63]亦非尋常人也.[64]

---

[57] 老: 저본에는 '耆'로 나와 있으나 가, 나, 라본에 의거함.
[58] 司: 저본에는 빠져 있으나 가, 나, 라본에 의거하여 보충함.
[59] 達: 가본에는 '成'으로 되어 있음.
[60] 士: 가본에는 '人'으로 되어 있음.
[61] 爲: 저본에는 빠져 있으나 나본에 의거하여 보충함.
[62] 平易: 가본에는 '檢拘'로 되어 있음.
[63] 多: 저본에는 빠져 있으나 가, 나본에 의거하여 보충함.
[64] 多亦非尋常人也: 나, 라본에는 이어서 "洪天民與朴應男, 爲莫逆之交, 相許以姓不同之兄弟也. 洪之妻宋氏, 從窓隙密窺曰: '子常以朴爲心交, 其終負子者朴也, 愼之!' 後果爲朴所排."라는 내용이 첨부되어 있음.

4-16.

申應榘曰: "儒者應擧, 雖不得已, 若納券晚暮, 見凌⁽⁶⁵⁾於軍士, 則傷士氣." 每入場日暮, 軍士促之⁽⁶⁶⁾, 輒折試券, 投之橐中而出. 吾師金雲, 力學好善, 嘗應會試講經, 觝滯經語, 久坐講席, 試官自帳內言曰: "久坐不起, 似苟且." 金卽自注不字而出. 臺官惜之, 曰: "老儒平生不爲苟且, 一聞苟且之言, 便起去, 志可尙也." 吁! 心關⁽⁶⁷⁾得失, 攫金忘恥者, 多矣⁽⁶⁸⁾, 二者良可警俗.


4-17.

昔恭憲大王, 親臨瑞葱臺, 試文武臣騎射及製述, 繫御乘馬于帳殿前, 將以賞居魁者, 文武各一匹. 時文官南應雲, 文武俱非絶藝, 而兩試皆爲冠, 拜受兩馬. 左右各牽一馬出⁽⁶⁹⁾, 誇之朝中, 曰: "當今文章, 則鄭士龍·申光漢, 妙射則李夢麟, 非但一時稱第一, 雖⁽⁷⁰⁾曠世亦無雙. 而今日則皆讓於吾, 吾之文武全材, 何如耶?" 擧朝皆以爲異事.


4-18.

正德庚辰年⁽⁷¹⁾, 取武士一千爲及第, 好事者稱之⁽⁷²⁾, 曰: "武士騎牛, 馳射不中, 則⁽⁷³⁾駐牛拔其矢, 再射之. 自試官所傳呼曰: '彼擧子

---

⁽⁶⁵⁾ 凌: 라본에는 '辱'으로 되어 있음.
⁽⁶⁶⁾ 促之: 라본에는 '侵之'로 되어 있음.
⁽⁶⁷⁾ 關: 저본에는 '鬪'로 나와 있으나 라본에 의거함.
⁽⁶⁸⁾ 矣: 저본에는 빠져 있으나 라본에 의거하여 보충함.
⁽⁶⁹⁾ 一馬出: 가, 나본에는 '一匹而出'로 되어 있음.
⁽⁷⁰⁾ 雖: 저본에는 빠져 있으나 가, 나본에 의거하여 보충함.
⁽⁷¹⁾ 年: 저본에는 빠져 있으나 가, 나본에 의거하여 보충함.
⁽⁷²⁾ 之: 저본에는 빠져 있으나 가, 나, 다, 라본에 의거하여 보충함.

何以駐牛?' 答曰: '牛方溲.' 時廟堂引居末者, 問之曰: '今世之武才, 又有下於汝者乎?' 對曰: '後榜壯元, 是我才之下.' 當時咸以爲善對." 萬曆癸巳, 永柔行在所, 取武士[74]二百. 時邦禁不嚴, 公私臧獲, 亦有赴試竊科者. 判書李恒福[75], 與客對坐于家, 呼奴[76]僕不應, 恒福曰: "可惡! 是漢必赴科." 滿堂大笑. 其年冬, 今上以東宮受王命[77], 進駐全州[78], 取武士五百. 時擧國饑饉, 餓殍滿路, 南中赴擧者, 以米五升, 買及第者, 比比有之.

4-19.

金韞, 少時有才名, 屢擧不中, 行年四十五, 喟然歎曰: "少時, 常擬登第後, 由槐院入翰院[79], 歷承政院[80]注書, 次第履弘文館南床位[81], 故惟恐不幸中壯元, 不得爲參下淸職. 今者年老蹉跎, 屢試而不捷, 雖賜之壯元, 亦所不辭." 後登第, 以兵曹佐郞終.

4-20.

羅扱[82]者, 南中人也. 爲生員, 經學甚熟, 而爲人多怯, 不能應講. 嘗入場屋, 試卷[83]受印, 而倒捲之, 封在內末在外, 起草已倒書末

---

73) 則: 저본에는 빠져 있으나 가, 나, 라본에 의거하여 보충함.
74) 武士: 가, 다본에는 '武才'로 되어 있음.
75) 恒福: 나, 다본에는 '鰲城'으로 되어 있음. 이하의 경우도 동일함.
76) 奴: 저본에는 빠져 있으나 가, 나, 다, 라본에 의거하여 보충함.
77) 王命: 가, 라본에는 '皇命'으로 되어 있음.
78) 全州: 저본에는 '義州'로 나와 있으나 가, 나, 라본에 의거함.
79) 翰院: 라본에는 '翰苑'으로 되어 있음.
80) 院: 저본에는 빠져 있으나 라본에 의거하여 보충함.
81) 位: 저본에는 빠져 있으나 라본에 의거하여 보충함.
82) 扱: 의미상 '級'이 되어야 함. 이하의 경우도 동일함.
83) 卷: 저본에는 '券'으로 나와 있으나 가, 다, 라본에 의거함. 이하의 경우도 동일함.

紙, 讀于階前炬下. 其友曰: "子之試卷, 何無初張?" 扱大驚, 訴[84]于試官曰: "士習無狀, 割我批封而去." 已而, 見名籤垂在內, 又訴試官, 請割封而改印, 試官皆大笑之. 鄭士信講經, 坐經席[85], 須臾之頃, 請服淸心元二丸, 又請一丸, 臺官在帳外, 曰: "飮冷劑二丸已過, 如至於三, 則必傷人." 士信曰: "生在家, 日服淸心元, 倍此三四之." 臺官·試官皆大笑. 生員金球, 多辯又多[86]怯, 入場臨試卷, 忘天字, 問其友曰: "天字何以書之?" 其友曰: "一字下著大字." 球遂書壹字, 其下書大字, 字體長大. 球側回左右視, 曰: "此非天字, 乃天使時山臺也." 衆皆大笑. 朴大立, 誦四書三經皆熟, 而其中怯. 入場席, 常稱不能, 猶應口而誦, 每欲出走, 試官使軍士扶擁使之誦, 誦訖而起, 溺滿席矣. 林悌素無怯, 入場中, 見一士儲好梨滿橐, 與其主無交分, 直入橐前, 姿意啖嚼, 一橐垂空. 主人曰: "客食吾梨, 何太過?" 悌曰: "甚矣, 吾之㤼也! 誤食人梨幾盡." 大笑而起.[87]

## 4-21.

洪相國暹, 新進時罹士禍, 受刑殿庭, 至百五十杖, 流之南荒. 至公州錦江, 路有朝京赴試[88]之儒, 聞暹昇至江上, 咸聚觀之. 有一儒自南來者, 半卷紅袖跌宕人也, 來觀之垂涕, 曰: "吾聞京師有洪暹者, 當代有名佳士也, 以何罪而至斯? 此豈君子應擧之時也?" 遂回馬首, 不赴試而還, 詰其姓[89]名, 乃林亨秀也. 吁! 人之慕名利, 猶

---

84) 訴: 저본에는 '詐'로 나와 있으나 가, 다, 라본에 의거함. 이하의 경우도 동일함.
85) 經席: 라본에는 '講席'으로 되어 있음.
86) 多: 저본에는 빠져 있으나 라본에 의거하여 보충함.
87) 林悌素無怯 … 大笑而起: 저본에는 빠져 있으나 가, 다, 라본에 의거하여 보충함.
88) 赴試: 가본에는 '赴擧'로 되어 있음.
89) 姓: 저본에는 빠져 있으나 가본에 의거하여 보충함.

魚之慕香餌, 釣者投餌, 魚皆驚散[90], 始決然而[91]往者, 終幡然而來, 未免懸于釣, 無他, 愛其餌之香也. 洪遑不懲, 終取相位[92], 林亨秀不懲, 應試[93]而被凶禍. 名利之欺人, 何異於香餌之欺魚哉? 洪相國受刑一次, 復加刑至七介, 仍大臣啓停刑杖流, 而一百五十之說, 公然誤傳.[94]

## 求官

4-22.

郎官各帶書吏爲陪, 獨兵曹陪郎官者利最優, 求之者焦唇汗面, 折趾而爭先焉. 銓曹注擬兵郎之際, 年少美容顔合陪吏者, 褰裳林立, 待天點, 及點下, 善走者得之. 郎官亦許先到者, 如諸吏一時並至, 則先脫冠投之門內者, 得之, 此吏中故事也. 昔銓望之擬, 沈友正參首望, 閔夢龍參副, 沈家在南門外, 閔家在太學傍. 及點下于沈, 點吏高聲詑之, 曰: "閔某受點!" 諸小[95]吏皆向太學走, 一吏直走南門, 南門樓上, 又有點吏先候望, 見紅衣者從松峴顚倒而來, 遂下樓, 脫履徒跣而往. 旣入門, 納名而憩, 良久, 諸吏脫冠爭門而[96]入矣. 吁! 豈獨小吏求官? 士大夫亦類此. 昔求官者, 齊謁銓曹判書, 金貂滿堂, 皆囁嚅莫敢先發. 有一蔭官末至, 先諸客發言, 言訖卽辭去, 判書大喜, 曰: "當如是!" 翌日先官其人. 吁! 此坐中先

---

90) 散: 나, 라본에는 '竄'으로 되어 있음.
91) 而: 저본에는 빠져 있으나 가, 나, 라본에 의거하여 보충함.
92) 位: 저본에는 빠져 있으나 가, 나, 라본에 의거하여 보충함.
93) 試: 가, 다, 라본에는 '後試'로 되어 있음.
94) 洪相國受刑一次 … 公然誤傳: 저본에는 빠져 있으나 가, 라본에 의거하여 보충함.
95) 小: 저본에는 '少'로 나와 있으나 가, 나, 라본을 따름.
96) 而: 저본에는 빠져 있으나 나, 다, 라본에 의거하여 보충함.

發者, 眞南樓之吏也.

4-23.

李相國浚慶, 爲監司, 諸宰[97]爲相識, 求軍官甚衆, 頗厭之. 有武士受名相簡來, 相國坐深屋[98], 閉其戶而坐[99], 使侍者引武士, 不由直路, 回轉其室[100], 歷許多門戶而見之, 問曰: "此室何處爲南?" 武士迷所從來, 錯應之. 怒而斥之, 曰: "某相國薦武士, 不分[101]東西南北! 請囑不可從." 自此, 任其所可而用之.

4-24.

尹元衡, 爲兵曹判書, 有一[102]武人, 求北道邊將, 遂許權管. 武人之任, 得貂皮數百, 納之箭[103]筒而送之. 元衡深[104]怒之, 曰: "我不學射, 焉用箭筒爲也?" 使投之樓上. 未幾, 武人罷官歸, 請謁, 元衡怒目而視之, 武人曰: "前者[105]居任, 謹呈一箭筒, 未審閣下[106]垂覽否?" 元衡曰: "吾不學射, 焉用箭筒[107]? 使投之樓上耳." 武人曰: "未曾看筒中物乎?" 元衡疑之, 命侍婢取來, 鑰匕鑱拔, 貂皮聳出, 上觸于樓[108], 散于座中[109]. 蓋柔軟之皮[110], 納之[111]筒中, 强以蓋

---

97) 宰: 저본에는 빠져 있으나 가, 나, 라본에 의거하여 보충함.
98) 深屋: 가, 나, 라본에는 '深室'로 되어 있음.
99) 坐: 저본에는 빠져 있으나 가, 나, 라본에 의거하여 보충함.
100) 其室: 나, 라본에는 '一室'로 되어 있음.
101) 不分: 가, 나, 라본에는 '不知'로 되어 있음.
102) 一: 저본에는 빠져 있으나 나, 라본에 의거하여 보충함.
103) 箭: 저본에는 '管'으로 나와 있으나 나, 다, 라본에 의거함.
104) 深: 저본에는 빠져 있으나 나, 라본에 의거하여 보충함.
105) 前者: 나본에는 '前日'로 되어 있음.
106) 閣下: 나, 다, 라본에는 '閤下'로 되어 있음.
107) 筒: 저본에는 빠져 있으나 나, 라본에 의거하여 보충함.

推[112]納之, 故[113]一開其蓋, 自湧而出也. 元衡大驚且喜, 卽拜爲饒邑守令. 元衡敗後, 有一人僑居其宅, 見[114]壁上有半糊一紙, 諦察之, '白米三百石, 大艋一隻, 並納云.' 其受[115]貨于人, 多類此. 元衡爲吏曹判書時[116], 有一人納繭二百[117]斤, 求補參奉. 元衡臨政疲睡, 郎官秉筆而俟之, 元衡久不呼名, 郎官卒然問曰: "以[118]何人首擬乎?" 元衡驚悟, 和睡而答曰: "高致!" 高致者, 繭之俗名也. 及受[119]下點, 吏曹下吏, 廣求高致而不得, 至一處, 有遐方[120]寒士名高緻, 以其人拜之. 元衡亦不敢辨其眞僞. 野史氏曰: "元衡之專權瀆[121]貨, 有不足稱[122]責, 而時命所歸, 雖權臣亦無如之何, 豈不痛哉?"

## 富貴

4-25.

淸原君韓景祿, 先王朝駙馬也. 豪富甲長安, 聞禮曹判書鄭士龍爲東方一富, 欲往觀之, 景祿連往投刺, 表門外蒼頭兩人對立, 漆

---

108) 樓: 나, 다, 라본에는 '樑'으로 되어 있음.
109) 座中: 나, 다, 라본에는 '座前'으로 되어 있음.
110) 柔軟之皮: 나, 라본에는 '柔毛軟皮'로 되어 있음.
111) 之: 저본에는 빠져 있으나 나, 다, 라본에 의거하여 보충함.
112) 推: 저본에는 빠져 있으나 나, 라본에 의거하여 보충함.
113) 故: 저본에는 빠져 있으나 나, 라본에 의거하여 보충함.
114) 見: 저본에는 빠져 있으나 나, 라본에 의거하여 보충함.
115) 其受: 저본에는 빠져 있으나 나, 라본에 의거하여 보충함.
116) 時: 저본에는 빠져 있으나 나, 라본에 의거하여 보충함.
117) 二百: 나, 라본에는 '累百'으로 되어 있음.
118) 以: 저본에는 '此'로 나와 있으나 나, 다, 라본을 따름.
119) 受: 저본에는 빠져 있으나 나, 라본에 의거하여 보충함.
120) 遐方: 나본에는 '僻鄕'으로, 라본에는 '遐鄕'으로 되어 있음.
121) 瀆: 라본에는 '黷'으로 되어 있음. 서로 통함.
122) 稱: 라본에는 '深'으로 되어 있음.

絲笠·白紵衣·靑廣帶, 容采映麗者, 奔走奉御, 傳于小門內兩奴, 兩奴衣冠華靚如之. 又傳閣內兩婢, 凝粧珠翠者, 擎納于內. 判書未出也, 駙馬望見, 園上長廊三十許間, 假家蓋以船篷, 問: "此何屋耶?" 答[123]曰: "樓庫霾濕多鼠, 作假屋, 移木棉布于此, 以風之." 駙馬問: "幾同?" 同者五十匹也. 蒼頭曰: "先移此屋者, 六百餘同." 曰: "在樓庫者, 又幾何?" 曰: "移不能三分[124]之一, 不能[125]盡記也." 駙馬旣見蒼頭侍婢守閣者, 已非己家所有, 又問[126]木棉之數, 不覺愕爾. 俄而, 判書出迎上堂, 左右侍婢, 奉巾帨·箕箒[127]·麈筆者, 分兩隊各數十. 判書曰: "閤下辱賜降臨, 家有薄酒, 願奉左右." 已而, 叉鬟[128]玉女奉珍羞, 咄嗟而進者方丈. 又有蒼頭, 各持[129]樂器, 分部東西, 自外廊而入, 列坐堂下. 又有羅衫彩服之姬, 奉瑟琴諸具, 自內而出者, 列坐堂上. 水陸希異之珍, 每隨爵而進, 滿盤悉金銀唐畵[130]器, 駙馬雖未能盡爵, 故故久坐, 欲窮其饌品. 至日暮, 並三並四而進, 多多愈奇, 自知己家所不能當, 拜辭而退. 後思庵朴淳爲郞, 因公事納啣于判書, 判書見之于翼廊閣內, 其褥席·帷幔·屛障·書畵, 滿目燦爛. 思庵進文牒, 判書揮之, 曰: "姑捨! 是僕願見公久矣, 請與從容." 顧侍婢, 曰: "修薄具以供[131]." 俄而, 侍婢各執其物, 進珍羞[132]不期而備者, 皆東方所未見. 判書執杯而請曰: "今

---

123) 答: 저본에는 빠져 있으나 나본에 의거하여 보충함. 라본에는 '蒼頭'로 되어 있음.
124) 分: 저본에는 빠져 있으나 라본에 의거하여 보충함.
125) 能: 저본에는 빠져 있으나 라본에 의거하여 보충함.
126) 問: 다, 라본에는 '聞'으로 되어 있음.
127) 箕箒: 저본에는 빠져 있으나 나, 다, 라본에 의거하여 보충함.
128) 叉鬟: 나, 다, 라본에는 'ㄚ鬟'으로 되어 있음. 서로 통함.
129) 持: 나, 다, 라본에는 '執'으로 되어 있음.
130) 畵: 저본에는 '華'로 나와 있으나 나, 다, 라본에 의거함.
131) 供: 나, 다, 라본에는 '奉'으로 되어 있음.
132) 羞: 저본에는 '差'로 나와 있으나 나, 다, 라본에 의거하여 바로잡음.

日不須公事, 當以文會, 請聞近日瓊詞." 思庵鄕曲人也, 其器具風流, 瞻睹皆新, 仍苦辭曰: "鯫生雖幸[133]科第, 有何一句語, 敢溷閤下淸眄者?" 微睇辭氣懇款, 始誦一兩篇以聞之, 判書稱揚不已. 思庵素不能飮, 數杯請撤, 判書令繼進饌羞, 瞞【鄭一目瞞故云】視嬉笑, 言辭鄭重, 風流可掬. 使丫鬟磨墨開牒, 沈吟次其韻, 濃翰以贈之, 自喫庶饍, 殆盡以勸之, 思庵不能善啗, 略嘗而退. 後日復以公事往, 判書見別室[134], 其器具所觀, 悉非前日之物, 而鮮麗倍之, 其飮啗勸侑, 悉如之. 後判書廢斥東郊, 時議非之, 思庵位高當局. 思庵氷玉人也, 自奉淡如非意氣相遇, 而羨慕欽感[135]之情, 迨老不忘. 人有謗湖陰者, 思庵必庇之, 曰: "人皆以湖陰爲富, 不仁罪之, 若湖陰自興家業, 非侵魚掊克以致之也. 且其[136]文章, 橫絶東國[137], 不可侮也." 人以爲思庵之言出於公, 而不知自少傾心感慕而然也.

4-26.

鄭湖陰, 新登第爲正字, 以公事往功臣朴元宗家, 元宗出迎之, 曰: "夙聞正字之名, 今始良覿." 仍命侍婢設小酌, 言未訖, 紅粧數十隊, 各持巾帨·麈箑·琴瑟[138], 皆粉墨珠翠而出, 分[139]左右而立. 男樂諸工, 各執楔擊搏拊之具, 由長廊而出, 列坐階上. 侍婢兩人, 凝粧盛飾, 奉高足之盤, 水陸奇需[140], 璀璨寶器而進. 方丈之具, 手

---

133) 幸: 나본에는 '倖纊'로, 라본에는 '倖'으로 되어 있음.
134) 別室: 라본에는 '別齋'로 되어 있음.
135) 欽感: 라본에는 '感愛'로 되어 있음.
136) 其: 저본에는 빠져 있으나 다. 라본에 의거하여 보충함.
137) 東國: 나. 라본에는 '東方'으로 되어 있음.
138) 琴瑟: 저본에는 '瑟琴'으로 나와 있으나 라본을 따름.
139) 分: 저본에는 빠져 있으나 라본에 의거하여 보충함.
140) 需: 라본에는 '羞'로 되어 있음.

所不及. 其盤圓如磨碾, 隨意取食. 杯觴遞進, 雅曲並奏, 咄嗟所
辦, 饌品殊色. 湖陰心中艷羨, 遂染指於富貴, 及其祿位旣成[141], 使
廚人朝夕列書饌名而進, 從所欲而點之. 當時卿相之家, 惟湖陰所
食極奢. 泊斥居[142]東郊, 自奉猶夫前. 所居萬卷書架之側, 列揷千
匹布, 雖或用之冗費, 旋又充其缺. 常夜坐不寐, 至達曙, 或太倦,
則支掌於額, 抵案少眠而已. 或問其故, 曰: "人生百歲, 睡眠居半,
吾則平生夜不眠, 若活百年, 則可以當二百年矣." 君子曰: "湖陰仕
進之初, 輒融心富貴, 其所艷者朴元宗, 萬卷之書, 夜不眠, 則似之
矣, 千疋之布, 亦何爲於其側? 其志之陋, 有是哉!" 或曰: "非陋也.
開刊私集之資, 故置之文房云."

## 4-27.

生員·進士, 初中試也, 三日內, 二百人中, 擇饒富者, 爲齊馬首之
會. 愼思獻家業頗贍, 同榜人推擇思獻, 屬其宴, 二百人一時咸會,
敞華軒, 廣陳紅唐氈二百座, 滿目赫艶. 二百人立而不坐, 曰: "方
今國恤, 三年之內, 坐紅氈非禮." 命撤之, 思獻一咄嗟之間, 侍婢
盡撤紅氈, 立易以白唐氈[143]二百座而後, 定其坐, 滿堂皆變色. 思
獻, 與尹百源·具儼[144]埒富, 百源等僮數千, 昔卓王孫僮數千餘人,
程鄭·石崇俱八百餘人, 則百源等加於彼二三之. 梁冀家財三十餘
萬, 董賢家財四十三萬, 則我國尹百源·具儼·愼思獻·鄭士龍·淸原
君·朴元宗輩, 雖自雄於小邦, 只免爲寒乞兒耳, 亦不滿一哂也已.

---

141) 旣成: 라본에는 '俱盛'으로 되어 있음.
142) 居: 저본에는 빠져 있으나 라본에 의거하여 보충함.
143) 白唐氈: 가본에는 '唐白氈'으로 되어 있음.
144) 具儼: 나, 라본에는 '具嚴'으로 되어 있음. 이하의 경우도 동일함.

4-28.

參判朴啓賢, 二相忠元之子也. 富氣槪, 不拘苟禮, 早[145]年陞宰位, 衣父衣, 乘父軺, 一家之榮, 一代無雙. 二相呼其子, 曰: "令公來, 與之對奕!" 參判見大夫人爲二相新製藍段朝衣[146], 請以賭奕, 二相見輸. 參判託以起旋入內, 請大夫人試新衣, 旣着, 從小門乘父軺而走, 以扇叩轅, 下卒推轂如飛, 行路榮之, 比之斑衣舞. 恭憲大王朝, 遣中使, 宣醞廷臣, 參判擧酒, 屬漢城右尹, 曰: "若何不爲左尹?" 時二相爲左尹, 右尹曰: "將置乃翁何地?" 曰: "其翁獨[147]不可移之判尹乎?" 廷中大笑. 中使入而啓之, 粤明日, 特旨拜忠元爲判尹, 右尹爲左尹.

4-29.

黃汝獻, 不拘小節, 喜任俠. 坐臟竄絶裔, 行期甚迫, 而略不治行李, 家人親屬, 皆爲之結束諸需, 汝獻止之, 曰: "不必乃爾, 自有治行者, 不齎一橐糧·一簇衣而行." 及其登程也, 有一士夫備供帳·車馬·僕從, 行路宿留之資, 邊上計活之具, 無不畢呈. 至配所, 營巨室充産業, 其富殷一如京第, 終始不少衰, 親舊亦莫知其由也.

## 致富

4-30.

尹鉉, 長於理財, 爲戶曹判書, 凡弊席地衣·靑緣[148]布, 悉藏之庫

---

145) 早: 저본에는 '少'로 나와 있으나 가, 나, 라본을 따름.
146) 藍段朝衣: 저본에는 '南段藍'로 나와 있으나 나, 라본을 따름. 가본에는 '監段綠衣'로 되어 있음.
147) 獨: 저본에는 빠져 있으나 가, 라본에 의거하여 보충함.

中, 以待不時之需, 衆咸笑之. 其後, 弊席付之造紙署, 磨碾作紙, 紙品最佳. 取青緣布, 付之禮曹, 作野人衣紐, 不使片割[149], 全匹皆適於用. 太倉陳腐之餘, 鼠矢過半, 當天使時, 以資館舍塗壁, 鼠矢尤粘. 其治家也, 患薪柴難繼, 而廚人用之無節, 出布帛, 貿瓦署燒木, 以鈍斧屬之爨婢, 爨婢汗顔自斫, 惜片梯如金, 終省浪費焉. 門前有田三十畝, 不種蔬, 悉種之以稷, 衆多怪之, 屬之馬卒, 一日刈一畝爲馬蒭, 一月刈了三十畝, 稷易長之物也. 前月所刈, 翌月又[150]長數尺, 馬卒不出門庭, 而青蒭綽有餘矣. 一日, 謂家人曰: "今年木花極賤, 出千布貿來." 旣貿, 積之樓上, 充棟宇, 亦不見費用. 不數載, 市上木花極貴, 悉取而貿穀, 其直十倍, 得鉅萬石. 謂家人曰: "示! 若屬治産, 當如是矣." 於國於家, 理財周詳, 多此類也.

## 4-31.

長者高蜚者, 忠州人也. 性慳嗇重貨, 能居貯貿販, 致家財鉅萬, 倉庫[151]樻櫃封識[152]必親, 雖糠籺之微, 重之如千金. 嘗有事遠遊, 計其還期, 出妻妾糧, 算升斗以與之, 盡封其庫廩[153]而去. 封旣[154]完, 將就[155]道, 察一器貯麵數升[156]置庚外[157], 行且忙, 未暇藏, 以面印其麵以表之, 曰: "爾或食是麵, 使此[158]面痕, 漫罪合死." 及其還

---

148) 緣: 나본에는 '綠'으로 되어 있음. 이하의 경우도 동일함.
149) 割: 저본에는 '段'으로 나와 있으나 이본을 따름.
150) 又: 가, 나, 라본에는 '已'로 되어 있음.
151) 倉庫: 가, 나, 라본에는 '倉庚'로 되어 있음.
152) 識: 저본에는 '鎖'로 나와 있으나 이본을 따름.
153) 庫廩: 가, 라본에는 '庚廩'으로 되어 있음.
154) 旣: 저본에는 빠져 있으나 가, 나, 라본에 의거하여 보충함.
155) 就: 저본에는 '取'로 나와 있으나 이본에 의거함.
156) 升: 가, 나, 라본에는 '斗'로 되어 있음.
157) 置庚外: 저본에는 빠져 있으나 가, 나, 라본에 의거하여 보충함.

也, 途中遇雨阻川, 後期者數日. 妻妾食盡, 不忍其飢, 相與謀曰:
"等死也, 寧食而死!" 遂食其半, 留其半, 妻以其陰印其麵. 高蜚歸,
不暇察諸庫封鎖, 先尋[159]其麵器, 左右諦視之, 曰: "吾鬢若是拳[160]
曲乎? 吾口不橫而竪乎?[161] 吾鼻在吾口中乎? 若屬必竊食之也."
遂挺白捧, 打其妻妾. 高蜚旣老, 里人請學致富之術於蜚, 蜚曰:
"某日, 於城上松樹[162]間候我, 我有以敎之." 里人備酒肴, 供帳以待
之. 蜚至, 里人羅拜而問之, 蜚見城上松枝遠揚於城之外, 城之[163]
下視無地, 蜚使里人登其樹, 攀其枝, 垂其身, 放一手, 把以一手,
辟左右, 密語曰: "守爾貨, 如是手把是枝, 足矣." 更無一言而去.

## 4-32.

俗談有兀孔金八字, 兀孔金者, 杖鼓龍頭[164]鉤鐵也, 八字者, 陰
陽四柱也. 昔有全州商賈, 滿船載生[165]薑, 泊于平壤之浿江. 生薑
南中貴物, 非關西所産, 其價甚高, 一船翔貴之貨, 可居千段布·千
石穀. 箕都名妓朶頤者甚衆, 有一艶妓[166]私焉, 數年之間, 盡呑全
船貨, 旣盡, 疎而斥之. 商人欲歸, 爲其空手而還, 無面於鄕黨親
戚, 仍留連爲妓家雇役, 厮養樵採, 不憚胼胝, 以沾其家, 破衣餘
飯. 其妓與他男子, 共眤於洞房,[167] 而商人曲肱廚間, 以燃薪煨堗

---

158) 此: 저본에는 '比'로 나와 있으나 이본에 의거함.
159) 尋: 나본에는 '審'으로 되어 있음.
160) 拳: 저본에는 '卷'으로 나와 있으나 이본에 의거함.
161) 吾口不橫而竪乎: 저본에는 빠져 있으나 가, 라본에 의거하여 보충함.
162) 松樹: 나, 다, 라본에는 '松林'으로 되어 있음.
163) 城之: 저본에는 빠져 있으나 가, 나, 라본에 의거하여 보충함.
164) 頭: 저본에는 빠져 있으나 나본에 의거하여 보충함.
165) 生: 저본에는 빠져 있으나 가, 나, 라본에 의거하여 보충함.
166) 艶妓: 가, 나, 라본에는 '妖艶'으로 되어 있음.
167) 共眤於洞房: 나, 라본에는 '共寢奧室'로 되어 있음.

爲役[168], 不勝其苦. 一日, 告辭而退[169] 其妓憐之, 欲資行需, 惜斗米尺布, 見家中有積歲塵煤無用之物, 無如敗腐杖鼓兀孔金十六枚也. 以與商人, 曰: "可於行[170]路, 易升米爲糧." 商人喜而受之, 泣辭而歸. 至路上, 磨之沙土, 漆色可鑑, 心異之, 衒於黃岡市上, 刁蹬[171]其價至百萬. 識者疑之, 諦視之, 曰: "是眞烏金也, 價高十倍於眞金." 厚資其行, 至全州[172], 以百萬酬[173]之. 商人非徒復其舊業, 卒至貨峙百萬[174], 爲東方甲富, 號曰'烏金長'者, 俗所[175]謂兀孔金八字'者[176], 是也.

## 4-33.

李華宗, 善華語, 譯官之翹楚也. 嘗赴燕京[177]至盤山, 時夏月, 靑[178]泥滿野, 有清流一條涓涓[179], 自靑泥中出. 遂披[180]其泥以匯之, 掬而飮之, 私自怪彌埛混水[181], 有何清流若斯, 尋其源, 得一大骨如臂者, 洗而藏之橐中. 至北京, 於開市日, 置其骨於座前, 衆商咸聚而觀之[182], 一老商曰: "此價幾何?" 華宗曰: "價三萬." 商人怒曰:

---

168) 役: 저본에는 '級'으로 나와 있으나 가, 나, 라본에 의거함.
169) 退: 가, 나, 라본에는 '歸'로 되어 있음.
170) 行: 저본에는 빠져 있으나 가, 나, 라본에 의거하여 보충함.
171) 蹬: 저본에는 '騰'으로 나와 있으나 가, 나, 라본에 의거함.
172) 全州: 가, 나, 라본에는 '全城'으로 되어 있음.
173) 酬: 가, 라본에는 '輸'로 되어 있음.
174) 至貨峙百萬: 저본에는 빠져 있으나 가, 나, 라본에 의거하여 보충함.
175) 所: 저본에는 빠져 있으나 가, 나, 라본에 의거하여 보충함.
176) 者: 저본에는 빠져 있으나 가, 나, 라본에 의거하여 보충함.
177) 京: 저본에는 빠져 있으나 가, 나, 라본에 의거하여 보충함.
178) 靑: 저본에는 '淸'으로 나와 있으나 가, 나, 라본에 의거함.
179) 涓涓: 가, 나, 라본에는 '湅湅'으로 되어 있음.
180) 披: 저본에는 '按'으로 나와 있으나 가, 나, 라본을 따름.
181) 混水: 가, 나, 라본에는 '溷水'로 되어 있음.

"勿戱, 試直言之." 華宗曰: "五萬." 商人猶冷笑. 華宗始覺其極貴, 陽曰: "豈有價? 試傾城[183)]而來." 卒以十萬酬[184)]之, 商人[185)]歡喜而去. 華宗追問曰: "吾只知其貴, 而不知用於何所, 試言之." 商人遂以鉅斷其上下, 取中節劈之, 得一赤珠, 大於栗, 光彩炯煌, 洞射一庭. 其圓極均, 置之平板, 終日轉不定. 商曰: "此珠藏於火龍骨節中, 日者, 皇后禮服初成, 無綴紐圓珠, 求龍珠, 以五十萬大索天下, 不得, 今始得其眞矣." 華宗得十萬金, 爲甲富[186)], 子孫今爲巨族.

4-34.

申石山者, 漢京賤人也. 隨奉表使赴燕, 家貧赤手而行, 至遼東, 夜中遺矢于野[187)], 見暗中[188)]有光的的. 將淨後, 木枝披其沙, 有一物如角者數尺[189)], 異而取之, 藏之囊中. 至玉河館, 懸之樑[190)]上, 有一館夫熟視之, 引一商人示之,[191)] 密相附耳語. 其後, 復[192)]引衆商出入, 互視之, 無不駭視. 石山不知爲何物, 而高其價, 呼百萬, 商人下其價, 以十萬買之, 猶有喜色溢面. 石山旣鬻之, 密問其館夫曰: "始我知其寶, 果不自[193)]知所以貴." 商人[194)]曰: "是乃[195)]蛇角也,

---

182) 之: 저본에는 빠져 있으나 가, 나, 라본에 의거하여 보충함.
183) 城: 가, 라본에는 '市'로 되어 있음.
184) 酬: 가, 나, 라본에는 '售'로 되어 있음.
185) 商人: 가, 나, 라본에는 '老商'으로 되어 있음.
186) 爲甲富: 가, 나, 라본에는 '因此起家'로 되어 있음.
187) 野: 저본에는 '外'로 나와 있으나 가, 나, 라본을 따름.
188) 暗中: 가, 나, 라본에는 '沙中'으로 되어 있음.
189) 尺: 가, 나, 라본에는 '寸'으로 되어 있음.
190) 樑: 저본에는 '梁'으로 나와 있으나 가, 나, 라본을 따름.
191) 引一商人示之: 저본에는 빠져 있으나 가, 나, 라본에 의거하여 보충함.
192) 復: 저본에는 빠져 있으나 가, 나, 라본에 의거하여 보충함.
193) 自: 저본에는 빠져 있으나 가, 나, 라본에 의거하여 보충함.
194) 商人: 저본에는 빠져 있으나 가본에 의거하여 보충함.

皇后無子, 問太醫, 得蛇角一對佩之, 實宜男第一方也. 大內得其一, 未求[196]其雙, 懸購百萬, 未有應者, 今乃於子乎[197]得之." 石山聞之, 悔其賤賣. 以十萬貿綵段, 馱重不得盡輸而歸, 遂成契劵, 輸之節使之行, 歷四五載不絶, 乃致京城爲甲富. 遂起家爲門閥,[198] 其子孫有官至節度使.

## 4-35.

古者, 通中國以水路, 上副使·書狀官等, 各異船, 各具一本咨表文書, 以備不虞. 如高麗時, 上使洪師範溺水死, 而[199]書狀官鄭夢周, 獨[200]達者, 是也. 朝天之行, 乘[201]船於豊川, 渡赤海·白海·黑海, 其間數千里, 經許多洲嶼, 候風潮取路. 故其如行中所需, 及中國販貿之資, 各傾家財[202], 稛載于船. 豊川邑主, 大張柁樓之樂以餞之, 及其發船也, 親舊攀[203]船, 號哭[204]以送之, 至今, 妓樂有柁樓樂之曲. 有一火砲匠[205], 亦在朝天之員, 家甚貧, 行資冷落, 同行者目笑. 至海中一島, 泊船樵汲, 乘順風, 將放船, 船自回旋不進, 船中人皆曰: "自古舟行者, 一人有水厄, 滿船人皆被水災. 今我舟中, 必有當水厄者, 請試之." 每下一人於陸, 船猶回徨, 至火砲匠

---

195) 乃: 저본에는 빠져 있으나 나, 라본에 의거하여 보충함.
196) 求: 가, 나, 라본에는 '俱'로 되어 있음.
197) 乎: 저본에는 '手'로 나와 있으나 가, 나, 라본에 의거함.
198) 遂起家爲門閥: 저본에는 빠져 있으나 가, 나, 라본에 의거하여 보충함.
199) 而: 저본에는 빠져 있으나 가, 나, 라본에 의거하여 보충함.
200) 獨: 가, 나, 라본에는 '得'으로 되어 있음.
201) 乘: 저본에는 빠져 있으나 가, 나, 라본에 의거하여 보충함.
202) 家財: 나, 라본에는 '家貨'로 되어 있음.
203) 攀: 나본에는 '扴'으로 되어 있음.
204) 號哭: 가, 나, 라본에는 '哭泣'으로 되어 있음.
205) 一火砲匠: 저본에는 '火砲一匠'으로 나와 있으나 가, 나, 라본을 따름.

下陸[206], 船輒沛然不滯. 遂相議, 具[207]糗糧・衣服・釜鬲・刀劍所需諸器, 强留之島中而去, 約曰[208]: "竣事而還[209], 當邀汝于此, 同載而歸[210]." 遂[211]相泣而別. 火砲匠獨居島中, 結草爲幕[212], 以備風雨寒暑, 拾蠔螺, 辜蝓蚯[213], 以充飢渴. 自分爲絶島枯骨, 常夜不寐, 側耳而[214]聽之, 每曉有聲自島中, 掀天[215]震嶺而出于海. 又日晚, 有聲自海中, 揚波盪壑而入于島. 深異之, 候其時, 草山障林而俟之, 有一大蟒, 大於[216]鴻梁巨桴, 長不知幾百尺. 在島中, 捕熊驅鹿豕而吞之, 入海中, 趁脩鱗穹而甲食之, 其行路成一溝, 可容大船. 火砲匠新磨大[217]劍, 列植于路中, 皆埋柄上刃. 翌晚, 其蟒果自海入于島, 從頷至尾, 皆爲劍鋩所裂, 珠璣・琅玕・夜光・火齊之屬, 迸瀉于地, 委積充蹊. 越數日, 薰風[218]腐臭透鼻, 尋其氣而[219]往, 見大蟒死于林中. 刳其腹而出之, 得[220]照乘經寸之珠, 不知幾千百, 遂編草而裹之, 大如斛者十餘包. 以弊衣覆之, 以俟其回船者, 歲幾半矣.[221] 忽有大艦張帆, 自洋而來, 高聲呼曰: "火砲匠無恙否?" 至則

---

206) 下陸: 저본에는 빠져 있으나 가, 나, 라본에 의거하여 보충함.
207) 具: 저본에는 '其'로 나와 있으나 나, 라본을 따름.
208) 曰: 저본에는 빠져 있으나 가, 나, 라본에 의거하여 보충함.
209) 還: 가, 나, 라본에는 '廻'로 되어 있음.
210) 于此, 同載而歸: 저본에는 '同歸'로 나와 있으나 가, 나, 라본에 의거함.
211) 遂: 저본에는 빠져 있으나 가, 나, 라본에 의거하여 보충함.
212) 幕: 가, 나, 라본에는 '窩'로 되어 있음.
213) 辜蝓蚯: 가, 나, 라본에는 '寠緰組'로 되어 있음.
214) 而: 저본에는 빠져 있으나 가, 나, 라본에 의거하여 보충함.
215) 天: 가, 나, 라본에는 '山'으로 되어 있음.
216) 於: 가, 나, 라본에는 '如'로 되어 있음.
217) 大: 저본에는 '火'로 나와 있으나 가, 나, 라본에 의거하여 바로잡음.
218) 薰風: 가, 나, 라본에는 '腥風'으로 되어 있음.
219) 尋其氣而: 저본에는 빠져 있으나 가, 나, 라본에 의거하여 보충함.
220) 得: 저본에는 빠져 있으나 가, 나, 라본에 의거하여 보충함.
221) 歲幾半矣: 가, 나, 라본에는 '殆半歲, 其糗粮垂盡'으로 되어 있음.

朝天東歸之船也. 相與把手慰之, 邀之上船, 同船之人, 已得南金·大貝·文緞·綵錦於中國, 充船而回矣. 火砲匠曰:"諸君[222]皆得重貨於中國, 而我[223]獨枯槁空山, 莫非數也. 何面目歸見妻子? 在島中無所爲, 拾洲邊團石, 要以充老妻鎭床支機紡績之具而已." 遂擧十餘草[224]包上船, 皆覆以弊衣, 同船之人, 竊笑而哀憐之. 旣還, 鬻於市, 價至十十萬萬金, 終至家貲累鉅萬, 子孫嫁娶, 皆結名門巨閥, 所與締交慇懃者, 皆當時公侯權貴. 其富爲東方之甲.[225]

## 4-36.

閔山者, 吾外家庶孼也. 居市井, 常閑遊鍾樓街, 有一人着破草笠[226], 背負一草帒, 衣[227]以百結故絮, 卸裝樓柱礎上而憇. 天方雨露少人, 山見其所負極重, 鼻息甚促, 密察之, 滿帒皆是黃金. 山[228]於是, 牢約勿移他所, 亦不引歸其家, 遍貸市上出萬疋布, 相易於路上而去. 因此, 富甲長安, 所與婚媾, 皆宗室士族, 子孫皆爲達官. 卽今, 鍾街有亂市[229]之禁, 以此也. 或曰:"敝衣破笠者, 神也, 非人也."

---

222) 君: 저본에는 '人'으로 나와 있으나 가, 나, 라본에 의거함.
223) 我: 저본에는 빠져 있으나 가, 나, 라본에 의거하여 보충함.
224) 草: 저본에는 빠져 있으나 가, 나, 라본에 의거하여 보충함.
225) 終至家貲累鉅萬 … 其富爲東方之甲: 저본에는 '富甲東方'로 나와 있으나 나본에 의거함. 가, 라본도 이와 유사함.
226) 着破草笠: 나, 라본에는 '胡衣破笠'으로 되어 있음.
227) 衣: 나본에는 '蒙'으로 되어 있음.
228) 山: 저본에는 빠져 있으나 나, 라본에 의거하여 보충함.
229) 市: 저본에는 '布'로 나와 있으나 나, 라본을 따름.

4-37.

牙山之縣, 有鶴棲于村傍大樹, 卵未啄菢[230], 村兒取而戲之, 剖其卵, 羽毛已成. 村老呵之, 俾還其巢, 雛已斃矣. 雌雄見其卵破雛死, 悲鳴不已, 一守其巢, 一遠逝不返, 三四日而後還. 久之, 其雛復活, 出卵齊鳴. 村老異之, 往窺其巢, 中有靑石, 明瑩[231]可愛, 遂取來篋之. 村老之子武士也, 差從事官赴燕京, 懸其石以衒市, 胡商翫而奇之, 曰: "爾從何得此?" 曰: "得諸鶴巢." 胡商請以千金貨之, 金未準, 將賖之市, 願十襲深藏而待之. 武士[232]大喜, 將淸水淨洗之, 沙以[233]磨其垕, 有痕凸若鸜鵒目, 用悍[234]石軋去之, 彩錦[235]作褓, 重裹之, 文木造樻, 緘鎖之, 以待之. 胡商準其價[236]而來, 發視之, 大驚曰: "是石數日來, 失其精, 今無用矣. 何異於一片甎乎?" 武士曰: "何以[237]哉?" 曰: "是石出西海流沙之域, 名還魂石, 置之死人懷中, 立甦. 今以沙石, 軋去其目, 神精喪[238]矣, 將焉用之? 惜哉! 雖然絶域之寶, 非人力所致, 欲取爲無用之甎耳." 遂以十金償之, 武士嗟悼彌日失千金, 只售十金而還.

---

230) 菢: 저본에는 '抱'로 나와 있으나 가, 나, 다본을 따름.
231) 瑩: 저본에는 '燊'으로 나와 있으나 가, 나본을 따름.
232) 武士: 나본에는 '武夫'로 되어 있음.
233) 以: 저본에는 '而'로 나와 있으나 가, 나본에 의거함.
234) 悍: 저본에는 '悼'로 나와 있으나 가, 나, 다본에 의거함.
235) 彩錦: 나본에는 '綵帛'으로 되어 있음.
236) 價: 가, 나본에는 '貨'로 되어 있음.
237) 以: 저본에는 빠져 있으나 가, 나본에 의거하여 보충함.
238) 喪: 나본에는 '爽'으로 되어 있음.

## 耐久

4-38.

凡人作事, 宜以十九年期. 晋文公在外十九年, 入晋爲覇, 蘇武在匈奴十九年, 還漢圖形麟閣, 張騫[239]入虜十九年, 還爲博望侯, 名留千載.[240] 范蠡十九年, 三致千金, 司馬溫[241]公十九年, 居洛終成相業. 至我朝[242], 盧守愼十九年, 謫珍島, 讀書爲文章, 入爲承相[243]. 獨越王句踐, 十年生聚, 十年敎訓, 十九年加[244]一年, 復吳之讎. 蓋十者陰數之終, 九者陽數之極, 十九年者, 閏之餘分盡矣. 易之爻六而後變, 過三變則爲十九矣, 凡事成於[245]三故也. 今人作事[246], 乍作乍輟, 或日而止, 或月而止, 或歲而止, 不能耐久於數年之外, 怨其事業之不就, 輒自畫爲輕薄人也. 悲夫!

4-39.

黃璘, 判書黃琳之兄也. 以善作論擅於墻屋[247], 卒枉於中書. 於楊州有別[248]業, 搆小亭, 手植海松樹于庭, 時[249]年五十四. 村人皆止之, 曰: "海松晚成, 不可以數十[250]年期, 此豈宜[251]耆年之手植者

---

239) 騫: 저본에는 '蹇'으로 나와 있으나 라본에 의거하여 바로잡음.
240) 名留千載: 가본에는 '名流千秋'로, 나, 라본에는 '名流千載'로 되어 있음.
241) 溫: 저본에는 빠져 있으나 가, 나, 라본에 의거하여 보충함.
242) 朝: 저본에는 '國'으로 나와 있으나 이본을 따름.
243) 承相: 가, 라본에는 '政丞'으로 되어 있음.
244) 年加: 저본에는 '加年'으로 나와 있으나 이본에 의거함.
245) 於: 저본에는 빠져 있으나 가, 나, 라본에 의거하여 보충함.
246) 作事: 저본에는 빠져 있으나 가, 라본에 의거하여 보충함.
247) 墻屋: 가, 나본에는 '場屋'으로 되어 있음.
248) 別: 저본에는 빠져 있으나 가, 나본에 의거하여 보충함.
249) 時: 저본에는 빠져 있으나 가, 나본에 의거하여 보충함.
250) 數十: 나본에는 '四十'으로 되어 있음.
251) 豈宜: 저본에는 빠져 있으나 가, 나본에 의거하여 보충함.

哉?" 璘曰: "陀師磨杵, 愚公移山, 皆老而不替. 人事難必, 不可以老自盡[252]. 況雖不逮吾身[253], 爲他日子孫計, 亦非惡事." 及年八十而[254]終, 海松之大已成圍, 食秋實者累歲矣. 今夫人未老, 志氣先頹, 非徒其勢不遠, 殊非作事耐久之道, 亦是[255]警世人之惰也.

## 陰德

### 4-40.

嘉靖乙巳士禍作, 有逮其獄以逆論者, 骨肉不保, 況其餘乎! 人皆累息聳肩, 望望而避之. 李大司諫霖, 死其獄, 其妻子凍餒無所告, 每四孟頒祿之月, 於其家園墻內, 有以祿米五斗, 菹一器, 醬一器,[256] 中夜潛置者, 主人家[257]亦不知誰氏爲也, 彼亦不自道某氏爲也. 如是者久矣, 而不替, 至於事定, 兩家猶不知不言. 古人所謂'酬德[258]於不報'者[259], 卽此, 爲是擧者其有後乎!

### 4-41.

郭之元·洪純彦, 舌人之巨擘也, 皆善華語, 屢入中朝. 之元於燕路, 遇一人負債於人, 盡輸田園臧獲, 將流離行乞, 泣而訴之元, 之元搜橐中, 取白銀三百兩以與之, 不問姓名而去. 是以, 中國之人

---

252) 自盡: 가본에는 '自棄'로, 나본에는 '自盡'으로 되어 있음.
253) 身: 저본에는 빠져 있으나 가, 나본에 의거하여 보충함.
254) 而: 저본에는 빠져 있으나 가, 나본에 의거하여 보충함.
255) 是: 가본에는 '足'으로, 나본에는 '足以'로 되어 있음.
256) 醬一器: 저본에는 빠져 있으나 가, 나, 라본에 의거하여 보충함.
257) 家: 저본에는 빠져 있으나 가, 나, 라본에 의거하여 보충함.
258) 酬德: 가본에는 '施德'으로, 나본에는 '樹德'으로 되어 있음.
259) 者: 저본에는 빠져 있으나 가, 나, 라본에 의거하여 보충함.

重之, 沿路以壺漿迎之²⁶⁰⁾, 咸稱郭令公來. 純彦, 乃余同閈人也, 爲人英雋, 容貌嶷嶷. 其之中國, 亦遇舊識遇患敗業, 盡鬻其妻孥, 純彦卽用五百兩白²⁶¹⁾金, 使還其妻孥田庄. 以是, 名動中國, 所至人多目之, 必稱洪老爺. 余嘗三入中原, 備知舌人之態, 其暴露²⁶²⁾馳驅於萬里, 非爲國事, 非爲功名, 所希只在通彼之貨, 長交貿之利, 視錐刀如鼎呂之重. 而兩人奮其義氣, 能人所不能, 豈獨舌人之雄? 亦罕於古人, 猗歟偉哉!

## 4-42.

嘉靖壬寅年, 京師大水, 闕中川漲, 弘文館儒臣, 乘沐浴湯器, 出入以遞番, 聞之外叔姑夫李同知調. 萬曆壬寅, 余以典翰入直, 遇大雨²⁶³⁾, 時御所川渠漲, 入弘文館, 書冊浸湴²⁶⁴⁾流散, 遞直²⁶⁵⁾之員, 皆因負擔出入. 正德庚辰年大水, 三江漲溢, 百年之間, 無或至其水痕. 萬曆庚辰年, 余寓西湖, 大水暴至, 故老稱不逮正德庚辰一丈, 而水災之慘, 近古無之. 時栗島居民, 盡登桑樹, 桑樹半沒, 呼號氣盡. 余勸隣人救之, 衆惶怖不敢登船, 余親推其船而送之. 一帶之俠, 曉往午歸²⁶⁶⁾, 樹上之人, 倒落船中, 滿船而歸, 人皆曰: "秀才積善, 當有陰德, 今年必生貴子." 是年瀹生. 蓋水旱之作, 亦因干支之應計, 然衰穰之說, 不虛矣.

---

²⁶⁰⁾ 之: 저본에는 빠져 있으나 나본에 의거하여 보충함.
²⁶¹⁾ 白: 저본에는 빠져 있으나 나본에 의거하여 보충함.
²⁶²⁾ 露: 저본에는 '路'로 나와 있으나 가, 나, 다본에 의거함.
²⁶³⁾ 雨: 저본에는 '兩'으로 나와 있으나 가, 다, 라본에 의거하여 바로잡음.
²⁶⁴⁾ 湴: 저본에는 '涵'으로 나와 있으나 가, 다, 라본을 따름.
²⁶⁵⁾ 直: 가, 다본에는 '職'으로 되어 있음.
²⁶⁶⁾ 歸: 가, 다본에는 '至'로 되어 있음.

4-43.

鄭大司憲協, 幼時, 新婚着新衣, 與友生同往雲谷書院. 至樓院, 見乞兒羸體寒戰幾死, 遂脫綿紬新襖衣之, 使家童養之家, 衆或笑之, 或奇之. 後兒在其家, 八歲而死. 壬辰之亂, 將渡江華, 以西山[267]避寇, 西山寇日來侵, 欲入海島以紓患. 至津頭, 船小而爭之者衆, 申欽·李壽俊等及[268]諸士族百餘口, 皆渡, 協自度渾家不得盡渡, 先渡亡弟妻子于江華, 獨與己妻子留于津上, 去賊陣咫尺, 幸而得免, 人以鄧伯道比之. 李壽俊, 於甲午年, 擧國餓殍之時, 聚白米五十餘石, 與亡兄妻子及諸弟家屬, 百口同爨, 皆仰壽俊糊口, 其卒也, 獨子病飢而死. 吁! 士窮見節義, 協與壽俊, 豈尋常人? 皆余少時友也. 壽俊官至通政大夫, 自號志范, 慕范仲淹義莊事也.

4-44.

萬曆中, 有[269]官人崔雲遇者, 家江陵. 于暮之春, 花柳姸芳, 風日和淸, 擧家遊襄陽之牛岩島. 張幨幕, 列樽俎, 笙歌並奏, 酒微酣, 不勝其興, 遂放舟泛于海, 盤旋島下. 是島奇石錯峙, 綸組揚風, 金沙銀礫, 百丈澈[270]底, 可樂也. 俄而, 忽有一陣颶風, 自水底湧起, 驚濤觸天, 檣棹傾仄, 滿船之人, 盡落於馮夷之窟. 崔之一子, 獨留島上, 氣不愜, 不與同舟. 其父母·兄弟·妹婿, 皆淪於水底, 崔於島上, 望之躃踊, 欲褰裳赴海[271]. 有客一人士人也, 挽而止之, 曰: "君未學泅, 等死何益? 我當援之." 遂解衣投海, 捽其父而出之, 又[272]

---

267) 將渡江華, 以西山: 저본에는 빠져 있으나 라본에 의거하여 보충함.
268) 等及: 저본에는 빠져 있으나 라본에 의거하여 보충함.
269) 有: 저본에는 빠져 있으나 나, 라본에 의거하여 보충함.
270) 澈: 라본에는 '徹'로 되어 있음.
271) 海: 라본에는 '水'로 되어 있음.

拉其母而出之, 又救其兄, 救其弟, 良久皆得生[273]. 最後覓妹婿, 終莫知所之矣[274]. 自此, 崔生之待其[275]客, 如天地父母, 而獨妹婿之家怨之, 以爲急難之際, 猶存形跡, 不先其拯[276]之也. 聞者非之, 曰: "人若[277]不知足, 委之天, 可也."

## 4-45.

近世有柳祖認者, 不殺生. 隨相國盧守愼, 遊漢江觀魚, 得生魚滿盆, 祖認擧而投之江, 滿座失色. 嘗乘馬而行, 馬踐生蟲, 下馬罰其奴水一器. 守順川郡, 或進生蛤, 祖認不忍食, 放之江水, 蛤海産也, 江之距海數百里, 郡人大笑. 後以翊衛司禦, 陪鶴駕過大川, 文學南以恭, 指游魚, 曰: "游魚可樂, 正好投網." 祖認曰: "游魚[278]可樂, 其意善也, 正好投網, 何其言之不仁也? 游魚中網, 水上觀者, 指而雀躍, 不知水中有夷三族之慘也." 其言雖近於[279]禪, 而[280]其心君子哉! 黃山谷詩曰: '衣裘雖得暖, 狐貂正相哀.' 東坡書曰: "屠殺牛羊, 刳瀹魚鼈, 食者甚美, 而死者甚苦."[281] 吁! 祖認之好生如許, 而其子卒死於非命, 天理[282]未可料也!

---

272) 又: 저본에는 빠져 있으나 나, 라본에 의거하여 보충함.
273) 生: 나, 라본에는 '活'로 되어 있음.
274) 矣: 저본에는 빠져 있으나 나본에 의거하여 보충함.
275) 其: 저본에는 빠져 있으나 나, 라본에 의거하여 보충함.
276) 拯: 저본에는 '極'으로 나와 있으나 나, 라본에 의거함.
277) 人若: 나, 라본에는 '固'로 되어 있음.
278) 游魚: 저본에는 빠져 있으나 마본에 의거하여 보충함.
279) 於: 저본에는 빠져 있으나 마본에 의거하여 보충함.
280) 而: 저본에는 빠져 있으나 마본에 의거하여 보충함.
281) 而死者甚苦: 마본에는 이어서 '若靈光太守者, 實柳祖認之罪人也.'라는 내용이 첨부되어 있음.
282) 天理: 마본에는 '天道'로 되어 있음.

# 朋黨

4-46.

鵝溪李山海, 遇南師古於宋[283]松亭, 班荊坐話, 西指鞍嶺, 東指駱峯, 曰: "他日朝廷, 必有東西之黨. 駱者各馬也, 其終各散; 鞍者革安也, 革而後安. 又在城外, 其黨多失時, 必因時事之革而後興, 終必磨滅. 其後, 黨之以西爲名者, 多失時." 初沈義謙輩, 因恭憲大王踐祚[284]之時而大盛[285], 鄭澈輩[286]因定鄭賊之變而興, 尹斗壽輩因值播越之變而興. 又有若干人, 因今上卽位初年而興, 以東爲名者, 分以爲南北大小中[287]骨肉之號, 其言可驗. 故正鄭愼, 善推星曆, 仍[288]觀天文, 其言皆[289]中. 嘗曰: "當今東西之黨, 非如洛蜀, 仍所居之地爲名. 然而[290]一立方號, 天數係焉." 其時[291]東論方劇, 而西人盡爲風靡, 當此之時, 東方之氣騖於西, 仍致東寇大至, 驅我國之氣, 至於鴨綠而止焉. 當此之時, 西論大勝, 東人盡爲風靡, 西方之氣騖於東, 仍致天兵西來, 驅我國之氣, 至於東萊而窮, 亦確論也.


4-47.

先王初年, 朝廷無朋黨, 乃[292]沈義謙·金孝元互相詆排, 仍成東

---

283) 宋: 저본에는 빠져 있으나 나, 라본에 의거하여 보충함.
284) 踐祚: 나본에는 '陟降'으로, 라본에는 '陟阼'로 되어 있음.
285) 大盛: 나, 라본에는 '大興'으로 되어 있음.
286) 輩: 저본에는 빠져 있으나 나본에 의거하여 보충함.
287) 中: 저본에는 빠져 있으나 나, 라본에 의거하여 보충함.
288) 仍: 저본에는 빠져 있으나 나, 라본에 의거하여 보충함.
289) 皆: 나, 라본에는 '多'로 되어 있음.
290) 而: 저본에는 빠져 있으나 나, 라본에 의거하여 보충함.
291) 時: 나, 라본에는 '始'로 되어 있음.
292) 乃: 가, 나본에는 '及'으로 되어 있음.

西黨, 朝議分而貳. 先王大怒, 斥義謙爲下道方伯, 遷孝元爲富寧府使. 時李珥上章, 曰: "兩人誠有罪, 孝元素多病, 今若入北塞必死, 殆非盛世事也. 請移他處." 上允其言, 遂除三陟府使. 三陟雖嶺東饒邑, 而邑中[293]多鬼魅, 前後守宰多死. 時銓官皆義謙黨, 故斥之死地也. 孝元之邑, 邑吏處孝元, 不于衙內而于村舍, 孝元怪詰之, 吏曰: "衙內[294]有妖, 比年邑宰多遘厲而亡, 廢鎖已多歲月." 孝元強令洒掃而處焉, 時春分之後, 家率[295]在京, 不敢隨往也. 孝元獨在空衙中, 閉閤[296]而睡, 覺視之, 門[297]自開矣. 見一點靑火在庭中, 左轉之小如螢, 右轉之大如椀; 左轉之小如燭, 右轉之大如盆, 或小或大, 終如大甕. 俄而, 一點飛入寢房, 始細終鉅, 如在庭中, 迫近臥席[298], 孝元擁衾起坐, 正色言曰: "人鬼異道, 何相陁若是? 豈有以也? 如有寃, 爾其細陳, 否者宜[299]速退, 何故[300]見凌?" 言訖, 火光悠然而逝, 不知何所往[301]. 孝元牢閤而睡, 夢有一鬼闖門來, 告曰: "我是邑城隍之神也. 自有[302]是邑, 設位板, 享之山祠. 中年, 新羅王筆第二女[303]妖巫之神也, 自小白山來, 眩怪民間事, 或有徵, 民惑焉. 遂斥我而奪其祠以享之, 撤我板, 置[304]於官廳架

---

293) 而邑中: 저본에는 '中年'으로 나와 있으나 가본에 의거함. 나본에는 '而邑內'로 되어 있음.
294) 衙內: 저본에는 빠져 있으나 가, 나본에 의거하여 보충함.
295) 家率: 가, 나본에는 '衙眷'으로 되어 있음.
296) 閉閤: 저본에는 빠져 있으나 가본에 의거하여 보충함.
297) 門: 가, 나본에는 '閤'으로 되어 있음.
298) 席: 가, 나본에는 '床'으로 되어 있음.
299) 宜: 저본에는 빠져 있으나 가, 나본에 의거하여 보충함.
300) 故: 가, 나본에는 '敢'으로 되어 있음.
301) 往: 가, 나본에는 '向'으로 되어 있음.
302) 有: 저본에는 빠져 있으나 가, 나, 다본에 의거하여 보충함.
303) 二女: 가, 나본에는 '三女'로 되어 있음.
304) 置: 가본에는 '懸'으로 되어 있음.

上, 辱莫甚. 城主速黜[305]其神, 還我于[306]舊祠, 幸孰大焉." 語卒而
覺. 天明, 孝元早起, 促備馬, 邑人意城主[307]夜必死, 及晨咸異之.
問何向, 曰: "向城隍祠." 使儒生若干隨行, 入其祠啓闥, 羅帷·錦
幡[308], 儀物備甚. 命吏卒盡撤之, 皆曰: "是神靈異無比, 若是則必
有大災." 皆睢盱莫敢前, 或稍稍亡匿. 令數三[309]儒生, 撤去[310]位板
帷幡什物, 積諸庭中[311]而火之. 其中純金長簪·大鈿, 焚之不燒,
搥[312]擊之, 成片段而棄之, 復往官廳, 架上果有城隍神位板矣. 命
下卒[313]安于其祠, 潔牲酒以饗之. 其夜, 城隍神復見于夢, 稱謝而
去. 自此, 邑中無災. 時儒生中有李璈, 參見其事, 今爲平昌[314]郡
守, 言其首末甚詳云.


## 誣罔

4-48.

高麗王氏承統者, 左脇下, 皆有金鱗三隻. 辛禑死江都, 辛昌死
江陵, 皆有此表. 車軾爲高城郡守時, 見楊士彦妻翁李時春, 年七
十歲[315], 每說其曾祖母居江陵, 年幾九十餘, 自言, "二十[316]歲時,

---

305) 黜: 저본에는 '出'로 나와 있으나 가본을 따름.
306) 于: 저본에는 빠져 있으나 가, 나본에 의거하여 보충함.
307) 城主: 가, 나본에는 '主倅'로 되어 있음.
308) 幡: 저본에는 '繡'로 나와 있으나 가, 나본을 따름.
309) 三: 저본에는 빠져 있으나 가, 나본에 의거하여 보충함.
310) 去: 저본에는 빠져 있으나 가, 나본에 의거하여 보충함.
311) 庭中: 나본에는 '庭下'로 되어 있음.
312) 搥: 가, 나본에는 '椎'로 되어 있음.
313) 下卒: 가, 나본에는 '下吏'로 되어 있음.
314) 平昌: 저본에는 '昌平'으로 나와 있으나 가, 나, 다본에 의거함.
315) 歲: 저본에는 빠져 있으나 나, 다본에 의거하여 보충함.

聞其地前朝王被刑, 往見之, 則<sup>317)</sup>臨刑, 謂衆人曰: '吾王氏本龍孫也, 左脇下, 必有三鱗, 世爲之表.' 遂解衣示人, 左脇下, 果有三鱗, 金色大如錢, 衆皆驚駭悲痛." 世傳, 高麗恭愍王無嗣, 廣選年少男子, 號'都令', 處之宮中, 其王妃與盹<sup>318)</sup>通, 生二子禑·昌, 非王氏也. 故史書辛禑·辛昌, 以江陵人目覩三鱗者, 驗之, 可知史氏之誣也. 或者, 權近·鄭道傳, 媚悅我朝以亂之, 後之眞贗, 未可知也. 又按車元頫「雪寃記」, 申叔舟·成三問, 奉敎語<sup>319)</sup>曰: "金富軾之奸邪私怨, 作史以墨鄭知常之忠貞." 以麗史觀之, 鄭知常之<sup>320)</sup>黨惡爲奸, 屢書不一書, 而史筆皆出於<sup>321)</sup>富軾, 安知其不誣也? 史之不可信如此矣.

## 4-49.

嘉靖乙卯年, 倭賊寇于全羅道, 水使元績軍, 珍島敗死, 當時物議, 咎尹元衡用債帥, 失律喪師. 績死亂軍中, 失其屍. 余一家於壬辰年避倭, 入伊川古密雲, 古<sup>322)</sup>密雲在伊川<sup>323)</sup>之北, 山深境僻, 人跡罕到. 有村在深谷間如桃源, 其地人皆曰: "元績敗軍, 逃刑<sup>324)</sup>栖遁于此, 年幾八十而死. 其子終三年喪, 招巫爲夜祀而去, 纔四五年云<sup>325)</sup>." 蓋其地民俗甚淳, 知其爲逋客, 容待之頗款故也. 古者,

---

316) 二十: 나, 다, 라본에는 '十二'로 되어 있음.
317) 則: 저본에는 빠져 있으나 나, 라본에 의거하여 보충함.
318) 盹: 저본에는 '肫'으로 나와 있으나 라본에 의거하여 바로잡음.
319) 語: 나, 라본에는 '註'로 되어 있음.
320) 之: 저본에는 빠져 있으나 라본에 의거하여 보충함.
321) 於: 저본에는 빠져 있으나 나, 라본에 의거하여 보충함.
322) 古: 저본에는 빠져 있으나 라본에 의거하여 보충함.
323) 川: 저본에는 빠져 있으나 라본에 의거하여 보충함.
324) 刑: 저본에는 '形'으로 나와 있으나 라본을 따름.
325) 云: 저본에는 빠져 있으나 라본에 의거하여 보충함.

劉安·姚泓, 伏辜死刑, 身送東市, 載在史籍甚昭, 而其遁世爲仙,
亦著於小說. 安知當時抽身潛逃, 得逭刑辟, 養靈於深峭之間, 延
齡保身如元績乎? 是未可知也.

4-50.

有李渭賓[326])者, 爲人倨野, 不文不武, 奔走名流間, 能使氣. 難後
流落湖右, 居海曲孟串地, 能護比隣之役, 從者百餘戶. 居然作里
中豪, 每有大徭役, 應聲而起者如雲, 一邑稱之, 曰'孟串王'. 有仇
家上變, 稱渭賓反, 鞫[327])之京師無實, 仍以武斷, 竄平安之甑山. 弊
衣羸馬, 爲乞客, 請謁于咸從縣令閔汝任, 汝任見其容貌黃瘦, 行
裝疲陋, 戲之曰: "昔日孟串王, 今何戇也!" 渭賓有慚色. 吁! 人心
不淑, 希榮幸祿者[328]), 見飯匙稍巨於人, 輒上變[329]). 萬曆甲午, 進士
李哲光婢夫, 告哲光叛[330]), 撫軍司宰相李恒福曰: "吾熟視[331])哲光,
無謀反才氣." 果無實反坐. 後李質粹爲溫陽守, 有逆獄者, 輒爛
灼未鐵夾之兩腿間, 以取誣服. 逮囚者, 入門未見庭, 先自稱逆賊,
繫縲上京者, 不可勝記, 因陞銀緋之階. 自此, 不善者慕效之, 有識
之士, 相繼上變焉.

---

326) 賓: 저본에는 '濱'으로 나와 있으나 가, 다, 라본에 의거함. 이하의 경우도 동일함.
327) 鞫: 저본에는 '鞠'으로 나와 있으나 가, 나, 라본을 따름. 서로 통용됨.
328) 者: 저본에는 빠져 있으나 라본에 의거하여 보충함.
329) 變: 가본에는 '慚'으로 되어 있음.
330) 叛: 저본에는 '反'으로 나와 있으나 라본을 따름.
331) 視: 라본에는 '知'로 되어 있음.

## 古風

4-51.

申企齋光漢, 文才早成, 總卯時製詩, 求斤正于先覺, 納之舍人司. 舍人尹金孫[332], 方在凝香閣, 與佳妓共依朱欄, 以盤中玉砂, 戲投蓮池雙彩鴨, 以較其中不中[333]. 此時, 小[334]吏以其詩進, 舍人笑曰: "此間有佳味[335]甚好, 吾不暇[336]考爾詩." 企齋心頗艶之, 自矢于中[337], 平生當作舍人. 後登第, 適其時申用漑爲丞相, 用漑[338]企齋之堂叔父也, 於法當避, 終不得爲[339]舍人, 爲平生一大恨. 舍人司古風, 非先生不許參宴, 或有非先生冒入者, 胥吏攔道而不納. 判書李尙毅, 餞客于郊, 時舍人曁先生, 列筵而觴, 尙毅馳過其前, 舍人遣吏邀之, 尙毅使人辭[340]曰: "鄙生氣不平, 請令豚[341]犬兒代之[342]." 蓋己未經是官, 而其子志完已經先生故也. 時人以尙毅爲知言也[343].

4-52.

讀書堂老吏, 謂書堂之官曰: "儒生雖貧賤, 待之不可下也. 昔己在書堂, 有嶺外一儒生, 着麤布衣[344], 帶小僮子而來, 形容埋沒, 儀

---

332) 尹金孫: 저본에는 빠져 있으나 나, 라본에 의거하여 보충함.
333) 不中: 저본에는 빠져 있으나 가, 나, 라본에 의거하여 보충함.
334) 小: 저본에는 '少'로 나와 있으나 가, 나, 라본에 의거함.
335) 佳味: 가, 나, 라본에는 '興味'로 되어 있음.
336) 暇: 저본에는 '可'로 나와 있으나 가, 나, 라본을 따름.
337) 中: 나, 라본에는 '心'으로 되어 있음.
338) 用漑: 저본에는 빠져 있으나 가, 나, 라본에 의거하여 보충함.
339) 爲: 저본에는 빠져 있으나 가, 나, 라본에 의거하여 보충함.
340) 辭: 가, 나, 라본에는 '謝之'로 되어 있음.
341) 豚: 저본에는 빠져 있으나 가, 나, 라본에 의거하여 보충함.
342) 之: 저본에는 빠져 있으나 가, 나, 라본에 의거하여 보충함.
343) 也: 저본에는 빠져 있으나 나본에 의거하여 보충함.
344) 衣: 저본에는 빠져 있으나 나, 다본에 의거하여 보충함.

觀朴野. 入書堂, 徘徊賞玩, 書吏戲之, 曰: '生員今赴京試, 勉之來我書堂.' 儒士曰: '遐鄕寒士, 及第亦不易, 況敢望書堂乎?' 其年新選書堂之士, 賜暇而來, 卽前日麤布寒士, 訪其名, 卽盧守愼也. 其年爲壯元參選, 故吏常戒同僚無侮寒士云矣."

4-53.

己卯士禍之後, 士皆以拘檢爲忌, 放逸爲上, 意在避其禍也[345]. 金弘度未釋褐, 出寓江亭鍊業, 方天日極暑, 脫衣冠, 赤身登樹而坐. 時東湖賜[346]暇日, 文士自讀書堂, 方船載妓鼓吹, 漫江而下, 訪弘度於江舍, 見人裸體登樹者, 問之則弘度也. 於是, 喚弘度上船, 取冠與帶加之, 弘度裸體而不衣, 曰: "冠帶不可廢." 舟中之人不忍視, 而弘度傍若無人. 及其登第, 亦入讀書堂之選, 其日課之製[347] 所對策, 危言讜論, 皆觸當時所極諱. 東湖同賜暇日之官, 勸弘度以酒, 乘其醉倒, 盡刪其直論, 而流傳[348]之策篇終十條, 令人毛髮皆竦. 其人之意氣可想. 弘度之始生也, 有神人見於[349]夢, 曰: "此兒生, 名之曰[350]歸甲." 及其竄死甲山, 方始知歸甲者, 謂死於甲山也. 噫!

4-54.

政院故事, 諸承旨敬都承旨, 莫敢戲言, 不敬者行罰宴. 洪暹嘗

---

[345] 也: 저본에는 빠져 있으나 가본에 의거하여 보충함.
[346] 賜: 저본에는 빠져 있으나 가, 나본에 의거하여 보충함.
[347] 製: 저본에는 '制'로 나와 있으나 가, 나본을 따름.
[348] 流傳: 가본에는 '疏對'로 되어 있음.
[349] 於: 저본에는 '其'로 나와 있으나 가, 나본에 의거함.
[350] 之曰: 저본에는 빠져 있으나 가, 나본에 의거하여 보충함.

私名妓兪姬, 時儒生宋康, 亦關情甚昵, 及暹爲都承旨, 李浚慶爲同副承旨, 時宋康逝. 暹歎曰: "與吾爲同年同月同日時生, 先亡焉. 窮達不同, 豈不異哉?" 浚慶曰: "都令公愛兪姬, 宋康亦愛兪姬, 非徒命同, 行事[351]亦同也." 諸承旨相顧失色, 群吏睜[352]眙目動, 以爲前古所未有之大變也. 於是, 行罰宴于浚慶之[353]家, 凡七度而後已. 浚慶曰: "雖使我因此而傾家敗産[354], 話頭甚好, 不可不言也." 中古以來, 紀綱頗壞, 院中古風, 日頹陵夷. 至今無復舊時事, 亦可以觀世變矣.

## 4-55.

弘文館輪番遞直, 卽唐朝瀛州十八學士故事也. 直宿之員, 上修撰以上稱'上番', 下修撰以下稱'下番'. 請同僚遞直, 必遣書吏致辭, 同僚住京師者, 或南部[355], 或東城[356]青坡壯義洞, 往復遼逈. 該吏衝雨雪, 冒泥塗, 脫履徒跣, 流汗濡衣, 東走西奔, 喉喘如牛. 請甲不來則請乙, 請張三不來則請李四, 所至輒稱疾不許, 則必稱'吾子'潛辱之. 日垂暮, 關門將閉, 沿路而罵, 顯稱吾子. 有一正字, 年少新進之官, 意其乘興必往, 强請之, 又不許, 吏大怒罵[357]而歸, 曰: "此眞天生吾子也!" 昔姜紳, 鎖直[358]四十餘日, 無替更者, 拘縶禁中, 時物已變, 不勝苦, 强其兄緖, 緖長醉不肯來. 一日, 乘醺[359]而

---

351) 事: 저본에는 빠져 있으나 가, 나, 라본에 의거하여 보충함.
352) 睜: 가, 나, 다, 라본에는 '愕'으로 되어 있음. 서로 통함.
353) 之: 저본에는 빠져 있으나 나, 라본에 의거하여 보충함.
354) 敗産: 가본에는 '破産'으로 되어 있음.
355) 南部: 가, 나, 라본에는 '南郭'으로 되어 있음.
356) 東城: 라본에는 '東郭'으로 되어 있음.
357) 罵: 가본에는 '詈'로 되어 있음.
358) 直: 저본에는 빠져 있으나 가, 나, 라본에 의거하여 보충함.

過, 紳一喜一怒[360], 曰: "何兄氏長醉於家, 而困我苦是?" 緖陽怒, 曰: "我憐爾而來, 何敢怨我?" 拂衣而走出, 又牢直許多日乃出. 李聖任儤直月餘, 日請李大海, 乘暮而至, 未至館, 吏[361]候之, 闕門將關[362], 傳言李校理來. 聖任大喜, 衣冠出立闕門內, 望大海罵之, 曰: "若何惱我?" 大海足及闕門, 復乘馬而歸, 聖任不敢出, 還宿直廬. 蓋古者禁直甚嚴, 出者驕之, 入者丐之. 近者出入俱闕, 雖罷官, 繼以朝評, 猶晏然不動, 紀綱所繫, 亦可以觀世變也.

## 4-56.

我國雖貧, 平時官人者, 各有騎從, 自經亂離, 公私不成模樣. 近者吏曹差祭, 多托於[363]病不往差, 常患乏人, 例臨期頒名帖[364]. 有一習讀爲官者, 差陵享[365]執事, 日晚不來. 會天大雨, 齋郞令守僕伺候山路, 終其日候之, 不見官人來. 日將曛, 有一人[366]被簑笠者, 背負一褚而來. 僕問之曰: "祭官至暮[367]不來, 路上莫有官人來耶?" 其人曰: "今當來爾勿候." 至紅門前, 其人褫簑卸擔披褚, 出團領·紗帽·韡帶, 改容貌而入, 卽官人也. 自言, "吏曹差帖[368], 至於今朝,[369] 我是遐鄕武官, 旅宦京師, 只一馬一僕, 昨以蒭蕘, 俱未還.

---

359) 醮: 저본에는 '隦'으로 나와 있으나 가, 라본에 의거함.
360) 怒: 가, 나, 라본에는 '怨'으로 되어 있음.
361) 吏: 라본에는 '人'으로 되어 있음.
362) 關: 나본에는 '閉'로 되어 있음.
363) 托於: 라본에는 '稱'으로 되어 있음.
364) 名帖: 라본에는 '命帖'으로 되어 있음.
365) 享: 라본에는 '祭'로 되어 있음.
366) 一人: 저본에는 빠져 있으나 라본에 의거하여 보충함.
367) 暮: 저본에는 '今'으로 나와 있으나 라본을 따름.
368) 差帖: 라본에는 '命帖'으로 되어 있음.
369) 至於今朝: 라본에는 '今朝始至'로 되어 있음.

與其不祭獲罪, 無寧擔負而步往." 聞之者, 莫不惻之. 余觀中朝有冷官,[370] 多以朝冠·朝服步於路, 子美之借驢朝天, 亦奢矣, 況我國習讀官[371]乎! 寒人旅宦之苦, 良可憐哉!

## 外任

### 4-57.

昔者, 朝廷治軍籍, 分遣敬差官于八道, 試講鄕校生徒, 以書不能者, 降之以充軍額. 有一生年老, 鬚胡滿面, 無所讀書, 挾『類合』而應講. 敬差官開其卷, 問鷺鷗字, 生讀鷺字, 滿面之鬚, 皆聚於口; 讀鷗字, 聚口之鬚, 皆張而四散, 其可笑之狀, 令觀者絶倒. 有一敬差官, 驛馬駄紅粧, 到南原, 坐南亭子, 試校生講, 開卷問曰: "所謂程子, 南亭子耶? 北亭子耶?" 生[372]對曰: "南程子也." 敬差官大笑, 擲其卷, 枕妓膝而臥, 曰: "往矣軍堡, 枕弓帒而眠." 生勃然改容, 而對曰: "河南程子, 非南程子而何?" 敬差官驚起而坐, 曰: "若能詩乎?" 曰: "不能詩, 只能歌." 曰: "試歌之." 遂爲之歌曰: "如此儉年, 軍籍何爲哉? 軍籍固然, 敬差官何爲哉? 敬差官固然, 疲駑驛馬女妓何爲哉?" 敬差官大異之, 優賞而[373]謝之.

### 4-58.

余爲黃海道觀察使時, 有吾义浦萬戶, 李太學士廷龜之族, 李爲

---

370) 余觀中朝有冷官: 라본에는 '余往中朝見冷官'으로 되어 있음.
371) 官: 저본에는 빠져 있으나 라본에 의거하여 보충함.
372) 生: 저본에는 빠져 있으나 마본에 의거하여 보충함.
373) 而: 가, 나, 마본에는 '以'로 되어 있음.

之致辭慇懃. 余巡到其鎭, 試講兵書, 至『吳子』'軍中夜驚喧譁', 疑問: "喧[374]譁'者, 何也?" 問再三, 萬戶不能對, 流汗被面, 衣帽皆戰. 傍有審藥憐之, 密言曰: "此行將發, 下人之聲何如?" 時余將行, 命三吹角, 萬戶始拭汗, 斂袵而對曰: "使行三吹角之義也." 武夫之不學如此, 可笑.

4-59.

金誠一, 爲羅州牧使時[375], 暗行御史[376]宿於州人林植家, 植密通於府, 誠一整冠帶, 伺候於客舍大廳. 盛備盤羞, 使給植, 給稱私饌[377]而進之, 使人相繼傳語, 探御史就寢, 始解衣冠, 歸私室. 誠一剛直, 不屈於人, 治又[378]爲第一, 非畏一御史也, 直以人臣敬王人, 其禮當如是也. 及金汝岉, 又以巡撫御史, 先行文[379]入羅州, 誠一終日伺候客舍, 汝岉行路入族人家酣暢, 犯夜入州. 誠一曰: "御史先宣王命, 後及私親, 可也, 何敢委君命於草野? 我邊臣也, 日暮, 城門不可開." 戒下吏關[380]城門, 去溝橋而待之. 御史夜入, 見拒關去橋大驚, 關吏受鑰於府使[381], 開關下橋而後入. 汝岉旣入據館, 盡刑禮兵吏. 或者曰: "昔周亞夫不納天子, 誠一有所受之." 或者曰: "王人臨下邑, 人臣之禮, 不敢如是, 汝岉刑之爲得體[382]." 以余

---

374) 喧: 저본에는 '誼'로 나와 있으나 가, 다본에 의거하여 바로잡음.
375) 時: 저본에는 빠져 있으나 가본에 의거하여 보충함.
376) 史: 저본에는 '使'로 나와 있으나 나, 다본에 의거함.
377) 私饌: 가본에는 '家饌'으로 되어 있음.
378) 治又: 저본에는 빠져 있으나 가본에 의거하여 보충함.
379) 行文: 저본에는 '文行'으로 나와 있으나 가, 나본에 의거함.
380) 關: 저본에는 '開'로 나와 있으나 가, 나, 다본에 의거하여 바로잡음.
381) 府使: 나본에는 '牧使'로 되어 있음.
382) 體: 가본에는 '體面'으로 되어 있음.

論之, 誠一是, 汝岆非, 『左氏傳』曰:"以君命越疆而使, 未致使而私飮酒, 不敬." 誠一其知³⁸³⁾春秋之義者乎!

4-60.
朴燁爲南道兵使, 李卿雲以試官往, 朴燁張高會, 以接之, 曰: "明日欲大獵于北山, 使道亦肯臨觀否?" 卿雲大喜, 曰: "願令公許我觀光!" 燁密戒都訓導, 以虎皮蒙兩歲兒馬, 作虎狀, 藏林藪, 使卿雲陪吏, 騎母馬, 跟卿雲而行. 遂及于打圍驅獸, 日將昃, 放虎皮之駒於林中, 駒望母驦, 奔直趁向卿雲之後, 列卒呼號聲震山谷. 卿雲顧見虎逐後而來, 躍馬疾走, 陪吏亦躍馬從之, 母馬所向³⁸⁴⁾, 駒亦向風而趁, 卿雲冒險策鞭, 墮馬而傷. 燁以爲醫墮馬者, 狗矢爲上藥, 山野遠人家, 未易得, 速殺獵狗, 開腹³⁸⁵⁾出其矢, 和水進之, 卿雲瞑目盡一器. 燁之欺卿雲, 眞所謂'可欺以³⁸⁶⁾其方', 但辱以不潔, 不亦已甚哉! 試官亦使命也.

4-61.
流球國無王號, 只稱世子. 蓋國王之封, 必待天子之命, 琉球在海外, 波濤甚險, 舟楫難通, 詔使不得到故也. 古者, 詔使之往琉球, 一年治大船于福建, 一船費銀四萬兩. 造一柩置艙上, 以銀牌釘之, 其柩曰'天朝使臣之柩'. 又別用銀數十百兩, 釘之柩頭, 及其遇惡風船將敗, 使臣整衣冠, 入臥柩中. 蓋其柩而釘之, 使所泊之

---

383) 知: 가, 나본에는 '治'로 되어 있음.
384) 向: 가본에는 '往'으로 되어 있음.
385) 腹: 가본에는 '腸'으로 되어 있음.
386) 以: 저본에는 빠져 있으나 가본에 의거하여 보충함.

地, 用其銀而還其柩. 其涉海之難, 有如此, 故國王雖薨, 詔使未嘗入其國封新王, 迨³⁸⁷⁾數百年. 其國貧甚, 寡物産, 只多黃金蕉葛之布, 宮闕皆飾黃金. 事載琉球詔使日記.

## 勇力

4-62.

申末舟, 叔舟之弟, 卽先君外先祖也. 登第歷敭淸班, 及叔舟佐惠莊大王, 封首勳, 末舟謝病歸淳昌, 號其亭曰'歸來', 終老焉. 少時, 驍勇絶倫, 以九尺長屛周其身, 僅容支體, 一超而越其屛. 其奴有乍作者, 亦自屛外超入屛內, 衆皆愕眙, 當時以勇名者, 莫或能之. 其玄孫應澹, 勇亦寡儔, 身長八尺, 頂上加高冠尺餘, 冠上加衡木亦尺餘. 應澹雀立不動, 一踊³⁸⁸⁾而超過其木, 擧世以勇稱者, 皆莫及焉. 少時, 西郊慕華館禱雨, 長安巫女, 擇年少盛容, 飾高棚結綵, 分隊而將事. 都中人多往觀之, 輕儇俠少有勇力者數十人, 集衆娼大宴于大池邊, 聞應澹勇力³⁸⁹⁾絶世, 盡禮貌邀迎之, 至則擧高盤大觥, 侑之以珍羞美酒. 各試以跋距之才, 或超過兩石瓮, 其間數丈; 或超過三牛五牛, 飄忽如飛. 請應澹曰: "子能超幾牛?" 曰: "可超八牛." 於是, 騈立八牛, 奮身一踊過七牛, 蹙第八牛脊³⁹⁰⁾, 脊折而仆. 衆俠觀之目動³⁹¹⁾, 遂羅拜迎坐上座³⁹²⁾, 擇兩娼容態絶美者,

---

387) 迨: 가, 다, 라본에는 '殆'로 되어 있음.
388) 踊: 가, 나본에는 '躍'으로 되어 있음.
389) 力: 저본에는 빠져 있으나 나본에 의거하여 보충함.
390) 脊: 저본에는 '牛'로 나와 있으나 가, 나, 다본에 의거함.
391) 目動: 가본에는 '驚動'으로 되어 있음.
392) 上座: 저본에는 빠져 있으나 가본에 의거하여 보충함.

薦之. 仍393)請留宿, 將以夜遊, 應澹曰: "吾偶來于此, 元非若屬." 遂大醉拂衣, 挾兩娼同騎而去. 越明日, 見朝報, '有衆惡少, 超人重屋竊美人, 爲大將所捕.' 而應澹不見累. 應澹治經學, 誦盡四書二經, 棄而業武, 登第, 今至四品官.

## 4-63.

趙莫從者, 長安俠士也, 勇絶代. 有小牖甚狹, 僅圍一身, 在人家重屋上, 高數丈餘, 莫從從外超上, 臥入牖內, 如箭透鵠. 韓績者, 吾巷中人也. 崇禮門之南, 甎階數十百級, 上設紅門, 績從下超入門內. 崇禮門之內石城, 有小石作蟾頭出外, 以通門樓溝水, 才容半足. 其上有高牆築甎, 高丈餘, 其下石城如削, 高數十丈. 績垂身履其蟾頭, 呼路人曰: "活我活我!" 樵童積薪其下, 待其墜, 績高聲踴身, 飛入樓中, 行路人聚觀, 皆嘖嘖吐舌. 又於嘉靖中, 有安景務者, 有曠世之勇, 而略示人以少勇, 其大勇則不衒394)於衆. 嘗與客遊大川邊, 客對碁局, 戲指川中小石出波心者, 曰: "世稱君多勇, 能超坐此石乎!" 蓋相距數十丈, 而過不及皆沒深潭. 景務笑曰: "吾非有翼, 安敢坐此石?" 客爭碁訖, 失景務所在, 顧視之, 已坐其石上矣. 又有高樓, 臨不測深淵, 其淵黝碧, 有箭飛著樓椽, 衆使景務拔之. 景務坐樓中方席, 上超攀其椽, 拔其箭, 復擲入樓中席次, 如飛鳥之捷395), 人皆見之慄魄. 其時大雪, 有人曉行鐘樓街, 見有人數跡在小廣通橋, 而中斷無所往, 又至大廣通橋有數跡, 又中斷無所往, 只見鍾樓屋脊, 上有人坐之痕. 時人皆曰: "安景務之跡." 而

---

393) 仍: 가본에는 '嘉'로 되어 있음.
394) 衒: 나본에는 '眩'으로 되어 있음. 서로 통함.
395) 捷: 가본에는 '樓'로 되어 있음.

莫知其誰氏者[396]也. 蓋大小廣通橋相距, 皆數百步, 鍾樓高數十丈.

### 4-64.

權節, 吾家之外先祖也.[397] 始生也, 兩手之八指皆騈, 父母就四指中, 各割開一處, 令兩兩相騈. 稍長, 膂力絕倫, 擧兩磨石爲毬, 亂擲於列甕之[398]間, 高皆過[399]十丈, 乍騰乍下, 出沒如飛, 而甕不破. 每食榛子·海松子·胡桃子, 皆用兩掌磨碎, 取其實. 嘗遊山寺, 見僧坐廚燃薪, 兩手引柴木絕之, 絕處如刀割. 權取其冠, 一手擧屋柱, 一手納冠於礎間, 僧兩手擧之[400], 而不能出其冠, 慨然而泣. 權復以一手擧柱, 一手拔其冠, 以與之. 權未冠時, 有親族, 使美女問候于大夫人前, 權擧屋柱, 納其裳裔, 女甚愁, 權有妹, 膂力相等, 擧其柱而拔其裳.[401] 及其老也, 疊沙器足十圍[402], 以一指彈之, 指血而沙[403]足不碎, 嘆曰: "嗟乎! 吾老矣. 少時一指彈之, 沙器[404]之足一[405]無全者, 今者[406]椀足不缺, 而指先血矣." 以文科, 官至監司[407], 爲弘文館校理時[408], 惠莊大王, 以潛邸有大志, 日臨其第, 權佯狂以見志.

---

396) 誰氏者: 가본에는 '誰氏之子'로, 나본에는 '誰氏子'로 되어 있음.
397) 吾家之外先祖也: 저본에는 빠져 있으나 가, 나본에 의거하여 보충함.
398) 之: 저본에는 빠져 있으나 가, 나본에 의거하여 보충함.
399) 過: 저본에는 빠져 있으나 가본에 의거하여 보충함.
400) 之: 가, 나본에는 '柱'로 되어 있음.
401) 權未冠時 … 擧其柱而拔其裳: 가, 나본에는 이 구절이 작품 끝에 배치되어 있음.
402) 圍: 가, 나본에는 '團'으로 되어 있음.
403) 而沙: 저본에는 빠져 있으나 가, 나본에 의거하여 보충함.
404) 沙器: 가, 나본에는 '沙椀'으로 되어 있음.
405) 一: 저본에는 빠져 있으나 가, 나본에 의거하여 보충함.
406) 者: 저본에는 빠져 있으나 가, 나본에 의거하여 보충함.
407) 監司: 저본에는 빠져 있으나 가본에 의거하여 보충함.
408) 時: 저본에는 빠져 있으나 가, 나본에 의거하여 보충함.

## 4-65.

申倪, 字馨仲[409], 而多膂力. 其先有書生, 膂力絶倫, 所私妓在[410] 三十里外, 每哺時[411]食後, 如妓家而宿. 其行也, 坐野中[412]便旋, 有 大虎跨背上, 生徐曰: "老漢[413]何爲於吾背?" 遂以手從後握其尾, 揮[414]過首上, 倒擲于地, 虎卽斃. 倪才魯不能文, 又不肯業武, 所 從[415]遊皆名士. 其[416]食榛子・海松子, 以指碎去其殼, 未嘗[417]以齒. 李覺肥大, 身重數百斤, 倪坐之一掌上, 如弄丸[418]. 友人家墻外, 積 營[419]室大材百餘株, 欲運[420]入墻內, 一株當用五六人力, 方欲乞諸 隣, 倪曰: "我爲爾獨輸之!" 遂從墻外, 擧而投之墻內, 如弓激箭木 頭槍, 庭中成坎, 皆深數尺. 朝家聞其勇力[421], 選[422]爲宣傳官. 大駕 儀仗, 有交龍大旗, 必擇健馬, 一力士騎而捧其杠, 六面皆用長繩 引之, 重過數百斤, 長百餘尺[423]. 倪獨手揮之, 旗脚生風聲. 嘗入宣 傳官廳, 其北室與宦官之廳, 相背, 有數人相與語曰: "自上亦知申 倪之不文?" 曰: "今秋監試, 申倪亦應乎云." 倪密聞之, 自此, 不復

---

409) 仲: 저본에는 빠져 있으나 나본에 의거하여 보충함.
410) 在: 저본에는 빠져 있으나 가, 나본에 의거하여 보충함.
411) 時: 저본에는 빠져 있으나 가본에 의거하여 보충함.
412) 坐野中: 가본에는 '夜中'으로 되어 있음.
413) 老漢: 나본에는 '老僕'으로 되어 있음.
414) 揮: 저본에는 빠져 있으나 가본에 의거하여 보충함.
415) 從: 저본에는 빠져 있으나 가, 나본에 의거하여 보충함.
416) 其: 저본에는 빠져 있으나 가, 나본에 의거하여 보충함.
417) 嘗: 저본에는 '常'으로 나와 있으나 가, 나본을 따름.
418) 丸: 저본에는 '瓦'로 나와 있으나 가, 나본에 의거함.
419) 營: 저본에는 빠져 있으나 가, 나본에 의거하여 보충함.
420) 運: 저본에는 빠져 있으나 가, 나본에 의거하여 보충함.
421) 力: 저본에는 빠져 있으나 가, 나본에 의거하여 보충함.
422) 選: 나본에는 '遷'으로 되어 있음.
423) 百餘尺: 가, 나본에는 '數十百尺'으로 되어 있음.

應擧, 後官至縣監.[424]

### 4-66.

倭將平調信, 有一[425]婢妾, 容姿絶麗[426], 調信切愛之. 有家丁潛竊之, 調信大怒, 其人用劒無敵, 選劒客五人, 往斬之, 皆見害. 益大怒, 極選二十人, 往斫之, 又皆見芟夷, 調信憂之, 計無所出. 有一家丁, 居麾下三年, 無異能, 同列下之. 自請往, 調信笑曰: "彼奴勇悍[427]無敵, 選五人不能當, 選二十人, 又見殘. 今子處吾之門三年, 未有脫穎之稱, 吾子處焉, 吾子不能." 曰: "將軍試遣我, 不斬此奴頭, 吾當伏劒于將軍之庭, 以自謝." 調信下床接手, 曰: "若然者, 吾當擧全軍, 聽命于左右, 欲與幾許人偕? 吾當選勇敢士百餘人, 聽吾子指使." 曰: "除一豎子, 豈須許多人? 吾其獨往." 遂杖劒而行[428], 與之角, 進退者再三, 遂交鋩決其頭而返, 身亦被一創. 調信大悅, 迎門而禮之, 曰: "吾子處吾之門下[429]三年, 吾不知子有傾天下之[430]絶藝. 從今以往, 吾不敢復相士." 賞與累十萬. 其人病創于家, 及第姜沆[431], 我國人也, 被擄在倭中, 往問其疾, 其人曰: "此國之俗, 以死相高, 此何道耶? 居此國, 稍有能名, 未有保項領而死者. 吾亦[432]往居于汝國, 汝國揖讓于詩書之間, 終其身不見兵戈,

---

424) 嘗入宣傳官廳 ··· 後官至縣監: 저본에는 빠져 있으나 가, 나본에 의거하여 보충함.
425) 一: 저본에는 빠져 있으나 가, 나, 라본에 의거하여 보충함.
426) 絶麗: 다본에는 '絶艶'으로 되어 있음.
427) 悍: 저본에는 '悼'로 나와 있으나 이본에 의거하여 바로잡음.
428) 行: 가본에는 '往'으로 되어 있음.
429) 下: 저본에는 빠져 있으나 나본에 의거하여 보충함.
430) 之: 저본에는 빠져 있으나 가, 라본에 의거하여 보충함.
431) 姜沆: 가본에는 '姜睡隱也'로 되어 있음.
432) 亦: 가, 나, 라본에는 '欲'으로 되어 있음.

不亦樂乎? 吾欲往居于爾國."

4-67.

我國人, 生于偏方, 雖憑方冊, 粗識文義, 與邯鄲[433]之步·遼東之豕, 奚異焉? 『左傳』曰: "矢貫余手及肘, 余折而御." 臆見以爲拔而折其矢也. 壬辰之亂, 遇天兵一人, 指其面痕, 曰: "平壤之戰, 箭貫于面, 欲拔而棄之, 則血瀉箭穴, 未久眩迷而仆. 故[434]折其半矢而棄之, 留半矢于面, 殊死戰斬倭二級, 歸陣拔其鏃, 以藥塞其瘡, 得不死云." 蓋戰士之法, 自古然矣. 臨陣者不可不學. 余始聞而奇之, 乃悟『左傳』之記不誣也.

## 處事

4-68.

柳子光, 監司規之賤[435]産也. 居南原, 幼時才氣溢溢, 規見一岩石削立峻拔, 使子光賦之, 卽援筆[436]題之, 曰: '根盤九泉, 勢壓三韓.' 規大異之, 知異日大[437]有成就. 使誦『漢書』一日大傳, 漁蓼川銀口魚一百尾, 日以爲常, 子光誦不舭滯, 漁不縮其數一尾[438]. 及長能文章, 鄕人侮之, 曰: "若雖能文, 奈孼子不許仕路何?" 庶民或多偃蹇不下者. 會康[439]靖大王, 將廢妃尹氏, 子光上疏, 極諫其不

---

433) 邯鄲: 저본에는 '鄲邯'으로 나와 있으나 마본에 의거하여 바로잡음.
434) 故: 저본에는 빠져 있으나 마본에 의거하여 보충함.
435) 賤: 나본에는 '妾'으로 되어 있음.
436) 援筆: 나본에는 '下筆'로 되어 있음.
437) 大: 저본에는 빠져 있으나 마본에 의거하여 보충함.
438) 其數一尾: 저본에는 '數'로 나와 있으나 나본에 의거함.
439) 康: 저본에는 '嘉'로 나와 있으나 나본에 의거하여 바로잡음.

可. 及燕山卽位, 許赴擧, 釋褐爲兵曹佐郎, 屢遷至[440]高品大官. 燕山無道, 成希顔·柳順汀等, 密謀反正, 事將擧, 或曰: "擧大事, 不可使子光不知[441]." 於是, 發力士, 袖鐵椎見子光, 戒之曰: "子光妻母, 爲大妃殿侍女, 子光聞密[442]議, 若入見其妻子, 便槌殺之, 不然則與共事." 力士往[443]辟左右, 說以反正事, 子光大喜, 促轤鞍行. 力士給曰: "安危死生不可必, 何不與妻子訣?" 子光曰: "大不然. 擧大事, 不可使兒女知之." 不入內, 只令奴子挾大油紙而行. 與諸大臣會議, 大臣曰: "分軍之際, 不可無傳令牌, 速刻[444]板造牌." 子光曰: "事急矣, 何暇刻板成牌? 卽將油紙, 片割着署以分之." 大臣曰: "黑夜無火炬, 速分人一炬燃之!" 子光曰: "事急矣, 未暇[445]束炬, 闕門外司僕寺, 積藁如山, 一炬屬[446]之, 則大內通明." 其臨事捷應[447]如此. 事已定, 論賞行封, 朝家使功臣, 自選兵使, 子光參首勳, 悉取[448]南原, 平日侮己者及偃蹇不下者, 爲奴婢. 嘗過州縣, 多[449]題咏館舍, 佔畢[450]齋金宗直, 門人多名士, 見子光懸板, 曰: "何物子光, 乃敢[451]懸板?" 令[452]下卒碎斫之, 子光深含之. 佔畢齋爲魯山, 作「弔義帝文」, 門人金馹孫註之, 子光發其事盡殺, 馹孫等

---

440) 至: 저본에는 빠져 있으나 나본에 의거하여 보충함.
441) 不知: 나본에는 '知之'로 되어 있음.
442) 密: 저본에는 빠져 있으나 나본에 의거하여 보충함.
443) 往: 저본에는 빠져 있으나 나본에 의거하여 보충함.
444) 刻: 나본에는 '剖'로 되어 있음.
445) 未暇: 나본에는 '未及'으로 되어 있음.
446) 屬: 나본에는 '燃'으로 되어 있음.
447) 臨事捷應: 나본에는 '臨機善應'으로 되어 있음.
448) 取: 나본에는 '選'으로 되어 있음.
449) 多: 저본에는 빠져 있으나 나본에 의거하여 보충함.
450) 畢: 저본에는 '佊'로 나와 있으나 나본에 의거함. 이하의 경우도 동일함.
451) 敢: 저본에는 빠져 있으나 나본에 의거하여 보충함.
452) 令: 저본에는 '全'으로 나와 있으나 나본에 의거함.

殆盡. 時佔畢齋已卒, 剖其棺, 斬其屍, 士禍慘矣.⁴⁵³⁾ 事在『梅溪集』. 子光自知其惡, 慮死後事, 預求貌猶⁴⁵⁴⁾己者, 爲奴蓄之, 待之甚厚⁴⁵⁵⁾. 及其奴死, 子光曰: "此子居我家多功勞, 宜厚葬之." 悉褫己綾段彩服, 以大夫禮葬之, 備石炭, 灰內外棺, 塚上石物, 無不畢具. 及己且死, 密敎⁴⁵⁶⁾妻子, "平土⁴⁵⁷⁾不起墳, 勿樹麗牲諸石, 如有⁴⁵⁸⁾朝家若遣人, 問我墳, 指亡奴某甲塚." 旣死, 妻孥如其言. 厥後, 朝議以子光禍士林, 戕無辜, 將剖棺刑其屍. 金吾發吏⁴⁵⁹⁾來問子光墳⁴⁶⁰⁾, 家人詐指奴塚⁴⁶¹⁾, 掘而斬之, 鬚髥顔貌, 恰似子光, 衣服皆宰相品服, 斬之不疑. 平土之墳⁴⁶²⁾, 終得免焉.⁴⁶³⁾

## 4-69.

燕山朝, 有一⁴⁶⁴⁾判書之子, 士人也. 行己悖妄, 夜宿射廳前娼家, 夜半, 惡少排門挺劍而入, 士人赤身而⁴⁶⁵⁾遁伏于訓鍊院樓板下, 惡少追之不得. 俄而, 宰相十餘人, 領得數十軍卒, 會于樓上, 密謀反正之計, 曰: "欲擧大事⁴⁶⁶⁾, 不殺判書某, 大事不諧." 衆曰: "可." 判

---

453) 士禍慘矣: 나본에는 '士論憤之'로 되어 있음.
454) 猶: 나본에는 '類'로 되어 있음.
455) 甚厚: 나본에는 '頗款'으로 되어 있음.
456) 敎: 나본에는 '戒'로 되어 있음.
457) 平土: 나본에는 '因山'으로 되어 있음.
458) 如有: 저본에는 빠져 있으나 나본에 의거하여 보충함.
459) 吏: 나본에는 '使'로 되어 있음.
460) 墳: 저본에는 빠져 있으나 나본에 의거하여 보충함.
461) 塚: 나본에는 '墳'으로 되어 있음.
462) 墳: 나본에는 '墓'로 되어 있음.
463) 終得免焉: 저본에는 이어서 '校點尤極憤慨'라는 구절이 들어 있으나 의미가 통하지 않아 반영하지 않음. 나본에는 이 부분이 '終始無患'으로 되어 있음.
464) 一: 저본에는 빠져 있으나 나, 라본에 의거하여 보충함.
465) 而: 저본에는 빠져 있으나 나, 라본에 의거하여 보충함.

書某[467], 卽士人之父. 士人[468]潛喘而伏聞其言, 駭慄罔措, 卽從樓下, 抽身而出, 跪于庭下, 曰: "小子之[469]父, 聞僉相公將擧義, 欲奔走來赴, 適會卒患霍亂, 欲起而還仆者三, 乃令小子, 先參于義擧, 事急之故[470], 未暇衣冠, 赤體而來." 諸宰大喜而許之. 事定, 論功行封, 某[471]士人父子, 皆策大勳. 或曰: "非士人, 卽庶孼具玄暉."

## 4-70.

洪春卿, 爲弘文館[472]正字時, 其母夫人乘轎在路, 相國張順孫之奴醉, 與轎後從婢戲, 仍攔挾轎卒, 夫人大驚. 春卿以事涉相國家, 不可告之刑[473]曹, 遂踵相國門請謁, 相國見之, 春卿告其事, 相國曰: "甚可駭." 招侍人附耳語無多[474], 色自若. 春卿起謝, 相國曰: "姑留!" 與之閑話, 春卿心甚怪[475], 辭而出見, 門側已有死人, 覆以草席, 卽其奴也. 相國不動聲色, 附耳一語, 而瞬息之間, 已處奴以死. 其威嚴[476]如此, 宜作一國之相哉!

---

466) 欲擧大事: 저본에는 빠져 있으나 나, 라본에 의거하여 보충함.
467) 某: 저본에는 빠져 있으나 나, 라본에 의거하여 보충함.
468) 士人: 저본에는 빠져 있으나 나, 라본에 의거하여 보충함.
469) 之: 저본에는 빠져 있으나 나, 라본에 의거하여 보충함.
470) 之故: 저본에는 빠져 있으나 라본에 의거하여 보충함.
471) 某: 나, 라본에는 '封'으로 되어 있음.
472) 館: 저본에는 빠져 있으나 이본에 의거하여 보충함.
473) 刑: 저본에는 '法'으로 나와 있으나 이본을 따름.
474) 無多: 이본에는 빠져 있음.
475) 怪: 나, 마본에는 '愧'로 되어 있음.
476) 嚴: 저본에는 빠져 있으나 마본에 의거하여 보충함.

## 口辯

### 4-71.

譯官表憲, 朝天過斗嶺, 宿高三家. 高三終夜念阿彌陀佛, 懸茶瓶壁上, 喉渴則飮其茶, 念誦不輟, 謂憲曰: "東國之人, 多識佛書, 子必聞知之. 我誦阿彌陀佛, 有利於前生後生乎?" 憲曰: "不然. 東國有一說, 有一巨師, 尊事佛氏[477], 捨絶百業, 惟以念佛爲事. 常居一室, 每喚阿彌陀佛, 日以繼夜. 如是積年[478], 夢有神人, 自稱阿彌陀佛, 款門而謂巨師曰: '汝念我甚勤, 我當福汝. 明日方伯過汝邑, 汝伏橋下, 連呼吉生十餘聲, 彼必賜之福.' 明日如其言, 終日伏橋下, 果有觀察使過其橋, 巨師伏橋下, 大呼吉生十餘聲. 觀察使大怒, 命邏卒挐致之, 曰: '我兒名吉生, 汝何慢我呼我名十餘聲?' 用大杖擊臀[479]八十, 匍匐以歸, 私怪其故. 其夜又夢, 神人曰: '汝喚觀察使兒名十餘聲, 猶受八十杖, 我豈爾觀察使之比乎? 胡喚我名千萬聲, 日夜不休積年乎! 而今以後, 更無喚我名.' 自此, 巨師大怖, 更不呼阿彌陀佛." 高三大驚, 曰: "吾不承子敎, 幾[480]受重杖於今生矣." 自此, 覆其[481]茶瓶, 終夜安寢, 更不念阿彌陀佛. 後憲更宿高三[482]家, 寂無念佛聲矣. 憲官至崇祿, 今已七十七歲云. 憲[483]自少時至老, 過關西抵北京, 與諸妓歡飮, 一無所眄, 人皆異之.

---

477) 佛氏: 나본에는 '釋氏'로 되어 있음.
478) 年: 나본에는 '數年'으로 되어 있음.
479) 臀: 저본에는 '臂'로 나와 있으나 나본을 따름.
480) 幾: 저본에는 빠져 있으나 나본에 의거하여 보충함.
481) 其: 저본에는 빠져 있으나 나본에 의거하여 보충함.
482) 高三: 나본에는 '其'로 되어 있음.
483) 憲: 저본에는 빠져 있으나 나본에 의거하여 보충함.

4-72.

金仁福, 有口辯善詼諧. 少時, 於路上遇一外方寒生[484], 以水晶爲冠纓, 其纓甚短, 僅周頤頷. 仁福駐馬, 擧鞭而揖之, 曰: "美哉! 吾子之纓, 天下絶寶也. 請傾家貨而買之." 生曰: "子家安在?" 曰: "吾家住崇禮門外靑坡里, 願子明日黎明, 訪我于船橋上, 曰: '金仁福之家安在?' 行路孰不知之?" 遂成約而去. 至翌朝, 仁福睡未覺, 生[485]已踵門矣. 仁福出坐軒端, 置席田頭, 使之坐生, 仁福曰: "吾家有水田, 在東城興仁門外, 種一斗, 歲收穀三石. 吾家有大犍[486]牛一耦, 其大如駱峰. 方春二三月, 土脈正融, 泉源始動, 結剡耜而耕之, 破土塊而水之, 一田例種早稻十五斗者, 數十所. 至七[487]八月之秋, 垂滿田之黃雲, 把月鎌而刈之, 舂之簸之, 玉鍊珠揚, 炊而飯之, 其滑[488]流匙, 其粘繞舌. 今子所坐之田, 土膏而沃, 最宜萵苣. 三四月之交, 墾而糞之, 雨露所濡, 葉如芭蕉, 旣嫩且柔, 翠溢朱盤. 春陽方燠, 列瓮流醬, 甘如蜂蜜, 色如馬血. 仁川·安山之海, 網取蘇魚, 來賣于市, 買而炙之, 加之油醬, 其香扺鼻. 於是乎, 掌列萵苣之葉, 匙捎[489]早稻之飯, 襲之以甘赤之醬, 加之以爛炙之魚, 合葉包之, 如釜山浦倭貨之裹結; 兩手擧之, 如惠任嶺商駄之奉持[490], 張脣哆口, 如鍾樓罷漏之後, 崇禮門之開關. 當此之時, 是纓甚短, 索絶而玉瀉于地, 吾家雖有永安之細布, 兩湖之綜綿, 關西之美紬, 南京之彭錦, 遼東之帽[491]段, 陳陳相仍於七間樓上, 而吾

---

484) 寒生: 가본에는 '寒士'로 되어 있음.
485) 睡未覺生: 나본에는 '待船橋上'으로 되어 있음.
486) 犍: 저본에는 '健'으로 나와 있으나 이본을 따름.
487) 七: 저본에는 빠져 있으나 가본에 의거하여 보충함.
488) 滑: 가, 나본에는 '膏'로 되어 있음.
489) 捎: 다, 마본에는 '抄'로 되어 있음. 서로 통함.
490) 持: 마본에는 '特'으로 되어 있음.

不得買[492]矣." 生於是聞言解頤, 不覺流涎而去. 仁福嘗[493]著貂皮耳掩, 過街市[494], 遇司憲府禁吏, 禁[495]吏把衣裾, 將拘之市廛, 而告于府. 仁福揚[496]臂張拳, 曰: "吾將殺爾!" 吏曰: "我則司憲府禁亂之吏也, 君殺我, 安往?" 曰: "汝府之二十四監察, 視同狗韃而棄之. 雙持平·兩掌令·獨執義·單大司憲, 皆吾門之族侄也. 至於開國·定社·佐理·佐命, 皆吾家之勳閥也. 吾今張拳而破汝之頭, 顚仆路中而死, 汝之族黨, 訴我而拘之, 吏[497]滿城之故舊親戚, 各持[498]酒壺饌飯[499], 以饗而[500]慰之. 吾醉臥福堂, 鼾睡如雷, 該司按法, 論其當律, 吾以勳臣嫡長, 減死照律, 遠竄于三水·甲山. 京城故舊[501], 各率妓工, 餞我于東郊, 傳郵飛馹, 配于謫所, 擁胡貂之衾, 服海松之粥, 脯白山之鹿, 膾綠江之魚. 邦家大慶, 王世子誕生, 八道徒流大赦, 廣瑩金鷄放還, 歸到東郊, 東郊路上有靑塚累累[502]. 問之, 則曰: '憲府吏某人, 被殺于某人, 埋骨于此.' 然則汝死吾生, 孰得孰失?" 禁吏大笑曰: "今當不告于府, 但願再聞其說."

---

491) 帽: 저본에는 '毛'로 나와 있으나 이본을 따름.
492) 買: 가본에는 '賣'로 되어 있음.
493) 嘗: 저본에는 '常'으로 나와 있으나 이본을 따름.
494) 街市: 가, 나본에는 '街上'으로 되어 있음.
495) 禁: 저본에는 빠져 있으나 가, 나, 다본에 의거하여 보충함.
496) 揚: 가, 나, 마본에는 '攘'으로 되어 있음.
497) 吏: 저본에는 빠져 있으나 이본에 의거하여 보충함.
498) 持: 저본에는 '特'으로 나와 있으나 이본에 의거함.
499) 飯: 이본에는 '盤'으로 되어 있음.
500) 而: 저본에는 빠져 있으나 가, 나본에 의거하여 보충함.
501) 故舊: 이본에는 '親舊'로 되어 있음.
502) 累累: 다, 마본에는 '纍纍'로 되어 있음.

4-73.

　金行, 有口辨[503]善詼諧. 嘗於燕飮, 見黃瓜[504]老而西瓜未熟, 羊棗熟紅枾小, 而酒多水味, 行歎曰: "今年可謂豊年[505]. 橡栗[506]大如枾子, 冷水猶有酒味, 黃瓜欲傳爾壽於西瓜." 行與友生[507]論事, 悶其友中心鬱塞, 縮頸而言曰: "悶哉君也! 六月三伏當午之天, 著紅直領, 乘赤多馬, 走鍾樓街上, 其鬱塞亦不過於此." 李龜壽, 聲音細而容貌瘠, 行曰: "悲哉龜壽! 以屈原之形, 作宋玉之聲, 雖公子王孫, 父母俱存, 兄弟無故, 猶爲君而涕泣." 行對成牛溪[508]辯若循環, 牛溪曰: "子以無益之辯, 見病于世, 今老而猶緩頰耶?" 行曰: "何傷? 德行君也, 言語吾也."


4-74.

　昔倭使藤安吉來, 康靖大王謂魚得江曰: "背不可抱, 安有藤安吉?" 魚得江應口對曰: "腹不可負, 猶有裹魚皮." 方音背爲藤, 抱爲[509]安吉, 腹稱裹, 負稱魚皮, 此兩語, 眞天成之對也. 得江嘗夜出, 上使人持炬而往蹙之, 得江幾顚而還起, 曰: "不賢者, 雖有此, 不樂也!" 方音[510]明火謂不賢, 蹙謂此, 樂與落同音, 其滑稽速敏如此.


---

503) 辨: 저본에는 '給'으로 나와 있으나 가본을 따름.
504) 瓜: 가본에는 '苽'로 되어 있음.
505) 年: 나, 마본에는 '矣'로 되어 있음.
506) 橡栗: 가, 나 마본에는 '羊棗'로 되어 있음.
507) 友生: 가본에는 '友人'으로 되어 있음.
508) 成牛溪: 가, 다, 마본에는 '成渾'으로 되어 있음.
509) 爲: 가, 다본에는 '謂'로 되어 있음.
510) 方音: 다본에는 '方言'으로 되어 있음.

## 傲忌

4-75.

自古, 文章之士, 生並一世, 名聲相軋者, 必有凌駕訛訾之患. 不但文章也, 道學者亦相驕傲, 其害尤有甚焉. 韓退之「送孟東野序」, 歷數古今能鳴者, 於當世只稱李翺·張籍, 而不及柳宗元. 彼翺·籍之詩文, 果能高於宗元歟? 其言不公如是. 東坡獨步一世[511], 世之人莫有軋己者, 而獨程子義理之學, 與己分門, 天下之論, 歸之者半焉. 東坡之排程子[512], 非獨傲之, 實出於忌之也. 後之右程如朱夫子者[513], 其斥蘇無有餘力, 亦獨何心哉! 蘇之放達, 雖越於準繩, 至曰: "甚於申·韓者." 亦不冤乎? 近世天朝之何大復·李空同, 我朝之鄭湖陰·申企齋, 並生一時, 才名相埒. 若如東野之龍·退之之雲, 上下四方, 無不相和, 則豈非當世之可樂? 其兩不相容, 忌剋而疵點, 不待後世之公議者, 何耶? 獨王弇州·李滄溟, 有懲于玆, 相資爲勢, 相易爲譽, 其稱引大過者, 亦不出於公心. 雖曰彼善於此, 豈無後世之定論乎? 至如退溪·南溟, 俱是東國之儒宗[514], 其道學節義, 橫絶萬古, 並享太學, 夫誰曰不可? 而矛盾之議, 起於多口, 所謂兩家子弟才智下者, 非耶?

4-76.

東皐崔岦, 於文少許可. 嘗以質正官赴京, 李栗谷與鄭澈, 聯鑣並訪, 詩人李達, 携酒亦至, 仍鼎坐談敍. 達目栗谷, 曰: "公賦別章

---

511) 一世: 마본에는 '一時'로 되어 있음.
512) 子: 저본에는 빠져 있으나 마본에 의거하여 보충함.
513) 者: 저본에는 빠져 있으나 마본에 의거하여 보충함.
514) 儒宗: 마본에는 '宗儒'로, 다본에는 '儒宰'로 되어 있음.

否?" 栗谷出諸袖而示之, 詩曰: '幽意忽怊悵, 秋風生遠林. 那堪抱歸興? 更値別知音. 路敻川原闊, 天高雨露深. 回程報殊渥, 邦慶動宸心.' 笠一瞥看過, 却置席邊, 澈曰: "叔獻之詩, 何如?" 岦曰: "頃日, 盧相以善於策文, 仰答聖問, 蓋其長於策文故也." 澈曰: "此令爲文, 根於性理, 豈容易哉!" 岦笑曰: "學力吾未知也. 若詞翰, 安得望吾門墻?" 其自負驕亢如此. 叔獻, 卽栗谷字也.

4-77.

文章之士, 或言其文之疵病, 則有喜而樂聞改之如流者, 或咈然而怒, 自知其病, 而故爲不改者. 奇高峰大升, 自負其文章, 不肯下人, 以知製敎進應敎之[515]文, 政院承旨, 付標指其疵, 怒叱下吏, 不改一字. 柳根爲都承旨, 李好閔有製進之章, 根多付標請改, 好閔或改或不改, 猶遣吏請改再三. 又於歙字付標, 問: "此何字耶?" 好閔冷笑曰: "柳也所讀東人詩文, 不讀『文選』耶?"[516] 下筆註之, 曰: "『文選』賦'歙野噴山, 歙灃吐鄗', 歙故吸字也." 又遣吏請盡[517]改, 怒而叱之, 根慚甚. 自此, 雖新進拙文, 亦不敢請改, 亦恐怒之也. 根與沈相國喜壽[518], 爲太學士, 人有指摘疵病, 輒怒見於色, 與言人莫敢言. 鄭士龍, 凡作詩示人, 人或言其[519]疵病, 輒欣然虛受, 改之如流. 每[520]有所述, 多示李退溪, 退溪或擲示瑕纇, 鄭卽[521]下筆改之, 略無難色, 退溪亦嘉其不拂[522]. 嘗於庭試, 退溪作「滕王閣」

515) 進應敎之: 저본에는 빠져 있으나 나, 마본에 의거하여 보충함.
516) 冷笑曰 … 不讀文選耶: 저본에는 빠져 있으나 나, 마본에 의거하여 보충함.
517) 盡: 저본에는 빠져 있으나 나, 마본에 의거하여 보충함.
518) 喜壽: 마본에는 '一松'으로 되어 있음.
519) 其: 저본에는 빠져 있으나 나, 다, 마본에 의거하여 보충함.
520) 每: 나, 다, 마본에는 '又'로 되어 있음.
521) 卽: 저본에는 빠져 있으나 나, 다, 마본에 의거하여 보충함.

排律二十韻, 請觀鄭湖陰律, 湖陰示己所草, 退溪讀之, 至'納月簷虛先曉白, 透風簾薄未秋凉', 退溪擊節歎賞[523], 曰:"今日之試, 子不爲壯頭而誰?" 袖己詩, 終不出, 又不納卷而歸.

## 驕虐

4-78.

韓浚謙, 少時, 涉楊花渡, 涉人爭舟, 屛懦者不得上, 有武人揮[524]馬箠, 擅其登降. 一年少賤夫, 冒上其舟, 武人揮馬箠, 誤傷其左目, 睛脫落于船. 賤夫不與抗, 亦無一言相詰, 洗睛江水, 納之眶, 武人懃謝不已. 舟艤彼岸, 賤夫先下立于岸, 武人繼踵而下, 將乘馬, 賤夫遂捽武人仆之地, 據其胸, 拔左睛. 武人欲鬪, 力不瞻, 分解而去. 浚謙目睹而言之. 吁! 好擅之禍, 豈止拔睛而止哉? 宜夫人之戒之也.

4-79.

有一寒生無名氏者, 洪州牧使之子也. 其父多歷州郡, 而生自少不學, 屢享專城之餉, 意驕口[525]爽, 且[526]慣於責下自奉之計. 新到洪州, 水陸之羞, 充溢方丈, 而挈致衙廚[527]之吏, 訊之庭下, 曰:"觀此盤羞! 汝[528]謂我何處下筯?" 吏對曰:"此州[529]無他異產, 水則魚

---

522) 不拂: 나본에는 '弗咈'로, 다본에는 '不怫'로 되어 있음.
523) 賞: 저본에는 빠져 있으나 나, 마본에 의거하여 보충함.
524) 揮: 저본에는 '杖'으로 나와 있으나 다본을 따름.
525) 口: 저본에는 '日'로 나와 있으나 이본에 의거하여 바로잡음.
526) 且: 저본에는 '毎'로 나와 있으나 가, 나, 라본을 따름.
527) 廚: 저본에는 '門'으로 나와 있으나 가, 나, 라본을 따름.
528) 汝: 저본에는 빠져 있으나 가, 나, 라본에 의거하여 보충함.

鰕之屬百族, 山則獐鹿豕雉, 無不具[530]. 小人何敢侮新官子弟低仰
饌品乎?"生不聽, 命之杖五十. 其後父沒, 零丁貧賤, 弊衣罷馬, 帶
一小童適遠地. 會天雨道濘, 馬陷泥中, 弱童力不支, 將墜于黃汚.
忽有行路一人, 執其靷[531]而拔之, 生心德之, 察其面目, 乃前日洪
州庭下[532]受杖之吏也. 生意欲致謝, 心面俱怍, 陽若不知, 不謝而
去. 吁! 凡人不自勖其身, 而藉父兄之勢, 以自多其終也, 不陷[533]於
泥中者, 幾希矣, 戒之哉!

4-80.

井邑·龍安·咸悅三邑[534]之間, 有廣場, 每年中元日, 湖南一道有
膂力者, 裹粮而往, 較角觗之戲. 有一僧, 膂力絶倫[535], 一道之人盡
屈, 終日戰莫與敵, 遂擅場而罷. 有京師書生, 觀而壯之, 仍與結
懽, 問所如, 將向京師. 書生與之同路, 欲資之備[536]不虞, 至分岐之
路, 其路一向京師, 一向慶尙. 有一[537]年少儒生, 瘦德纖弱, 只帶三
尺童, 向慶尙路. 書生與僧取京路北上, 儒生駐馬, 呼曰: "僧來!"
僧藐之不應而行, 儒生益怒, 曰: "僧乎, 爾敢不來!" 令小[538]童拽耳
而來, 僧以錫杖挑童兩腿間, 躍丈許而落, 童呼泣. 僧遂大呼而進,
書生意, '此僧必虀粉此竪儒, 我當力解之.' 僧旣與儒生遇, 儒生劃

---

529) 州: 저본에는 '外'로 나와 있으나 가, 나, 라본에 의거함.
530) 具: 나본에는 '畢具'로 되어 있음.
531) 其靷: 이본에는 '犠靷'으로 되어 있음.
532) 下: 저본에는 빠져 있으나 가, 나, 라본에 의거하여 보충함.
533) 陷: 가, 라본에는 '媔'로, 나본에는 '罥'로 되어 있음.
534) 咸悅三邑: 가본에는 '興德長城'으로 되어 있음.
535) 絶倫: 가본에는 '過人'으로 되어 있음.
536) 備: 가본에는 '費'로 되어 있음.
537) 一: 저본에는 빠져 있으나 가본에 의거하여 보충함.
538) 小: 저본에는 빠져 있으나 가, 나본에 의거하여 보충함.

拉僧仆地, 以足蹴其項, 奪僧錫杖, 恣其摧[539]撲, 僧不敢措一手一足, 但攫地頓面而已. 書生疾趨解亂[540], 曰: "此僧累日同行, 心事極好, 偶失禮於左右, 願爲我饒之." 哀乞再三[541], 儒士曰: "初欲殺之, 爲賢友貸[542]爾死, 自今愼勿恃力凌人!" 僧鑿[543]而走, 曰: "吾平生所當無敵, 不料[544]今日卒困於一羸儒, 微[545]措大, 幾爲路邊[546]枯骸. 自古, 兵敗於所[547]驕, 患生於所忽, 吾過矣, 吾過矣!"

### 4-81.

龜城窟岩寺有一僧, 頗有膂力, 善脚觝[548], 自以爲人莫與競. 有客人自北道, 一健馬駄海菜, 過其寺投宿, 衣破衣, 面目黧[549]. 僧視之傲如, 乃[550]曰: "客能與我脚觝乎? 我負, 我與客布十五端; 客負, 客與我一駄海菜." 客曰: "吾不解[551]脚觝, 且路上困飢[552], 有何興與人較力?" 僧猶挑戰不已, 客終不應. 明朝, 客駈馬出門而去, 僧憑短墻指客, 曰: "怯哉客! 怕我不敢脚觝, 雖溺水, 亦爛死客." 客怒, 繫馬於樹枝, 復入, 謂僧曰: "吾不欲與上人較力, 上人謂我爛死溺

---

539) 摧: 가, 나본에는 '挻'로 되어 있음.
540) 解亂: 가본에는 '遜辭'로, 나본에는 '遜謝'로 되어 있음.
541) 再三: 저본에는 빠져 있으나 가, 나본에 의거하여 보충함.
542) 貸: 가본에는 '貫'로 되어 있음.
543) 鑿: 저본에는 '整'으로 나와 있으나 가, 나본에 의거함.
544) 料: 저본에는 '科'로 나와 있으나 가, 나본에 의거함.
545) 微: 가, 나본에는 '靡'로 되어 있음.
546) 路邊: 가, 나본에는 '路傍'으로 되어 있음.
547) 所: 저본에는 빠져 있으나 가, 나본에 의거하여 보충함.
548) 脚觝: 가, 나본에는 '角觝'로 되어 있음. 이하의 경우도 동일함.
549) 黧: 가, 나본에는 '黎黑'으로 되어 있음.
550) 乃: 저본에는 빠져 있으나 가, 나본에 의거하여 보충함.
551) 解: 저본에는 '辭'로 나와 있으나 가, 나본에 의거함.
552) 困飢: 나본에는 '困憊'로 되어 있음.

水, 不能無介然, 請與我決雌雄, 上人能內交脚我乎, 能外交脚我乎? 能背我乎, 能扛我乎? 唯爾所能." 遂以一掌擎僧腹, 一掌拉僧背, 橫舉肩上, 僧如蝦蟆張四支[553], 客曰: "我今擲爾於[554]地, 能令爾片時間死乎? 又能令爾呻痛數月而死乎? 唯爾所願." 僧不答, 客曰: "貫汝死片時, 當令辛苦數月而死, 可乎!" 遂投[555]諸石礎間, 僧肩骨半蹙. 客拂袖而去, 曰: "吾止雪憤,[556] 而不欲取爾十五布端[557]." 仍馳馬而去. 後數月僧死.

4-82.

臨海君, 喜畜狗·鷄·鵝·鴨·鴿, 各數千百, 糜穀日累十石. 每令僮驅而至米肆, 飼其落地之穀, 或失其一, 徵貨十之, 僮因之介恃作虐, 市人以目. 鴨有四節卵鴨者累百, 臨海弟順和君, 性殘忍喜殺, 且病風, 其害人無數, 攘其鴨日五十, 連數日, 臨海君惡之, 不敢言. 其相室曰: "大監威行一國, 人無不震慴, 彼順和[558]弟也, 何敢日攘鴨若是? 何不親往誘之?" 臨海君曰: "諾." 命駕而往, 順和迎之門[559], 拜之堂上, 曰: "大監乃肯臨不肖, 命侍婢觴之珍羞方丈矣." 臨海未發言, 順和先請之, 曰: "弟家貧, 所乘無駿, 聞大監有連鐵驄, 爲貴家下乘, 願具大琅皮·黃銅鞍子, 以惠弟." 臨海浚巡, 以他辭塞之, 順和膝下出寶劍, 鋩鍔耀日, 遂拊之再三, 固請之, 臨海不得已唯而退. 終不敢請還[560]其鴨, 而返以連鐵驄益寶鞍, 遺之.

---

553) 張四支: 가본에는 '四肢張之'로 되어 있음.
554) 於: 저본에는 빠져 있으나 가, 나본에 의거하여 보충함.
555) 投: 가, 나본에는 '賴'로 되어 있음.
556) 吾止雪憤: 가본에는 '吾只欲雪憤耳'로 되어 있음.
557) 端: 저본에는 빠져 있으나 가본에 의거하여 보충함.
558) 順和: 라본에는 '順和君'으로 되어 있음.
559) 門: 저본에는 빠져 있으나 라본에 의거하여 보충함.

泊臨海敗, 砲⁵⁶¹⁾卒撞門圍宮, 群畜擧飢, 爲獵犬所殲. 順和殺人無已, 先王囚之國門外者, 數矣. 粗識文字, 一日, 手書示守吏, 曰: "高聳獨家, 八風長吹, 凍死丁寧." 守吏以聞, 上哀而放之, 尋死.⁵⁶²⁾

4-83.

韓明澮性虐, 凡奴僕下卒有罪, 繫於⁵⁶³⁾柱, 輒射之, 故⁵⁶⁴⁾庭中樹一柱. 時田霖爲軍官違令, 繫霖其⁵⁶⁵⁾柱, 欲射之, 酒酣坐而睡, 霖乘其睡, 引絶其繫而逃. 明澮覺, 見侍婢在前, 使追捕之不及, 亦繫柱將射之. 霖潛伏墻間而⁵⁶⁶⁾聞之, 披襟露胸⁵⁶⁷⁾而入, 曰: "始聞將軍射人, 怖而逃潛伏墻外, 聞將軍將以霖之故, 欲殺不辜, 是霖怯死而逃不勇也, 移死於弱婢不義也. 請將軍射霖, 霖當披襟⁵⁶⁸⁾受箭而不辭." 明澮義而赦之, 遂用之爲腹心. 霖性甚虐, 時海浪島有賊, 出沒波濤⁵⁶⁹⁾, 爲梗於海西, 朝廷命霖爲將征之. 霖有妹寡婦也, 只有一子, 霖請其子⁵⁷⁰⁾爲軍官, 妹泣而言曰: "寡婦只有一子, 如一嬰軍令⁵⁷¹⁾, 吾兄性嚴, 必不饒. 當世豈無他人合吾兄心膂爪牙? 願爲寡⁵⁷²⁾妾少貸." 霖不從, 曰: "國事也, 不可辭也⁵⁷³⁾." 遂署而行, 至海

---

560) 還: 저본에는 빠져 있으나 라본에 의거하여 보충함.
561) 砲: 저본에는 '炮'로 나와 있으나 라본을 따름.
562) 尋死: 라본에는 '越明年死'로 되어 있음.
563) 於: 가, 나본에는 '之'로 되어 있음.
564) 故: 저본에는 빠져 있으나 가, 나본에 의거하여 보충함.
565) 霖其: 저본에는 빠져 있으나 가, 나본에 의거하여 보충함.
566) 間而: 가, 나본에는 '外'로 되어 있음.
567) 胸: 저본에는 '腦'로 나와 있으나 가, 나본에 의거함.
568) 披襟: 저본에는 빠져 있으나 가, 나본에 의거하여 보충함.
569) 波濤: 저본에는 빠져 있으나 가, 나본에 의거하여 보충함.
570) 其子: 저본에는 빠져 있으나 가, 나본에 의거하여 보충함.
571) 軍令: 가, 나본에는 '軍律'로 되어 있음.
572) 寡: 저본에는 빠져 있으나 가, 나본에 의거하여 보충함.

浪島, 果違律[574], 霖命牽而斬之. 自此, 一軍震慄, 咸[575]赴死如歸, 直搗海島, 蕩巢穴而還.

韓明澮, 得痛脛之病, 病在[576]脛骨之中, 痛不能堪, 自度不能活, 曰:"等死, 寧自折其脛骨, 殺此蟲而後死." 乃箕踞石甃上, 使僕擧大石, 折其脛. 僕不敢, 明澮大怒, 彎[577]弓欲射之, 僕不得已, 擧大石椎而折之, 骨碎髓流. 明澮手探骨中, 得一大蟲如拇指, 乃鼎油煮之, 蟲猶不死, 油盡焦蟲乃死, 而明澮亦死.

4-84.

李叔男, 名將也, 志操[578]淸白, 居官若秋毫不犯, 但性甚暴, 奴僕有罪, 輒射之. 奴使馬, 馬背有瘡, 卽取刀剝奴背皮, 大小如馬瘡, 曰:"物與人何異?" 嘗一日食鱒魚, 鱒[579]魚多鯁, 鯁甚勁, 其脊骨尤勁. 叔男不細嚼而嚥之, 脊骨橫喉間, 卽取弓弦醋[580]其絲, 手持一端, 喉呑一端, 引手拔其弦, 魚脊結弦絲而出. 肉爾片裂, 胃[581]魚脊, 赤血如注, 將水潄之, 色不變, 卽復食其魚盡之. 鱒魚, 卽我國所謂眞魚, 而邢玠自中國來, 爲軍門經略于我國, 餽接伴使以鱒魚, 味甚酸, 似我國眞魚而非, 世云.

---

573) 辭也: 가, 나본에는 '秋'로 되어 있음.
574) 律: 가, 나본에는 '令'으로 되어 있음.
575) 咸: 저본에는 빠져 있으나 가, 나본에 의거하여 보충함.
576) 病在: 저본에는 빠져 있으나 가, 나본에 의거하여 보충함.
577) 彎: 저본에는 '關'으로 나와 있으나 나본을 따름.
578) 志操: 가, 나, 라본에는 '持操'로 되어 있음.
579) 鱒: 저본에는 빠져 있으나 가, 나, 라본에 의거하여 보충함.
580) 醋: 저본에는 '酸'으로 나와 있으나 가, 나, 라본에 의거함.
581) 胃: 나, 라본에는 '骨'로 되어 있음.

## 慾心

4-85.

湖南有一[582]豪士某氏子者, 志度軒豁, 生計亦不貲. 有水田在湖南者, 落種幾[583]累百石, 秋穫[584]殆數千[585]石, 家富爲南中之甲. 自歎, '百石播種之地散在湖中者, 山河丘陵多間之, 不得見彌漫[586]門戶之壯, 吾生事零瑣可愧.' 盡賣之, 備百萬布段, 聞海西黃鳳之間, 多蘆田, 極目數百里, 可以高堤廣堰, 作稻地, 其利百千倍[587]之. 於是, 棄湖南[588]舊業, 入海西, 臨大洋, 起朱樓, 騈千頭肥犍以墾之, 輦石捧土, 築高塘, 周回數百里. 方盛夏, 靑雲滿野, 綠芒搖[589]空, 一望不見涯涘. 及淫霖連月, 秋水懷山, 駕陵而至, 礧濤空一決大堤, 赤浪櫱出其上, 一野秔稌[590], 盡入亂雲之層濤, 浩蕩與大海同[591]波. 主人角巾羽扇, 徒倚朱欄, 盱衡而大笑, 曰: "吾今敗家矣, 觀漲則天下無雙." 吁! 夫人好大求益, 不知止足, 終使湖南[592]鉅萬之資, 盡[593]輸爲一斥鹵場. 諺曰: "見奔鹿, 失獲兎." 此之謂也.

---

582) 一: 저본에는 빠져 있으나 가, 나, 마본에 의거하여 보충함.
583) 幾: 가, 나, 마본에는 '歲'로 되어 있음.
584) 穫: 저본에는 '獲'으로 나와 있으나 나, 마본을 따름.
585) 數千: 가, 나, 마본에는 '數萬'으로 되어 있음.
586) 漫: 나본에는 '滿'으로 되어 있음.
587) 倍: 저본에는 빠져 있으나 가본에 의거하여 보충함.
588) 湖南: 저본에는 '南湖'로 나와 있으나 가, 나, 마본에 의거하여 바로잡음.
589) 搖: 가본에는 '擬'로 되어 있음.
590) 稌: 가, 마본에는 '稻'로 되어 있음.
591) 同: 가, 나, 마본에는 '通'으로 되어 있음.
592) 湖南: 나, 마본에는 '湖中'으로 되어 있음.
593) 盡: 저본에는 빠져 있으나 나, 마본에 의거하여 보충함.

4-86.

寶城人有來京城者, 自稱漁洋汰,[594] 欲貸貨於市, 遠客罕相識, 不肯與. 聞市中積貨者, 請以月計利倍償之, 成契券以相約, 曰: "吾地有得寧之野, 水田甚膏, 可播耕二百石. 請以此爲典, 貸綿布一千匹, 某月當償二千匹, 過是期, 宜訟之官, 以律繩之." 市人樂而許之. 後過期不償布[595], 市人下寶城尋之, 寶城之人, 捧腹大笑曰: "吾地本無是人, 得寧者海名也, 若以此播種, 奚止二百石哉? 洋汰者[596]魚名也, 請問之海中." 市人空手而還. 昔呂不韋借[597]『春秋』, 楊雄擬『周易』, 王通效『論語』, 王莽倣『周禮』, 弓裔作佛書, 皆此類也.


4-87.

吾家有婢, 名宮梅, 自順天來. 嘗居海邊善游, 與同伴能入海取鰒, 海中及底, 夏寒冬暖, 雖嚴沍, 猶可赤身投水. 其入也, 帶匏持刀, 入海心, 久不通氣息, 加匏膺腹, 時時出波心上, 通息鼻聲如嘯. 其刀懸環鈴[598], 海中多惡魚, 魚畏金鐵聲[599], 見人投水, 鎔牙[600]而來, 及聞環鈴聲, 驚怖而走. 其同伴一女, 能入深海底, 多得大鰒, 取直必倍, 需於官家無罰. 凡取鰒, 必滿十成一串, 十串成一帖, 數不準, 公私不取. 女入海, 有大魚張口而進[601], 聞鈴聲却走.

---

594) 自稱漁洋汰: 저본에는 '自泮漁汰'로 나와 있으나 다른 이본에 의거함.
595) 布: 저본에는 '市'로 나와 있으나 다른 이본에 의거함.
596) 洋汰者: 저본에는 '泮漁'로 나와 있으나 다른 이본에 의거함.
597) 借: 다른 이본에는 '僭'으로 되어 있음.
598) 鈴: 저본에는 '玲'으로 나와 있으나 마본에 의거함. 이하의 경우도 동일함.
599) 聲: 저본에는 빠져 있으나 마본에 의거하여 보충함.
600) 鎔牙: 마본에는 '啗呀'로 되어 있음.
601) 進: 마본에는 '至'로 되어 있음.

女已得九鰒, 怖不敢復入, 其父母曰:"如復得一鰒, 方滿一串, 汝畏寒不肯入, 將無以需公私. 汝惰如是, 何以爲生?"女怒曰:"頃者入海, 見有物可怖, 不敢入, 豈吾怕寒? 父母過我以惰, 死何辭?" 遂鳴鈴而入. 俄而[602], 海浪回旋, 漚沫上升, 女爲巨魚所吞, 終不得出. 權俊爲順天府使, 使漁人入海, 有巨鰐齚其[603]脅出腸, 與巨鰐戰于海底, 艱以攀船, 數日乃死. 昔又有御史巡邊, 水使張水嬉, 令沒人得鰒, 盈盤以爲歡, 沒人入[604]未久, 顚沛而還, 攀船舷, 未及登, 呀呀而笑. 舟人察之, 其腰下, 已爲魚齚斷, 如斧斤之爲, 吁! 海者不測之地, 海中[605]魚龍之患, 甚於山中虎豹之憂, 故越人之文身, 非爲觀美也, 要以憎怖魚龍也. 夫人爲一盤之羞, 冒死於不測之窮淵, 彼取鰒者何罪? 使之取鰒者之罪也, 豈非可憐之甚哉!

4-88.

漢陽有寒士[606], 名韓將軍, 歲時拜親黨于駱山洞, 夜渡仁壽橋, 見川中有光閃爍如金, 謂牽馬僕曰:"爾亦察其[607]光乎? 必生金也." 僕曰:"有之. 僕[608]聞生金易竄, 捕之者, 必脫褌襲之." 生下馬脫褌, 入水捕之, 不付僕, 懷之歸, 衣裳盡凍矣. 開而視之[609]不見金, 有狗矢在焉. 生歎曰:"歇福之人, 生金化爲狗矢!" 翌夜, 又往川邊察之, 有長廊燈火[610], 從窓隙照水.

---

(602) 俄而: 마본에는 '頃之'로 되어 있음.
(603) 其: 저본에는 빠져 있으나 마본에 의거하여 보충함.
(604) 入: 저본에는 빠져 있으나 마본에 의거하여 보충함.
(605) 海中: 저본에는 빠져 있으나 마본에 의거하여 보충함.
(606) 寒士: 가, 나본에는 '寒生'으로 되어 있음.
(607) 其: 가본에는 '此'로 되어 있음.
(608) 僕: 저본에는 빠져 있으나 가, 나본에 의거하여 보충함.
(609) 開而視之: 가, 나본에는 '歸而開之'로 되어 있음.

4-89.

　　珍福者, 宰相側室女也. 行醜, 不欲言某氏女. 母愛子抱, 宰相憐之, 問之巫瞽, 咸曰: "不宜愛養父母, 可與他人作女, 養之別室." 時長安織組里有老媼, 家業饒甚, 無子女. 常於節日, 備新物, 餉于側室, 往來頗款. 側室備盡巫瞽言, 欲令側女避之媼家, 媼歡然惟諾, 且願托螟蛉之誼, 悉傳以家業. 側室甚心[611]樂之, 遂與牢約以女與焉. 及年至二八, 姿容益豊艶, 媼愛之猶已出. 媼家多親戚, 咸以媼無子女, 家且饒, 希以子女求後, 且怒媼不後親戚子, 而逐權勢, 育他姓之女, 思以百計敗之. 旣以甘辭誘媼, 不見許, 則謀撓珍福以惡之. 一日,[612] 使親戚中長舌者, 從容謂珍福曰: "頃日有年少文官, 方爲承政院注書, 過娘門, 見娘依門而立, 踟躕不肯去, 曰: '是有誰氏女? 眞絶代美姝. 願傾[613]千金卜副室, 如見許, 當剋日遣騎僕迎之.' 大姑性貪財, 不擇郞美惡, 欲以娘與商家子作婚. 娘[614]本宰相女, 豈宜配賈? 今娘已至笄年, 宜早爲之計." 娘聞言, 羞甚不肯對. 長舌往復密誘者累日, 意不能無動, 且心艶乃母爲文官側室享富貴, 遂信長舌言. 俄而, 注書騎僕已候門巷, 遂新粧靚服, 乘昏而出, 輕身上馬, 歷委巷數曲, 出通衢至一處, 高門洞開, 下馬坂墻前, 長舌者牽而入. 過大庭, 有高堂大池, 碧荷回帶朱欄, 而[615]曠然無人跡. 堂中有屛幬圍之, 長舌引坐屛中. 俄而, 有長鬣于思, 布衣赤脚而入, 遂抱持珍福, 姿意爲不善. 有頃, 棄而走, 又無一侍

---

610) 燈火: 나본에는 '燈光'으로 되어 있음.
611) 心: 저본에는 빠져 있으나 라본에 의거하여 보충함.
612) 一日: 저본에는 빠져 있으나 라본에 의거하여 보충함.
613) 傾: 라본에는 '聲'으로 되어 있음.
614) 娘: 저본에는 빠져 있으나 라본에 의거하여 보충함.
615) 而: 저본에는 빠져 있으나 라본에 의거하여 보충함.

者, 呼長舌者, 亦不知所如. 珍福深閨處子也, 生長綺紈, 足<sup>616)</sup>不下
門庭, 又豈知長安巷陌千岐萬徑所由往? 欲問而無人, 欲歸而不知
路, 盤桓道側而泣. 天且明, 問之隣人, "是誰家也?" 曰: "司憲府
也." 問府中長鬚, 乃司憲府黑尺吏<sup>617)</sup>也. 遂尋家而返, 日已午矣.
媼家大驚, 曰: "吾無以告我相國." 厥後, 宰相聞之, 不女其女, 仍
黜<sup>618)</sup>而與之娼家, 任其所爲. 珍福自知已失其身, 不得於其父母,
遂損其身作淫婦, 終其身無定配, 而卒窮於貧賤. 珍福有女弟, 嫁
與武將, 每宰相有婚姻賓會, 無不許坐, 而珍福擯不得齒, 不敢上
堂與諸婦人近.<sup>619)</sup> 吁! 珍福一河間淫婦也. 立心一敗, 終身羞辱, 宜
哉! 而但人心之猜詐, 能陷人不測如此, 可不懼哉?

## 4-90.

男女之間, 大慾存焉. 聖人制禮, 內外有別, 所以防閑之者周矣.
自十<sup>620)</sup>歲, 坐不同席, 行不同途, 夜行以燭, 無燭則止. 雖<sup>621)</sup>至親如
兄弟·甥侄, 猶相對有截嚴<sup>622)</sup>, 或不踰閾<sup>623)</sup>, 或掩其左闔, 或闔門而
與之言, 古之制也. 我國重閨範, 士族家門<sup>624)</sup>楣之內, 外人所難覰.
近者, 有高門<sup>625)</sup>盛族, 婦女新嫁, 姿容絶美. 有賈人, 賣綾段於門
外, 與群婢高下其價, 婦女在中門密覘之, 賈人故爲遲留<sup>626)</sup>不決,

---

616) 足: 저본에는 빠져 있으나 라본에 의거하여 보충함.
617) 吏: 저본에는 빠져 있으나 라본에 의거하여 보충함.
618) 黜: 저본에는 '出'로 나와 있으나 라본에 의거함.
619) 珍福有女弟 … 不敢上堂與諸婦人近: 저본에는 빠져 있으나 라본에 의거하여 보충함.
620) 十: 가본에는 '七'로 되어 있음.
621) 雖: 저본에는 '難'으로 나와 있으나 가, 나, 다본에 의거함.
622) 嚴: 저본에는 빠져 있으나 가본에 의거하여 보충함.
623) 踰閾: 가본에는 '逾閾'으로, 나본에는 '踰閾'으로 되어 있음.
624) 家門: 저본에는 '門家'로 나와 있으나 가, 나, 다본을 따름.
625) 高門: 저본에는 빠져 있으나 가, 나본에 의거하여 보충함.

偸眼潜睇, 眞絶代色也. 自此, 賈人廢寢食, 出百計思犯邦憲. 婦人有乳嬭, 畜少女, 薄有容色, 賈人賚綾段數端, 納于嬭, 求其女, 嬭許之. 賈人厚遺嬭, 仍進彩錦五六匹, 俾[627]獻其少君, 曰: "諺稱'婢夫如僕', 請備門庭[628]灑掃之役, 如家僮焉." 主家再三辭謝, 而强進之. 厥後, 復餽嬭及女尤款, 傾市貨不惜, 嬭甚怪之, 詰其由曰: "不肖女, 不足以稱丈夫之意, 而若是款甚, 何也?" 賈人遜之, 塞以他辭[629], 已而[630], 辟左右, 付耳謂嬭曰: "曩者, 賣錦于門外, 乍見中門內有女, 覘之, 眞絶代佳姝, 未知何許人. 自此, 焦神疹[631]心, 不須臾舍于懷, 不遂此心[632], 終不免肆上之枯. 是以, 有此禮也." 嬭憮[633]然掩其口, 曰[634]: "無妄言! 是我家少君也." 賈人陽驚, 曰: "吾過矣, 吾過也! 願嬭杜口勿洩." 他日, 所進綾段滋多, 餽遺益厚, 嬭欲却之, 惜其貨, 賈人密圖, 愈益固, 嬭遂頷之. 不閱月, 婦人之夫婿, 出山寺讀書, 婦人與嬭共宿, 諸侍婢宿于外. 嬭陽醉, 頭戴大圓帽, 脫衣裳, 入婦人衾, 抱持婦人, 曰: "可愛吾女兒, 宜夫書生愛之也!" 獻作男女私眤[635]狀, 挑其心. 如此者良久, 婦人曰: "可笑老嬭母, 何誕[636]狂若是? 豈非病風而然乎?" 再三推之, 嬭戱久而女愈苦. 俄而, 脫身而出, 曰: "小便復來." 嬭已密使賈人候外, 赤身戴

---

626) 遲留: 가본에는 '遲延'으로 되어 있음.
627) 俾: 저본에는 '婢'로 나와 있으나 가, 나, 다본에 의거함.
628) 門庭: 다본에는 '門前'으로 되어 있음.
629) 辭: 가본에는 '言'으로, 나본에는 '事'로 되어 있음.
630) 已而: 가, 나본에는 '良久'로 되어 있음.
631) 疹: 가, 나본에는 '殄'으로 되어 있음.
632) 心: 가본에는 '意'로 되어 있음.
633) 憮: 저본에는 '撫'로 나와 있으나 가본에 의거하여 바로잡음.
634) 曰: 저본에는 빠져 있으나 가, 나본에 의거하여 보충함.
635) 私眤: 저본에는 '之'로 나와 있으나 가본을 따름.
636) 誕: 저본에는 빠져 있으나 가, 나, 다본에 의거하여 보충함.

大圓帽, 假嬭狀而入[637], 直開衾抱持蹲前. 婦人不知[638]覺, 以爲嬭
也, 任其戲之, 賈人遂恣意奸焉[639]. 自是之後, 晨往夜入, 內外交
應. 家人或知之, 密言于[640]婦之翁, 翁官人也, 聞之大驚, 潛伺之,
賈人夜超園墻北而入. 翌日, 戒家奴四五人, 曰: "今夜有牛馬之賊,
踰北墻, 爾輩豫掘大坑於[641]園墻之下, 持巨捧[642]潛伺焉, 擊其賊,
投諸大坑而埋之, 待五鼓[643], 瘞之遠山. 語洩, 若屬代其死." 夜深,
果有賊超園北墻, 陷大坑中, 格殺而埋之, 待五鼓, 瘞之遠山. 并
捕[644]殺嬭及少女于野, 外人莫有知者. 書生夫婦如故, 而終不悟也.
男女之欲, 甚可畏也. 瞥眼之間, 一見其面, 終不制其心, 能使嬭婦
賣之, 而[645]逞其計. 無他, 女子藏身不密, 防閑失儀, 以致男子意外
之圖, 豈非婦人者所可戒也哉?

## 4-91.

金生者, 少時佚宕, 路見良家女立門內, 姿容絶麗, 圖之未得其
便. 一日, 其渾舍燕飮郊外, 獨留其女守宅, 生使人假憲吏衣冠, 拏
生投其門裡, 曰: "是夫犯禁, 授之爾家, 失是夫, 爾家代受其辜."
其家無人, 有一處子受之, 恐致逋播, 生陽若出逃者然. 處子怕累
及渠家, 牽生衣, 幽諸密室而守, 生得遂其欲.

---

637) 而入: 저본에는 빠져 있으나 가, 나본에 의거하여 보충함.
638) 知: 가, 나, 다본에는 '之'로 되어 있음.
639) 焉: 가, 나본에는 '之'로 되어 있음.
640) 言于: 가, 나본에는 '告'로, 다본에는 '告于'로 되어 있음.
641) 於: 저본에는 빠져 있으나 나본에 의거하여 보충함.
642) 捧: 가본에는 '杖'으로 되어 있음.
643) 鼓: 가본에는 '更'으로 되어 있음.
644) 捕: 저본에는 빠져 있으나 가본에 의거하여 보충함.
645) 而: 저본에는 빠져 있으나 가, 나본에 의거하여 보충함.

4-92.

義州府尹朴燁, 少時遭亂離, 轉客東西, 到一處, 見主家婦多姿[646], 心悅之, 目成之. 俄而, 主家丈夫來, 年少[647]美容, 燁知其[648]計不諧. 夜將晨, 入廐中, 解牛索, 開廐門, 持錐刺牛臂[649], 牛驚出廐門而遁, 剝剝有聲. 主人曰: "是何聲也?" 燁曰: "牛排廐門而遁[650]." 主人攬衣而逐之, 牛旣驚於錐, 見主人逐, 其遁益遠. 燁乃售其計, 得與主婦繾綣焉. 天旣[651]明, 主人冒霧露, 衣盡濕, 牽牛而入[652].

4-93.

有李生者, 美容顔, 富才氣. 於新門外, 遇一良家少婦, 與親黨宴遊西郊而還, 一見便知其國色, 仍令童子識其家族, 歸而繩諸人. 自是, 心身不自定, 厚餉其隣嫗, 備酒食, 邀其友金生爲座客, 夜會于司醞里. 良家少婦, 非娼家女易挑者[653]也, 比其設奇計, 誘致之於燈下, 見之絶艶豊姿, 望之如仙, 卽之如花, 非人間所曾觀. 杯行不數巡, 忽有呼號搪撞之聲, 數十人持槍而來, 曰: "殺人有獄!" 察家, 捕其良人, 少婦與隣嫗, 逃趺而走, 生亦蒼黃避匿, 事不得諧. 然而男女之欲, 甚可畏哉!

---

[646] 多姿: 저본에는 빠져 있으나 가, 나본에 의거하여 보충함.
[647] 年少: 나본에는 '少年'으로 되어 있음.
[648] 其: 저본에는 빠져 있으나 가, 나본에 의거하여 보충함.
[649] 臂: 가, 나본에는 '臂'으로 되어 있음.
[650] 遁: 가, 나본에는 '逸'로 되어 있음.
[651] 旣: 저본에는 빠져 있으나 가, 나본에 의거하여 보충함.
[652] 而入: 가, 나본에는 '至矣'로 되어 있음.
[653] 者: 저본에는 빠져 있으나 다른 이본에 의거하여 보충함.

4-94.

隆慶中, 有一官人, 除南方縣監, 先之任[654], 其妻待秋分赴邑, 獨有一弱子隨之. 上下轎之際, 有僧竊睨而心慕之, 追其後, 或[655]戲其從婢, 或侵其轎卒, 弱子呵不能止, 深患之. 及其夕, 次野店, 僧排帳[656]直入, 從婢風靡, 轎卒摧拉[657], 莫敢近. 有內禁衛全德興[658], 京師人也, 膂力絶倫, 方居親[659]喪, 適舍比隣. 衆咸勸之, 曰: "非子, 莫能當此賊." 德興不勝憤, 攘臂而進, 僧抱持婦人, 婦人驚懼氣絶. 德興跨其僧, 蹋兩手而坐其胸, 僧以足趾蹴德興腦, 流血迸地. 德興左手抶其頷, 右手裂其口[660], 僧隨手而斃. 德興膂力絶倫, 性多怯, 每武試, 聞呼名, 不覺洩溺.


4-95.

有一書生, 入山寺讀書, 積時月, 與同舍[661]僧相昵. 僧每朝以盂飯[662]·香爐供佛之餘, 兼請承旨夫人靈駕, 生問其故, 僧不答. 後日, 又聞請靈駕如前, 更詰之, 僧旣與生相款, 迺悉言其由, 曰: "始與某承旨相識, 欲謁而往, 會承旨禁直不還, 日暮, 仍借門外側室宿. 時夏夜, 月色[663]如晝, 不勝情, 直入于內, 閤門不閉, 諸婢交蹠而宿. 見床上有一婦人[664], 露體而臥, 玉色可餐, 乘睡而奸[665]之. 出

---

654) 先之任: 나본에는 '先至其任'으로 되어 있음.
655) 或: 저본에는 빠져 있으나 가, 나본에 의거하여 보충함.
656) 帳: 가, 나본에는 '幕'으로 되어 있음.
657) 摧拉: 가본에는 '拉摧'로, 나본에는 '拉搨'으로 되어 있음.
658) 興: 저본에는 '輿'으로 나와 있으나 가, 나본에 의거함. 이하의 경우도 동일함.
659) 親: 저본에는 빠져 있으나 가, 나본에 의거하여 보충함.
660) 口: 가본에는 '腹'으로, 나본에는 '股'로 되어 있음.
661) 舍: 나본에는 '寺'로 되어 있음.
662) 盂飯: 가, 나본에는 '盂盤'으로 되어 있음.
663) 夏夜月色: 저본에는 '夏月'로 나와 있으나 가, 나본을 따름.

臥于門外如初. 尋聞自內喚婢進沐浴湯, 吾未曉而遁. 旣明, 過其門, 渾家有哭聲. 聞之隣人, 曰[666]: '夫人昨夜, 繫項而死, 未知因某事云.' 每念[667]節婦因我[668]而死, 是以, 終身享之耳." 生聞之, 不勝膽裂, 欲拉殺之, 力弱恐反遭害, 乃誘[669]其僧, 與之出遊, 指高峯, 曰: "此峯高峻[670]可賞, 願伴我登眺." 僧偕至極頂, 斷崖千尋, 其下險截[671], 人跡所不到. 生戲謂僧曰: "我與爾, 身長孰優?" 僧笑曰: "秀才焉敢擬我?" 生請試之, 僧背立而準, 生遂奮臂, 推之絶壑[672], 倒落于千尋之下而斃. 君子曰: "生之殺僧, 快則快矣, 惜乎! 不得聲其罪而正法誅之也." 儒生, 名姜子愼[673], 後爲坡牧, 碩德之姪[674]也. 夫人姓氏無傳焉.[675]

4-96.

退溪先生, 與曹南溟燕坐語[676], 退溪曰: "酒色人之所好, 然酒猶易忍, 而色最難忍. 康節詩曰: '色能使人嗜.' 亦言其難忍也. 子於色何如耶?" 南溟笑曰: "我於色, 是戰敗將也, 勿問可也." 退溪曰:

---

664) 婦人: 가, 나본에는 '女'로 되어 있음.
665) 奸: 저본에는 '干'으로 나와 있으나 가, 나본에 의거함.
666) 人曰: 저본에는 빠져 있으나 가본에 의거하여 보충함.
667) 念: 가, 나본에는 '憐'으로 되어 있음.
668) 我: 저본에는 '俄'로 나와 있으나 가, 나본에 의거하여 바로잡음.
669) 誘: 가, 나본에는 '誣'로 되어 있음.
670) 高峻: 저본에는 '奇峰'으로 나와 있으나 가본을 따름. 나본에는 '奇峻'으로 되어 있음.
671) 險截: 가, 나본에는 '絶險'으로 되어 있음.
672) 絶壑: 나본에는 '絶壁'으로 되어 있음.
673) 子愼: 가, 나본에는 '勗'으로 되어 있음.
674) 碩德之姪: 가, 나본에는 '邇之兄'으로 되어 있음.
675) 夫人姓氏無傳焉: 가본에는 '婦女姓鄭氏'로, 나본에는 '婦人姓鄭'으로 되어 있음.
676) 語: 저본에는 빠져 있으나 다른 이본에 의거하여 보충함.

"余少時欲忍而不能, 中年以來, 頗忍之, 不無定力故也." 時宋翼弼亦在座, 地卑而臨文者也. 翼弼曰: "鯫生曾有所吟, 願見[677]大人之一斤." 因誦之[678]曰: '玉盃美酒全無影, 雪頰微霞乍有痕. 無影有痕俱樂意, 樂能知戒莫留恩.' 用意深切, 退溪吟誦稱善, 南溟笑曰: "此詩合爲敗軍將之戒也."

## 4-97.

河東府院君鄭麟趾, 幼年喪嚴親, 侍寡母貧居, 文才卓就,[679] 容貌如玉也. 常居外舍讀書, 至夜艾, 隔垣家有處子, 容色絶艶, 蟬聯茂族也. 鑽隙偸眼, 見美少年讀誦琅琅, 心慕之, 夜踰墻[680]而來, 欲逼之. 河東正色拒之, 處子欲發聲以彰之, 河東知其難拒, 溫辭諭之, 曰: "子是簪纓家女, 吾未有室, 家貧母寡居[681], 媒行未有應者, 雖娶室得美妻[682], 如子甚難. 吾若告母議親, 母必喜許之然後, 可圖百年之歡. 今若一不勝情, 於子爲失信之婦[683], 於吾心亦不快. 子適他人, 必有終身之恨, 莫如姑濡忍. 明日告親, 兩家成婚禮." 處子甚喜, 成約而去. 河東翌日告母, 遷就他室[684], 終賣其庄而絶之, 處子懷傷而殞.

---

677) 見: 다른 이본에는 '經'으로 되어 있음.
678) 誦之: 다른 이본에는 '告之詩'로 되어 있음.
679) 文才卓就: 가, 나본에는 '文章早就'로 되어 있음.
680) 墻: 가, 나본에는 '垣'으로 되어 있음.
681) 居: 저본에는 빠져 있으나 가, 나본에 의거하여 보충함.
682) 妻: 저본에는 '室'로 나와 있으나 가, 나본을 따름.
683) 失信之婦: 가, 나본에는 '失身婦'로 되어 있음.
684) 室: 가본에는 '居'로, 나본에는 '屋'으로 되어 있음.

4-98.

沈相國守慶, 少時美風儀, 解音樂. 嘗避寓淸原君[685]家外廳, 秋夜中月色政午, 臨蓮池彈琴. 有一宮女, 年少多姿, 自內而出拜[686], 相國迎坐之上座[687], 女曰: "妾獨守空宮, 自內望見淸儀, 心常慕之, 今聞雅調琴韻甚淸, 敢冒恥而出拜, 願再[688]聞一曲." 相國爲弄數調, 仍抱琴而出, 自此, 不復寓其室. 其女思想勞心[689], 終至病死.

## 災殃

4-99.

范蠡十九年之間, 三致千金而三散之者[690], 何耶? 易之爻至六而變, 六年之後, 人事當變. 財者衆之所欲也, 六年之聚, 人自不散, 則天故散之, 天之散之, 禍必及人, 不如人自散之爲愈. 范蠡智士也, 深見天人之理, 三六十八, 十九在三六之後故也. 古人曰: "積油生火, 積肉生喪." 皆此理也. 昔柳永慶爲領相, 八方饋肉, 充滿樓上, 得一死鹿, 懸之樓外梁上, 夜半[691]死鹿, 能作聲大吼, 一家震驚. 其有年, 有赤族之禍, 豈不異哉?

4-100.

金安老, 權勢張甚, 惡積禍盈, 爲其子禔成醮禮, 張[692]帟幕, 迎賓

---

(685) 君: 저본에는 빠져 있으나 가, 나본에 의거하여 보충함.
(686) 拜: 저본에는 빠져 있으나 가, 나본에 의거하여 보충함.
(687) 上座: 저본에는 빠져 있으나 가본에 의거하여 보충함.
(688) 再: 저본에는 빠져 있으나 가, 나본에 의거하여 보충함.
(689) 勞心: 저본에는 빠져 있으나 가, 나본에 의거하여 보충함.
(690) 者: 저본에는 빠져 있으나 나, 다, 라본에 의거하여 보충함.
(691) 夜半: 저본에는 '半夜'로 나와 있으나 나, 라본을 따름.

友而觴之, 忽有飛鳶入幄, 攬安老紗帽, 輾于筵中, 衆怪之. 俄頃, 禁府都事領羅卒, 圍其家, 稱有傳旨, 拿出安老而去. 坐中金貂貴客, 雉飛兎散, 踰墻而遁, 未及竄者, 罹禍網多竄死. 安老嘗赴燕京, 推命于名卜, 有曰: "葛院<sup>693)</sup>當日見竄<sup>694)</sup>驚." 至是被竄, 至葛院驛賜死, 其日於十二時<sup>695)</sup>屬子. 方其仰藥也, 口苦求食栗子, 而終不得食.<sup>696)</sup> 觀者悲之泣下<sup>697)</sup>.

## 4-101.

譯官申應澍者<sup>698)</sup>, 譯官判事申涎之子也. 累<sup>699)</sup>朝燕京, 官至二品, 販貨興家, 家業有贏<sup>700)</sup>. 涎年<sup>701)</sup>八十, 不能自業, 資諸子爲生, 與應澍異室而處. 應澍素鮮<sup>702)</sup>孝誠, 其妻嚚惡無比. 應澍每得時需, 具盤羞, 俾私潛饋,<sup>703)</sup> 其妻紿應澍, 示之空器, 曰: "舅盡餐無餘." 應澍信之. 每四孟朔<sup>704)</sup>俸祿, 分以進其親, 妻密減白粒<sup>705)</sup>一斗, 和沙數升, 他事如之. 涎一日過其家, 時日長食遠, 應澍適有所之, 謂其

---

692) 張: 저본에는 '帳'으로 나와 있으나 나, 라본에 의거함.
693) 院: 저본에는 '原'으로 나와 있으나 나, 라본에 의거함. 이하의 경우도 동일함.
694) 竄: 나, 라본에는 '鼠'로 되어 있음.
695) 時: 나, 라본에는 '辰'으로 되어 있음.
696) 而終不得食: 나, 라본에는 '有小兒子, 見其栗覔食'으로 되어 있음.
697) 泣下: 저본에는 빠져 있으나 나본에 의거하여 보충함. 라본에는 '下泣'으로 되어 있음.
698) 者: 가, 다본에는 '氏'로 되어 있음.
699) 累: 나본에는 '屢'로 되어 있음.
700) 贏: 가, 나본에는 '嬴'으로 되어 있음. 서로 통함.
701) 年: 저본에는 빠져 있으나 나본에 의거하여 보충함.
702) 鮮: 나본에는 '薄'으로 되어 있음.
703) 具盤羞, 俾私潛饋: 나본에는 '具盤飡備, 妻進其親, 妻與其婢私潛饋'로 되어 있음.
704) 朔: 저본에는 빠져 있으나 나본에 의거하여 보충함.
705) 粒: 나본에는 '米'로 되어 있음.

妻曰: "今日日晏, 速辦酒食進之." 既出, 涎待食至暮, 知婦不肯饗, 杖屨而歸, 飢甚矣. 應澍知之, 詰責之, 妻扶臂[706)]而言曰: "若然, 有如陰天震電." 厥明日, 應澍出外, 妻女[707)]婢, 俱在竹肆庄, 陰雲四合, 大雨暴至, 一里晦墨[708)], 白晝如漆. 聞格格之聲, 出應澍家, 俄而, 大震三聲, 如天裂地坼, 劃然而晴. 隣人入其家, 妻女婢三人, 騈首盡死, 屋上瓦撒成貼, 片瓦不辟矣. 國人譁然, 皆咎應澍不孝, 不檢妻子, 三省推獄, 應澍斃於杖. 吁! 天人之理, 間不累黍, 無肆爲惡, 上帝臨汝, 其可懼哉! 申雖余門中壻出, 其事甚異, 不得不大書以懼世也. 或曰: "罪在三人, 應澍不知, 故震不及之."

### 4-102.

萬曆初, 林植居喪, 住羅州, 時徐益爲茂長縣監, 往弔之. 植以貧喪[709)]乏祭米爲辭, 益頷之而[710)]去. 不數日, 馱白米三百石, 以輸喪家, 植不色難, 無辭而受. 兩人蓋相許莫逆, 度量甚宏, 而其任俠不畏罪若此, 宜夫! 益之産逆子也.

## 生活苦

### 4-103.

余少時, 讀書衿[711)]川村舍, 時[712)]春, 漢江江腹不堅, 行人多溺死.

---

706) 扶臂: 가, 다본에는 '拊臂'로, 나본에는 '附膊'으로 되어 있음.
707) 女: 저본에는 '與'로 나와 있으나 가, 나, 다본에 의거함. 이하의 경우도 동일함.
708) 墨: 나본에는 '黑'으로 되어 있음.
709) 喪: 저본에는 빠져 있으나 가, 나, 라본에 의거하여 보충함.
710) 而: 저본에는 빠져 있으나 가, 나, 라본에 의거하여 보충함.
711) 衿: 저본에는 '黔'으로 나와 있으나 라본에 의거함.
712) 時: 저본에는 빠져 있으나 라본에 의거하여 보충함.

有一義禁府皂隸, 背負米, 渡江氷陷, 半身掛氷上. 同行者曰:"爾
釋其負, 可活." 皂隸曰:"爾使我釋此負, 我釋此負而生,[713] 其生之
苦, 不如死." 俄而, 溺水[714]而死. 皂隸重米輕死, 得無近於零陵哀
溺之民歟! 其愚陋不足言, 而義府[715]皂隸之役, 使人少生意, 良可
寒心哉!


4-104.
金剛山, 山峻, 地近北, 常[716]多大雪, 每窮冬極冱, 積雪埋山平
壑. 獵人行山者, 多乘雪馬, 雪馬者, 用兩長板, 着兩足馳峻壑,[717]
截高嶽, 若奔駟之騁康莊[718]. 楡岾寺之塔高十丈, 塔端尖鐵, 觸雪
馬而欹, 其雪之深[719]可想. 高城爲郡, 在金剛山之下, 嘉靖中大雪
被山, 山無路者數月. 太守夜夢, 有神人窺衙門, 曰:"我月出峰之
神也. 寂照菴之僧, 阻雪絶食已五日, 願太守活之." 覺而異之,
呼[720]召獵人, 裹糇粮, 跨雪馬, 尋月出峰, 呼寂照菴之僧, 僧答於深
雪之底. 遂穿雪而遺之糧, 僧之飢已五日矣.


4-105.
嘉靖乙巳歲年飢, 京外人民多飢死, 時人之諺曰:"乙巳飢, 烏窺
空厠." 言人飢鷄犬亦飢, 厠中無遺矢也. 至萬曆乙巳水災[721], 東海

---

713) 我釋此負而生: 저본에는 빠져 있으나 라본에 의거하여 보충함.
714) 溺水: 라본에는 '氷缺漏水'로 되어 있음.
715) 義府: 라본에는 '禁府'로 되어 있음.
716) 常: 저본에는 빠져 있으나 가, 나본에 의거하여 보충함.
717) 獵人行山者 … 着兩足馳峻壑: 저본에는 빠져 있으나 가본에 의거하여 보충함.
718) 康莊: 가본에는 '勇壯'으로 되어 있음.
719) 深: 가본에는 '積'으로 되어 있음.
720) 呼: 저본에는 빠져 있으나 나본에 의거하여 보충함.

白鷗爲風所驅, 遍於嶺西山谷數百里之外, 人多手撲之. 時西原縣監李命俊, 文壯元也, 方坐衙中, 有海島止於庭樹, 命俊謂邑吏曰: "海島無故至此[722]山邑, 不久必有大水." 戒邑吏備水災, 未幾, 嶺東西大水卒至, 五臺山一角崩, 人民多凍[723]死. 有一處子坐樓上, 鷄犬乘屋, 危隨[724]流而下, 呼號乞救, 江上人操舟而往, 水中失穴之蛇, 滿樓如織, 纏繞其身. 舟人懼而不敢近, 回棹而歸. 有武人姜仲龍, 前縣監也, 善游不怕水, 見江上棺材漂下, 游水拯取之, 連得四五板. 力倦且休, 又見一大板在中流, 其妾强之, 潦水寒冽如氷, 渡勢甚疾, 仲龍挾板, 未及崖淹[725]而死, 遂斯其板, 而棺之以斂之. 命俊先水而備災[726], 仲龍貪材[727]而致死, 無他, 讀書不讀書之別也.

## 4-106.

萬曆四十七年乙未[728], 八道年穀大無, 餓莩相望. 有僧五人, 販貨之市, 入村將朝爨, 見巨室附戶皆空, 外廊無人. 僧叩門, 久之有人聲, 自內應之. 僧進五人之粮, 自門內受之, 不露其面目, 日且仄[729], 市場將罷, 僧促[730]其炊. 俄而, 自門內, 投綠羅錦[731]衣於門外, 曰: "吾士人家, 隣舍僮奴, 或飢死, 或流徒, 獨有婦人兒女七人

---

721) 水災: 나, 라본에는 '年年復災'로 되어 있음.
722) 此: 저본에는 빠져 있으나 라본에 의거하여 보충함.
723) 凍: 나, 라본에는 '流'로 되어 있음.
724) 危隨: 저본에는 빠져 있으나 나, 라본에 의거하여 보충함.
725) 淹: 라본에는 '渰'으로 되어 있음.
726) 而備災: 나본에는 '救災'로 되어 있음.
727) 材: 저본에는 '財'로 나와 있으나 나, 라본에 의거함.
728) 乙未: 라본에는 '歲次己未'로 되어 있음.
729) 仄: 라본에는 '厌'으로 되어 있음. 서로 통함.
730) 僧促: 라본에는 '催'로 되어 있음.
731) 錦: 라본에는 '花紋'으로 되어 있음.

口, 而不粒者五六日. 見其飯, 不自禁, 已盡之無餘, 請以此衣償之. 僧相顧惻然, 固辭之, 拒而不納, 遂持衣市諸市, 市中米價極踊, 只得五斗, 以兩斗爲酒食, 五僧共之. 有一僧, 曰:"吾飯不敵羅衣, 彼士族女飢而無告, 盍以三斗歸之?" 齊應曰:"善." 復尋其家叩門, 無應者, 入視之, 老幼七人駢首而[732]死矣. 蓋久[733]飢, 先以粥濡腸不死, 此則卒食飯, 氣窒而死, 悲夫!

## 盜賊

### 4-107.

萬曆乙未歲, 八道大饑, 有京城士人, 因京市米貴, 出數百里, 貿米一駄而來. 至嶺, 路有一人, 帶長劍, 迎拜馬前, 士人曰:"爾爲誰?" 曰:"行路人." 曰:"行路人, 若是何拜之?" 曰:"吾屬飢無食[734], 願得米而去." 士人未及應, 其僕曰:"可分與半駄." 曰:"口多, 半駄米不周, 請一駄!" 士人頷之, 盡與之, 又曰:"米重不可負, 請並假以馬." 復與之, 轉一山, 復還其馬, 曰:"惠米良喜, 請護送于途." 行數里, 谷底又有人, 持兵杖者[735]殆數百人, 攔於道. 其人曰:"措大惠我米一駄, 將軍使我護其行." 士人無恙而返[736]. 蓋歲飢民窮[737], 良民相聚爲盜, 故不害人, 只取其物也. 後有行商, 遇賊於路, 賊反爲行商所逐, 商飽賊飢, 飢[738]顚於路, 商乘勝驅之. 自此, 賊徒稍

---

732) 而: 저본에는 빠져 있으나 라본에 의거하여 보충함.
733) 久: 저본에는 빠져 있으나 라본에 의거하여 보충함.
734) 食: 라본에는 '粮'으로 되어 있음.
735) 者: 저본에는 빠져 있으나 라본에 의거하여 보충함.
736) 返: 라본에는 '還'으로 되어 있음.
737) 窮: 라본에는 '貧'으로 되어 있음.
738) 飢: 저본에는 빠져 있으나 라본에 의거하여 보충함.

散, 亦可矜也.

4-108.

嘉靖中, 羅州牧使, 逸其姓名, 官滿而歸, 所輪資貨甚繁[739], 彌亘數十里. 於是乎, 奸宄[740]生心, 而沿路館于院店, 不使行旅同舍, 賊徒相與謀, 假稱沙器進貢, 强之共入一舘者, 近[741]百籠. 該[742]吏教戒母使人馬近前, 曰: "破進貢一沙器, 當直若干." 羅州僕從莫敢近. 日將暮, 有一婢便旋其籠側, 忽放屁一聲, 俄有, 兩人笑聲噱噱, 自籠中出. 婢奔告主翁, 主翁密召州吏, 謀曰: "一籠中, 有兩人笑聲, 想百籠藏二百人. 必俟其睡熟, 乘其便,[743] 今欲盡擒, 計將安出?" 老吏進前, 附耳語曰: "小人佯醉[744]使酒, 與所謂諧[745]吏相詰, 大人微怒, 縛吾與吏輩甚緊, 則彼以[746]微罪被縛, 必順受不敢拒. 乃聚衆積籠, 更加結束而射之, 可立擒." 遂用其策, 其魁與卒, 果被縛不辭. 又縛盛沙器之籠, 曰: "吾當盡破沙器, 伏罪于京師." 積其籠而[747]射之, 百籠高[748]躍于庭, 流血迸地, 二百人[749]皆就擒. 縛其魁, 告于邑, 棄諸市. 方伯聞于朝, 加牧使一階, 賞其婢五百布.

---

739) 繁: 저본에는 '煩'으로 나와 있으나 가, 나, 라본을 따름.
740) 宄: 저본에는 '究'로 나와 있으나 나, 라본에 의거하여 바로잡음.
741) 近: 가, 나, 라본에는 '僅'으로 되어 있음.
742) 該: 저본에는 '偕'로 나와 있으나 가, 나, 라본을 따름.
743) 乘其便: 저본에는 빠져 있으나 나, 라본에 의거하여 보충함.
744) 佯醉: 나, 라본에는 '陽爲'로 되어 있음.
745) 諧: 나, 라본에는 '該'로 되어 있음.
746) 以: 저본에는 빠져 있으나 가, 나, 라본에 의거하여 보충함.
747) 而: 저본에는 빠져 있으나 나, 라본에 의거하여 보충함.
748) 高: 나, 라본에는 '齊'로 되어 있음.
749) 人: 저본에는 빠져 있으나 나, 라본에 의거하여 보충함.

4-109.

曺胤禧, 爲監察, 司瞻寺, 請臺臣開衙圍帷, 作廁于庫下. 胤禧如廁, 見鼠穴有木枝係絲, 心異之. 遂引其枝絲, 從庫中出, 絲端係繩, 繩端係綿, 細細首末相連, 延延[750]不絶, 多至四五十匹. 蓋庫子乘開庫, 入庫[751]繩之連之. 欲於罷衙後, 釣而出之也. 奸計甚巧, 遂告臺長, 訊之以嚴刑.

有一士人, 入試場, 溲溺狗竇, 竇中有絲係之木枝, 引之得一紙, 係絲紙[752]末, 楷寫一篇試文. 文[753]甚佳, 取而用之, 終捷巍科. 蓋借述者, 與入試場者相約, 而卒爲他人橫占也. 吁! 人心巧惡, 鼠輩穿窬之謀若此, 有司者, 嚴刑峻治, 以懲奸細, 有不可已者也.

### 諧謔

4-110.

朴大立, 新及第, 爲廣州敎授, 有所請, 見廣州牧使. 牧使文官有聲名[754], 傲大立官冷, 不自執盃[755], 而飲大立以酒. 其盃甚巨, 大立不辭而盡酌, 凡八器. 牧使曰: "飮無殘滴, 廣文事也." 大立略不愧, 但無一辭[756]干請而退. 或知其大度, 後大立官至[757]高品, 牧使位不加. 大立嚴冬衣褐, 夏月斲氷爲巾, 藏之帽中. 及爲咸鏡監司, 尹又

---

750) 延延: 저본에는 '連'으로 나와 있으나 라본을 따름.
751) 入庫: 저본에는 빠져 있으나 라본에 의거하여 보충함.
752) 紙: 저본에는 빠져 있으나 라본에 의거하여 보충함.
753) 文: 저본에는 빠져 있으나 라본에 의거하여 보충함.
754) 有聲名: 저본에는 빠져 있으나 가, 나본에 의거하여 보충함.
755) 盃: 저본에는 빠져 있으나 가, 나본에 의거하여 보충함.
756) 辭: 나본에는 '事'로 되어 있음.
757) 至: 저본에는 빠져 있으나 나본에 의거하여 보충함.

新爲判官, 伏大立椅下, 見有水自椅上點滴, 初以爲汗, 終見流注坐中. 怪而問之, 大立笑曰: "吾不耐暑, 每夏月必着氷巾." 大立官高年老, 或對客放屁[758]不忌, 有年老[759]蔭官, 曰: "人放屁, 臭必惡, 何相國之有[760]芳臭耶?" 大立勵聲叱之, 曰: "陋哉! 若是人[761]何言耶? 古有乞火之兒, 諂於太尉者, 有足香之說, 今復見子矣." 蔭官大憊而走, 其剛[762]直不喜佞, 如此.

4-111.

參議金穎男, 喜作詩, 一生著述無算, 但憑次韻而作, 能一韻數十首不窘, 否則不成章. 判書徐渻譏之, 曰: "令公詩韻, 眞箇[763]羅州貢生之枷也." 曰: "何也?" 曰: "羅州有一[764]貢生, 年[765]十一歲, 犯僞造印信律, 至二十猶滯獄, 初着短枷, 年年身漸長, 年年輒[766]長其枷. 坐臥起居, 常倚於枷, 猶盲者須杖. 至壬辰亂, 使君開獄放囚, 貢生長於枷中, 一朝脫枷, 前後左右無依倚, 不得步矣. 今令公之詩, 以韻爲枷, 解之則顚沛不得步矣." 衆大笑以爲格言.

4-112.

李相國恒福, 有愛馬癖. 爲領相時, 對客于外廳, 夫人自內使侍

---

758) 屁: 나본에는 '屎'로 되어 있음. 이하의 경우도 동일함.
759) 老: 저본에는 '少'로 나와 있으나 가, 나본에 의거함.
760) 有: 저본에는 빠져 있으나 가, 나본에 의거하여 보충함.
761) 是人: 가, 나본에는 '人是'로 되어 있음.
762) 剛: 저본에는 '强'으로 나와 있으나 가본을 따름.
763) 眞箇: 저본에는 빠져 있으나 가, 나본에 의거하여 보충함.
764) 一: 저본에는 빠져 있으나 가, 나본에 의거하여 보충함.
765) 年: 저본에는 빠져 있으나 가, 나본에 의거하여 보충함.
766) 輒: 저본에는 '漸'으로 나와 있으나 가, 나본을 따름.

婢傳言, 曰: "馬豆已竭, 喂[767]一馬有裕, 喂[768]兩馬不足, 何以爲之?" 相國正色, 曰: "馬豆多少, 欲令議大臣乎?" 國法削職者, 雖大臣, 以及第稱. 李相國[769]德馨, 以領相削職, 稱及第. 李[770]相國以左相, 被時議, 曰: "吾同接已爲及第, 吾何時及第?" 逮散居東郊, 有一氓來謁, 曰: "以身役, 不聊生." 相國曰: "吾以戶役, 不聊生." 時相國被護逆之劾, 與戶役同音, 其善謔如是.

4-113.
林悌, 俠士也. 少時, 與友行過一巷, 巷中[771]有宰相家, 大設宴方饗客, 其主人素昧平生. 悌謂其友曰: "我曾與是主有舊分, 君亦從我參此宴乎?" 友曰: "諾." 悌曰: "君且立門外待之, 我當先入邀君." 友如其言, 立門外. 悌入揖主客, 坐末席, 默無一言, 酒三行, 客或附耳問主人曰: "彼子主人知耶?" 主人曰: "否." 主人又附[772]耳問諸客曰: "彼子客之友耶?" 客皆曰: "否." 言訖, 主客相顧冷笑, 悌始發笑[773]言曰: "僉笑我耶? 我[774]不足笑. 又有益可笑於我者, 久立門外, 望我口而[775]待酒食." 主客大笑, 與悌語, 語未終, 知其豪士, 卽招門外客, 竟夕懽[776]飮而罷. 門外客[777]以爲, 悌與主人眞有分,

767) 喂: 저본에는 빠져 있으나 나, 라. 마본에 의거하여 보충함.
768) 喂: 저본에는 빠져 있으나 이본에 의거하여 보충함.
769) 相國: 저본에는 빠져 있으나 나, 라. 마본에 의거하여 보충함.
770) 李: 저본에는 빠져 있으나 이본에 의거하여 보충함.
771) 中: 저본에는 빠져 있으나 나본에 의거하여 보충함.
772) 附: 저본에는 '拊'로 나와 있으나 나, 다본에 의거함.
773) 笑: 나본에는 '口'로 되어 있음.
774) 我: 저본에는 빠져 있으나 나본에 의거하여 보충함.
775) 而: 저본에는 빠져 있으나 나본에 의거하여 보충함.
776) 夕懽: 나본에는 '日共'으로 되어 있음.
777) 客: 저본에는 빠져 있으나 나본에 의거하여 보충함.

終不悟唐突邃蕤以賣己也.

4-114.

林悌素無怯[778], 入場中, 見一士, 儲好梨滿橐, 與其主無交分, 直入橐前, 恣意咀嚼, 一橐垂空. 主人曰: "客食吾梨, 何太過也?" 悌曰: "甚矣! 吾之怯也. 誤食人梨幾盡." 大笑而起.

4-115.

尹秀才希宏, 儒士也. 性疎雅, 愛水石, 居雙門里南山麓, 斲岩爲山形, 衣以苔蘚[779], 間植奇花芳卉, 引山泉爲池, 種之芙蓉, 頗疎洒爲林泉之勝槪.[780] 長安士大夫, 多叩門來賞, 因以壺觴將迎[781]. 其友成擇善[782]於酒間, 戲之曰: "吾家有怪石, 甚巨峻拔,[783] 琦瑰天然, 不待人功[784], 豈子家日費斧斤, 借人力雕鏤者比乎[785]? 子若求[786]之, 吾有以贈, 子幸備車馬送之." 希宏大喜, 盡歡以罷.[787] 朝日[788]抵書京兆, 假公車與牛, 送明禮洞成氏庄. 擇善笑指南山[789]蚕頭, 曰: "此吾家怪石也, 爾如有力, 任其載去." 其車僕悵望空歸[790]. 是

---

778) 怯: 저본에는 '劫'으로 나와 있으나 다본을 따름. 서로 통함.
779) 苔蘚: 나, 라본에는 '蒼蘚'으로 되어 있음.
780) 頗疎洒爲林泉之勝槪: 나, 라본에는 '頗瀟洒有林泉之趣'로 되어 있음.
781) 將迎: 나본에는 '迎士'로 되어 있음.
782) 擇善: 나본에는 '擇晋'으로 되어 있음.
783) 甚巨峻拔: 저본에는 '甚峻巨拔'로 나와 있으나 나, 라본에 의거함.
784) 功: 나, 라본에는 '工'으로 되어 있음.
785) 乎: 저본에는 빠져 있으나 나본에 의거하여 보충함.
786) 求: 나, 라본에는 '要'로 되어 있음.
787) 盡歡以罷: 저본에는 빠져 있으나 나, 라본에 의거하여 보충함.
788) 朝日: 나, 라본에는 '明日'로 되어 있음.
789) 南山: 나, 라본에는 '南嶽'으로 되어 있음.
790) 空歸: 나, 라본에는 '驅車而還'으로 되어 있음.

時, 年少儒士金斗南, 踵門而求見石山, 門人辭焉. 斗南慍, 索筆題其門, 曰: '君家名勝擅長安, 日日來遊盡達官. 山石豈能偏拒我? 到門還愧着儒冠.' 其詩傳詠都中, 希宏大恨之. 鵝溪李山海, 聞此詩, 曰: "詩則好矣, 語不好, 終必不免儒冠也." 斗南以才子, 終不中第. 余赴中朝, 多見豪貴家名園, 皆鳩海中奇石, 舟車致之於千里之外. 凝之以石灰, 成洞天嵌竇, 從下透上, 其上列置華亭別院. 雜植殊方異樹妖花, 能盤屈眞松香檀, 順柯葉, 成屛墻門戶及獅子蹲伏之狀者. 冬則掘土窟數百間, 藏其花卉, 能貫寒長春者, 不可勝記. 彼皆玩物喪志, 作無益害有益, 以奢華相角務勝. 蓋其物力之雄, 雖私第亦然, 而希宏費區區瑣力, 乍爲草堂之娛, 而人且玩而稱之, 豈非大可哈乎![791]

## 4-116.

李春英·尹吉元·南以英, 雪中打話于成好善家碧齋, 春英曰: "雪中興況, 何者最樂? 各言其志." 春英曰: "與兩三同志, 團坐江樓, 擁爐細酌, 其樂何如?" 吉元曰: "與絶代佳人, 披裘擁衾, 對酌靑樓上, 高唱白雪之調, 其樂何如?" 以英曰: "携佳兒載美酒, 與所懽之交, 飛雪馬于氷江, 其樂何如?" 好善曰: "吾之樂, 異於是. 天山三丈之雪, 披黑貂裘, 領十萬驍[792]騎, 逐左賢王, 其樂何如?" 於是, 春英等相顧扼腕, 曰: "吾儕各有所樂, 而皆不及則優之豪壯." 則優, 成之字也.

---

791) 余赴天朝 … 豈非大可哈乎: 저본에는 빠져 있으나 라본에 의거하여 보충함.
792) 驍: 저본에는 빠져 있으나 다른 이본에 의거하여 보충함.

4-117.

李好閔·韓浚謙·李恒福, 少時與[793]遊中學, 瞻望太僕寺藁草萬餘束[794]. 浚謙曰: "吾欲取此, 喂一樸[795]馬, 以待其盡, 其壽幾何?" 好閔曰: "吾欲細莝此藁, 納吾枕中, 以待其盡, 其壽幾何?" 恒福曰: "吾欲待吾足麻之時, 以爪寸折, 和唾付之鼻端, 以待其盡, 其壽幾何?" 於是, 浚謙等抵掌大噱, 曰: "吾儕之壽, 皆過數百年, 然不如[796]子常之壽歷浩劫而無終也." 俗人足麻, 則折草和唾, 付鼻端, 卽愈故云爾.

4-118.

梁松川應鼎, 爲郡治郡齋, 木匠斲上[797]屋梁[798]用斤鉅, 松川與客, 對坐其下, 共飲. 盤中有海松子甚新[799], 呼童使種之園中, 曰: "他日此松長大, 當斫爲吾棺槨[800]." 客謂松川曰: "其松子長大結實, 吾當摘其實而種之, 待其長大, 爲吾棺材." 梁上木匠, 舍[801]斤鉅, 下庭伏拜. 松川問: "何故?" 木匠曰: "他日兩閤下, 萬歲之後, 小人當爲兩[802]閤下, 治其棺!" 兩人抵掌大笑, 松川命將穀五石, 賞其言. 噫[803]! 人壽之長短, 豈在於[804]人之口乎? 昔李好閔·韓浚謙·李恒

---

793) 與: 나본에는 '其'으로 되어 있음.
794) 藁草萬餘束: 나본에는 '積藁如山, 殆萬餘束'으로 되어 있음.
795) 樸: 저본에는 빠져 있으나 나본에 의거하여 보충함.
796) 不如: 저본에는 빠져 있으나 나본에 의거하여 보충함.
797) 上: 저본에는 빠져 있으나 가, 나본에 의거하여 보충함.
798) 梁: 가본에는 '樑'으로 되어 있음. 서로 통함.
799) 甚新: 저본에는 빠져 있으나 가, 나본에 의거하여 보충함.
800) 棺槨: 가, 나본에는 '棺材'로 되어 있음.
801) 舍: 저본에는 '拾'으로 나와 있으나 가, 나본을 따름.
802) 兩: 저본에는 빠져 있으나 가, 나본에 의거하여 보충함.
803) 噫: 가, 나본에는 '吁'로 되어 있음.

福, 見司僕草, 各譬其壽, 恒福之壽, 浩劫無窮, 而先兩人而死, 亦木匠之類也.[805]

4-119.

金繼輝·姜龜壽[806]·鄭礥·洪天民, 俱以[807]丙戌生, 四人爲稧. 姜龜壽家在南門外蓮池邊, 乘月而會, 皆家貧, 酒肴酸薄. 繼輝曰: "吾願得一日産一犢[808]之牛." 礥曰: "吾願得不釀自生酒之瓮." 龜壽曰: "吾願得不食不衣之美妾." 一時皆以爲三絶. 繼輝有詩, 曰: '風流姜大老[809], 蘊藉洪達可[810]. 景舒亦能詩, 惟我無才者.'

4-120.

近世有丈夫長髥者, 家事稍裕, 修酒饌以餉賓客, 陰與妻約, "吾見上客執上髥, 見中客執中髥, 見下客執下髥, 子以三等, 別具酒饌以餉之." 房中密約, 或有外人知之者, 有下客至, 丈夫執下髥, 妻薄具酒肴饋之. 過三盃, 主人曰: "家貧, 酒肴味薄, 不宜餉尊客." 命撤之, 客曰: "此酒食俱美, 請溢酌勿撤." 主人笑曰: "此亦笑我之言也."[811] 卽撤之. 後客[812]有知其事者至, 主人執下髥, 客曰: "請子稍上其手." 主人大慚. 故今人謂飮酒爲執髥.

---

804) 於: 가, 나본에는 '其'로 되어 있음.
805) 昔李好閔韓浚謙李恒福 … 亦木匠之類也: 저본에는 빠져 있으나 가, 나본에 의거하여 보충함.
806) 姜龜壽: 나, 마본에는 '姜克誠'으로 되어 있음. 이하의 경우도 동일함.
807) 以: 나, 마본에는 '是'로 되어 있음.
808) 一犢: 저본에는 '犢一'로 나와 있으나 이본에 의거함.
809) 大老: 나본에는 '子寶'로, 마본에는 '伯寶'로 되어 있음.
810) 達可: 저본에는 '可達'로 나와 있으나 이본에 의거하여 바로잡음.
811) 不宜餉尊客 … 此亦笑我之言也: 저본에는 빠져 있으나 가본에 의거하여 보충함.
812) 客: 저본에는 빠져 있으나 가본에 의거하여 보충함.

4-121.

全羅道靈岩郡守, 坐衙受民秋糶, 一邑之民皆會. 時天熱, 郡守呼曰: "進冷茶!" 茶進, 快倒一器. 有窮村民, 仰視而羨之, 不知冷茶爲何物, 疑其爲^813) 瓊醬玉液. 民旣收^814) 穀于倉, 就廠^815) 後, 求飮冷茶, 卽熟冷水也, 大笑而去. 俄而, 提督授敎來, 提督文官也, 官人^816) 傳呼, 邨民錯認提督, 卽中原李·董兩提督之類, 聚首而望. 問邑人, 卽鄕校訓導之別名也. 村人大笑曰: "是冷茶之屬也!"

4-122.

坡州有絶倒事. 有安姓人班族也, 耳聾如全壁, 聞人之言恒多笑, 笑之者, 蓋不察其言之何謂, 而每以笑先發也. 鄕里適有契會, 老少儕流多會, 安姓人亦往焉. 有一親舊, 敍寒溫^817), 曰: "近日平安否?" 安姓人不能聽, 答曰: "彼子見人則辱之, 何也?" 親舊乃高聲曰: "眞以吾之子稱之, 則何如?" 笑而答曰: "是言無怪矣." 一座皆^818) 拍掌.

4-123.

俗談, 有張其始而縮其終者, 鄭蕃之呈才人也; 費虛念而敗實事者, 兪涵之色好馬也. 有其外而無其中者, 張杞之紫襦紅裳也; 孼起^819) 於甲而^820) 災移於乙者, 活人署別提^821) 之罷官也. 何者? 昔者,^822)

---

813) 爲: 저본에는 빠져 있으나 가, 나, 마본에 의거하여 보충함.
814) 收: 가본에는 '輸'로 되어 있음.
815) 廠: 가, 나, 마본에는 '廳'으로 되어 있음.
816) 官人: 가, 나, 마본에는 '館人'으로 되어 있음.
817) 寒溫: 다른 이본에는 '暄'으로 되어 있음.
818) 皆: 저본에는 빠져 있으나 다른 이본에 의거하여 보충함.
819) 起: 나본에는 '作'으로 되어 있음.

鄭蕃以庶孽, 能文章, 中謁聖試壯元. 卽日放榜, 擇呈才人, 衣錦
衣, 呼唱馬頭, 意氣揚揚而去. 路上聞臺諫削科之聲, 呈才人含嘿
無聲,[823] 沮然喪[824]氣而走. 故曰[825]: "張其始而縮其終者, 鄭蕃之呈
才人也." 兪涵實學甚熟, 能誦四書三經, 多怯不能講, 入講席, 見
七大文, 皆所熟誦. 意謂及第可占, 細思某家有青衫, 某家有幞頭,
皆當借之. 獨色好馬難得, 曾聞某人騎白馬, 允合於青衫之郎, 若
轉借之, 豈不我假? 凝神[826]潛思之際, 帳中試官高聲, 曰: "應講生
何久涔寂?" 帳外臺諫[827], 使軍士肘之, 涵茫茫都不記自註, 不通[828]
而出. 故曰[829]: "費虛念而敗實事者, 兪涵之色好馬也." 李挺俊妻家
有婢, 名舜花[830], 有姿態媚人, 挺俊潛通之, 畏妻, 不得縱有所善.
張杞者, 寒人也, 招與共宿, 揚言張生員和舜花, 以舜花紫襦紅裳,
覆張杞身上, 挺俊下衾匿舜花而宿. 故曰: "有其外而無其中者, 張
杞之紫襦紅裳也." 萬曆乙亥冬, 舍人夜宴於凝香閣, 夜深宴罷, 有
妓歸[831]其家. 適中學儒生便旋路傍, 見佳妓夜中獨行, 攔道戲之,
妓拂其衣, 衣忽裂. 妓怒[832]奔訴舍人, 舍人怒, 曰: "中學無直宿之
官, 而使儒生橫行路上乎?" 遂發牌招吏曹郎官, 吏曹該色[833], 怕生

---

820) 而: 저본에는 빠져 있으나 나본에 의거하여 보충함.
821) 別提: 나본에는 '別坐'로 되어 있음.
822) 昔者: 저본에는 빠져 있으나 나본에 의거하여 보충함.
823) 呈才人含嘿無聲: 저본에는 빠져 있으나 나본에 의거하여 보충함.
824) 喪: 저본에는 '傷'으로 나와 있으나 가, 나본에 의거함.
825) 曰: 저본에는 빠져 있으나 나본에 의거하여 보충함.
826) 神: 저본에는 '然'으로 나와 있으나 나본을 따름.
827) 臺諫: 나본에는 '臺官'으로 되어 있음.
828) 通: 나본에는 '字'로 되어 있음.
829) 曰: 저본에는 빠져 있으나 나본에 의거하여 보충함.
830) 舜花: 나본에는 '舜華'로 되어 있음. 이하의 경우도 동일함.
831) 歸: 나본에는 '還'으로 되어 있음.
832) 怒: 저본에는 빠져 있으나 나본에 의거하여 보충함.

責及郞官, 以爲[834]郞官摘奸于活人署. 日暮後, 郭門閉而不得還, 郞官欲實其事, 待罷漏摘奸于活人署. 會別提[835]闕直, 罷其官, 時人稱之曰: '中學儒生戱女妓, 活人署別提罷其官.' 故曰: "孼起於甲而[836]災移於[837]乙者, 活人署別提之罷官也."

4-124.

沈相國喜壽[838], 解華語. 赴中原到一處, 主人家有丫頭女兒, 立于前, 相國問: "爾年幾何?" 對曰: "新造炕." 相國欲再問之, 恐爲兒女所笑, 細思之, 新造炕, 必濕流水, 濕流水之[839]音十六歲也. 相國答曰: "爾年十六歲耶?" 女兒笑而頷之.

4-125.

中國有養漢的, 往來遼薊[840]間, 多迷[841]年少客[842], 客問其年, 曰: "十七." 客曰: "吾甲年問爾年, 年十七; 乙年問爾年, 年十七, 人生長若爾, 豈不爲神仙?" 養漢掌客頰, 曰: "吾年七十, 長稱十七, 未有知者, 今爲這箇奴子[843]所露." 客曰: "娼女之諱年, 天下所同然." 豈獨娼女? 朝士亦然.

---

833) 色: 나본에는 '吏'로 되어 있음.
834) 以爲: 나본에는 '假稱'으로 되어 있음.
835) 別提: 나본에는 '別坐'로 되어 있음.
836) 而: 저본에는 빠져 있으나 나본에 의거하여 보충함.
837) 於: 저본에는 빠져 있으나 가, 나본에 의거하여 보충함.
838) 喜壽: 마본에는 '一松'으로 되어 있음.
839) 之: 저본에는 빠져 있으나 가, 나, 라본에 의거하여 보충함.
840) 薊: 저본에는 '蘇'로 나와 있으나 가, 나, 라본에 의거함.
841) 迷: 저본에는 '選'으로 나와 있으나 가, 나, 라본에 의거함. 나본에는 '逢'으로 되어 있음.
842) 客: 저본에는 빠져 있으나 가, 나, 라본에 의거하여 보충함.
843) 子: 저본에는 '才'로 나와 있으나 가, 라본에 의거함.

4-126.

人之老也, 事^844)有三反常. 哭無淚笑有淚, 一反常也; 夜無睡晝多睡, 二反常也; 少年事不忘, 中年近年事忘之, 三反常也.

---

844) 事: 저본에는 빠져 있으나 가, 나, 라본에 의거하여 보충함.

# 卷五

## 萬物篇

### 天地

5-1.

萬曆五年丁丑, 蚩尤旗出, 色黃赤, 長與天齊, 自秋徂冬不滅. 其冬大霧連日, 天地晦塞. 或曰: "蚩尤旗爲霧而散." 萬曆二十四年, 有星落于中原武靈縣民家, 其大如五斛釜. 其落也, 晶光如月, 一野熀朗, 久而後, 黯黙之色, 自外而蝕內, 終成一靑石. 愚民不解告官, 最後[1] 知縣聞之, 杖其民, 發縣民[2]杠以致縣庭, 今武寧縣有落星石. 萬曆三十六年, 有大星落于西方, 光色如火盆, 不知墜何處[3]. 其餘光亘天不散, 不知幾百曲, 夕陽照之, 曲曲[4]皆如日暈之珥, 良久而滅. 或曰'天狗', 或曰'枉矢'. 考之『星經』, 卽所謂飛星也.

5-2.

萬曆四十三年三月朔日, 日有食之. 開城留守趙振, 占之, 曰: "是日也, 日食于奎之分野, 古者日食于奎之分野, 文章之士必死焉, 謝靈運·范曄之死, 亦有是變. 今者, 僉知[5]車天輅病革, 得無應是災乎?" 天輅未幾而死. 吁! 車五山文章宗匠也, 數百年間, 未有之奇才也. 而一生坎軻, 動輒遭譴, 卒之窮餓而死. 然其死也, 應日

---

1) 後: 저본에는 '久'로 나와 있으나 라본을 따름.
2) 縣民: 라본에는 '縣人'으로 되어 있음.
3) 處: 라본에는 '地'로 되어 있음.
4) 曲曲: 저본에는 빠져 있으나 라본에 의거하여 보충함.
5) 僉知: 다본에는 '僉正'으로 되어 있음.

食之災. 莊子曰: "天之小人, 人之君子; 人之小人, 天之君子." 韓退之曰: "得於天而失於人, 何害?"

5-3.

萬曆辛卯年[6], 韓孝純奉表朝燕, 中原人曰: "武庫兵器, 積年不磨, 而至近歲, 光晶十倍, 如新拔硎, 是天下動兵之象也. 識者多[7]憂之云." 越明年, 我國果有倭變, 中國動天下兵以救之. 辛卯年間, 我國軍器寺, 池水自湧, 突起過墻, 老吏憂之, 曰: "昔在乙卯年有是變, 南邊生倭亂[8]!" 至壬辰, 果又有倭變. 伽倻山海印寺, 八萬大藏經漆板, 一一[9]皆流汗, 明年果有疫. 董提督一元征倭, 駐師星州, 新造關王土塑, 土塑自流汗至地, 一軍畏之. 不閱月, 果有泗川之敗. 物之示警, 豈虛應哉?

5-4.

北道多雄岳巨嶺, 摩空蘸洋, 彌亘數千里, 達于南海而窮者, 皆自白頭山來. 余嘗遊三水郡小農堡, 登長慶嶺而望之, 則白頭山在胡中, 去我界纔數日程. 渾體皜皚, 如雪疊[10]氷澌, 魁然傑特. 頻睨衆山, 諸峰嶙岣撲地, 環擁於左右前後者, 如嬰兒侍尊丈, 莫敢與肩. 其山之一枝, 蔓于我境, 爲北道諸山, 千里之間, 無一尖峰, 皆長嶺直馳, 嶺上皆沮洳沒膝, 過鐵嶺南關, 始崒嵂爲峰巒. 邊地之人, 潛與胡通貨, 來往白頭山, 如[11]隣並, 而對國人抵死秘不洩, 獨

---

6) 年: 저본에는 빠져 있으나 나본에 의거하여 보충함.
7) 多: 저본에는 빠져 있으나 나본에 의거하여 보충함.
8) 倭亂: 나본에는 '倭變'으로 되어 있음.
9) 一一: 저본에는 빠져 있으나 나본에 의거하여 보충함.
10) 疊: 마본에는 '鏤'로 되어 있음.

胡僧隨邊卒往覘, 細傳其觀, 記者有之. 是山之趾, 大江環之, 無舟楫不可涉, 善游者潛過. 山多大風, 塵霾之雜, 汨之兩岸, 莎[12]草覆水, 羃絡[13]如經緯. 人履此行, 蕩撓如乘筏, 波濤所激漚沫, 爲風所釀化爲石, 其石[14]多孔竅如蜂房. 衆水禽卵, 孵[15]於莎草上, 土胡取拾剖殼, 盛瓷滋塩, 佐朝夕食[16]. 胡寇中國, 過是山者, 畏山神, 例以雲錦全匹, 掛山樹, 祈禳[17]而去, 胡不敢取, 任其雨雪自朽. 入其山, 山之腰有大池, 兩浹之間, 一望極目, 當天候向暖, 天下長翮之鳥, 如[18]鸛・鵠・鴻・鴈・鷲・鵰, 雨[19]飛水宿之屬, 翔自衡陽歸向委羽, 咸來萃于玆池. 彭砰嗏眂[20], 其翰蔽天, 其音如雷. 至初秋, 凉風乍起, 皆[21]皷翼而南, 自此, 曠朗爲空地[22]. 北山之木, 古人所稱, '北道諸山參天翳日之樹, 千尋百圍, 櫛比如攢, 鉅獸[23]之産育其中.' 奇形詭狀, 何可勝記?


## 5-5.

余嘗聞, 我國山川阻深, 人跡所不到, 如秦人武陵處非一, 獨妙香山之北, 曠世不通人烟. 嘉靖・隆慶間, 有一民, 負小犢, 入無徑

---

11) 如: 저본에는 빠져 있으나 이본에 의거하여 보충함.
12) 莎: 저본에는 '沙'로 나와 있으나 가, 나, 마본에 의거함.
13) 絡: 저본에는 '路'로 나와 있으나 가, 나, 마본에 의거함.
14) 其石: 저본에는 빠져 있으나 가, 나, 마본에 의거하여 보충함.
15) 孵: 가, 나, 다, 라본에는 '毈'로 되어 있음.
16) 食: 가, 마본에는 '飱'으로 되어 있음.
17) 禳: 저본에는 '穰'으로 나와 있으나 가, 다본에 의거함.
18) 如: 저본에는 빠져 있으나 이본에 의거하여 보충함.
19) 雨: 나, 마본에는 '雲'으로 되어 있음.
20) 嗏眂: 나본에는 '呟眂'로 되어 있음.
21) 皆: 저본에는 빠져 있으나 나, 다, 마본에 의거하여 보충함.
22) 地: 나, 마본에는 '池'로 되어 있음.
23) 獸: 저본에는 '狄'로 나와 있으나 나, 마본에 의거함.

之谷, 官人知其爲逋民, 窮詰之, 言有沃野在極深處, 牛馬所不到, 必須人負駒犢而入, 及長而用之. 官家使軍官隨之, 識其路, 歷險登, 頓數日失其路, 其民不許之, 官家怒而殺之云. 天啓二年, 余遊松泉寺, 遇一衲, 名法環, 少時, 登香山香爐峰北望, 山岳阻絶靑冥浩渺之外, 或稱有古香山爲別世界[24], 古人所居, 今亦有遁世人潛焉. 環樂之, 遂嬴松皮栢葉爲糗, 尋無媒之墟以入, 則杉檜參天, 不見日月, 蒼蔚之中, 無一兔逷猴蹊, 遠近闃靜, 不聞一鳥聲. 往往或闠[25]芧徑, 以表行徑, 北行露宿八日程, 不見人家. 至一處, 有粟田依山坡, 皆不伐木, 只剝皮周數尺, 使木立槁, 破土種粟於亂木間, 亦無溝澮畦畎, 而其粟穗如馬尾[26]. 斬大[27]木爲高架, 積粟其上, 處處如千囷萬廩. 跨岩截谷起大刹, 金碧照爛, 皆溫房燠室, 有僧百許人居之. 無牛馬車乘, 不與內地人相往返, 只因貿塩於數千里外, 因芧徑以識歸路而已. 其運塩也, 三煮十曬, 重藉以櫨葉, 絡以脩繩, 雖投水中, 水不添, 背負以致之, 故塩貴如金. 凡沈菹作羹, 皆取草木酸汁, 調其味, 風土苦寒, 非重窓複閣不可安, 而積粟陳陳, 人皆壽過百歲, 眞所謂別天地非人間者也. 昔因萬戶黃裕聞, 搜討於閭延·茂昌之境, 四月氷雪, 凍泥沒股餘項, 魚大如脛, 斲氷取之, 恣其手擢掛木. 經數日, 歸路取而來, 人無取者, 土地之沃, 倍內地十之. 今此古香山者, 豈地近閭茂, 風土似之也歟! 環留月餘而還, 食無塩. 其歸甚瘠見骨, 裕素有軟脚病, 自出沒氷泥後, 平生無病.

---

24) 別世界: 저본에는 '世別界'로 나와 있으나 마본에 의거하여 바로잡음.
25) 闠: 마본에는 '環'으로 되어 있음.
26) 其粟穗如馬尾: 마본에는 '其粟稈如人臂穗如馬尾'로 되어 있음.
27) 大: 저본에는 빠져 있으나 마본에 의거하여 보충함.

# 草木

5-6.

公州官庭有一樹, 香烈葉廣, 花色微紫, 枝幹具美, 官吏愛護封植, 而自古不知其何名. 萬曆戊午, 天朝漂流人, 過是州, 或問其名, 皆曰: "木蘭樹也." 問培植[28]之方, 則曰: "折而樹之, 則無不生." 自此, 公州之人, 始知爲木蘭也. 吁! 木蘭中國之佳樹也, 不知其始自生耶? 自他移種耶? 抑前朝舟通中國時, 自[29]江南移來耶? 立於庭中, 經幾何歲月, 而我國之人, 熟視而不之省也. 彼希世之佳木, 立於戶庭, 而人不識者, 何限[30]? 東人之眼, 肉耶蠟耶[31]? 惟中國之人能[32]知之耶?

5-7.

吾里中, 參判鄭曄[33], 作「朽木說」, 恒[34]自贊善作, 余未觀之. 及吾借醫官元應辰家寓焉, 其壁上傅一小紙, 其辭曰: "夜中有物, 燦若星火光, 余甚奇[35]之, 朝見乃朽木也. 噫! 朽木一穢物也, 得夜則光微, 白日孰能辨其朽木也?" 余初以爲醫官之作, 甚奇之, 及知鄭時晦之作, 余亦無甚異焉.

---

28) 植: 저본에는 '樹'로 나와 있으나 나, 마본을 따름. 서로 통함.
29) 自: 저본에는 '能'으로 나와 있으나 이본을 따름.
30) 限: 저본에는 '恨'으로 나와 있으나 가, 다, 마본에 의거함.
31) 蠟耶: 저본에는 빠져 있으나 나, 마본에 의거하여 보충함.
32) 能: 저본에는 빠져 있으나 나, 마본에 의거하여 보충함.
33) 曄: 저본에는 '燁'으로 나와 있으나 마본에 의거하여 바로잡음.
34) 恒: 마본에는 '常'으로 되어 있음.
35) 奇: 마본에는 '寶'로 되어 있음.

## 人類

5-8.

文官李玄培, 爲晉州牧使時, 漁人進白魚, 全體如氷雪, 玄培之妻[36]煮食之. 是月有娠生男, 頭髮俱白, 肌膚如玉, 瞳微黃且白. 及年十餘歲, 就師學問, 頗有[37]聰明, 善屬文. 與群兒累遊我門庭, 正晝視物, 不甚明, 不敢仰視日, 常俛首視地而行. 同隊者夜入其家, 見坐暗室能書從政圖細字, 不錯秋毫, 識者憂之, 知其有兵象. 年十三而死, 明年, 倭賊[38]大擾東方. 余又於萬曆己酉, 朝京入遼左牛家庄, 主人有一婦, 年十九, 顏色頭髮手足, 皆白雪, 一[39]如玄培子. 主人曰: "是婦夜見物分絲毫, 晝行僅得察庭戶, 墒塤[40]多躓." 過[41]十年, 有老酋之變. 蓋白者西方金色也, 其爲兵徵, 果矣.

5-9.

李芝峯晬光, 爲安邊府使, 其地有一氓[42]漂海而還者, 曰: "嘗與三人, 同小舟漁于海, 遇戕風直西行, 七日七夜, 不暫息. 忽至一處, 依岸艤舟而眠, 聞有浪聲洶湧漸邇, 擡目見巨人, 腰下入水, 腰上露於水者, 長可三十仞, 其頭面·肢體, 極雄無可比. 三[43]漁子刺船, 欲避之[44], 已被攀舷欲覆之, 蒼黃擧斧斫其臂, 巨人棄而上山.

---

36) 妻: 저본에는 '妾'으로 나와 있으나 가, 나본을 따름.
37) 有: 저본에는 빠져 있으나 가본에 의거하여 보충함.
38) 倭賊: 가본에는 '倭寇'로 되어 있음.
39) 白雪一: 저본에는 빠져 있으나 가, 나본에 의거하여 보충함.
40) 塤: 가, 나본에는 '埴'으로 되어 있음.
41) 過: 저본에는 빠져 있으나 가, 나본에 의거하여 보충함.
42) 氓: 가, 나, 다본에는 '民'으로 되어 있음.
43) 三: 저본에는 빠져 있으나 가, 나본에 의거하여 보충함.
44) 之: 저본에는 빠져 있으나 가, 나본에 의거하여 보충함.

三人引舟而去, 巨人立山上, 魁梧[45]觸天如山岳, 不知何許地人也. 三人復遇西風, 泊我南海[46]康津之堧, 歸焉." 嘗聞『東國通鑑』, 有一女死而浮海而到[47], 其陰七尺. 蓋海外有巨人國, 豈防風氏長狄僑如之遺裔也歟!

5-10.

金漢英者, 義州衙兵也. 洪天民爲都司迎慰使時, 以小童伺候, 及其子瑞鳳, 復爲都司迎慰使, 至義州, 漢英謂瑞鳳曰: "昔者, 先令公爲迎慰使時, 李成梁[48]以黔山參將, 代都司, 陪明使[49]許國, 至鴨綠江. 時成梁子與姪, 俱摠髻小兒, 渡鴨綠[50]江, 縱觀義州而去. 其子卽如松也, 年十三, 容貌秀美." 及壬辰難, 如松以提督, 領十萬兵, 破平壤倭[51], 見我先王, 曰: '俺幼時, 嘗游貴國之[52]地云.' 國人不信之, 今[53]聞漢英之言, 果然.

5-11.

安廷[54]蘭, 吏文學官也. 善華語, 如中原者[55], 數矣. 着小帽, 衣鵶靑袍[56], 穿雲鞋, 作華人狀. 與所待[57]華人, 入[58]養漢宮[59]娼家, 自稱

---

45) 魁梧: 가본에는 '魁嵬'로 되어 있음.
46) 南海: 저본에는 '海南'으로 나와 있으나 가, 나본에 의거함.
47) 而到: 저본에는 빠져 있으나 다본에 의거하여 보충함.
48) 梁: 저본에는 '樑'으로 나와 있으나 마본에 의거하여 바로잡음. 이하의 경우도 동일함.
49) 明使: 라, 마본에는 '天使'로 되어 있음.
50) 鴨綠: 저본에는 빠져 있으나 라, 마본에 의거하여 보충함.
51) 倭: 라, 마본에는 '賊'으로 되어 있음.
52) 國之: 저본에는 빠져 있으나 마본에 의거하여 보충함.
53) 今: 라, 마본에는 '及'으로 되어 있음.
54) 廷: 나, 라본에는 '庭'으로 되어 있음. 이하의 경우도 동일함.
55) 者: 저본에는 빠져 있으나 가, 나, 라본에 의거하여 보충함.

陝西商旅, 請娼寄宿. 宮娼自高聲價, 不與外國人通聽, 廷蘭言語小濇[60], 而中國八方鄉譚不類, 雖同國人, 亦多不相曉者, 以是信之不疑. 娼家備酒肴餉之, 對床而坐, 熟視廷蘭, 耳有穿環孔, 始疑之, 曰: "觀爾耳朶有孔, 莫是高麗人?" 廷蘭曰: "吾幼時, 父母鍾愛, 衣女兒衣, 帶女兒裳, 穿兩耳垂環, 作兒女狀, 以[61]戲之. 是以, 耳有雙穴痕." 娼笑而信其言. 及擧酒鍾相屬, 廷蘭拈[62]鍾, 指甲蘸[63]酒. 中國之人執鍾, 例用兩指執鍾外, 不令甲入酒, 故娼觀廷蘭執酒, 大驚曰: "拏鍾子的, 眞箇高麗人!" 以手掌打廷蘭背, 大怒而[64]逐之.

## 5-12.

萬曆己酉, 余以聖節使到燕京, 時尹判書昉, 亦奉使留館, 言, "湖廣有一濱海極絶處, 多瘴氣, 夫人[65]初嫁, 其夫必患癩瘡遍身, 百藥不效而死. 再適, 人終無患. 其地有處子者, 必欺他方人, 不聞知其事者[66]嫁之, 待其傳瘡而後, 更嫁其地之男. 不然, 其地人不敢娶[67], 故其地無節婦. 女子獨然, 男子不然."[68] 余聞而怪之, 以爲誕,

---

56) 鵶靑袍: 가본에는 '鵝靑道袍'로, 나, 라본에는 '鴉靑道袍'로 되어 있음.
57) 所待: 나, 라본에는 '三四'로 되어 있음.
58) 入: 저본에는 '于'로 나와 있으나 가, 나, 라본에 의거함.
59) 宮: 가, 나, 라본에는 '官'으로 되어 있음. 이하의 경우도 동일함.
60) 濇: 나, 라본에는 '澁'으로 되어 있음. 서로 통함.
61) 以: 저본에는 빠져 있으나 가, 나, 라본에 의거하여 보충함.
62) 拈: 저본에는 '招'로 나와 있으나 가, 나, 라본에 의거함.
63) 蘸: 저본에는 '醮'로 나와 있으나 가, 나, 라본을 따름.
64) 而: 저본에는 빠져 있으나 나, 라본에 의거하여 보충함.
65) 夫人: 가, 나본에는 '婦人'으로 되어 있음.
66) 不聞知其事者: 저본에는 빠져 있으나 가, 나본에 의거하여 보충함.
67) 敢娶: 가, 나본에는 '取也'로 되어 있음.
68) 女子獨然, 男子不然: 저본에는 빠져 있으나 가, 나본에 의거하여 보충함.

尹昉曰: "謂余不信, 問之韓序班." 問之, 果不誣也. 韓福建人也.

5-13.

倭人性急, 以殺伐爲尙, 凡[69]有睚眦輒按劒. 有豐城監者, 宗冑人也. 八九歲被虜入日本, 年過二十而還. 言語動止, 盡忘本國之舊所習, 一如倭人, 用兵擊刺, 九分模狀. 時夏晝睡, 親戚戲之, 以紙針刺鼻, 豐城驚起閉目, 而撫腰不得劒, 遂開目大笑, 曰: "倭俗坐臥不解劒, 小拂其意, 卽拔劒刺之. 故雖夫婦不得同宿而[70]寢, 慮其有不虞也[71]. 今者, 若[72]吾劒在腰, 幾乎殺吾親戚也." 衆皆聞之吐舌. 其後, 豐城死於逆亂, 日本難化之俗, 可想也[73].

## 禽獸

5-14.

古者, 以舟楫通中國, 使臣渡大海, 達于登萊, 出沒波濤, 生死難期. 朝臣之膺使命者, 與家人死別, 處家事而去. 多移養家鴿于船中, 以通家書, 繫書鴿足而放之, 雖千里之遠, 不日而至. 家人得書, 知其安, 未幾還, 參以日字, 不一差. 蓋鴿之戀主歸巢, 猶海燕之有信于主[74]家也.

---

[69] 凡: 저본에는 빠져 있으나 라본에 의거하여 보충함.
[70] 宿而: 저본에는 빠져 있으나 라본에 의거하여 보충함.
[71] 也: 저본에는 빠져 있으나 라본에 의거하여 보충함.
[72] 若: 라본에는 '苟'로 되어 있음.
[73] 也: 저본에는 빠져 있으나 라본에 의거하여 보충함.
[74] 主: 저본에는 빠져 있으나 다른 이본에 의거하여 보충함.

5-15.

金緻貶官, 爲濟州判官, 泊楸子島, 水天相接, 東西南北, 極目各千餘里, 白鷗蓋海無間斷, 甚壯觀也. 問之篙師, 曰:"白鷗如許之多, 隔累歲罕見, 若然則大風必作." 夫白鷗江海之侶也, 李白詩曰: '白鷗兮飛來, 長與君兮相親.' 山谷詩曰: '江南野水碧於天, 中有白鷗閑似我.' 東人詩曰: '明沙十里海棠紅, 白鷗兩兩飛疎雨.' 余愛白鷗, 欲以殘生隨之. 家有少妾, 善作鷗鳴, 余時時憶江海[75]而不得歸, 使之作鷗聲以解頤. 今聞金公之言, 白鷗許[76]多徒黨耶? 木玄虛「海賦」曰: '翻動成雷.' 亦厭其多也歟!

5-16.

鷲雕鷹鶻, 皆鷙鳥也. 鷹棲于深山絶壑[77], 人跡所不到處, 獲雉兔去毛羽, 沈之石澗寒冽之水, 雖盛夏不敗, 以飼其雛. 其雛距觜方成, 其母以肉與雛, 反爲衆雛所攫, 故必盤飛巢上下, 投其肉. 雛中勇健者, 得肉偏多, 先能飛揚, 故雛中先健者良. 樵夫到澗, 瞰鷹之遠盤未回, 偸其肉, 鷹或知之, 攫傷其面目, 欲取其雛者, 亦乘其隙, 梯絶壁, 攀其巢而取之, 用行縢束之而來. 鷹歸見其巢, 亡其雛, 則疑爲蛇虺[78]狸猩所害, 明年[79]移其巢, 不復來. 人若掛鞋於樹枝, 則鷹知爲人所取養, 明年又來栖焉, 人可以逐歲得其[80]雛云.

---

75) 江海: 마본에는 '江南'으로 되어 있음.
76) 許: 마본에는 '何'로 되어 있음.
77) 絶壑: 다른 이본에는 '絶壁'으로 되어 있음.
78) 虺: 저본에는 '虮'로 나와 있으나 다른 이본에 의거함.
79) 明年: 저본에는 빠져 있으나 다른 이본에 의거하여 보충함.
80) 其: 저본에는 빠져 있으나 다른 이본에 의거하여 보충함.

5-17.

有野客, 會友烹狗, 將充盤羞. 有一雕下搏廚夫, 傷頭面. 客曰: "此取之甚易." 於是, 拾小石, 納狗腹[81]而切之, 滿一簣矣. 置之田中而伺之, 雕下田啄之立盡, 使健僕荷大杖而進, 雕奮翅決[82]起, 離地不能丈矣. 遂一杖而斃, 滿座皆[83]快之.

5-18.

余爲御史, 自江界放舟鴨綠江, 見江邊, 有樹兩枝對立, 別有一枝二條, 橫其間. 問之, 舟人曰: "胡人取雕羽爲箭, 而雕羽得秋而勁, 故自夏月, 橫兩條枝於立枝間, 雕之飛過者, 必坐於橫枝, 坐之旣慣, 無疑訝之心[84]. 至秋, 垂絍於上橫枝, 以取之云."

5-19.

我國人, 以鼎小鳥爲杜鵑, 東人多咏鵑. 而『皇華集』天使之詩, 前後賦春物者, 未有一句及聞鵑. 人皆曰: "杜鵑蜀鳥也. 宋時啼汴京天津, 邵堯夫憂之." 我國地寒無杜宇, 明矣. 及杜成令善畫, 得中國畫工百禽圖模之中, 杜鵑狀如老鳥, 不似我國鼎小鳥, 東人之疑或釋. 及天使朱之蕃來, 會鼎小鳥鳴, 接[85]伴問之, 則曰: "上國亦有之, 是禽怨禽也, 非杜鵑也云." 鼎小鳥狀, 如小鳩, 兩翅微赤.

---

81) 腹: 가, 나본에는 '腸'으로 되어 있음.
82) 決: 저본에는 빠져 있으나 가, 나본에 의거하여 보충함.
83) 皆: 저본에는 빠져 있으나 가, 나본에 의거하여 보충함.
84) 之心: 저본에는 빠져 있으나 다른 이본에 의거하여 보충함.
85) 接: 저본에는 '樓'로 나와 있으나 다른 이본에 의거함.

5-20.

有人, 見大[86]鷲取野鶴之雛, 野鶴盤于中天, 大叫一聲, 衆鶴輻溱滿天. 失雛之鶴, 先逐大鷲, 落于田中, 衆鶴圍鷲爲圓陣, 鷲怒目張距而咻之, 衆鶴睢盱莫敢前. 良久, 有[87]一大鶴, 特秀衆中, 自外濶步而進, 盤之數匝, 忽風驟雨迅, 厲脩觜一啄之, 鷲仰臆而倒. 衆鶴爭趍而啄之, 磔其肉而[88]盡之, 然后劃然而散.

5-21.

成子沆, 文官也, 善相馬. 其女壻判官安瑧[89], 買一良馬, 愛之甚[90], 喂養倍之,[91] 肥澤飛驟, 牽過於庭. 子沆一見之, 曰: "此馬脊毛逆竪, 臟膈離柝, 不四朔必[92]死. 速賣於市, 取半直, 若滿其價, 是欺人也, 不可. 若仍留養, 非徒失本價, 喂養之功[93]歸虛矣[94]." 瑧大怪之, 曰: "吾馬肥澤如此, 行法如此,[95] 朝夕菽豆不少[96]減, 表裏有何病, 而取半直而[97]賣之乎?" 厥後四月, 果無病而倒死. 嘗在[98]堂中, 聞墻外馬嘶, 曰: "是馬有某病, 不多月而必死, 說於[99]主人."

---

86) 大: 저본에는 빠져 있으나 가, 나본에 의거하여 보충함.
87) 有: 저본에는 빠져 있으나 가, 나본에 의거하여 보충함.
88) 而: 저본에는 빠져 있으나 가본에 의거하여 보충함.
89) 瑧: 저본에는 '溱'으로 나와 있으나 나본에 의거함. 이하의 경우도 동일함.
90) 甚: 저본에는 빠져 있으나 가, 나본에 의거하여 보충함.
91) 喂養倍之: 가, 나본에는 '飼養倍常'으로 되어 있음.
92) 必: 가, 나본에는 '當'으로 되어 있음.
93) 功: 가본에는 '勞'로, 나본에는 '費'로 되어 있음.
94) 矣: 저본에는 빠져 있으나 가본에 의거하여 보충함.
95) 肥澤如此, 行法如此: 가본에는 '肥澤騰揚, 終日行不一蹶'로 되어 있음.
96) 少: 저본에는 빠져 있으나 가본에 의거하여 보충함.
97) 而: 저본에는 빠져 있으나 가, 나본에 의거하여 보충함.
98) 在: 가본에는 '坐'로 되어 있음.
99) 於: 가, 나본에는 '與'로 되어 있음.

後日, 其馬果死, 主人來謝. 凡一有無不知其才成不成, 其言必中如神.[100] 有宗室某人, 買良馬, 欲示之子沆, 子沆在別堂, 門[101]窄難容馬, 馬[102]立門外嘶數聲, 子沆曰: "不須見其狀也, 聞其聲, 不久必死. 速還其馬, 無浪費其價." 宗室笑而不信, 不數日斃, 甚大怪也. 其神如此, 世以伯樂比之. 卒官潭陽府使.[103]

5-22.

有士人張甲, 居漢城南部[104], 夜有人殺二人, 棄門前. 甲念國法殺人之獄, 必先鞫比隣, 嚴刑歸一而後, 繩正犯者以律. 士人恐己家先受其禍, 密令奴馱兩尸於一馬, 棄之郊外屛處. 五皷國門開, 乃往, 會昏霧四塞都城十里, 向山谷未至, 霧忽收, 東方明矣. 行人遍道路, 奴蒼黃棄馬而遁, 未幾,[105] 馬自尋其家, 載兩尸而還, 騅追踵[106]到門, 得其屍. 遂囚士人慘刑, 不勝痛楚, 將誣服, 適得眞罪人, 事乃得[107]已.

5-23.

吾家有僮僕[108]末石者, 性駿, 年過二十, 不知己生歲幾許, 算不能十. 使問之年, 則[109]曰: "吾年前年十七, 今年十六矣." 所能只刈

---

100) 凡一有無不知其才成不成, 其言必中如神: 저본에는 빠져 있으나 가, 나본에 의거하여 보충함.
101) 門: 저본에는 빠져 있으나 가, 나본에 의거하여 보충함.
102) 馬: 저본에는 빠져 있으나 가, 나본에 의거하여 보충함.
103) 卒官潭陽府使: 저본에는 빠져 있으나 가, 나본에 의거하여 보충함.
104) 南部: 나본에는 '南郭'으로 되어 있음.
105) 未幾: 가, 나본에는 '天旣明'으로 되어 있음.
106) 踵: 나본에는 '蹤'으로 되어 있음.
107) 得: 저본에는 빠져 있으나 가, 나본에 의거하여 보충함.
108) 僮僕: 가, 나본에는 '童奴'로 되어 있음.

薪, 而不能計薪十束, 只量力輕重而負來. 渾家嘲[110]笑之, 詰其由. 兒時容貌端正, 性伶俐出群兒, 家長出耘於野, 使渠摘覆盆子來. 方夏紅子滿林[111], 赤身持筐摘之, 有村牛繫其林, 爛熟者多在牛下, 匍匐而取之. 牛驚抵觸之, 加之角上而躍之, 高十餘丈, 迸落于地. 迷不省, 牛益怒, 引絶鼻索, 觸而躍之, 至四五度, 肚內外皮三裂, 腸腑瀉于地長數十尺[112], 血滿溝洫, 烏鳥爭啄之. 薪者奔告, 家長來觀之, 氣絶久矣. 遂抱就川上, 洗其腸納肚內, 求醫[113]於數里所[114], 縫其裂處. 又求醬油・全椒・生芐[115]於遠村, 調和數器, 開口而斟之. 至夜而甦, 數月縫合, 肌肉復全. 自此, 精神頓迷, 其癡駿如此云. 後數月, 牛主牽牛牧野外, 日暮不返[116], 家人往尋之, 牛復觸殺之仆林中, 烏鳶盡啄腸與目, 村犬磔其肉矣. 遂縛其牛于樹株, 裂[117]四脚, 巨斧斷其項肉. 吁! 向使童子不貪山果, 必不見縫腸之患, 又使牛主當決腸童子之時而殺之, 必無烏鳶啄腸村犬磔肉之慘. 物性不一, 不測之禍[118], 或伏於參養, 可不愼哉!


5-24.
奴兒阿赤, 胡酋也, 並兼部落, 遠邇歸服, 威振[119]沙漠, 莫之與

---

109) 則: 저본에는 빠져 있으나 가본에 의거하여 보충함.
110) 嘲: 저본에는 '調'로 나와 있으나 가본을 따름.
111) 滿林: 가, 나본에는 '漫林'으로 되어 있음.
112) 長數十尺: 저본에는 '數十長尺'으로 나와 있으나 가, 나본에 의거함.
113) 醫: 가, 나본에는 '驂'으로 되어 있음.
114) 所: 가본에는 '村'으로 되어 있음.
115) 全椒・生芐: 가본에는 '天椒・生芋'로 되어 있음.
116) 返: 나본에는 '還'으로 되어 있음.
117) 裂: 가, 나본에는 '繫'로 되어 있음.
118) 禍: 가본에는 '災'로 되어 있음.
119) 振: 가, 나, 라본에는 '憎'으로 되어 있음.

競. 萬曆中, 聞[120]忽溫胡兒畜巨獒, 其大如二三歲馬, 健捷無雙, 用銀五百兩買之. 兩界之間, 阻隔大江, 其獒未涉[121]江, 乘夜遁歸于舊主, 又用二百銀, 使舊主涉江而送之. 於是, 奴兒阿赤大開蒐獮, 縱其獒使逐獸, 頃晷間不離車下, 獲巨豨大麋者五. 奴兒阿赤據鞍大笑, 罷獵而歸, 曰: "吾所以費[122]重貨致此拘者, 聊欲快一時之觀, 以試其猛技. 物各有主, 豈吾長有?" 卽日還之忽溫, 並與七百銀捐之, 胡中皆服. 蓋知[123]神物不服于非主, 若復乘夜逃歸, 必[124]貽笑於胡中故也. 其雄豪, 大畧如此也.[125]

## 5-25.

嘉靖乙巳之間, 國有寃訟[126], 市肆多棄屍, 閭巷士女恐悸, 平居黑夜怖其空宇. 僉知李譏家, 漿塩庫中, 夜有聲隱隱, 如鳴甕缸, 察其狀, 全白而尾腰俱短, 喙長數尺, 盤回彷徨而鳴. 擧家婢僕, 驚惶[127]莫敢近, 不知爲何物, 咸曰: "必是寃鬼[128]作妖!" 譏武士也, 遂彎弓[129]射其喙, 錚[130]有聲, 碎爲片段, 白犬挺身而走. 蓋白缸長數尺, 盛塩醬, 村犬偸入庫中, 納其頭缸口, 缸口爲兩耳所關, 不復拔故也. 擧家抵掌大笑. 嘗觀『太平廣記』, 有是事, 古今奚異哉?

---

120) 聞: 저본에는 '間'으로 나와 있으나 가, 나, 라본에 의거함.
121) 涉: 가, 라본에는 '渡'로 되어 있음.
122) 費: 저본에는 '貴'로 나와 있으나 가, 나본에 의거함.
123) 知: 저본에는 빠져 있으나 가, 나, 라본에 의거하여 보충함.
124) 必: 저본에는 빠져 있은 가, 나, 라본에 의거하여 보충함.
125) 其雄豪, 大畧如此也: 저본에는 빠져 있으나 가, 나, 라본에 의거하여 보충함.
126) 寃訟: 가, 나본에는 '寃獄'으로 되어 있음.
127) 驚惶: 가, 나본에는 '驚駭'로 되어 있음.
128) 寃鬼: 저본에는 빠져 있으나 가, 나본에 의거하여 보충함.
129) 彎弓: 저본에는 빠져 있으나 가, 나본에 의거하여 보충함.
130) 錚: 가, 나본에는 '吞然'으로 되어 있음.

5-26.

蘆嶺在全羅之長城地, 嶺下有人, 以獵爲業, 家畜數十犬. 一日, 大醉歸家, 家人盡在田畝, 醉倒爐前, 衣裾爇[131)]於爐, 延燒全體, 肉臭滿室, 群犬聚而啗之盡矣. 家人歸視之驚痛, 搏殺群犬殆盡, 五六犬[132)]逃入山中. 旣嘗人肉之味, 思嚙人於要路, 伺於蘆嶺[133)]叢林中, 見人獨過, 輒群出而嗜之, 曳入林中食之, 日以爲常. 邑人患之, 聚中殲之.


5-27.

有一儒士, 讀書于山寺, 其寺巨刹也, 高廊廣庭, 面勢弘敞[134)]. 與諸僧月下閑話, 夜將午, 有大聲裂天跳地, 自遠而至, 有巨虎大如牛, 騰踔直入廊廡竄身[135)]. 諸僧驚怖失措, 俄有一大獸[136)], 體大如丘陵, 逐虎及廊前嚼之, 虎不敢抗, 大獸[137)]嚼虎腰[138)]如猫咬鼠而歸. 虎垂頭揚尾, 半身入其口, 四脚不及地. 其獸之傑魁雄偉, 不可狀, 未知爲何等獸也. 又有北道堡將, 因搜討入山, 忽有大虎, 狂奔惝竄, 蒼黃投岩穴而匿. 小頃[139)] 有一獸大如狗, 全體靑色[140)], 目如金鈴, 逐虎不得捷[141)], 佇立回顧[142)]良久而去, 其狀如圖畫中獅子云.

---

131) 爇: 저본에는 '熟'으로 나와 있으나 다른 이본을 따름.
132) 犬: 저본에는 빠져 있으나 다른 이본에 의거하여 보충함.
133) 伺於蘆嶺: 저본에는 '蘆'로 나와 있으나 다른 이본에 의거함.
134) 敞: 저본에는 '敝'로 나와 있으나 다. 마본에 의거하여 바로잡음.
135) 竄身: 가본에는 '竄伏'으로 되어 있음.
136) 大獸: 저본에는 '狄'로 나와 있으나 마본에 의거함.
137) 獸: 저본에는 '狄'로 나와 있으나 마본에 의거함. 이하의 경우도 동일함.
138) 腰: 저본에는 빠져 있으나 가. 마본에 의거하여 보충함.
139) 小頃: 가. 마본에는 '少選'으로 되어 있음.
140) 靑色: 가. 마본에는 '靑毛'로 되어 있음.
141) 捷: 가. 마본에는 '逮'로 되어 있음.

此獸亦不詳何等獸也. 余意儒士所見, 疑其[143]彪㦸也. 古書, 彪㦸巨獸能食虎, 堡將所見, 必是狻猊也. 古書, 狻猊獅子也, 出西域, 聞其聲, 虎豹慴伏, 能日行三千里. 安知西域之獅子, 不偶來我北道也? 未可知也.

5-28.

韓詩曰: '幽乳翠毛零.' 非翡翠羽也, 卽衡[144]山中異獸之毛也. 我國多深山巨岳, 山僧多見翠毛掛於高樹上, 長數尺, 知有巨獸磨[145]肩背夏鬐鬠之迹也. 余謂山中雪深時, 埋樹過半, 雪消後仰見之, 毛在樹上故也. 及余栖金剛山, 聞居僧多言, 方[146]春夏草長之日, 見[147]獸迹, 陷泥塗, 青草傷跡之大過一尺半【東方布帛尺】, 圓徑一樣, 則前後微尖[148], 毛之色青蒼, 長如馬尾, 大如細繩. 齒決[149]木皮, 毛掛樹腰上, 長人跂足, 引之以斧柯, 高不可及也. 僧之老於山中者, 一未有[150]見其形者, 未知其何獸也.

5-29.

申砬爲北道兵使, 爲胡人張大[151]宴以餉之, 其中老胡, 平生[152]以

---

142) 回顧: 저본에는 빠져 있으나 가, 마본에 의거하여 보충함.
143) 其: 가본에는 '是'로 되어 있음.
144) 衡: 저본에는 '魚'로 나와 있으나 마본을 따름.
145) 磨: 마본에는 '摩'로 되어 있음.
146) 方: 저본에는 빠져 있으나 마본에 의거하여 보충함.
147) 見: 저본에는 빠져 있으나 마본에 의거하여 보충함.
148) 尖: 저본에는 '少大'로 나와 있으나 마본에 의거하여 바로잡음.
149) 決: 마본에는 '抉'로 되어 있음.
150) 有: 저본에는 빠져 있으나 마본에 의거하여 보충함.
151) 大: 저본에는 빠져 있으나 가본에 의거하여 보충함.
152) 平生: 저본에는 빠져 있으나 가, 나본에 의거하여 보충함.

射獵爲生, 多識胡中[153]禽獸. 申問曰: "爾自少射獵于山, 胡中有何奇獸?" 曰: "少時, 逐鹿入白頭山, 有一獸, 如巨人之立[154], 長數十尺. 遍身長毛, 披髮[155]至肩, 狀貌獰悍, 背負一兒, 長十餘尺. 見奔鹿過前, 一躍而攬之, 裂其股, 以與背上[156]兒啗之, 胡人伏地隱身[157]得免云." 其獸疑是夜叉之類也.

5-30.

文化之將校[158]有柳, 不知何名者. 昔方伯自安岳來到信川, 縣官使柳探候, 冒夜行. 信川·文化之間, 有一嶺, 樹木翁薈[159], 行徑甚僻, 有虎當蹊張口而立. 柳或前[160]或後, 虎終不去, 所向皆遮前路, 柳自度不得免. 時曉月初生[161], 見虎口中有物橫之, 或匍匐起伏[162], 以足指其口, 柳冒死而進, 戒之曰: "我今出爾口中物, 爾不咬我否?" 虎頷首起拜, 呀其口, 柳奮臂探口中, 得一[163]物拔之, 乃長鐵簪也. 虎搖尾起拜, 爲稱謝之狀而去. 蓋方伯到安岳, 妓自客舍出, 將食于家, 爲虎所吞, 長鐵簪, 乃其安岳妓生[164]首飾也. 未幾, 柳父死將葬, 有虎當其穴, 有若禁呵之者然, 虎又[165]往他山, 攬其地, 有

---

153) 中: 저본에는 빠져 있으나 가, 나본에 의거하여 보충함.
154) 巨人之立: 가본에는 '巨人立而行'으로 되어 있음.
155) 披髮: 가, 나본에는 '被髮'로 되어 있음.
156) 上: 저본에는 빠져 있으나 가본에 의거하여 보충함.
157) 伏地隱身: 가, 나본에는 '伏草中'으로 되어 있음.
158) 校: 저본에는 '枝'로 나와 있으나 가, 나본에 의거하여 바로잡음.
159) 翁薈: 가, 나본에는 '薈蔚'로 되어 있음.
160) 前: 가, 나본에는 '進'으로 되어 있음.
161) 生: 가, 나본에는 '昇'으로 되어 있음.
162) 匍匐起伏: 저본에는 '匍伏起'로 나와 있으나 나본에 의거함.
163) 得一: 저본에는 빠져 있으나 가, 나본에 의거하여 보충함.
164) 安岳妓生: 저본에는 빠져 있으나 가, 나본에 의거하여 보충함.
165) 又: 저본에는 빠져 있으나 가, 나본에 의거하여 보충함.

若開穴者然. 卽捨前穴, 新卜虎攫之地葬之[166]. 厥後, 生柳車達, 爲丞相, 今文化之柳, 是也.

5-31.

金堤郡[167]有一老僧, 得一虎子養之, 旣長如一歲犢, 老僧愛玩呼斑童, 常與人狎而戲之. 一日, 老僧薪于山, 童子泣而奔告曰: "斑童咆哮, 拏攫而前, 有若咬我者然." 老僧深惡之, 持劍逐之, 虎子怖而走, 追碟[168]之不及, 斷其跟後. 虎子驚而逸, 自恣其行止, 不復爲人擾. 其後, 閭里多虎患, 逢人輒噉, 審其踪, 缺其後也, 乃知爲斑童. 蓋自始與人相狎, 閃舌磨牙者, 有素且備審其[169]易制故也. 入南原屯德里, 聞勸農之呼, 尋其家, 俟於門外, 能作人語[170], 曰: "屯德里勸農! 屯德[171]勸農!" 勸農[172]開戶視之, 爲其所攫. 自此, 村間夜聞屯德里勸農之聲, 自知虎至.

5-32.

洪川民入山薪樵者, 忽聞有聲駭山殷谷, 屛息陟巘以望之, 有大虎與豪豕鬪. 豪豕負隅, 半身藏岩, 張雙牙以當虎. 虎乍却乍前, 挑戰百合, 豕猶據險不動, 虎遠邁, 陽若棄而去者, 豕出而四顧, 遂還舊穴. 虎遂潛從後嶺, 刮茅草圓作虎形, 抱之以前[173]一脚, 步以三

---

166) 之: 가, 나본에는 '焉'으로 되어 있음.
167) 郡: 저본에는 빠져 있으나 가, 나본에 의거하여 보충함.
168) 碟: 가, 나본에는 '硏'으로 되어 있음.
169) 其: 저본에는 빠져 있으나 가, 나본에 의거하여 보충함.
170) 語: 가, 나본에는 '聲'으로 되어 있음.
171) 屯德: 저본에는 빠져 있으나 나본에 의거하여 보충함.
172) 勸農: 저본에는 '農勸'으로 나와 있으나 가, 나본에 의거하여 바로잡음.
173) 前: 저본에는 빠져 있으나 가, 나본에 의거하여 보충함.

脚, 密臨岩穴. 乘其不意, 忽作大聲, 急[174]投虎形之[175]茅草於豕前, 豕以爲虎, 奮牙茅上, 不覺離其穴以抵之, 虎旣跳踉豕背上, 噉其項而殺之. 洪川民聚徒衆, 奪而[176]食之, 虎雖咆哮觸藩, 啖嚼自若. 客觀之, 曰: "非獨虎暴, 暴於虎者人也!"

## 5-33.

嘉靖中, 江原道麟蹄縣民, 入山採樵, 遇玄熊, 熊乃壓其民, 堅坐[177]移晷. 民仰見其陰如女人, 以爪抓之, 良久熊乃喜甚, 頹然而臥, 抱[178]持民不釋. 民試[179]做男女之懽, 熊大愛之, 拿入窟穴[180]中, 積大石爲壘, 幽之如犴牢. 每出, 便擧大石如屋者, 杜其口[181], 聚細草爲藉, 摘山中百果與之, 多珍異, 饒[182]其飢數日. 熊亦[183]神物也, 能曉人語, 民人[184]曰: "吾居家, 食稻梁魚肉, 衣繭絲麻綿, 春夏異服, 夜臥有鋪有蓋. 不食生物, 烹飪有釜鼎, 不食淡, 有塩漿以調味, 有刀刃以裁割.[185] 無此許多物, 吾病且死, 丐汝幸出我生還, 無令枯死岩穴." 自此之後, 熊入村舍, 偸掠黃梁·白米[186]·酒甕·漿缸, 如人立戴而來, 如牛馬負馱而輸. 細衣·錦襖·錦褥·綵衾·釜鬲器

---

174) 急: 저본에는 빠져 있으나 가, 나본에 의거하여 보충함.
175) 之: 저본에는 빠져 있으나 가, 나본에 의거하여 보충함.
176) 奪而: 저본에는 '而奪'로 나와 있으나 가, 나본을 따름.
177) 坐: 저본에는 '臥'로 나와 있으나 가, 나본을 따름.
178) 抱: 저본에는 빠져 있으나 가, 나본에 의거하여 보충함.
179) 試: 저본에는 '始'로 나와 있으나 가, 나본을 따름.
180) 穴: 저본에는 빠져 있으나 가본에 의거하여 보충함.
181) 口: 가, 나본에는 '門'으로 되어 있음.
182) 饒: 가, 나본에는 '療'로 되어 있음.
183) 亦: 가본에는 '乃'로 되어 있음.
184) 人: 저본에는 빠져 있으나 가본에 의거하여 보충함.
185) 有刀刃以裁割: 저본에는 '裁割以刀刃'으로 나와 있으나 나본을 따름.
186) 白米: 가, 나본에는 '白粒'으로 되어 있음.

皿, 無不畢致, 皆可周[187]用人間大小具, 取足如富家. 日得鹿・豕・
獐・兎及民間[188]鷄・狗・牛・羊之肉, 以餉之[189], 陸續不匱, 獨不給[190]
刀刃利物. 民居窟中, 以熊爲妻, 非但免飢寒, 能致財用有裕, 衣輕
煖寢床褥, 飽膏粱醉醇醪, 列鼎珍羞, 烟火而食. 獨開閉在彼, 還家
望斷. 居三年, 知熊信無疑, 乃溫辭說之, 曰: "吾與汝初[191]雖異類,
旣爲夫婦, 情愛兩融, 無相疑貳. 而石戶之防日益牢, 出入不得自
由, 吾情甚悶塞. 汝之出遊, 雖不杜戶, 吾將何往?" 自此, 出入[192]不
杜戶, 或[193]良久而返, 民猶不離窟穴, 熊稍信之. 民欲乘機逃走[194],
而[195]恐其追及, 欲其行遠不復而逃也. 詐謂熊曰: "吾家[196]在春川淸
平山某村某家, 父母兄弟俱在, 而今絶音耗[197]已三載矣. 欲傳一書,
以探[198]存沒, 汝能以此書傳之否?" 熊頷之, 仍付一封書而送, 度其
遠, 候其隙[199]密走還家. 家人初失民, 謂入山採樵爲虎餌, 妻子[200]
服喪已闋三年之制[201]. 及卒[202]至, 咸驚走匿[203]以爲鬼, 民備陳顚末

---

187) 周: 저본에는 빠져 있으나 가, 나본에 의거하여 보충함.
188) 民間: 가, 나본에는 '民家'로 되어 있음.
189) 之: 저본에는 빠져 있으나 가, 나본에 의거하여 보충함.
190) 給: 저본에는 '及'으로 나와 있으나 가, 나본을 따름.
191) 初: 저본에는 빠져 있으나 가, 나본에 의거하여 보충함.
192) 入: 저본에는 '戶'로 나와 있으나 가, 나본을 따름.
193) 或: 저본에는 빠져 있으나 가, 나본에 의거하여 보충함.
194) 逃走: 가본에는 '潛逃'로, 나본에는 '潛遁'으로 되어 있음.
195) 而: 저본에는 빠져 있으나 가, 나본에 의거하여 보충함.
196) 家: 저본에는 빠져 있으나 가, 나본에 의거하여 보충함.
197) 耗: 저본에는 빠져 있으나 가, 나본에 의거하여 보충함.
198) 探: 저본에는 '採'로 나와 있으나 나본을 따름. 가본에는 '通'으로 되어 있음.
199) 候其隙: 저본에는 빠져 있으나 가, 나본에 의거하여 보충함.
200) 妻子: 저본에는 빠져 있으나 가, 나본에 의거하여 보충함.
201) 之制: 저본에는 빠져 있으나 가, 나본에 의거하여 보충함.
202) 卒: 저본에는 빠져 있으나 가, 나본에 의거하여 보충함.
203) 匿: 저본에는 빠져 있으나 가, 나본에 의거하여 보충함.

而後, 皆[204]相持痛哭. 熊還視其窟, 失其民, 遍山狂吼, 近山村落, 無不毀破, 搜索如是者[205]三四晝夜, 熊絶食自斃. 民備牛馬, 取財用[206]窟中所儲峙而用之, 終爲饒家. 吾妻家婢夫原州鄕吏金允者, 聞是事而慕之, 嘗山行, 見雌熊露其陰而臥, 欲奸[207]之, 熊驚起舐之, 骨出而[208]死. 又云: "熊囚允穴中, 刮肉骨出, 塗藥生肌, 復舐之, 骨出終[209]死云."

## 5-34.

古人漫錄, 皆經微[210]驗而著之方策[211], 非孟浪語也. 報恩縣有鄕任座首, 獵于山, 見一死虎僵臥, 呼號不動, 投以磧礫不動, 撞以棒挺逼近地不動, 欲試以[212]弓箭·刀鎗, 座首惜傷毛皮, 止之. 傍[213]有解事者, 曰: "虎死, 必首水尾山, 故諺稱'吼虎落澗下', 今此虎[214]尾澗首山, 非此者, 非死虎也." 座首不聽, 不射不刀, 而使獵人昇之. 行數里, 虎擧首四顧, 遂[215]跳躍而去. 隣邑傳笑, 凡有笑侮事, 必曰: "報恩座首之[216]昇虎也." 且有人[217]愛猫, 猫入懷中, 却之不

---

204) 皆: 저본에는 빠져 있으나 가, 나본에 의거하여 보충함.
205) 者: 저본에는 빠져 있으나 가, 나본에 의거하여 보충함.
206) 民備牛馬, 取財用: 저본에는 '民之財用器皿取諸'로 나와 있으나 나본을 따름.
207) 奸: 저본에는 '干'으로 나와 있으나 가본을 따름.
208) 而: 저본에는 빠져 있으나 가, 나본에 의거하여 보충함.
209) 終: 가본에는 '乃'로 되어 있음.
210) 微: 가본에는 '證'으로 되어 있음.
211) 方策: 가, 나본에는 '方冊'으로 되어 있음.
212) 以: 저본에는 빠져 있으나 나본에 의거하여 보충함.
213) 傍: 저본에는 빠져 있으나 가본에 의거하여 보충함.
214) 首水尾山, 故諺稱'吼虎落澗下', 今此虎: 저본에는 빠져 있으나 가본에 의거하여 보충함.
215) 遂: 저본에는 빠져 있으나 가, 나본에 의거하여 보충함.
216) 之: 저본에는 빠져 있으나 가, 나본에 의거하여 보충함.

出,[218] 猫遂咬其乳, 久不釋, 毒氣遍身, 四體俱黃腫. 閱醫書, 用薄荷, 已其毒腫盡下一身, 皮膚盡脫.[219] 且六[220]月十三日種[221]竹者, 多移根不死. 余聞三說, 怪而不信, 及見古誌, 虎食狗醉, 猫食薄荷而[222]醉, 又曰: "六月十三日, 竹醉日也, 移竹不枯." 然則非獨人醉於酒, 物亦有所醉也. 南海有竹島多蛇, 刈剪者, 必厚[223]靴襪乃入也. 且南中養筍者[224], 惡筍易成竹, 或覆以甕, 筍長而久猶脆, 或值陰雨屢日, 筍成大蛇滿甕. 誌所謂'筍[225]爲蛇'者, 亦有驗[226]也.

### 5-35.

漢江之[227]南, 淸溪之北, 有果川官舍, 官[228]舍之北[229], 有大路出山上, 名'狐峴'. 昔有行客過[230]往尋之, 有數間草屋, 屋中有敲撲聲, 卽白首老叟, 坐牛皮[231], 方斲木造牛頭. 客入[232]觀之, 問: "造此焉用?" 曰: "有所用." 旣而牛頭成, 以與客, 曰: "試戴之." 又取牛皮與之, 曰: "試衣之." 客以爲戲, 遂[233]免冠戴牛頭, 赤身衣牛皮, 叟

---

217) 有人: 가본에는 '吾侄柳諫議瀘家有婢'로 되어 있음.
218) 去之不出: 나본에는 '去之不去, 强推出之'로 되어 있음.
219) 腫盡下一身, 皮膚盡脫: 저본에는 빠져 있으나 가, 나본에 의거하여 보충함.
220) 六: 가본에는 '五'로 되어 있음. 이하의 경우도 동일함.
221) 種: 가본에는 '移'로 되어 있음.
222) 而: 저본에는 빠져 있으나 가본에 의거하여 보충함.
223) 厚: 저본에는 빠져 있으나 가, 나본에 의거하여 보충함.
224) 者: 저본에는 빠져 있으나 가, 나본에 의거하여 보충함.
225) 筍: 가, 나본에는 '竹'으로 되어 있음.
226) 有驗: 가, 나본에는 '不誣'로 되어 있음.
227) 之: 저본에는 빠져 있으나 가, 나본에 의거하여 보충함.
228) 官: 저본에는 빠져 있으나 가, 나본에 의거하여 보충함.
229) 北: 가, 나본에는 '背'로 되어 있음.
230) 過: 저본에는 빠져 있으나 가, 나, 다본에 의거하여 보충함.
231) 坐牛皮: 저본에는 빠져 있으나 가, 나본에 의거하여 보충함.
232) 入: 가, 나본에는 '立'으로 되어 있음.

曰:"脫之." 客欲脫而不得, 仍成一大牛. 繫之皂下, 明日騎而入市, 方農衆委重價, 賕之, 客大呼市中曰: "我人也, 非牛也!" 備陳其事, 買者不知解, 或曰: "是牛家中留犢耶? 腹中有黃耶? 何其多聲耶?" 叟以高價刁²³⁴⁾ 蹬, 得五十端布, 謂買者曰²³⁵⁾: "牽此牛, 勿近蘿葍田, 食之輒死." 買者騎而往, 負重遠行, 駕耟墾田²³⁶⁾, 疲極而喘, 鞭箠隨至²³⁷⁾, 不勝其苦, 怒而欲訴, 主人又不解矣. 自悼物中最靈, 失本形而化爲畜物, 求死而不得. 其家櫪近於門, 有家童洗蘿葍, 滿瓢而入門. 客思叟言食蘿葍必死之言, 以口觸其瓢, 蘿葍落地, 疾取數莖²³⁸⁾而食之. 嚼訖, 牛頭自落, 牛衣自褫, 宛然成赤身矣. 主人驚怪問之, 客悉道本末, 復往狐峴尋之, 無草屋, 只於巖底, 餘布數匹在. 狐峴之名, 自此始. 君子曰: "斯言雖近誕, 足以喩實理. 世之人逢時之昏, 失其趣, 陷於邪者甚衆. 及其見賣於匪人, 被役使猶牛, 雖千萬言欲自下, 人必不信之, 悲夫!"

5-36.

鼬者, 黃鼠也. 畜子²³⁹⁾穴中, 牝牡求食遊穴外, 有大蛇入穴, 盡食²⁴⁰⁾三四子, 飽盤林中, 兩鼬悲號, 俄驅大蟾, 轉輾至蛇前, 以兩木枝, 對挾蟾腹背²⁴¹⁾, 使丁尾向蛇口. 兩鼬對咬兩木頭甚緊, 蟾散溺

---

233) 遂: 저본에는 빠져 있으나 가, 나본에 의거하여 보충함.
234) 刁: 저본에는 '刀'로 나와 있으나 가, 나본에 의거하여 바로잡음.
235) 曰: 저본에는 빠져 있으나 가, 나본에 의거하여 보충함.
236) 田: 가, 나본에는 '土'로 되어 있음.
237) 至: 저본에는 빠져 있으나 가, 나본에 의거하여 보충함.
238) 莖: 가, 나본에는 '根'으로 되어 있음.
239) 子: 저본에는 '于'로 나와 있으나 가, 나본에 의거함.
240) 食: 가, 나본에는 '呑'으로 되어 있음.
241) 背: 저본에는 빠져 있으나 가, 나본에 의거하여 보충함.

蛇口數三次, 未移時$^{242)}$, 蛇蜿蜿而斃, 鼬剖蛇$^{243)}$腹, 出其$^{244)}$四子舐之. 吁! 物亦知報復, 以快目前, 非但慈愛之天均也, 能知物性相克, 亦神矣. 人獵雉, 雉曾見槍$^{245)}$, 以松脂塡創$^{246)}$口矣. 又見$^{247)}$魚, 魚曾逢叉而活, 松脂滿創穴矣. 亦$^{248)}$射猪不死, 猪能塗松脂, 失穴創合矣. 物性亦靈矣, 自知醫藥, 豈物之性$^{249)}$亦天之好生之理也夫$^{250)}$!

## 5-37.

胡人取$^{251)}$貂鼠·黃鼠, 皆有機穽, 徧山無虛地, 名曰'飾山'. 其擒貂也, 每冬氷結之時, 一木橋於谿上, 懸緤於橋上, 貂緣橋而渡, 結於緤, 懸於氷水凍死, 胡人取之. 其擒鹿也, 要其往來之谿設穽, 鹿一脚爲繩所結, 繩端繫一長杠丈許, 鹿超足而走, 杠爲林木所經掛$^{252)}$, 不離於一谷之底, 胡人取之. 又屈高樹之梢, 拜于地, 納于穽中, 撑機牙緤以繩, 鹿行一躪之, 機發樹起, 一脚倒懸于木杪, 胡取人之. 其擒狐也, 多聚$^{253)}$糠粃, 鋪其要路, 撒香餌其上. 狐多疑, 慕其餌而畏有機穽, 以足撥其糠, 自淺入深, 過盡而無機穽, 始食其餌. 明日復然, 又明日復然, 至積旬日, 信其無物, 放心無疑然後,

---

242) 未移時: 저본에는 빠져 있으나 가, 나본에 의거하여 보충함.
243) 蛇: 저본에는 빠져 있으나 가, 나본에 의거하여 보충함.
244) 其: 가본에는 '三'으로 되어 있음.
245) 槍: 저본에는 '創'으로 나와 있으나 가본을 따름.
246) 創: 가본에는 '瘡'으로 되어 있음.
247) 見: 가본에는 '獲'으로 되어 있음.
248) 亦: 가, 나본에는 '又'로 되어 있음.
249) 性: 저본에는 '知'로 나와 있으나 가, 나본을 따름.
250) 夫: 저본에는 '矣'로 나와 있으나 가본을 따름.
251) 取: 다른 이본에는 '擒'으로 되어 있음.
252) 掛: 저본에는 빠져 있으나 다른 이본에 의거하여 보충함.
253) 聚: 저본에는 '取'로 나와 있으나 다른 이본을 따름.

胡人潛埋機於糠中, 懸餌其牙, 必取之.

5-38.

有大蛇纏繞山獐, 獐幾斃, 不得自解. 有一山僧, 過而哀之, 揮錫解其蛇, 獐遂得活. 厥後, 每夜有大蛇, 盤僧戶外, 僧謹避之. 一日夜, 僧出戶, 誤踐其蛇, 蛇咬其脛, 僧全身腫爛, 不勝毒垂死. 寺之僧, 別結草幕, 移之寺外山側, 悶絕不省. 忽有獐啣[254]一草, 擦摩其瘡, 有頃而蘇, 如是者數矣, 開目視之, 卽前日患蛇之獐也. 僧漸愈, 察其草, 草方莖葉, 如眞荏之屬, 而不知爲何草. 蓋俗名眞荏者, 方名胡麻子, 如白虱, 取其汁爲香油, 亦能蠲蟲毒. 其後, 長溪君黃廷彧, 或患瘡成蟲, 有一醫[255]塗灰末, 卽效. 廷彧細詰之, 醫曰: "富平阿藍山有草, 其草[256]方莖葉如眞荏, 其灰能殺蟲, 主治瘡." 廷彧所效, 豈獐啣之草也歟! 吁[257]! 恩讐報復, 物亦有焉, 豈獨於人哉? 且藥以治病, 微物亦能有良知. 今有人見, 雉帶箭, 猪逢槍[258], 魚受叉, 皆以松脂塡其創[259], 獲愈. 古有蛇含草, 能治瘡, 今獐所含之草, 不知名, 亦宜稱'獐含草'也. 此草無山不生, 而多生濕地, 其枝葉四出, 梢[260]頭多細花, 色[261]微紅, 狀如蓮實殼.

---

254) 啣: 나본에는 '啣'으로 되어 있음. 서로 통함.
255) 有一醫: 저본에는 빠져 있으나 가, 나본에 의거하여 보충함.
256) 其草: 저본에는 빠져 있으나 가, 나본에 의거하여 보충함.
257) 吁: 저본에는 빠져 있으나 가, 나본에 의거하여 보충함.
258) 槍: 저본에는 '創'으로 나와 있으나 가본을 따름.
259) 創: 가, 나본에는 '瘡'으로 되어 있음.
260) 梢: 저본에는 '稍'로 나와 있으나 가, 나본에 의거함.
261) 色: 저본에는 빠져 있으나 가, 나본에 의거하여 보충함.

5-39.

余嘗觀猫守鷄于栖下, 鷄自落; 守鼠于穴外[262], 鼠自出, 蓋爲毒氣所眩也, 常異之. 頃者, 金穎男爲全羅都事, 寓僧舍, 夜如厠于外, 忽爾精神昏眩, 仆地氣絶, 從者負而入, 良久而愈. 明日視之, 厠外有虎蹲之處, 又有搖尾之痕, 掃地無塵, 乃悟爲虎毒所襲也. 同知權憘, 居憂守墓, 夜出外如厠, 精神忽迷, 伏地不省. 其奴扶擁而入, 少選氣蘇, 未知其由, 朝而察之, 雪中有虎攫拿蹲踞搖尾之跡. 虎之[263]毒能使不知不見, 而氣奪精喪如此. 或曰: "非毒也, 乃[264]倀鬼也. 山居野處可患者, 莫如此." 諺曰: "居鄕有[265]三畏, 蛇也·虎也·主倅也."


## 鱗介

5-40.

朴同知根培,[266] 卽參判梁應鼎之妻父[267]也. 居羅州湧眞山下, 家貯萬石,[268] 穿大池畜魚, 結華亭處焉. 有隣翁饋生[269]鯉, 狀貌甚異, 長四五尺, 深目秀尾, 朴公惜不食, 養[270]魚放之池中. 每亭上對客, 鯉出池面唵喁, 朴公投之食, 以爲常. 如是者五六年後, 其鯉潛形

---

262) 外: 저본에는 빠져 있으나 다른 이본에 의거하여 보충함.
263) 之: 저본에는 빠져 있으나 다른 이본에 의거하여 보충함.
264) 乃: 저본에는 빠져 있으나 다른 이본에 의거하여 보충함.
265) 有: 저본에는 빠져 있으나 다른 이본에 의거하여 보충함.
266) 朴同知根培: 가, 나본에는 '僉知朴培根'으로 되어 있음.
267) 妻父: 가, 나본에는 '妻祖'로 되어 있음.
268) 家貯萬石: 저본에는 빠져 있으나 가, 나본에 의거하여 보충함.
269) 生: 저본에는 빠져 있으나 가, 나본에 의거하여 보충함.
270) 狀貌甚異 … 朴公惜不食養: 저본에는 빠져 있으나 가, 나본에 의거하여 보충함.

深處, 不出者亦有年. 朴公臨池罵之, 曰:"來爾²⁷¹⁾鯉, 再出! 囊者, 受吾飼饋者五六年, 自邇年²⁷²⁾來, 潛形不出, 得無欲爲龍登天乎? 若復見者, 當弓矢²⁷³⁾射之." 自此, 池中水洞澈, 落葉不²⁷⁴⁾沈于底, 必汨之涯滋, 其磵岸爲風雨所滌, 數年之內, 盡成白沙地²⁷⁵⁾. 一日, 朴公燕坐亭上, 暴至之雨如麻, 顚風拔木, 忽有一物, 自池中當楹而上²⁷⁶⁾, 張唇聳鼻, 雙角嶷嶷, 遍體紅鱗, 爪甲錯礑²⁷⁷⁾, 白鬐²⁷⁸⁾丈餘, 蜿蜿然一大龍, 長十餘尺²⁷⁹⁾. 雲氣四集, 雷電閃爍²⁸⁰⁾, 須臾, 聳身登天²⁸¹⁾而去. 池邊高梧數十丈, 白沙盡上梧葉²⁸²⁾, 長廊數十楹, 爲長尾所簸, 蕩然爲²⁸³⁾空虛矣.

### 5-41.

興陽爲邑, 在海中如島嶼, 多有²⁸⁴⁾異事, 或曰:"龍爲之." 邑中柳忠恕, 吾族人²⁸⁵⁾也, 家有一婢, 晝坐廊隅, 忽風雨霹靂聲, 簸山岳棟宇, 晦黑者良久, 遂失婢所在. 不自知某物挾持而去, 只見大火橫

---

271) 爾: 저본에는 빠져 있으나 가, 나본에 의거하여 보충함.
272) 年: 저본에는 빠져 있으나 가, 나본에 의거하여 보충함.
273) 弓矢: 저본에는 빠져 있으나 가본에 의거하여 보충함. 나본에는 '關窮'으로 되어 있음.
274) 不: 저본에는 빠져 있으나 가, 나본에 의거하여 보충함.
275) 沙地: 가본에는 '沙之池勝此百倍矣'로, 나본에는 '沙池之勝一倍矣'로 되어 있음.
276) 上: 가, 나본에는 '立'으로 되어 있음.
277) 礑: 가, 나본에는 '崿'으로 되어 있음.
278) 鬐: 저본에는 '髮'로 나와 있으나 나본을 따름.
279) 長十餘尺: 가본에는 '長可百餘尺'으로, 나본에는 '丈百餘尺'으로 되어 있음.
280) 爍: 저본에는 '礫'으로 나와 있으나 가, 나본에 의거함.
281) 登天: 나본에는 '騰空'으로 되어 있음.
282) 池邊高梧數十丈, 白沙盡上梧葉: 저본에는 빠져 있으나 나본에 의거하여 보충함.
283) 爲: 저본에는 빠져 있으나 나본에 의거하여 보충함.
284) 有: 저본에는 빠져 있으나 다른 이본에 의거하여 보충함.
285) 人: 저본에는 빠져 있으나 다른 이본에 의거하여 보충함.

前, 黑色截海, 所經屋角忽折, 俯見碧海[286]在下, 身已墜於島中. 如寐而覺, 在娠生子, 容[287]貌殊異, 頭有兩肉角, 旬月而能步, 數月生雙髻. 其俊異非常, 一家惶惑, 或懼災及家長, 隣黨聚議, 使之不舉, 惜哉! 其年兩龍戰, 一龍死, 漂出海島, 柳忠禮得其角, 白如玉. 大司憲尹仁恕, 謫其地, 奪其歸.

5-42.

公洪道水營, 在保寧海上, 有亭曰'永保', 勢壓滄海. 海[288]有白龍馬, 或出遊海[289]上, 騰踔行[290], 躪洪漣如平地. 其馳騖之狀, 如[291]電邁風迅, 鬐[292]鬣尾駿一如馬, 皜皜[293]如霜雪. 其俗傳, '龍馬[294]出見, 則邑有慶, 水使必蒙恩賞云.' 稽之往牒, '騅[295]楚澤之龍, 項羽能制而乘之.' 又曰: "澤馬躑阜." 又曰: "龍馬玩繩而遇紲[296]." 今夫是馬也, 若有人能羈紲而御之, 安知不爲地上龍駒乎[297]?

5-43.

僧天然, 有所如[298], 過海西之殷栗. 白晝無雲[299]氣, 忽見中天, 黃

---

286) 海: 다른 이본에는 '波'로 되어 있음.
287) 容: 저본에는 빠져 있으나 다른 이본에 의거하여 보충함.
288) 海: 저본에는 빠져 있으나 나본에 의거하여 보충함.
289) 海: 나본에는 '波'로 되어 있음.
290) 行: 가본에는 '于空'으로 되어 있음.
291) 如: 저본에는 빠져 있으나 가본에 의거하여 보충함.
292) 鬐: 저본에는 '其'로 나와 있으나 가, 나본을 따름.
293) 皜皜: 가, 나본에는 '皜暟'로 되어 있음.
294) 馬: 저본에는 빠져 있으나 가, 나본에 의거하여 보충함.
295) 騅: 저본에는 빠져 있으나 가, 나본에 의거하여 보충함.
296) 紲: 저본에는 '紐'로 나와 있으나 가, 나본에 의거함.
297) 地上龍駒乎: 가, 나본에는 '地上之千里駒也歟'로 되어 있음.
298) 有所如: 저본에는 빠져 있으나 가, 나본에 의거하여 보충함.

白兩龍, 從東西卒起相遇, 橫空相鬪. 乍前乍却, 乍低乍昂, 白日照之, 鱗甲燦爛相映. 移時而後, 流雲四集, 如水之趍壑, 霹靂電火, 轟轟硠磕, 雨脚大如繩, 飛雹隨之. 良久, 相與藏身, 解鬪而散, 廓然爲晴天. 乃知龍者飛物, 不必隨[300]雲而動, 龍旣動, 而雲自隨之也. 韓子曰: "旣曰龍, 雲從之也." 眞莊言也.

## 5-44.

萬曆戊午夏五月, 有[301]大船長十丈, 梱載商艖, 泊京江龍山, 忽有[302]大風揚沙, 暴雨震雷, 江浪倒卷. 俄有, 赤龍伸腰, 橫加船上, 俯其首藏江底, 稍尾波上, 尾端禿而廣, 腰大如舟, 長可數十丈[303]. 蕩簸江流, 波起如雪山, 滿船之艖, 隨波渙散, 船覆數日而飜. 船人皆咎船主, 曰: "自古航海者, 禱於海神, 此船之主, 慳嗇小費, 不聽同舟之言. 每過島嶼城隍, 衆船皆有香火, 而此船獨否, 故前者海龍趁船, 到蚕頭下, 背負覆之, 船人多死, 今又失全船之艖." 龍山之人, 聚觀而吐舌. 古諺曰: "龍性貪好人貨." 得無不誣乎? 我國人被虜於倭, 通貨南蠻, 其船如龜甲, 上有覆板, 飛潦不得投, 能出沒海濤, 如窨孔之匏, 一不墊溺. 其中暗黑, 非燈晝不見物, 大有[304]火房有荣[305]畦, 舟人與妻孥, 老死舟中. 海中多龍蛇, 觸之皆能戕[306]船, 其大相類, 蛇行柱, 龍行直, 龍形不同, 或有角, 或無角, 或有

---

299) 雲: 저본에는 '雪'로 나와 있으나 가, 나본에 의거함.
300) 隨: 가, 나본에는 '須'로 되어 있음.
301) 有: 저본에는 빠져 있으나 가, 나본에 의거하여 보충함.
302) 有: 저본에는 빠져 있으나 가본에 의거하여 보충함.
303) 丈: 저본에는 '尺'으로 나와 있으나 나본을 따름.
304) 有: 저본에는 빠져 있으나 가, 나본에 의거하여 보충함.
305) 荣: 저본에는 '㭆'로 나와 있으나 가, 나본에 의거함.
306) 戕: 저본에는 '藏'으로 나와 있으나 나본에 의거함.

翼, 或如馬. 龍蛇至, 舟中人[307]老少, 皆擊鉦, 焚鷄羽以起臭, 龍蛇聞聲臭,[308] 皆[309]縮鼻揚首而走.

5-45.

興陽豊安洞, 卽余新開野農之所也. 萬曆癸丑[310]七月十三日, 村人池石同·禹佐守, 守禾于野中高架上. 日初昏, 暴雨迅雷, 如張千炬烈火, 自天冠山絶島之間, 亘絶大海, 駭天震地而來. 火焰之[311]中, 有黑物橫空, 大風駈之. 於是, 風拔兩架, 轉旋而上, 不知其幾千萬仞, 兩人各在架上,[312] 隨風高浮[313]. 神鬼怳惚. 俄頃風定, 兩架自中天, 回旋而落, 落于天燈山巓千嶂萬樹之間, 去豊安夜宿之地數十餘里, 禹佐守傷右臂, 池石同全體無損. 朝而[314]視之, 自海東截大山長谷, 廣皆四五十尺, 長數十百里, 西入于海. 其間所經之地, 百圍巨木, 如以利刀刈葵藿, 蕩[315]然無纖楚. 海邊黎老, 皆莫知何故也. 或曰: "龍怒移居, 地行而不天行." 或曰: "龍之行, 必登天, 是非龍也, 鰐魚之屬, 爲之也."

5-46.

洪相國彦弼, 親喪居廬塋下, 子遱以童子從. 夏月, 彦弼宿于樹

---

307) 人: 저본에는 빠져 있으나 가, 나본에 의거하여 보충함.
308) 龍蛇聞聲臭: 저본에는 빠져 있으나 가, 나본에 의거하여 보충함.
309) 皆: 저본에는 빠져 있으나 가본에 의거하여 보충함.
310) 癸丑: 나본에는 '癸巳'로 되어 있음.
311) 之: 저본에는 빠져 있으나 가, 나본에 의거하여 보충함.
312) 不知其幾千萬仞, 兩人各在架上: 저본에는 빠져 있으나 가, 나본에 의거하여 보충함.
313) 高浮: 가, 나본에는 '飄上'으로 되어 있음.
314) 而: 저본에는 빠져 있으나 가, 나본에 의거하여 보충함.
315) 蕩: 저본에는 빠져 있으나 가, 나본에 의거하여 보충함.

陰下, 開目視之, 遐亦赤身臥, 蛇過其腹, 遐熟視之, 凝然不動, 俟蛇過訖[316]而後, 起而走. 彥弼異而[317]問其由, 遐對[318]曰: "方過之時, 若動則蛇必咬我, 彼旣不人吾而木石吾, 吾亦不自人而自木石, 彼自不咬. 是以, 視之不動." 彥弼聞而異之, 知他時必大成, 後繼彥弼爲相國.

5-47.

襄陽府, 東臨大海, 西接峻嶺, 奇岩疊嶂, 草木蓊蔚. 萬曆十八年, 有村婦入山採桑, 望見大虎跟蹤而前, 遂攀高樹以避之, 虎來樹下守之, 自分終入[319]虎口. 俄有, 大聲駭山震谷, 烈風駛之, 虎狂顧失措, 顚沛而走. 不數十步, 有巨蛇驟逐, 而吞其虎, 入於東海, 所過林木摧殘. 是年, 尹慶祺爲府使, 親聞婦語.[320]

5-48.

全羅道寶城郡, 有羅君池, 中深旁廣, 衆泉所匯. 年年有人或漁或浴[321]或涉, 每被大蛇牽而入, 死者不可勝數, 郡人患之. 有僧多膂力有義氣, 自天冠山來, 手持靑裸, 赤身入其池, 村人疾呼曰: "是池有大蛇, 願禪師愼[322]勿入也!" 僧曰: "吾爲此來." 遂入池中, 聳兩手指天而立, 村人出觀之甚衆. 俄而, 回風吹水, 波浪中折, 大蛇至矣. 先以尾纏僧之腰[323], 呀呀張口[324]而進, 僧兩手在水外, 不

---

316) 過訖: 가, 나, 라본에는 '已過'로 되어 있음.
317) 而走彥弼異而: 저본에는 빠져 있으나 가, 나, 라본에 의거하여 보충함.
318) 對: 저본에는 빠져 있으나 가, 라본에 의거하여 보충함.
319) 入: 가, 나본에는 '餌'로 되어 있음.
320) 親聞婦語: 가, 나본에는 '親聽其婦言'으로 되어 있음.
321) 或浴: 저본에는 빠져 있으나 가, 나본에 의거하여 보충함.
322) 愼: 저본에는 빠져 있으나 가, 나본에 의거하여 보충함.

被蛇縛, 以靑袱急籠蛇, 頭兩掌[325]扼其吭甚緊, 蛇解其尾而張. 其身長數十尺[326], 大如樑桴矣. 僧乃咋頭, 碎其顱骨, 良久而蛇斃. 曳而出陸, 額上有黑字, 曰'羅君', 自此, 無蛇患, 而僧上下齒俱割[327]. 今寶城人名其池, 曰'羅君池'. 蓋非獨蛇咬人, 人必死也, 人之咬蛇, 蛇亦輒死, 然則人之毒, 不下於蛇矣. 今公州錦江上流及忠州違溪, 亦有人咬蛇而蛇斃者.[328]

5-49.

有大蟒, 登絶壁, 入鸛巢, 食其雛盡之. 鸛盤天引其類, 衆鸛漫空, 蟒甚巨不可敵. 蟒凝然不少[329]動, 一鸛奮翮長逝, 良久, 引一靑鳥來, 大於燕而小於鳩. 從天低翼而下, 直坐蟒頭, 俄頃, 蟒頷脫於樹上, 宛委墜地而死, 靑鳥搖翮東逝, 不知所向. 識者曰: "海東有名鷹, 曰'海東靑', 勇捷[330]過於白松鶻, 所謂鷹王者也." 大抵豕食蛇, 蛇與豕爲相克. 有大蟒懸樹, 豕仰視[331]欲嚙之, 不得, 臥樹下陽死, 連日夜不起. 蟒飢甚, 欲咬之[332], 遂掛樹枝, 伸其尾, 縛豕試引之, 去地丈餘, 豕猶不動. 蟒始下樹縛豕, 豕啣其尾, 疾走岩石叢棘[333]之中, 蟒鱗甲[334]盡剝, 豕遂恣其噉嚼.

---

323) 腰: 가, 나본에는 '體'로 되어 있음.
324) 張口: 저본에는 빠져 있으나 가, 나본에 의거하여 보충함.
325) 頭兩掌: 저본에는 빠져 있으나 가, 나본에 의거하여 보충함.
326) 尺: 가, 나본에는 '丈'으로 되어 있음.
327) 俱割: 가, 나본에는 '皆豁'로 되어 있음.
328) 今公州錦江上游及忠州違溪, 亦有人咬蛇而蛇斃者: 저본에는 빠져 있으나 가, 나본에 의거하여 보충함.
329) 少: 저본에는 빠져 있으나 가, 나본에 의거하여 보충함.
330) 捷: 저본에는 '輒'으로 나와 있으나 가, 나본을 따름.
331) 視: 저본에는 '首'로 나와 있으나 가, 나본을 따름.
332) 之: 저본에는 빠져 있으나 가, 나본에 의거하여 보충함.

5-50.

有一山氓, 貿貿無識, 寄人家傭作, 方春病疫, 經月而起. 樵于山, 山火初燒, 有甘香隨風而至, 尋其香入谷中, 見[335]大蟒燒死, 灰[336]爐中白肌半坼, 芳臭滿山. 病餘而飢[337], 不覺流涎涑涑, 適四顧不見人, 乃折枝爲箸, 開其皮膚, 肉如雪, 試嘗之, 眞絶味也. 歸而取塩醬, 密藏草苞, 置屛處而啗之, 累日方盡之. 未幾, 頰上痒痒, 腫脹如胡蘆, 針以決之, 中無他物, 出赤[338]虬四五升, 仍洗以塩[339]油得瘳[340]. 自此, 終身身無虬, 只面色黃少紅暈.

5-51.

恩津·石城之間, 有一士人, 爲鄕有司, 將與鄕人爲講信之議[341], 釀一大瓮. 經旬醱醅[342], 甘香裂[343]鼻, 黃膏敷寸浮瓮面, 遂盛囊上醉, 有物在瓮中觸瓢, 拔而視之, 大蛇如屋椽, 盤瓮中而死. 擧家驚怖, 醜而唾之, 瀉其半于溝, 未旣而悔之, 欲以需藥餌之, 儲別器. 忽有門外乞粮聲, 出窺之, 有男子患大風瘡, 滿面紅瘍, 如爛熟櫻桃, 遂滿酌一瓢與之. 其瓢可容十盃, 乞人盡傾之, 士人曰: "若又能一瓢乎?" 曰: "然." 復與之, 快飮無餘者三瓢[344], 拽杖渡溪, 醉倒

---

333) 棘: 저본에는 '林'으로 나와 있으나 가, 나본을 따름.
334) 甲: 가, 나본에는 '皮'로 되어 있음.
335) 見: 가, 나, 라본에는 '有'로 되어 있음.
336) 灰: 저본에는 빠져 있으나 가, 나, 라본에 의거하여 보충함.
337) 飢: 저본에는 '起'로 나와 있으나 가, 나, 라본을 따름.
338) 赤: 저본에는 빠져 있으나 가, 나, 라본에 의거하여 보충함.
339) 以塩: 저본에는 '塩以'로 나와 있으나 가, 나, 라본에 의거함.
340) 瘳: 저본에는 '饒'로 나와 있으나 가, 나, 라본에 의거함.
341) 議: 가, 나, 라본에는 '燕'으로 되어 있음.
342) 醅: 저본에는 '酘'로 나와 있으나 가, 나, 라본에 의거함.
343) 裂: 가, 나, 라본에는 '捩'로 되어 있음.

溪邊. 經一宿, 滿體之瘡爛潰, 有毛蟲色紅, 長數寸, 開瘡而瀉地, 蜿蜒出幾數升³⁴⁵⁾. 酒醒, 來告士人, 便乞餘瀝, 士乃始言其由, 傾甕而與之. 旣閱月, 乞人來謝, 昔日之瘢³⁴⁶⁾盡脫, 已成新面目矣. 自此, 聞人患斯疾, 治之³⁴⁷⁾以蛇酒, 必效.

5-52.

有武夫朴命賢者, 萬曆己丑年³⁴⁸⁾, 閑遊大池邊, 有一黎魚, 其大特³⁴⁹⁾殊, 潛于菱藻之間. 欲取之, 無網³⁵⁰⁾擉之具, 探腰間, 有刮箭之刀, 小且狹, 杖頭繫其刀, 刺之沒刃, 魚遂轉身而躍, 折其刀而竄. 後十七年, 乙巳歲, 犯律充軍而歸, 無聊, 又閑行于其池上, 繫馬柳陰, 把鞭而立. 忽於池中有浪聲暴起, 驚顧之, 有一大蛇, 張兩耳擧頭, 截水緣岸, 直前甚急, 命賢欲竄避, 而勢已迫矣. 命賢素有勇力, 倉卒無物可擊, 遂以鞭批其頭³⁵¹⁾, 蛇少³⁵²⁾沮. 命賢側身轉走, 鞭之不止, 僮僕輩又擧巨石撞之, 蛇卽宛委而斃, 大數圍長十餘尺, 頭有兩耳. 或曰: "蛇膽可臘爲藥." 以刀³⁵³⁾刳其腹, 見頭下有腫³⁵⁴⁾凸然, 以刀決之, 中有鐵聲, 拔而視之, 卽命賢己丑所刺之刮箭刀也, 半折而藏其肌矣. 俗云: "黎魚與蛇交." 又曰: "黎魚爲蛇." 又云: "蛇

---

344) 者三瓢: 저본에는 빠져 있으나 가, 나, 라본에 의거하여 보충함.
345) 升: 가, 나, 라본에는 '斗'로 되어 있음.
346) 瘢: 가, 나, 라본에는 '瘢'으로 되어 있음.
347) 之: 저본에는 빠져 있으나 가, 나, 라본에 의거하여 보충함.
348) 年: 저본에는 빠져 있으나 가, 나본에 의거함.
349) 特: 저본에는 '持'로 나와 있으나 가, 나본에 의거함.
350) 網: 저본에는 '綱'으로 나와 있으나 가, 나본에 의거함.
351) 頭: 가본에는 '蛇頭'로 되어 있음.
352) 少: 저본에는 빠져 있으나 가, 나본에 의거하여 보충함.
353) 以刀: 저본에는 빠져 있으나 가, 나본에 의거하여 보충함.
354) 腫: 저본에는 '瞳'으로 나와 있으나 가, 나본에 의거함.

能報仇." 是蛇也, 十七年之後, 能報前身之仇, 甚矣! 其毒也. 然蛇靈物也, 藏刃身中, 至於十七年之久, 知其刀主, 欲報其仇, 亦靈怪矣.

## 5-53.

靈光有大池, 彌亘大野, 周不知幾里, 深不知幾丈. 年年夏秋交, 潦水大至, 與海通波[355], 海魚游泳其中. 及其[356]水落因成池, 中畜物, 郡人操舟施網, 多得海族而來. 太守金畏天, 武人也, 思[357]欲大漁于其池, 以爲奇壯之觀. 凡打魚, 以味苦木實, 挼于上流, 則魚盡浮水而死, 不必以網多取.[358] 太守出令郡中, 使齊民呈訴者, 各摘其實進之, 閱累月[359]多至百餘石. 於是, 及花柳良辰, 供帳[360]于池上, 迎衆賓, 陳大宴, 集漁人張水嬉, 積苦實槌磨于上流. 識者咸曰: "暴殄天物, 爲大不祥. 願太守以網攫之, 以釣餌之足矣, 不宜盡物取之." 太守不聽, 大播苦汁隨流而下, 池水爲之易色. 俄而, 魚兒初出, 卵者浮, 小如指者浮, 大如掌者浮, 盈尺者·盈丈者·大盈車者·大盈船[361]者, 相繼而浮, 觀者相顧動色. 自最後有一魚, 大如人, 如裸身女子, 肌[362]膚雪白, 披髮而浮, 一大池蕩然無遺種. 自是, 風雲雷雨, 一池晦瞑, 連數旬不開. 其年太守死於郡, 將歸葬于嶺南故鄉, 中路風雷[363]晦冥, 不辨行路. 歸家柩甚輕, 其父疑之, 啓

---

355) 波: 저본에는 빠져 있으나 마본에 의거하여 보충함.
356) 其: 저본에는 빠져 있으나 마본에 의거하여 보충함.
357) 思: 저본에는 빠져 있으나 마본에 의거하여 보충함.
358) 不必以網多取: 마본에는 '可以不網而取之'로 되어 있음.
359) 閱累月: 저본에는 빠져 있으나 마본에 의거하여 보충함.
360) 帳: 저본에는 '張'으로 나와 있으나 마본에 의거함.
361) 船: 저본에는 '舩'로 나와 있으나 마본을 따름.
362) 肌: 저본에는 '肥'로 나와 있으나 마본에 의거함.
363) 風雷: 마본에는 '風雨'로 되어 있음.

柩視之, 亡其屍矣.

5-54.

詩人鄭之升, 一生愛山水, 居龍潭會稽洞,[364] 自號會稽山人. 結數間[365]精舍于[366]溪邊佳絶處居焉, 名其堂曰'叢桂堂', 絶世[367]讀書自娛. 忽有大龜來居堂前, 高廣俱四五尺, 其子晦·時輩, 常[368]騎而行, 或往或來, 任而自在, 而不離園籬間. 有時, 林谷深壑, 有[369]白氣浮動, 之升曰: "吾家老物, 遁跡于彼乎?" 使[370]童往尋之, 果抱負而歸. 如是者數年後, 之升移居溫陽, 因會稽父老問龜消息, 絶[371]無形影云.

5-55.

長興漁人, 得巨[372]龜如車, 獻之使府, 府使朴瑺, 奇而蓄之衙軒, 以爲玩戲. 有一客, 曰: "吾聞海中龜鼈[373]腹中, 多夜光明珠, 可剖而取之." 瑺之妾玉生者, 名妓也, 善歌琴者石介之女也, 亦以唱彈名長安. 請瑺殺龜出珠, 瑺曰: "靈物不可殺!" 玉生密令其客, 剖其腹無物焉. 不數月, 家室火, 玉生二子及瑺母夫人及[374]死, 其勸剖

---

364) 居龍潭會稽洞: 가, 나본에는 '擧家隱居龍潭會稽谷'으로 되어 있음.
365) 數間: 저본에는 빠져 있으나 가본에 의거하여 보충함.
366) 于: 저본에는 빠져 있으나 가, 나본에 의거하여 보충함.
367) 絶世: 저본에는 빠져 있으나 나본에 의거하여 보충함.
368) 常: 가, 나본에는 '能'으로 되어 있음.
369) 有: 저본에는 빠져 있으나 가, 나본에 의거하여 보충함.
370) 使: 저본에는 빠져 있으나 가, 나본에 의거하여 보충함.
371) 絶: 저본에는 빠져 있으나 가, 나본에 의거하여 보충함.
372) 巨: 저본에는 빠져 있으나 나본에 의거하여 보충함.
373) 鼈: 가, 나본에는 '鼉'로 되어 있음.
374) 及瑺母夫人及: 저본에는 빠져 있으나 가, 나본에 의거하여 보충함.

之客及操刀之饔者[375], 相繼而死. 邑人皆曰: "殺龜之故也." 余按「龜策[376]傳」, 民家得大龜殺之者死[377], 果不虛矣. 瑞歸途中死云. 或言, "後有年暴死云."[378]

5-56.

禮安有一鄕吏姓崔, 爲使命支候之吏, 將具盤羞, 得一巨鯉, 長鬐赤目, 狀甚殊異, 淚瀉兩目如人雪涕. 吏甚[379]憐之, 不供之廚, 親放于湖, 鯉盤旋三顧而去. 其夜夢, 一丈夫闖門[380]而告之, 曰: "我湖南之鯉也. 感君活我之恩, 今日當入娠, 爲君之子." 言訖不見. 驚覺而異之, 謂其妻曰: "吾之放鯉, 寔憐巨物之無罪而[381]就死地, 非爲報恩也. 今[382]夢甚異, 吾聞[383]鯉靈物也, 安知不有神佑?" 是夜, 果有娠于妻, 乃得生男, 名澈湖. 旣長, 鬚長至臍, 形貌魁偉, 言語辯給, 終屈起草野[384], 捷武科, 從征北胡有大功, 官至頂玉, 年過八十而終.

5-57.

進士柳克新之友, 謂克新曰: "吾聞汝洪魚之孫, 有之[385]乎?" 克

---

375) 饔者: 저본에는 '甕子'로 나와 있으나 나본에 의거함.
376) 策: 저본에는 '莢'으로 나와 있으나 가, 나본에 의거하여 바로잡음.
377) 殺之者死: 저본에는 '不殺之者'로 나와 있으나 가, 나본에 의거함.
378) 瑞歸途中死云 … 後有年暴死云: 저본에는 빠져 있으나 가본에 의거하여 보충함. 나본도 이와 유사함.
379) 甚: 가, 나본에는 '心'으로 되어 있음.
380) 門: 가본에는 '衙門'으로 되어 있음.
381) 而: 저본에는 빠져 있으나 가, 나본에 의거하여 보충함.
382) 今: 저본에는 '吾'로 나와 있으나 가, 나본을 따름.
383) 吾聞: 저본에는 빠져 있으나 가, 나본에 의거하여 보충함.
384) 草野: 가본에는 '草昧'로 되어 있음. 서로 통함.

新笑曰: "吾外家, 舊有是說, 非虛說也. 昔玄祖以前, 有祖妣年過八十, 而病沈綿閱月. 一日, 謂子孫及侍婢曰: '吾病久甚鬱悶, 思欲澡浴吾身, 須具浴湯于靜室, 戒一家愼勿窺之, 窺之則不吉.' 家屬陳浴器·香湯, 置別室牢閉, 候于他室, 如其言而待之,[386] 有揚波擊水聲, 移時不絶. 擧家憂其傷也, 欲入則詬之勿前, 最久,[387] 排門入視之, 全體略爲洪魚. 家人聚而相議, 曰: '雖爲異物, 猶有生氣, 斂葬未安, 姑安之.'[388] 俟其盡化而後, 放之洋中."

5-58.

金聃齡, 爲歙谷縣令, 嘗行春[389], 宿于海上漁父之家, 問: "若得何魚?" 對曰: "民之漁, 得人魚六首, 其二則創而死, 其四猶生之." 出視之, 皆如四歲兒, 容顔明媚, 鼻梁聳, 耳輪郭. 其鬢黃, 黑髮被額, 眼白黑照[390]晳, 而[391]黃瞳子, 體或微赤, 或全白, 背上有淡黑文. 男女陰陽一如人, 手足揩[392]蹠, 掌心皆皴文, 及抱膝而坐, 皆與人無別. 對人無聲[393], 垂白淚如雨. 聃齡憐之, 請漁人放之, 漁人甚惜, 曰: "人魚取其膏甚美, 久而不敗, 不比鯨油日多而臭腐." 聃齡奪而還之海, 其逝也, 如龜鼈之游焉. 聃齡甚異之, 漁人曰: "人[394]魚之大者, 大如人, 此特其小兒耳." 曾聞杆城有魚蠻[395], 得一

---

385) 有之: 가, 나본에는 '是'로 되어 있음.
386) 如其言而待之: 저본에는 빠져 있으나 가본에 의거하여 보충함.
387) 最久: 가본에는 '良久'로 되어 있음.
388) 姑安之: 저본에는 빠져 있으나 가, 나본에 의거하여 보충함.
389) 春: 저본에는 빠져 있으나 가, 나본에 의거하여 보충함.
390) 照: 나본에는 '明'으로 되어 있음.
391) 而: 저본에는 빠져 있으나 나본에 의거하여 보충함.
392) 揩: 가, 나본에는 '指'로 되어 있음.
393) 聲: 저본에는 '別'로 나와 있으나 가, 나본에 의거함.
394) 人: 저본에는 빠져 있으나 가, 나본에 의거하여 보충함.

人魚, 肌膚雪白如女人, 戲而㓁之,³⁹⁶⁾ 魚喜³⁹⁷⁾笑之, 有若繾綣者. 遂放之洋中, 往而復返者, 再三而後, 去之. 余嘗閱古書, 人魚男女狀如人, 海上人擒其牝, 畜之池, 相與交合³⁹⁸⁾, 亦如人焉. 余竊笑之, 豈於東海上³⁹⁹⁾復見之?

5-59.

東海有小魚全白, 隨風波襲岸上, 居民取而食之. 我國北道之僧, 名之曰'草食', 食之無忌. 有客僧入北道⁴⁰⁰⁾, 居僧與白魚羹滿椀, 怪而問之, 則曰: "北方以此謂草食, 食之如蔬荣." 余聞而甚笑之. 及見杜詩以'白小'爲題, 其詩曰: '白小群分命, 天然二寸魚. 細微霑⁴⁰¹⁾水族, 風俗當園蔬.' 其註曰: "『賓退錄』云: '『靖州圖經』載其俗, 居喪不食塩·酪·酒·肉, 而以魚爲蔬, 今湖北民多然, 謂之魚菜.'" 與我北方之俗, 古今一也.

## 相克

5-60.

象畏鼠, 蛇畏豕, 蜈蚣畏鷄, 鷄畏犀角, 百獸畏虎, 虎畏彪戱與羆⁴⁰²⁾. 至於人, 金德章畏鷄, 鄭時晦畏鼠, 李世休畏蚕, 朴敬發畏

---

395) 蠻: 저본에는 '辯'으로 나와 있으나 가, 나본에 의거함.
396) 戲而㓁之: 저본에는 '戲則'으로 나와 있으나 가, 나본에 의거함.
397) 喜: 저본에는 빠져 있으나 가, 나본에 의거하여 보충함.
398) 合: 저본에는 빠져 있으나 나본에 의거하여 보충함.
399) 東海上: 가, 나본에는 '東土'로 되어 있음.
400) 道: 저본에는 빠져 있으나 가, 나본에 의거하여 보충함.
401) 霑: 저본에는 '添'으로 나와 있으나 나본에 의거함.
402) 羆: 나본에는 '熊'으로 되어 있음.

猫. 鷄也·鼠也·蚤也·猫也, 有何畏乎? 人尤可駭者, 吾幼時, 見有
一女人, 徵債于吾家老婢, 甚急. 老婢家有烏磁器, 其女人一見, 便
將兩袖掩目, 疾走而出, 面色變黑, 一身俱戰, 良久而定. 問之,
則⁴⁰³⁾曰: "吾平生畏烏磁器, 一見輒氣短." 遂損其債而去, 不復來,
是可怪之甚也. 昔有畏醬者, 吾不信之, 及見畏烏磁器者, 始知其
不誣也.

5-61.

寶城海中, 有小⁴⁰⁴⁾島多鼠, 名之曰'鼠島'. 好事者, 將數猫放之島
中, 群鼠大如猫者, 相聚而咬之, 猫始斷然角逐, 卒不勝, 竄匿不得
穴, 不崇朝而皆斃. 吁! 鼠之所畏者, 莫如猫, 猫發一聲, 衆鼠俱廢,
理之常也. 及其彼衆此寡, 卒爲所擒, 君子之攻小⁴⁰⁵⁾人也, 必先審
其衆寡而後, 可也夫!

## 古物

5-62.

安東有山城, 朴參判彝叙之子簹, 爲府使, 斲山石修築之, 釘一
巨石剖之, 石中有銅盞四箇, 狀如今民間恒用之燕器, 皆鍛鍊可
愛. 可容三合, 銜石內, 石之着銅處, 表裏滑澤如磨礱. 簹得其二,
失其二⁴⁰⁶⁾. 蓋天地初判, 融而爲山, 流而爲水, 結而爲石, 今此銅

---

403) 則: 저본에는 빠져 있으나 나본에 의거하여 보충함.
404) 小: 저본에는 '少'로 나와 있으나 가, 나본에 의거함.
405) 小: 저본에는 '少'로 나와 있으나 가, 나본에 의거함.
406) 二: 저본에는 '一'로 나와 있으나 가, 나, 라본에 의거함.

盞, 似是先天古物,[407] 形制不異於今, 何哉? 未知爲土爲石, 不必於太古, 有自中古而來乎?[408] 抑古人所謂[409]藏於塚中而土化爲石乎? 或曰: "石灰歲久, 終[410]成石." 安知藏於石灰而仍成石中物也? 俗傳, 明川七寶山, 石中得蛤, 又胡地白頭山下, 水沫爲風所蕩成石, 形如蜂房, 然則土化石, 不必自先天矣,[411] 未可知也. 時萬曆天啓間云. 其明年, 簪滻水, 而[412]拯死而生, 又明年, 彜叙使中國, 漂海而不返.

5-63.

高麗新破之後, 松都有一空第, 咸以多魅稱, 人不安居. 有商人, 薄貨[413]而買居, 有日月, 每舂杵之時, 有聲錚鋐, 隱隱出墻壁間. 遂毁其壁而視之, 其壁重築之中, 有金銀寶器, 充棟宇, 不知爲幾百疊也. 有文字, 曰: '中官某某年月日藏.' 蓋高麗之亡也, 宦官分竄[414], 宦者有權寵, 多寶貨, 臨亂藏之重壁, 被兵不復旋其第, 因而空矣. 入其第者, 聞金鐵聲, 以爲鬼魅使然, 多怖悸不安其居故也. 商人得此起家, 爲[415]富甲松都, 商人或稱忠臣劉克良.

---

407) 似是先天古物: 저본에는 빠져 있으나 가, 나, 라본에 의거하여 보충함.
408) 未知爲土爲石, 不必於太古, 有自中古而來乎: 저본에는 빠져 있으나 가, 나, 라본에 의거하여 보충함.
409) 謂: 저본에는 빠져 있으나 가본에 의거하여 보충함.
410) 終: 저본에는 빠져 있으나 가, 나본에 의거하여 보충함.
411) 石中得蛤 … 不必自先天矣: 저본에는 빠져 있으나 가, 나, 라본에 의거하여 보충함.
412) 而: 저본에는 빠져 있으나 나, 라본에 의거하여 보충함.
413) 貨: 나본에는 '貫'로 되어 있음.
414) 分竄: 나, 라본에는 '奔竄'으로 되어 있음.
415) 爲: 저본에는 빠져 있으나 나, 라본에 의거하여 보충함.

5-64.

金紐, 能文章, 代徐居正, 爲大提學者也.[416] 京師有一古家, 價可五千疋, 而多妖魔[417], 入處者必死, 長安有厚資者, 皆畏而莫之貰. 紐以賤價買之, 先以身當之, 止家眷勿隨, 獨往守[418]焉. 使吏輩兵卒, 候於室外[419], 明燭獨坐. 夜且半, 有白衣僧七人, 排戶而入, 紐大咳一聲, 七僧俱遁, 從窓隙覘之, 皆入階上竹林中. 喚書吏, 點燈熱酒, 天明後, 命群僕持畚鍤, 掘竹林下, 得銀佛七體, 皆大如兒. 紐曰: "重貨不可私, 若盡納[420]則近媚." 取其二納戶曹, 爲國用[421], 餘可賑親戚窮乏, 又可[422]充酒食費, 開大宴餉賓客, 宴三四場, 未盡以爲家需. 又聞長安有一空宅數百間, 亦多魔, 人不處, 處者凶, 售之[423]以廉價. 積年塵土, 埋樓上, 沒人腰, 使僮僕板鍤以淨之. 中[424]有神主三座, 埋塵焉[425], 粉面字畫分明, 尋其子孫而歸之. 自此, 兩家皆[426]無災妖, 富甲長安[427]卿相.

---

[416] 代徐居正, 爲大提學者也: 저본에는 빠져 있으나 가, 나, 라본에 의거하여 보충함.
[417] 魔: 가본에는 '鬼'로, 나, 라본에는 '魅'로 되어 있음. 이하의 경우도 동일함.
[418] 守: 가, 나, 라본에는 '宿'으로 되어 있음.
[419] 室外: 라본에는 '窓外'로 되어 있음.
[420] 盡納: 가, 나, 라본에는 '獻內'로 되어 있음.
[421] 爲國用: 저본에는 빠져 있으나 나, 라본에 의거하여 보충함. 가본에는 '以補國用'으로 되어 있음.
[422] 可: 가, 나, 라본에는 '令'으로 되어 있음.
[423] 之: 저본에는 빠져 있으나 가, 나본에 의거하여 보충함.
[424] 中: 저본에는 빠져 있으나 가, 나, 라본에 의거하여 보충함.
[425] 埋塵焉: 저본에는 빠져 있으나 가, 나, 라본에 의거하여 보충함.
[426] 皆: 저본에는 빠져 있으나 가, 나, 라본에 의거하여 보충함.
[427] 長安: 저본에는 빠져 있으나 가, 나, 라본에 의거하여 보충함.

# 집필진 소개

- 연구책임자

  정환국 　성균관대학교에서 박사학위를 받았으며, 현재 동국대학교 국어국문문예창작학부 교수로 있다. 한문학과 고전서사를 연구하고 있으며, 저역서로 『초기 소설사의 형성 과정과 그 저변』, 『주생전·운영전·최척전·상사동기』, 『조선의 단편 1·2』, 『역주 신단공안』 등이 있다.

- 공동연구원

  이강옥 　서울대학교에서 박사학위를 받았으며, 현재 영남대학교 명예교수로 있다. 고전산문을 연구하고 있으며, 저역서로 『죽음서사와 죽음명상』, 『한국야담의 서사세계』, 『구운몽과 꿈 활용 우울증 수행치료』, 『일화의 형성원리와 서술미학』, 『청구야담』 등이 있다.

  오수창 　서울대학교에서 박사학위를 받았으며, 현재 서울대학교 명예교수로 있다. 문학작품을 포함한 넓은 시야에서 조선시대 정치사를 연구하고 있으며, 저역서로 『조선후기 평안도 사회발전 연구』, 『춘향전, 역사학자의 토론과 해석』, 『서수일기-200년 전 암행어사가 밟은 5천리 평안도 길』 등이 있다.

  이채경 　성균관대학교에서 박사학위를 받았으며, 현재 성균관대학교 한문학과 초빙교수로 있다. 조선후기 야담을 주로 연구하고 있으며, 저역서로 『철로 위에 선 근대지식인(공역)』과 논문으로 「『어우야담』에 담긴 지적경험과 서사장치」, 「『금계필담』에 기록된 신라 이야기 연구」 등이 있다.

  심혜경 　동국대학교에서 박사학위를 받았으며, 현재 동국대학교 국어국문문예창작학부 강사를 맡고 있다. 고전소설을 연구하고 있으며, 논문 「조선후기 소설에 나타나는 여성과 불교 공간」, 「윤회에 나타나는 정체성 바꾸기의 의미」, 「〈삼생록〉에 나타나는 애정문제와 남녀교환 환생의 의미」가 있다.

  하성란 　동국대학교에서 박사학위를 받았으며, 현재 동국대학교 국어국문문예창작학부 강사를 맡고 있다. 고전소설을 연구하고 있으며, 저역서로 『포의교집(역서)』, 『절화기담(역서)』, 『한국문화와 콘텐츠(공저)』 등이 있다.

  김일환 　동국대학교에서 박사학위를 받았으며, 현재 동국대학교 국어국문문예창작학부 교수로 있다. 조선후기 실기문학을 연구하고 있으며, 저역서로 『연행의 사회사(공저)』, 『조선의 지식인들과 함께 문명의 연행길을 가다(공저)』, 『삼검루수필(공역)』 등이 있다.

교감표점 정본 한국야담전집 1
어우야담 於于野談

2025년 06월 10일 초판1쇄 펴냄

책임교열  정환국
펴낸이    김흥국
펴낸곳    보고사
등록  1990년 12월 13일 제6-0429호
주소  경기도 파주시 회동길 337-15
전화  031-955-9797(대표)
전송  02-922-6990
메일  bogosabooks@naver.com
http://www.bogosabooks.co.kr

ISBN  979-11-6587-821-4  94810
      979-11-6587-820-7  (set)
ⓒ 정환국, 2025

정가 30,000원
사전 동의 없는 무단 전재 및 복제를 금합니다.
잘못 만들어진 책은 바꾸어 드립니다.